kritik & *utopie* ist die politische Edition im mandelbaum *verlag*.
Darin finden sich theoretische Entwürfe ebenso wie Reflexionen aktueller sozialer Bewegungen, Originalausgaben und auch Übersetzungen fremdsprachiger Texte, populäre Sachbücher sowie akademische und außeruniversitäre wissenschaftliche Arbeiten.

Otto Bauer

DER KAMPF UM WALD UND WEIDE

Studien zur österreichischen Agrargeschichte und Agrarpolitik

herausgegeben und mit einer Einleitung von
Lisa Francesca Rail

mandelbaum *kritik & utopie*

Gedruckt mit Unterstützung von

Lektorat der Einleitung: Clemens Berger
Satz: Bernhard Amanshauser
Umschlag: Martin Birkner, unter Verwendung einer Fotografie von Remigio Gazzari
Druck: Primerate, Budapest

Inhaltsverzeichnis

Lisa Francesca Rail

Otto Bauer und die Commons

100 Jahre Vision von der demokratischen Sozialisierung des Bodens

Das bäuerliche Grundeigentum aber wird durch diese Entwicklung nicht erschüttert, sondern gefestigt werden. Die Sozialisierung der Forste erweitert die Nutzungsrechte der Bauern, der Gemeindesozialismus gibt ihnen in der neuen Allmende starke Stützen, die Verstaatlichung des Großbetriebes schützt sie vor [deren…] wachsenden Expansivkraft […]. Indem der Sozialismus das grundherrlich-kapitalistische Herreneigentum am Grund und Boden aufhebt, befestigt er das bäuerliche Arbeitseigentum. Aber wird das bäuerliche Grundeigentum durch diese Entwicklung nicht aufgehoben, sondern befestigt, so verändert sich doch zugleich sehr wesentlich sein Inhalt.

Otto Bauer. 1925. *Der Kampf um Wald und Weide*: 242

*Das Prinzip der Commons, wie es heute von Feminist*innen, Anarchist*innen, Umweltaktivist*innen und unorthodoxen Marxist*innen gedacht wird, [steht] im Widerspruch zur Prämisse […], von der marxistische Entwicklungstheoretiker*innen, Akzelerationist*innen und Marx selbst ausgehen. [Letztere erachten] es als Notwendigkeit […], dass das Land privatisiert wird, um den Weg für die großflächige Landwirtschaft und die Globalisierung freizumachen, weil das ein Instrument sei, um das Weltproletariat zu vereinigen.*

Silvia Federici. 2020. *Die Welt wieder verzaubern. Feminismus, Marxismus & Commons*: 31

Der einfachste Einstieg in die Neuauflage eines alten Buches ist es wohl, direkt die naheliegenden Fragen zu stellen: Was ist „Der Kampf um Wald und Weide"? Was ist das für ein Text, und warum sollte er hundert Jahre nach seiner Erstveröffentlichung wieder oder weiterhin gelesen werden? Auf die erste Frage gibt es mehrere Antworten:

Einerseits ist „Der Kampf um Wald und Weide" eine historisch-materialistische Geschichtsschreibung über die Eigentumsverhältnisse an land- und forstwirtschaftlich genutztem Grund und Boden in Österreich – genauer gesagt auf der Fläche der Republik Österreich nach dem Zerfall der Habsburgermonarchie. Die Kapitel eins bis zehn umspannen die Jahrhunderte von der frühmittelalterlichen Besiedelung des heutigen Österreichs durch deutschsprachige Bevölkerungsgruppen bis zu Otto Bauers Gegenwart der 1920er Jahre.

Andererseits ist es ein (zugegebenermaßen lang geratenes) Referat, das Otto Bauer im Auftrag der Agrarpolitischen Kommission der Sozialdemokratischen Arbeiterpartei (SDAP) verfasste, um eine Grundlage für die Entwicklung eines landwirtschaftspolitischen Parteiprogramms zur Verfügung zu stellen. Die Kapitel elf bis dreizehn machen diesen Anspruch des Buches besonders deutlich, denn hier formuliert Bauer seine aus der Geschichte abgeleiteten Schlussfolgerungen über Zielsetzungen einer sozialistischen Agrarpolitik. Das Agrarprogramm der SDAP[1] wurde noch im November 1925 unter maßgeblichem Einfluss Bauers beschlossen (Mattl 1985: 217, Saage 2021: 190) und im folgenden Jahr – wieder

1 Im Zuge dieser Neuauflage wurde das Agrarprogramm von 1925 (Bauer, 1976. Werkausgabe. Band 3) online zugänglich gemacht: https://www.mandelbaum.at/buecher/otto-bauer/der-kampf-um-wald-und-weide/

von Otto Bauer – mit ausführlichen Erläuterungen versehen (Bauer 1976 [1926]).

Otto Bauer wollte „Der Kampf um Wald und Weide" aber noch als etwas anderes, etwas Drittes verstanden wissen: Seine Darstellung der Geschichte der Lebensbedingungen der ländlichen Bevölkerung sollte die erste sein, die nicht vom Standpunkt der Herrschenden und nicht als Geschichte der Habsburger geschrieben wurde. Als solche begriff Bauer „Der Kampf um Wald und Weide" zusätzlich als aufklärende, allgemeinverständliche Bildungsintervention, gerichtet an die Betroffenen selbst, an Vermittler*innen als Grundlagenwerk, sowie an alle landwirtschaftspolitisch Interessierten.

All das ist Otto Bauers Buch auch in dieser Neuauflage: Geschichtsschreibung mit geschichtspolitischem Anspruch sowie Denkanstoß für das Ausarbeiten aktueller Forderungen für Agrar- und Bodenpolitik. Freilich ist die Historiographie während der vergangenen hundert Jahre nicht stillgestanden. Sozialforschung und Geschichte des ländlichen Raumes sind in Österreich mittlerweile etablierte, wenn auch noch nicht lange eigenständig institutionalisierte Wissenschaftsfelder (Institut der Geschichte des ländlichen Raumes ruralhistory.at, Langthaler 2004, Wiesinger 2004). In diesem Kontext kann „Der Kampf um Wald und Weide" nicht mehr das Alleinstellungsmerkmal für sich beanspruchen, die einzige Geschichte der Landbevölkerung aus ihrer eigenen Perspektive zu sein (siehe z.B. Krammer & Rohrmoser 2012).

Der Aspekt, der Bauers Buch aber durchaus außergewöhnlich macht, ist heute vielmehr sein Fokus auf die Entwicklung der Eigentumsverhältnisse durch die Zeit und darin auf eine bestimmte Kategorie von Eigentum: die Gmain, die Allmende – die Commons. Der historisch gewachsene Gemeinbesitz an Boden, die Organisation seiner Nutzung und die verschiedenen Mechanismen seiner Einhegung bilden den roten Faden, der die Seiten von „Der Kampf um Wald und Weide“ miteinander verwebt. Zugleich sind die Commons einer der Grundpfeiler in Otto Bauers Vision einer sozialistischen, demokratisch verhandelten und dem Gemeinwohl verpflichteten Land- und Forstwirtschaft der Zukunft. Die Wiederaneignung, Ausweitung und (Re-)Demokratisierung der alten Allmenden sind für Bauer zentrale Pflastersteine für den Weg hin zu einer Sozialisierung des Bodens, hin zu guten Lebensbedingungen für alle Arbeitenden auf dem Land, hin zu angemessener Lebensmittelversorgung für alle Arbeitenden in den Städten.

Die anderen von Otto Bauer vorgeschlagenen, jeweils an regionale Landnutzung und Eigentumsverteilung anzupassenden Sozialisierungsmaßnahmen sind die Verstaatlichung großer Forste; die Überführung von Großgrundbesitz in Einzelbetriebe oder gemeinschaftliche Bewirtschaftung; der Schutz kleinbäuerlichen Bodenbesitzes; und der Ausbau von miteinander kooperierenden Produktions- und Konsumgenossenschaften.

Das Augenmerk auf die Allmende und die differenzierte Bewertung verschiedener Eigentumsformen an Land machen „Der Kampf um Wald und Weide“ in meiner Lesart auf spannende Weise anschlussfähig an gegenwärtige antikapitalistische Commons-Theorien sowie an Forderungen sozialer Bewegungen im Feld der Agrar-, Ernährungs- und Bodenpolitik, wie der La Vía Campesina.[2]

2 Neuere Beiträge zu Commons und (Anti-)Kapitalismus sind etwa Caffentzis 2012, De Angelis 2017, Exner & Kratzwald 2021, Federici 2017

Es ist mein Anliegen, diese ein Jahrhundert überbückende Anschlussfähigkeit herauszuarbeiten. Inwieweit sind die konkreten Vorschläge Bauers und des agrarpolitischen Parteiprogramms von 1925 näher an dem „Prinzip der Commons, wie es heute von Feminist*innen, Anarchist*innen, Umweltaktivist*innen und unorthodoxen Marxist*innen gedacht wird" (Federici 2020: 31) als an den teleologischen Fortschrittsmodellen „marxistische[r] Entwicklungstheoretiker*innen" (ebd.), die Silvia Federici kritisiert? Welche theoretischen und praktischen Ideen in Otto Bauers Vision eines sozialistisch verfassten Landwirtschaftssystems ließen sich heute fruchtbar neu aufgreifen? Was unterscheidet sie von anderen sozialistischen Agrartheorien? Wo muss sie ergänzt und kritisiert werden?

Theoretisch fundierte, sozialökologische Gegenentwürfe zu industrialisierter, kapitalistisch organisierter Landwirtschaft braucht es jedenfalls dringend: Land Grabbing und Bodenkonzentration untergraben für große Bevölkerungsteile den Zugang zu Land. Intensive Monokulturen und Massentierhaltung tragen zum Klimawandel, zu entkoppelten Nährstoffkreisläufen, zu Bodendegradierung und -verlust sowie zum Artensterben bei. Landarbeit ist weiterhin gekennzeichnet von struktureller Ausbeutung, insbesondere von migrantischen Arbeitskräften. Landwirtschaftliche Produzent*innen stehen oft in Abhängigkeitsverhältnissen gegenüber Handels- und Verarbeitungskonzernen. Massive Lebensmittelverschwendung steht gleichzeitigen Hungersnöten gegenüber. Die Liste lässt sich fortsetzen – wir

& 2020 oder Helfrich & Bollier 2014. Edelman 2005, Desmarais 2007 und von Redecker & Herzig 2020 beschreiben und analysieren Strategien und Forderungen der La Vía Campesina (viacampesina.org) und verbündeter Organisationen.

haben jedenfalls ein gewaltiges Problem oder, besser, ein gewaltiges Geflecht aus verschränken Problemen.[3]

Wie kann „Der Kampf um Wald und Weide“ dabei helfen, diesem Problemgeflecht entgegenzuwirken? Die folgenden Abschnitte bieten für die Beantwortung dieser Frage Orientierungshilfen an. In einem ersten Schritt verorte ich das Buch und seinen Autor im historischen Kontext der Ersten Republik Österreich. Daran anschließend folgt meine Interpretation dessen, was das Werk in positiver Weise bemerkenswert macht, sowohl in seiner Entstehungszeit als auch hundert Jahre danach. Dieser Teil betont besonders die Rolle und das politische Potenzial von neuen und alten Commons. Danach werden die kritikwürdigen Auslassungen des Buches beleuchtet: In „Der Kampf um Wald und Weide“ bleiben Genderhierarchien, mit Wissensregimes verbundene Machtgefälle und das objektivierende Naturverständnis moderner Agrarwissenschaften unbehandelt und unproblematisiert. Den Abschluss bildet schließlich eine Reflexion darüber, was wir für die Gegenwart von den agrarpolitischen Schriften der Sozialdemokratie aus den 1920er Jahren mitnehmen können – und ein Aufruf, uns an neue sozialistische Agrarprogramme zu wagen. Wir brauchen sie mehr denn je.

3 Für weiterführende Literatur zu diesen verschränkten Problemfeldern siehe Blanchette 2018 & 2020, Federici 2020, Freidberg 2001, Gascón 2018, Hall 2023, Hetherington 2020, Krammer & Rohrmoser 2012, Narotzky 2016, Patel 2012, von Redecker 2020 & 2023. Aktivistische Beiträge finden sich etwa seitens der Arbeitsgemeinschaft bäuerliche Landwirtschaft (AbL 2023), der European Coordination Vía Campesina (ECVC 2023), auf landmatrix.org und sezonieri.at.

Nur Kalkül im Kampf um parlamentarische Macht?

1925 ist die Sozialdemokratische Arbeiterpartei in Österreich bereits seit fünf Jahren in der Opposition. Nach kurzer Regierungsbeteiligung von 1918 bis 1920 hatte sich die Parteiführung für das Ausscheiden aus der Koalition mit den Christlichsozialen entschlossen (Leser 1985: 182ff.). Zwei Jahre nach der Gründung der Republik – einer Zeit revolutionärer Aufbruchsstimmung und Öffnung – war 1920 die unmittelbare Etablierung einer sozialistischen Gesellschaftsordnung wieder weiter in die Ferne gerückt. Aus damaliger Perspektive musste die Sozialdemokratie nun zumindest mittelfristig innerhalb eines kapitalistisch organisierten Staates agieren lernen (Rosner 1987: 284). Die „Opposition aus Prinzip" (Saage 2021: 17) wurde in diesem Kontext als angemessene Position erachtet, von der aus erstrittene Errungenschaften für die Arbeiter*innen verteidigt und regressive bürgerliche Politik blockiert werden sollte (Leser 1985: 188f., Rosner 1987: 283ff.). Wohlgemerkt sollte diese Strategie nur so lange verfolgt werden, bis die Sozialdemokratie durch die entsprechende parlamentarische Mehrheit die bestimmende Regierungsmacht erlangen würde (Hindels 1985: 211f., Leser 1985: 219). Auf diese Weise legitimiert und befähigt, sollte sie dann die Republik durch graduellen Umbau zu einer sozialistischen Gesellschaft umformen. Der Weg der demokratischen Machtübernahme und graduelle Sozialisierungsmaßnahmen gelten als kennzeichnende Strategien des Austromarxismus – insbesondere auch verkörpert in den Schriften des für die Strömung zentralen Theoretikers Otto Bauer (Saage 2021: 14f.).

Für den demokratischen Weg zum Sozialismus brauchte es Wahlerfolge. In Wien und an den Industriestandorten Österreichs verbuchte die SDAP in der Ersten Republik stabil starke Wahlergebnisse, doch das Potenzial ihrer „klassischen" Zielgruppen schien nicht für die entscheidende Mehrheit zu reichen. Die Landagitation wurde in den 1920er Jahren als wichtige realpolitische Aufgabe der SDAP anerkannt und forciert (Mattl 1981: 263). Es galt akut, neue Wähler*innengruppen außerhalb der Ballungszentren zu erreichen und zumindest Teile der ländlichen Bevölkerung der Vertretung durch das christlichsoziale Lager zu entziehen (Leser 1985: 222, Mattl 1985: 218f., Rosner 1987: 296).

Das sozialdemokratische Agrarprogramm sowie die begleitenden Texte Otto Bauers sind in diesem historischen Kontext zu verstehen. Sie stellen eine Reflexion über die Zusammensetzung und Mobilisierbarkeit der Landbevölkerung dar: Voll oder teils lohnabhängige Bevölkerungsteile – Landarbeiter*innen, Mägde und Knechte, Häusler*innen mit zu wenig Land für ihren Lebensunterhalt etc. – wurden als Gruppen identifiziert, deren Interessen ohnehin nahe an den Kämpfen und Anliegen der Sozialdemokratie lagen (Bauer 1976: 359ff.). Bei Bauern und Bäuerinnen musste nach Besitzgröße differenziert werden. Kleine und mittlere Höfe ohne bezahlte, familienexterne Arbeitskräfte wurden ebenfalls als potenzielle Verbündete der Sozialdemokratie eingestuft. Jedoch als Verbündete, die nicht mit dem Angebot besserer Arbeitsrechte überzeugt werden mussten, sondern vielmehr mit dem Angebot fairer und selbstbestimmter Handelsbeziehungen (ebd.: 305–320, 420f.). Nur größere Güter hätten Interessen, die den Sozialisierungsplänen der SDAP grundsätzlich entgegenstünden. In der Praxis der Landagitation sollten folglich die verschiedenen Gruppierungen mit jeweils an ihre Arbeitserfahrung angepassten Argumenten von der Besserung ihrer Lebensbedingungen unter sozialdemokratischer Regierung überzeugt werden.

Dementsprechend führen die agrarpolitischen Texte Bauers und das Parteiprogramm ein breites Spektrum an Interventionsvorschlägen zusammen. Die Forderungen setzen – verbunden mit der Diversität der zu vertretenden Interessenlagen – an diversen Hebelpunkten und Ebenen an. Sie reichen vom 8-Stunden-Tag für Landarbeiter*innen bis zur Enteignung von Großgrundbesitz, von Pächter*innenschutz bis zur Steuerpolitik, von der Etablierung „sozialistischer Wohlfahrtswälder" bis zu Reformen des ländlichen Schulwesens, vom Siedlungsbau für das Dorfproletariat bis zur Neukonstitution der alten Allmenden.

Rückblickend sollte die Landagitation wenig erfolgreich bleiben. Mitgliedschaften im sozialdemokratischen Kleinbauernverband stagnierten, der institutionelle Zusammenschluss zwischen Landarbeiter*innengewerkschaft und Kleinbäuer*innensektion in der Partei zerbrach nach kurzer Zeit wieder, die SDAP sollte in der Ersten Republik nicht mehr an die Regierung und ihr Agrarprogramm nie zur Umsetzung kommen (Mattl 1985).

Einige Gründe für die begrenzte Durchsetzungskraft der Sozialdemokratie (und für die Übermacht des bürgerlichen und schließlich auch des nationalsozialistischen Lagers) auf dem Land gab bereits Otto Bauer selbst an. Die Sozialdemokratie hatte die Chance versäumt, die revolutionäre und obrigkeitskritische Stimmung unter den Bäuer*innen von 1918 zu nutzen und dem damals verbreiteten Streben nach einer radikalen Bodenreform nachzugehen (Bauer 1925: 152–163, Genner 1979: 31–41, Krammer & Rohrmoser 2012: 132ff.). Man hatte sich zu sehr auf die Frage der Versorgung der Arbeiter*innen in den Städten konzentriert und die Landwirtschaft der den Status quo bewahrenden Politik der Christlichsozialen überlassen (Bauer 1925: 152ff., Mattl 1985: 221f.). Krammer und Rohrmoser führen in ihrer historischen Analyse weitere praktische Hürden an, die der Landagitation im Wege gestanden hatten: Unter anderem dominierten die Christlichsozialen nicht nur die politischen Interessenvertretungen der landwirtschaftlichen Produzent*innen, sondern auch die Genossenschaften, von denen viele Bauern und Bäuerinnen für Vertrieb und Weiterverarbeitung ihrer Lebensmittel abhängig waren. Weiters war der diskursive (antisozialistische) Einfluss des Klerus im Dorf ein wesentliches Hindernis, ebenso wie die soziale Macht der Großbauern – etwa als Arbeit- und Obdachgeber oder als einzige Bereitsteller von männlichen Zuchttieren und Gespanndiensten (Krammer & Rohrmoser 2012: 101f.; vgl. Genner 1979: 46, Mattl 1981: 27). Schließlich erschwerte auch die Beschaffenheit von Arbeitsstätten in der Land- und Forstwirtschaft, vornehmlich die räumliche Isolation auf einzelnen Betrieben, herkömmliche Methoden der Organisation unter Arbeiter*innen – ein Problem mit dem gewerkschaftliche Arbeit auch hundert Jahre später weiterhin konfrontiert ist (Krammer & Rohrmoser 2012: 102, sezonieri & PRO-GE 2023).

Wie auch immer die Gewichtung dieser (und weiterer) nachteiligen Faktoren sein mag, feststeht, dass die Erste Republik zum Zeitpunkt 1925 nicht mehr lange Bestand haben sollte: Die zweite Hälfte der 1920er und die 1930er Jahre waren geprägt vom autoritären Backlash und der zunehmenden Entdemokratisierung des bürgerlichen Lagers und dem parallelen Erstarken des Nationalsozialismus im Untergrund (Leser 1985: 302ff., Wenninger 2013: 507ff.). Im März 1933 schaltete der christlichsoziale Kanzler Engelbert Dollfuß den Nationalrat aus, und die parlamentarische Demokratie wurde – bis zum sogenannten Anschluss Österreichs an Nazi-Deutschland 1938 – durch das diktatorische System des Austrofaschismus abgelöst (Dreidemy 2021). Die Führung der Sozialdemokratie und insbesondere Otto Bauer wurden und werden für ihre strategische Schwäche und fatale Zögerlichkeit in der Frage der Ge-

genwehr in den Jahren vor und nach 1933 kritisiert (Leser 1985: 245ff. & 295–340, Saage 2021: 22ff.) Nach der Niederschlagung der sozialdemokratischen Widerstandskämpfe im Februar 1934 wurde die SDAP verboten. Otto Bauer – langjähriger stellvertretender Parteivorsitzender sowie prägender Redner, Stratege und Theoretiker der österreichischen Sozialdemokratie – flüchtete ins Exil nach Brünn. Gefährdet durch seine politische Rolle und jüdische Herkunft, floh er 1938 weiter nach Paris, wo er am 4. Juli im Alter von 56 Jahren an einem Herzinfarkt verstarb (Saage 2021: 24ff.).

Der eben umrissene historische Hintergrund ist hilfreich, um wiederkehrende kritische Einschätzungen des sozialdemokratischen Agrarprogramms und von „Der Kampf um Wald und Weide" in der Sekundärliteratur besser zu verstehen. Zum einen findet sich da der Vorwurf eines gewissen Utilitarismus im Umgang mit agrarpolitischen Fragen. Die Mobilisierung des Themas sei ein (scheinbar wenig geschickt angewendetes) Instrument gewesen, um neue Wähler*innen zu gewinnen, anstatt von genuinem Interesse an einer revolutionären Allianz mit Teilen der Landbevölkerung geleitet zu sein (Krammer & Rohrmoser 2012: 134, Miller 1992: 3f., Rosner 1987: 296, Schwarz & Spitaler i.E.). Zum anderen wird den Schriften ein Zwiespalt zwischen zwar radikaler Rhetorik, aber im Grunde reformistischen, nicht weit von bürgerlichen Forderungen abweichenden Praxisvorschlägen attestiert. Sie seien ein nicht gelungener Balanceakt zwischen Zugeständnissen an die bäuerliche Bevölkerung und der gleichzeitigen Verteidigung der Arbeiter*inneninteressen in der Stadt und auf dem Land gewesen (Mattl 1985: 222ff., Rosner 1987: 297ff.). Der Ausbau des Bildungswesens, die Unterstützung des bäuerlichen Genossenschaftswesens, die Betonung des Ziels der Produktivitätssteigerung sowie Marktkontrolle durch Zollpolitik, all dies seien Forderungen der sozialdemokratischen Agrarpolitik gewesen, die nicht „über die Vorstellungen […] der bürgerlichen agrarischen Parteien und Verbände hinaus“ (Mattl 1981: 267) gegangen wären.[4]

Ich möchte die genannten Kritikpunkte nicht bestreiten. Vielmehr möchte ich eine zusätzliche Interpretation vorschlagen, die sich weniger aus historischer Expertise zur Ersten Republik Österreich, sondern vor allem aus meinem gegenwartsbezogenen Fokus auf Commons und aktuelle politische Kämpfe um Agrar- und Ernährungssysteme speist. Aus dieser Perspektive – der Perspektive einer in den österreichischen Alpen forschenden Kultur- und Sozialanthropologin – nehme ich „Der Kampf um Wald und Weide“ als bemerkenswert differenzierte und anspruchsvolle Untersuchung sehr unterschiedlicher sozialer Positionen und Verhältnisse auf dem Land wahr. Die ländliche Bevölkerung wird nicht einfach in eine Kategorie (Bäuer*innen), zwei Kategorien (Bäuer*innen und Landarbeiter*innen) oder drei Kategorien (kleine, mittlere und große Höfe) sortiert. Vielmehr benennt Bauer eine Vielfalt an Bedürfnissen: Viehhaltende Höfe in den Bergen haben andere Interessen als solche, die in

4 Es gibt allerdings auch sehr positive Bewertungen von „Der Kampf um Wald und Weide“, die das Buch als Musterstück Marxscher Methode begreifen, d.h. auf Grundlage materialistischer Geschichtsanalyse emanzipatorische Erkenntnis zu verbreiten und fundierte Forderungen zu formulieren (Hanisch 1985: 193f., Leser 1985: 222ff., Saage 2021: 191ff.). Auch Josef Krammer und Franz Rohrmoser kritisieren zwar die ambivalente Politik der SDAP gegenüber der ländlichen Bevölkerung in der Ersten Republik, berufen sich aber ausführlich auf die Inhalte von „Der Kampf um Wald und Weide“ für ihr eigenes Projekt emanzipatorischer Geschichtsschreibung in „Im Kampf um ihre Rechte. Geschichte der Bauern und Bäuerinnen in Österreich“ (Krammer & Rohrmoser 2012).

der Ebene Ackerbau betreiben. Die Pflege eines Weinbergs bedarf anderer Arbeitsorganisation als die Bestellung eines Getreidefeldes. Gesinde ohne Zugang zu einer eigenen Wohnstatt hat andere Arbeitskämpfe auszufechten als eine Häuslerfamilie. Der Nutzungskonflikt zwischen Forst und Almweide wird in Regionen mit Gemeindebesitz anders ausgetragen als in Regionen, in denen die Bevölkerung Nutzungsrechte, aber kein Eigentum an Wald und Weide hat usw. Das Land und seine ökonomischen und sozialen Probleme erscheinen in Otto Bauers Beschreibung als höchst divers und jeweils geformt durch regionale Unterschiede in der Eigentumsverteilung, der Herrschafts- und Widerstandsgeschichte, der Topografie und Ressourcennutzung.

Folgerichtig müssen auch adäquate Lösungen für bessere Lebensverhältnisse auf dem Land und für bessere Versorgung der Städte vielschichtig und lokal anpassbar sein. Was von den Kritiker*innen der agrarpolitischen Texte Bauers als Widersprüchlichkeit, Gradualismus oder Zugeständnis ans bürgerliche Lager und an bäuerliche Eigentumsversessenheit skeptisch bewertet wird (Mattl 1985: 226f. & 1981: 266ff., Rosner 1987: 297ff.), verstehe ich deshalb vielmehr als Ableitung seiner entscheidenden Erkenntnisse zur Komplexität landwirtschaftlicher Produktion:

Die bestehenden Eigentumsverhältnisse und -formen auf dem Land sind vielfältig; darunter gibt es auch gemeinschaftliche Eigentumsformen oder zumindest Reste davon, auf die sich aufzubauen lohnt (Bauer 1925: 204–224 & 1976: 381ff.).

Landwirtschaftspolitik ist immer auch Sozialpolitik für aktuell lebende und arbeitende Menschen (Bauer 1925: 218 & 1976: 359ff., 381ff.).

Vergesellschaftung bedarf demokratischer Ermächtigung aller Betroffenen durch Bildung und institutionelle Rahmen, damit „das Gemeinwohl“ ihnen nicht als externe bürokratische Macht entgegentritt (Bauer 1976: 297). Vergesellschaftung bedarf außerdem geeigneter Foren für Bedürfnisaushandlung (Bauer 1925: 189ff. & 1976: 297, 318ff., 363ff.).

Die demokratische Organisation des Gemeinwohls muss nicht zwingend oder ausschließlich durch kollektiven Bodenbesitz erfolgen (Bauer 1925: 225ff. & 1976: 415ff.). Umverteilung des Zugangs zu Land muss trotzdem eine zentrale Forderung bleiben (Bauer 1925: 211ff.).

Gerade im letzten Kapitel von „Der Kampf um Wald und Weide“ sowie in Bauers Erläuterungen zum Agrarprogramm von 1926 wird deutlich, dass bei aller Diversität der vorgeschlagenen Maßnahmen und ihrer Ansatzpunkte doch das rahmende Ziel immer im Blick bleibt – das Ziel einer vollständig sozialistisch organisierten Gesellschaft und Landwirtschaft (Bauer 1925: 225ff.). Wie realistisch dieses Ziel und die einzelnen Forderungen im Kontext der Ersten Republik waren, ist eine andere Frage. Aber das Ineinandergreifen von gesamtgesellschaftlicher Vision und differenziert angepassten Interventionsschritten finde ich schlüssig und inspirierend für gegenwärtige Agrarpolitik.

Um tiefer in die Details von Otto Bauers Analyse und Forderungen einzutauchen, bietet es sich nun an, seine Texte mit den sozialistischen Agrardebatten und -experimenten seiner Zeit zu kontrastieren.

Otto Bauer und die Agrarfrage

Die Frage nach der Rolle der Landwirtschaft auf dem Weg zum sowie im Sozialismus hatte die deutschsprachige Sozialdemokratie vorrangig im letzten Viertel des 19. Jahrhunderts beschäftigt (Auderset & Moser 2018: 15ff., Krammer & Rohrmoser 2012: 95ff.). Es ging dabei entscheidend um die Bewertung verschiedener Betriebsgrößen: Sollte die sozialistische Lebensmittelproduktion auf kollektiv bewirtschafteten und technisch fortschrittlichen Großbetrieben erfolgen? Welche Rolle könnten kleinere bäuerliche Betriebe in der Zukunft spielen? Welche Politik gegenüber den Kleinbetrieben müsste in der Gegenwart verfolgt werden, um dem Ziel einer sozialistischen Landwirtschaftsstruktur näher zu kommen?

Die einflussreiche Antwort Karl Kautskys betonte die Überlegenheit moderner Großbetriebe und war teleologisch-marxistisch begründet: Die Entfaltung der kapitalistischen Produktionsverhältnisse würde zwangsläufig zur Verdrängung bäuerlicher Kleinbetriebe führen. Beim Umbruch zum Sozialismus stünde man bereits einer allein von Großbetrieben geprägten Landschaft gegenüber, die es „nur noch" in Gesellschaftseigentum zu überführen gälte. Da die Entwicklung des Kapitalismus von Kautsky als notwendige Vorbedingung des zukünftigen Sozialismus begriffen wurde, lehnte er folglich jegliche Schutzpolitik und Unterstützung bäuerlicher Landwirtschaft ab, da dies nur zu Verzögerungen führen würde (Auderset & Moser 2018: 15ff., Bauer 1976: 415ff., Krammer & Rohrmoser 2012: 90ff., Shanin & Alavi 1990). Kautskys theoretischer Kontrahent, Eduard David, hinterfragte die Übertragbarkeit angenommener Entwicklungstendenzen für die Industrie auf die Entwicklung der Landwirtschaft: Beim Bodenbauen ginge es schließlich um komplexe lebendige Prozesse und um ganz andere Arbeitsschritte als in einer Fabrik. Jenseits von einfach industrialisierbarem Anbau, wie etwa von Getreide, sei die Überlegenheit von Großbetrieben fraglich (Auderset & Moser 2018: 17, Bauer 1925: 227). Die beiden Positionen wurden nicht miteinander versöhnt. Die folgende Pattstellung der agrarpolitischen Lager bedingte aber, dass die Frage der Agrarpolitik in der Sozialdemokratie in den ersten Jahrzehnten des 20. Jahrhunderts schlichtweg beiseitegeschoben wurde (Krammer & Rohrmoser 2012: 97, Mattl 1985: 217f.).

Vor diesem Hintergrund war die SDAP in Österreich 1925 die erste sozialdemokratische Partei, die sich überhaupt ein einheitliches Agrarprogramm gab (Leser 1985: 222). Was war nun die Positionierung dieses Programms und Otto Bauers im Feld der Agrarfrage? In „Der Kampf um Wald und Weide" und in den Erläuterungen zum Agrarprogramm hält Bauer zwar an der positiven Bewertung von Großbetrieben fest, erklärt aber, dass Kautsky sich darin geirrt habe, dass bäuerliche Landwirtschaft verschwinden würde (Bauer 1925: 226ff. & 1976: 415ff.). Bäuerliche Höfe habe es im Feudalismus wie im Kapitalismus gegeben – und so werde es sie auch im Sozialismus geben. Die entscheidende Frage der sozialistischen Agrarpolitik ist für Otto Bauer somit *nicht ob, sondern wie* bäuerliche Eigenwirtschaften in eine dem Gemeinwohl verpflichtete Wirtschaftsorganisation zu integrieren seien (ebd.). Das ist aus meiner Sicht eine bemerkenswerte Neuausrichtung der sozialdemokratischen Agrardebatte.

Spannend ist auch, welche russischen Autoren Otto Bauer für seine Überlegungen heranzieht, beziehungsweise welchen Autor: Nicht Lenin, sondern den Agrarökonomen Chayanov und sein Werk „Die Lehre von der bäuerlichen Wirtschaft". Chayanov hatte in den 1920er Jahren seine These vorgelegt, der zufolge bäuerliche Familienbetriebe nicht nach kapitalistischer Logik wirtschafteten, auch wenn sie im Besitz ihrer Produktionsmittel stünden (Chayanov 1986 [1923–5]). Bauer beruft sich vor allem in jenen Teilen von „Der Kampf um Wald und Weide" auf Chayanov, in denen er die hartnäckige Persistenz von Kleinbetrieben erklärt (Bauer 1925: 225–237).

Aber es gibt noch eine zweite Resonanz zwischen Bauer und Chayanov: Beide argumentieren für die grundsätzliche Vereinbarkeit von bäuerlichem Bodenbesitz und Sozialismus.[5] In einer Novelle namens „Reise meines Bruders Alexej ins Land der bäuerlichen Utopie" entwarf Chayanov die Vision einer dezentralisierten, kooperativ organisierten und ländlich geprägten sozialistischen Gesellschaft (Chayanov 1981 [1920]). Wie bereits erwähnt, sieht Otto Bauers Vision verschiedene, nebeneinander existierende und ineinandergreifende Verfügungsformen über Boden vor. Netzwerke lokal verankerter Genossenschaften sind darin aber, wie in Chayanovs Novelle, ein wesentlicher Baustein. Es ist Zeit, die einzelnen Elemente der bodenreformatorischen Forderungen Bauers und des Agrarprogramms genauer zu betrachten.

1. Der meiste historisch gewachsene Großgrundbesitz bestehe in Österreich laut Otto Bauer nicht an Äckern oder Wiesen, sondern an Wald (Bauer 1976: 399). Otto Bauer widmete dem bodenreformatorischen Umgang mit Wäldern und Forsten folglich eine eigene Betrachtung: Er verstand die Forstwirtschaft als eine Nutzungsform, die sich leicht im größerem Maßstab durch staatliche Institutionen verwalten lässt. Als Beleg und Beispiel dienten ihm hierfür die 1925 bereits etablierten Staatsforste[6] (Bauer 1925: 170ff. & 1976: 400f.). Dem-

5 Für seine der Politik der Zwangskollektivierung widersprechenden Arbeiten wurde Chayanov in der UdSSR unter Stalin mehrfach verhaftet und exiliert; 1937 wurde er hingerichtet (Shanin 2009: 84f.).

6 Die Österreichischen Bundesforste bewirtschaften auch heute 10 % der Staatsfläche bzw. 15 % aller Waldflächen der Republik Österreich (bundesforste.at).

entsprechend sollte aller privater Großgrundbesitz an Wald in staatliches Eigentum und staatliche Bewirtschaftung überführt werden; Bauernwälder, die bedarfsorientiert für die sogenannte Notdurft, also die Selbstversorgung lokaler Höfe genutzt wurden, sollten hingegen als solche bestehen bleiben. Für Enteignungsverfahren sah Otto Bauer grundsätzlich Entschädigungszahlungen an die ehemaligen Eigentümer*innen vor, die sukzessive durch den Ertragserlös der enteigneten Flächen abgeglichen werden sollten. Der Berechnung der Entschädigungssummen sollte jedoch stets eine am Ertragswert orientierte Neubewertung des zu übertragenden Landes vorausgehen. Im Fall der Wälder sei dies etwa durch eine Novellierung des Jagdrechts zu erreichen, die das Luxusgut der Eigenjagden auflösen würde (Bauer 1976: 328f., 408f.).

Der nunmehr verstaatlichte Forst sollte fortan als „sozialistischer Wohlfahrtswald" bewirtschaftet werden. Unter diesem Prinzip verstand Bauer bemerkenswerterweise nicht allein dem Gemeinwohl unterstellte, planmäßige Holzproduktion, sondern auch die Förderung und Aufrechterhaltung anderer gesellschaftlicher Funktionen der Wälder. Gesunde und nachhaltig bewirtschaftete Wälder dienten der Bevölkerung ebenso als Schutz vor Umweltkatastrophen und als erfahrbare Landschaft. Außerdem gebe es die Interessen von viehhaltenden Betrieben, Wälder auch als Weidegrund und zum Sammeln von Streu zu nutzen (Bauer 1925: 164ff.). Kapitalistische Forstwirtschaft vermöge es nicht, die multiplen Anforderungen an den Wald in fairen Ausgleich zu bringen. Getrieben von kurzfristiger Profitorientierung könne sie, nach Otto Bauer, auch nicht nachhaltig sein (ebd.: 165–170). Nur durch die Sozialisierung der Wälder könnten Nachhaltigkeit in der Forstwirtschaft und Interessenausgleich planmäßig erfüllt werden. Sowohl die Betonung der Nachhaltigkeit als auch die Anerkennung der Multifunktionalität von Landnutzung erscheinen mir heute überaus aktuell (vgl. Stuber & Wunderli 2021, Wilson 2007).

2. Wie nun mit dem weniger verbreiteten Großgrundbesitz an landwirtschaftlichen Flächen verfahren? Hier sind die Vorschläge Bauers und des Agrarprogramms recht divers, denn auch die Ziele, die durch die Umverteilung dieses Landes erreichen werden sollen, sind verschieden: Einerseits ist Bauer von der technischen Effizienz größerer Betriebe überzeugt. Auf ihnen könne durch Einsatz von Maschinen und wissenschaftlich begründeter Methoden mehr Nahrung pro Arbeitszeit produziert werden als auf kleinen Höfen (Bauer 1925: 227f. & 1976: 418).[7] Darum plädiert er nicht für die vollständige Aufteilung großen Landbesitzes in einzelne Parzellen. Die Kernstücke großer Betriebe sollten staatlich sozialisiert, aber lokal – im Idealfall durch bäuerliche Genossenschaften – bewirtschaftet und verwaltet werden. Alternativ sollten diese Güter als Ganzes verpachtet werden, allerdings mit der Verpflichtung, in der Region als agrarwirtschaftliche Bildungseinrichtungen und mit dem Verleih von Maschinen zu dienen (Bauer 1925: 240f.).

Andere Teile des Großgrundbesitzes, vor allem die peripheren Bereiche, waren hingegen auch für die Erfüllung anderer Zwecke vorgesehen. Diese sollten dem Gemeindegut –

7 In den Erläuterungen zum Agrarprogramm erwähnt Otto Bauer allerdings auch, dass kleine Höfe hingegen mehr Nahrungsmittel *pro Fläche* herstellen könnten (Bauer 1976: 418). Dieses Argument ist auch heute relevant für kleinbäuerliche Interessenvertretungen, wenn sie für die „Ernährbarkeit" der Welt durch Kleinbäuer*innen – nicht durch agrarindustrielle Produktion – argumentieren (z.B. Desmarais 2007: 40–73, van der Ploeg 2018: 1–27).

den Commons – zugeschlagen werden, um dieses wieder zu vergrößern. Die für die Allgemeinheit wiedergewonnenen Flächen sollten den ärmeren Teilen der Dorfbevölkerung zugutekommen, entweder um durch Wohnsiedlungsbau Mägde und Knechte von den sie beschäftigenden Höfen unabhängiger zu machen oder um Kleinsthöfen ihre Subsistenzgrundlage abzusichern (Bauer 1976: 381ff.).

3. Die Ausdehnung und Neukonstituierung der alten Allmenden als dem Gemeinwohl verpflichtetes Gemeindegut ist

das eigentliche Herausstellungsmerkmal von Otto Bauers agrarpolitischen Ansätzen. Die Vergesellschaftung der Landwirtschaft sollte großteils durch die demokratische Wiederaneignung des Zugangs zu Land für alle erfolgen – aufbauend auf lokal tradierten (wenn auch teils verschütteten) Traditionen der kollektiven Bewirtschaftung (Bauer 1925: 211ff. & 1976: 381ff.), nicht durch zentralisierte top-down Verstaatlichung, wie sie in der UdSSR erfolgen sollte (Bauer 1976: 297; vgl. Scott 1998: 193–222).

Otto Bauer begründete die Bedeutung, die er dem Gemeingut beimaß, aber nicht nur demokratiepolitisch, sondern auch historisch. „Der Kampf um Wald und Weide" ist im Wesentlichen die Geschichte der „ursprünglichen Akkumulation" im Fall von Österreich (Bauer 1925: 40; vgl. Marx 1974 [1867]: 398ff., Saage 2021) – die Geschichte der sukzessiven und vielgestaltigen Einschränkung des einst allgemeinen Zugangs zu Wald und Weide. Viele Einhegungsschritte führt Bauer auf die Handlungen von Landesfürsten und Grundherren zurück, aber auch innerhalb der zunehmend differenzierten Dorfgemeinschaften wurden immer wieder ärmere Bevölkerungsteile durch Alteingesessene und andere Privilegierte von der Teilhabe an den

Allmenden ausgeschlossen (Bauer 1925: 23ff. & 1976: 388ff.). Die Umkehrung der Akkumulation – die „Enthegung“ der Allmenden – bedürfe folgerichtig der oben genannten Rückführung von Teilen des Großgrundbesitzes, doch damit sei sie noch nicht abgeschlossen. Zusätzlich sollten alle nach 1848 vorgenommenen Übertragungen von Gemeindegut an geschlossene Gruppen innerhalb des Dorfes (etwa in Form von Agrargemeinschaften oder Interessentschaften) rückgängig gemacht werden. Weiters müssten auch alle Nutzungsrechte an Wald und Weide im Zuge von Neuregulierungen an die aktuellen Bedürfnisse der ländlichen Bevölkerung angepasst werden: Seit der letzten Regulierung neu etablierte Liegenschaften sollten angemessene Rechte erhalten; Höfen, die ihre Bewirtschaftung eingestellt oder reduziert hatten, sollten Teile ihrer Rechte entsprechend entzogen werden (Bauer 1976: 404). Schließlich forderte Bauer, dass das vergrößerte Gemeindegut fortan demokratisch von den gewählten Gemeindeinstitutionen verwaltet werden müsse. Außerdem sollten alle Dorfbewohner*innen – nicht nur die in der Landwirtschaft tätigen – am gemeinsamen Reichtum teilhaben. So sollten etwa Pachteinnahmen von der Gmain verpflichtend für soziale Dienstleistungen verwendet werden (ebd.: 390f.).

Dieser Umgang mit den Commons ist nicht nur bemerkenswert, weil er stark von älteren sozialistischen Agrartheorien abweicht: Anstelle des unidirektionalen Fortschrittsmodells tritt die Möglichkeit, alte kommunale Formen der Gemeinschaftsverwaltung neu aufzubauen. Bemerkenswert ist auch Bauers Bewertung der zu seiner Zeit existierenden Commons als potenzielle Ansatzpunkte für die Sozialisierungsbestrebungen der SDAP. Agrargemeinschaften und bäuerliche Genossenschaften galten (und gelten auch heute) als gerade jene Institutionen, durch die größere

Höfe im Dorf und die christlichsoziale Partei ihre eigenen Vorrangstellung gefestigt hatten und aufrechterhielten (Bauer 1925: 71–74, Genner 1979: 46, Mattl 1985: 225, Keller 2009). Letztere Einschätzungen sind gerechtfertigt. Der sogenannte Agrargemeinschaftsstreit in Tirol in den 2010er Jahren macht deutlich, dass die kritische Frage, wer Zugang zu den alten Allmenden hat und wer ausgeschlossen wird, weiterhin relevant ist.[8]

Anstatt die Idee der lokalen Gemeinschaftsverwaltung abzulehnen, fragte sich Otto Bauer, wie sie umstrukturiert werden müssten, um dem Gemeinwohl wieder dienlich zu sein und zu bleiben. Als Ethnographin von kontemporären Weidecommons in Österreich empfinde ich genau diese Frage als entscheidend und vielversprechend. Agrargemeinschaftsmitglieder sind erfahrene Commoners, ebenso wie Substanzverwalter*innen, Bergmeister*innen und Almherr*innen.[9] Sie sind erfahren in der Praxis kollektiver Selbstverwaltung – warum sollte man dieses im österreichischen Alpenraum verbreitete Erfahrungswissen nicht wertschätzen und überlegen, wie all diese Commons wieder inklusiver gestaltet werden könnten (vgl. Kühberger 2016)?

8 Nach einem Verfassungsgerichtshoferkenntnis von 2008 wurde die Legitimität aller in Tirol eingetragenen Agrargemeinschaften geprüft (van Gils et. al. 2014, Keller 2009, tirol.gv.at). In ca. 250 Fällen wurde befunden, dass die Agrargemeinschaften rechtswidrig gegründet und zu Gunsten ihrer Mitglieder allgemeines Gemeindegut angeeignet hatten. Diese Agrargemeinschaften wurden an die jeweiligen Gemeinden zurücküberführt, allerdings unter heftigen Wogen in der Öffentlichkeit und langwierigen Instanzengängen (Keller 2009, Kohl et.al. 2010, tirol.gv.at; Interviews mit Vertreter*innen der Agrarrechtsabteilung Agrarbehörde Tirol 2023).

9 Das sind einige Beispiele für Ämter in den diversen Commons-Formen, über die ich im Zuge meiner Dissertation forsche.

4. Zum Schluss aber die Gretchenfrage: Wie hielten es Otto Bauer und die SDAP mit dem bäuerlichen Bodeneigentum? Kurz gesagt, nein, individuelle Verfügung über Boden von kleinen und mittleren Höfen, die aus dem Land nicht mehr als einen angemessenen Arbeitslohn für die bäuerlichen Familienmitglieder und etwaige Landarbeiter*innen erwirtschaften, sollte *nicht* angetastet werden (Bauer 1976: 416ff.). Allerdings würde sich der Charakter des Eigentums ändern, wenn seine Bewirtschaftung erst in eine planvolle sozialistische Wirtschaftsorganisation eingegliedert wäre: „Der Sozialismus wird also nicht das Privateigentum der Bauern antasten, aber er wird die soziale Funktion, die Wirkungsweise des bäuerlichen Privateigentums verändern." (ebd.: 424) Nicht mehr geregelt durch den kapitalistischen Markt, sondern durch interessenausgleichende und am Gemeinwohl orientierte Planung, könne auch private Verfügung über Produktionsmittel Teil der allgemeinen Vergesellschaftung aller Güter sein (ebd.: 419–424). Nicht mehr Profitstreben oder etwaige Grundrenten würden so die landwirtschaftliche Produktion strukturieren, sondern die Bedürfnisaushandlung zwischen Stadt und Land, zwischen Hörndl- und Körndlbäuer*innen, zwischen Berg- und Tallagen etc. Genossenschaftliche Zusammenschlüsse zwischen einzelnen Höfen sollten stark gefördert werden. Grundsätzlich sei es aber auch möglich, individuell bewirtschaftete bäuerliche Einzelbetriebe *durch ihre Einbettung* sozialistisch zu vergesellschaften.

Das Bild der sozialistischen Zukunft der Landwirtschaft, das sich aus den verschiedenen Maßnahmen zusammensetzt, scheint sehr kompatibel mit der bäuerlichen Utopie von Alexander Chayanov. Aber ist es auch kompatibel mit Utopien heutiger kleinbäuerlicher Kämpfe und feministischer, antikapitalistischer Commonstheoretiker*innen?

Die Wiederaneignung der Commons und der Kampf für Ernährungssouveränität

Otto Bauers agrarpolitische Schriften sind keine feministischen Texte. Leben, Arbeit und Teilhabeausschluss von Frauen bleiben unbehandelt, sie durchziehen „Der Kampf um Wald und Weide" als eklatante Auslassung. Dieser systematische blinde Fleck ist meiner Meinung nach die größte Einschränkung für die direkte Nutzbarkeit von Bauers Buch für die Gegenwart; ich werde im nächsten Abschnitt genauer auf ihn zu sprechen kommen. Umso mehr mag die Anschlussfähigkeit erstaunen, die ich trotzdem zwischen Otto Bauers Analysen und der kritischen, feministischen und antirassistischen Weiterentwicklung von Marx ausmache und hier stellvertretend am Werk Silvia Federicis aufzeigen möchte. Schließlich ist es gerade die Nichtberücksichtigung der gewaltsam gewandelten gesellschaftlichen Position von Frauen in Marx' Darstellung des Übergangs vom Feudalismus zum Kapitalismus, die den Ausgangspunkt für Federicis Kritik bildet (Federici 2017 & 2020) – eben die Nichtberücksichtigung, die Otto Bauer wiederholt.

Die Anschlussfähigkeit stellt sich für mich auf einer anderen Ebene ein, nämlich bezüglich der Rolle, die Federici den Commons und dem Zugang zu Land für die Überwindung kapitalistischer Herrschafts- und Ausbeutungsverhältnisse beimisst. Um das zu erklären, muss ich etwas ausholen: In „Caliban und die Hexe" erzählt Silvia Federici die zuerst von Marx vorgelegte Geschichte der ursprünglichen Akkumulation neu. Ja, die gewaltvolle Trennung der Menschen von den ihnen zur Verfügung stehenden Produktionsmitteln war eine Vorbedingung für die Entfaltung der kapitalistischen Produktionsweise. Ja, der für kapitalistische Mehrwertproduktion notwendige Zustand der Lohnabhängigkeit in der Bevölkerung muss und musste immer erst hergestellt werden – durch den Entzug des Zugangs zu Subsistenzgrundlagen, durch die Einhegung der Allmenden (Federici 2017: 29ff., 83ff.; vgl. Nuss 2019: 55–62). Die Geschichte der ursprünglichen Akkumulation, so Federici, ist aber nicht nur die Geschichte der Schaffung der Lohnabhängigen, des Proletariats. Sie ist *auch* die Geschichte der strukturellen Entwertung und Entmachtung von Teilen der Arbeitenden entlang des Merkmals ihres Geschlechts und durch rassistische Hierarchisierung. Sie ist *auch* die Geschichte der Spaltung von Arbeitstätigkeiten in wertschöpfende, entlohnte Produktion (von Waren) und „natürlich" von Frauen vollzogene, nicht entlohnte Reproduktion (von Menschen, Beziehungen, Gemeinschaften, Haushalten, ökologischen Kreisläufen etc.). Sie ist *auch* die Geschichte der Herstellung neuer, objektivierender Formen der Verfügungsmacht über die Körper von Frauen und von kolonisierten Subjekten, über Land, über „Natur" (Federici 2017: 16ff., 79–164; vgl. von Redecker 2020: 28ff.).

Das Problem, das Federici mit Marx' Geschichtsschreibung hat, ist, dass er zwar die Brutalität der Trennungs- und Enteignungsprozesse anerkannte – sie seien „in die Annalen der Menschheit eingeschrieben mit Zügen von Feuer und Blut" (Marx 1974: 400) –, sie aber doch als unvermeidbaren Schritt in der Entwicklung hin zum Sozialismus begriff. Marx habe geglaubt, erst die Dynamik der kapitalistischen Produktionsweise könne durch die Entwicklung der gesellschaftlichen Arbeitsteilung und des technischen Fortschritts den Nährboden für eine sozialistische Gesellschaftsordnung erschaffen. Sein Technik- und Fortschrittsoptimismus – und seine eigene Positionalität – habe

Marx den Blick darauf verstellt, welchen Preis all jene zu zahlen hatten, die beim Übergang vom Feudalismus zum Kapitalismus nicht zu weißen, gesunden, männlichen Lohnarbeitern werden konnten (Federici 2017: 17ff. & 2020: 224ff.). Ebenso habe er unterschätzt, welche gesellschaftlichen Kooperationsfähigkeiten durch die Entfaltung des Kapitalismus nicht weiterentwickelt, sondern mit den Allmenden zerstört worden waren (Federici 2017: 33ff. & 2020: 246–254).

Federici teilt somit Marx' fundamentale Kritik an kapitalistischen Produktions- und Herrschaftsverhältnissen, doch sie gelangt zu ganz anderen Schlüssen, wie diese zu überwinden seien: Nicht über den Umweg der Landkonzentration und der Großbetriebe, nicht über zentralisierte Staatsverwaltung, nicht nach dem Idealbild einer Gesellschaft aus Industriearbeiter*innen – auch wenn diesen dann der Wert ihrer Produktivität nicht mehr geraubt würde –, kurz, nicht über den Umweg kapitalistischer Entmachtung, Spaltung, Kommodifizierung, Privatisierung, Entfremdung (Federici 2020: 221–254). Stattdessen plädiert sie in ihrer Essay-Sammlung „Die Welt wieder verzaubern. Feminismus, Marxismus und Commons" für gemeinschaftlich verankerte Selbstverwaltung in direkter Demokratie, in der Sorgearbeit die ihr zustehende Wertschätzung wieder erlangt, in der Produktion und Reproduktion nicht getrennt oder hierarchisiert werden, und in der Autonomie und Solidarität erlebt und praktiziert werden können. Ihre befreiende Vision basiert auf Commons. Jene Commons, die schon (oder noch) existieren – Gemeinschaftsgärten, Squats, Gemeindeweiden –, müssen gegen Vereinnahmung verteidigt werden, anstatt durch die Zwischenstufe des Kapitalismus hindurchzugehen (ebd.).

Aber zurück zu „Der Kampf um Wald und Weide". Otto Bauer glaubt zwar an Produktivitätsschübe durch Wissenschaft und Technik, aber er propagiert keine lineare Fortschrittsentwicklung für die Land- und Forstwirtschaft. Die Wiederaneignung des Zugangs zu Land soll ihm zufolge durch die Wiederbelebung der alten Commons und durch lokale Vergenossenschaftlichung von Klein- und Großbetrieben vollzogen werden. Wie Federici versteht Otto Bauer die demokratische Mitgestaltung des Gemeinwesens durch die Betroffenen als notwendigen Bestandteil sozialistischer Vergesellschaftung (z.B. Bauer 1925: 201 & 1976: 407f.). Wie Federici erachtet Otto Bauer Allmenden als Orte, an denen Dinge und Tätigkeiten effektiv dem kapitalistischen Markt entzogen werden können beziehungsweise bereits entzogen sind (Bauer 1976: 388ff., Federici 2020: 20–32).

Ebenfalls parallel zu Federici und anderen kontemporären Commonstheoretiker*innen (Caffentzis 2012, Federici & Caffentzis 2020, Li 2021) ist sich Bauer aber auch bewusst, dass Gemeingüter immer wieder Gefahr laufen, kooptiert und von innen oder außen eingeschränkt zu werden. Auch seine Ideen, wie dieser Gefahr durch neue Regulierungen entgegengewirkt werden könnte, sind überraschend detailliert und kompatibel mit aktuellen Debatten: Um der Kooptierung zu widerstehen, so die heute einschlägige (antikapitalistische und liberale) Commons-Literatur, bedarf es der stetigen Aushandlung und Balancierung von Bedürfnissen und Interessen. Das sind komplexe und andauernde Arbeitsprozesse, für deren Institutionalisierung es kein allgemeingültiges Rezept geben kann – Commons, Commoners und ihre Rahmenbedingungen sind zu verschiedenartig und wandelbar (Exner et. al. 2021, Federici & Caffentzis 2020, Helfrich & Bollier 2020, Ostrom 1990). Bauer betont ebenfalls die Notwendigkeit, die Verwaltung und Nutzung der Allmenden jeweils an die lokalen Besonderheiten anzupassen, und präsentiert dementsprechend eine Vielzahl konkreter

Vorschläge, wie alte Gemeingüter im Sinne einer sozialistischen Gesellschaftsordnung neu verfasst sein sollten. Darunter sind z.B. Losverfahren, auf Bedürfnisanalysen beruhende Umverteilung, basisdemokratische Gemeindepolitik und die Sicherstellung paritätischer Vertretung in schlichtenden Behörden und Gerichten (Bauer 1925: 211ff. & 1976: 388ff.).

Genau solche Vorschläge Bauers können für heutige agrarpolitische Kämpfe um den Zugang zu Land fruchtbar neu aufgegriffen und abgewogen werden, insbesondere für den von Otto Bauer bearbeiteten Fall Österreich: Wie müssten Wald- und Weidenutzungsrechte neu geregelt werden, damit auch Neueinsteiger*innen in die Landwirtschaft der Zugang zu Almflächen gewährleistet wird? Wer müsste in den entsprechenden Regulierungskommissionen vertreten sein, um für Interessenausgleich zwischen allen Betroffenen zu sorgen? Können die Arbeitsbedingungen von saisonal beschäftigten Hirt*innen oder Erntearbeiter*innen durch geänderte Widmung von Gemeindegütern verbessert werden? Wie könnten Agrargemeinschaften verpflichtet werden, auch die lokale nicht landwirtschaftlich tätige Bevölkerung am Wert ihres Landes teilhaben zu lassen? Wie könnten andersherum Nicht-Bäuer*innen einer Gemeinde verpflichtet werden, die bäuerliche Arbeit der Landschaftspflege oder der Bannwalderhaltung mitzutragen? „Der Kampf um Wald und Weide“ und das Agrarprogramm der SDAP werfen in meiner Lektüre solche Fragen auf. Sie eröffnen Denkräume, welche alternativen Eigentumsformen zu privater, der Warenproduktion gewidmeter Verfügung über Land vorstellbar und wünschenswert wären. Und sie ermutigen, historisch gewachsene Alternativen in Form der alten Allmenden aufzuspüren, sie auf ihr emanzipatorisches Potenzial hin zu überprüfen und gegebenenfalls für ihre Re-Demokratisierung einzustehen. Ja, die Frauen fehlen in Otto Bauers Zeilen, sie fehlen weiterhin auch unter den aktiven Mitgliedern und Vertreter*innen der heute existierenden Commons in Österreich, aber die Vision der Sozialisierung der Landwirtschaft durch Commoning scheint mir weiterhin sehr brauchbar für feministische, antikapitalistische Kämpfe, wie unter anderem Silvia Federici sie führt und dokumentiert (Federici 2020).

Die Re-Lektüre von „Der Kampf um Wald und Weide" scheint mir heute noch aus einer zweiten Perspektive interessant, nämlich aus der Perspektive der Bewegung für Ernährungssouveränität. Die Bewegung setzt sich heterogen zusammen: Einerseits aus politischen Initiativen, die sich für die Rechte von Kleinbäuer*innen, Hirt*innen, Fischer*innen, Landlosen und Landarbeiter*innen einsetzen, andererseits aus verbündeten ernährungs- und umweltpolitischen Organisationen, die die sozialen und ökologischen Folgewirkungen agrarindustrieller Landwirtschaft kritisieren und bekämpfen (Desmarais 2007, Edelman 2005, nyeleni.org)[10]. Ernährungssouveränität stellt einen vereinenden Kampfbegriff dar, der die zentralen Forderungen und Positionen der beteiligten Initiativen zusammenfasst. Die aktivistische Definition von Ernährungssouveränität, die 2007 auf einer politischen Konferenz in Mali verfasst wurde, ist dementsprechend ein guter Einstiegspunkt, um die

10 Die Bewegung für Ernährungssouveränität in Österreich wurde beispielsweise durch die Organisationen Österreichische Berg- und Kleinbäuer*innenvereinigung (ÖBV, Mitgliedsorganisation der La Vía Campesina), FIAN Austria (Menschenrechtsorganisation mit dem Fokus Recht auch Nahrung) und Attac Österreich initiiert, repräsentiert aber ein breiteres und fluides Netzwerk an politischen Gruppen und Initiativen (vgl. ernährungssouveränität.at).

agrarpolitische Vision aktueller kleinbäuerlicher Bewegungen mit der von Otto Bauer zu vergleichen.

> Ernährungssouveränität ist das Recht der Völker auf gesunde und kulturell angepasste Nahrung, nachhaltig und unter Achtung der Umwelt hergestellt. Sie ist das Recht auf Schutz vor schädlicher Ernährung. Sie ist das Recht der Bevölkerung, ihre Ernährung und Landwirtschaft selbst zu bestimmen. Ernährungssouveränität stellt die Menschen, die Lebensmittel erzeugen, verteilen und konsumieren, ins Zentrum der Nahrungsmittelsysteme, nicht die Interessen der Märkte und der transnationalen Konzerne. Sie verteidigt das Wohlergehen kommender Generationen und bezieht sie ein in unser vorsorgendes Denken. Sie ist eine Strategie des Widerstandes und der Zerschlagung derzeitiger Handels- und Produktionssysteme, die in den Händen multinationaler Konzerne liegen. [...] Ernährungssouveränität fördert transparenten Handel, der allen Völkern ein gerechtes Einkommen sichert und den Konsument*innen das Recht verschafft, ihre Nahrungsmittel zu kontrollieren. Sie garantiert, dass die Nutzungsrechte auf Land, auf Wälder, Wasser, Saatgut, Vieh und Biodiversität in den Händen jener liegen, die das Essen erzeugen. Ernährungssouveränität bildet und stützt neue soziale Beziehungen ohne Unterdrückung und Ungleichheit zwischen Männern und Frauen, Völkern, ethnischen Gruppen, sozialen Klassen und Generationen. (Nyéléni 2007; übers. ÖBV & AgrarAttac 2018)

Ähnlich wie bezüglich der Anschlussfähigkeit von „Der Kampf um Wald und Weide" an feministische Denker*innen muss auch hier mit einer Einschränkung begonnen werden: Otto Bauer hält an dem Gedanken der grundsätzlichen Überlegenheit von landwirtschaftlichen Großbetrieben durch Mechanisierung und Anwendung agrarwissenschaftlicher Erkenntnisse fest. Kleinbetriebe können und sollen in seiner Zukunftsvision zwar auch existieren, aber eher aus sozialpolitischer Abwägung als wegen ihrer Art, Landwirtschaft zu betreiben, oder wegen der Qualität bäuerlichen Erfahrungswissens. Diese Einschätzungen stehen im Gegensatz zu jenen heutiger kleinbäuerlicher Bewegungen. Nach ihnen geht es bei der Verteidigung kleinbäuerlicher Landwirtschaft nicht nur um die Lebensbedingungen der betroffenen arbeitenden Menschen, sondern zentral auch um den achtsamen Umgang mit der belebten Umwelt (von Redecker & Herzig 2020; vgl. van der Ploeg 2018). Anders als kapital- und energieintensive, hochgradig spezialisierte Agrarindustrie – ob in Form von Massentierhaltung oder Monokulturplantagen – trage diverse, agrarökologische, kleinbäuerliche Bewirtschaftung nicht zu Artensterben, Bodenverlust und Klimaerwärmung bei. Ganz im Gegenteil fördere sie nachhaltig Biodiversität, Humusaufbau und geschlossene Nährstoffflüsse, aber auch sichere Nahrungsversorgung, vielfältige Kulturlandschaften und lokale Lebensgrundlagen (Claeys & Edelman 2020, Desmarais 2007, McCune & Rosset 2023; vgl. für Österreich viacampesina.at). Dergleichen Wertschätzung findet sich in Otto Bauers agrarpolitischen Schriften nicht (Bauer 1921, 1925 & 1976); seine Einsicht, dass Umweltzerstörung und Unnachhaltigkeit strukturell in der kapitalistischen Wirtschaftsweise angelegt sind, blieb 1925 noch auf den Bereich der Forstwirtschaft beschränkt.

Abgesehen von dieser Diskrepanz – und wieder abgesehen von der Nichtbehandlung von Genderhierarchien bei Bauer – drängt sich eine andere Parallele auf: Die Forderung nach radikaler demokratischer Selbstbestimmung für alle, die in der Lebensmittelerzeugung arbeiten, und für alle, die essen, über ihr Agrar- und Ernährungssystem. Die angestrebte Selbstbestimmung ist dabei nicht auf formelles Mitbestimmungsrecht beschränkt, sondern muss die materielle Ebene der tatsächlichen Verfügungsmacht miteinschließen. Dafür bräuchte es eine an den Bedürfnissen von Produzent*innen und Konsument*innen orientierte Ökonomie statt Regelung von Produktion und Verteilung durch kapitalistische Marktmechanismen und Konzernmacht (Bauer 1921: 184ff., Nyéléni 2007).

Sowohl das Konzept der Ernährungssouveränität als auch das Agrarprogramm der SDAP von 1925 fordern einen grundlegenden Systemwandel, um miteinander verschränkte Probleme der Landwirtschafts- und Ernährungspolitik zu beheben. Die Interessen von Bäuer*innen, Landarbeiter*innen und Abnehmer*innen sollen nicht länger gegeneinander ausgespielt werden – entweder günstiges Essen für das städtische Proletariat *oder* gute Preise für die Bäuer*innen, entweder ausreichender Lebensunterhalt für die Bäuer*innen *oder* für ihre Angestellten. Es gelte vielmehr, zu fragen, welche Rahmenbedingungen es für ihren Interessensausgleich bräuchte und was solchen Bedingungen aktuell im Wege steht.

Das Agrarprogramm sieht zum Beispiel vor, den Zwischenhandel und seine Gewinnmargen durch nicht gewinnorientierte genossenschaftliche Zusammenschlüsse zwischen Produzent*innen und Konsument*innen zu ersetzen (Bauer 1976: 305ff.). Das klingt sehr ähnlich wie das heute in der Bewegung für Ernährungssouveränität unterstützte Modell solidarischer Landwirtschaften, in dem Produktionsrisiko und faire Abnahmebedingungen transparent zwischen Bäuer*innen und Verbraucher*innen verhandelt und geteilt werden (Exner & Kratzwald 2021: 113–132, Narotzky 2016: 308ff.). Es klingt auch nach einer ähnlichen Kritik an den „Interessen der Märkte und der transnationalen Konzerne“ (Nyéléni 2007; übers. ÖBV & AgrarAttac 2018).

Auch der Zugang zu Land und die Forderung nach Bodenreformen sind verbindende Themen. Otto Bauer sah im Ausbau der Allmenden eine Möglichkeit, allen Dorfbewohner*innen ausreichend Land für ihre Subsistenz zu gewähren und damit die strukturellen Abhängigkeitsbeziehungen zwischen Hofbesitzer*innen und Landarbeiter*innen oder Dienstbot*innen zu reduzieren (Bauer 1925: 208ff.). Landkonzentration habe außerdem den Effekt, dass Boden nicht nur als Produktionsmittel zur Nahrungsmittelerzeugung diene, sondern den wenigen privilegierten Eigentümer*innen durch Verpachtung und Spekulation nicht selbst-erarbeitete Grundrenten beschere (ebd.: 164ff. & 228ff.). Zunehmende Flächenkonzentration bei immer weniger und umso größeren Betrieben, legale und illegale Land Grabs sowie Bodenüberbewertung erschweren auch heute weltweit Kleinbäuer*innen und Neueinsteiger*innen in die Landwirtschaft zunehmend den Zugang zu Land (Goetz 2023, Hall 2023, Hetherington 2011 & 2020). Sowohl die Arbeitsgemeinschaft bäuerliche Landwirtschaft in Deutschland (AbL) als auch die Regionalgruppe der La Vía Campesina für Europa (ECVC) haben beispielsweise kürzlich Positionspapiere vorgelegt, in denen sie Ausmaß und Folgen der Landkonsolidierung durch agrarindustrielle Betriebe darlegen und kritisieren: Großen Teilen der ländlichen Bevölkerung werde die Möglichkeit verwehrt, sich lokal zu versorgen oder sich lokal ihren Lebensunterhalt zu erwirtschaften; intensive Bearbeitung führe zu Bodenverlust und gestörten Nährstoffkreisläufen; mit dem Verschwinden kleinräumig gegliederter Kulturlandschaften vermindere sich die Qualität der Agrarlandschaft als Erholungsraum und Habitat (AbL 2022 & 2023, ECVC 2023). Beide politische Gruppen fordern entsprechend Gegenmaßnahmen ein. Ihre konkreten Vorschläge sind unter anderem die Einführung einer Maximalgröße für Flächenbesitz, Umverteilung des freiwerdenden Landes, gemeinwohlorientierte Verpachtungsregeln, Bodenpreisregulierung oder auch Schutz, Ausbau und Wiederbelebung von ländlichen Commons und Gemeindegründen (ebd.).

Die Klammer, die das Streben nach Ernährungssouveränität heute und das Streben nach Sozialisierung vor hundert Jahren verbindet, scheint mir die Erkenntnis, dass die kapitalistische Organisation des Agrar- und Ernährungssystems sozial und ökologisch zerstörerisch wirkt und überwunden werden muss. Die verbindende Klammer ist die Forderung nach der *wirklich* demokratisch verhandelten Umverteilung und Vergesellschaftung des Bodens – oder gleich der ganzen Reproduktion der Gesellschaft und ihrer Grundlagen.

Unhinterfragte Macht: Gender, Natur und „rationelles" Wissen

Sie sind schon angeklungen, die blinden Flecken in Otto Bauers Geschichtsschreibung und Zukunftsvision. Ich habe zwar ausgeführt, in welchen Aspekten ich Otto Bauers Denken bemerkenswert anschlussfähig an feministische Weiterentwicklungen von Marx empfinde, doch andere kritische (öko)feministische Fragen fehlen ihm: Wo sind die Frauen in „Der Kampf um Wald und Weide"? Wer hat die Definitionsmacht, was „rationelle" Bodenbewirtschaftung ist, und was nicht? Welches Verständnis der natürlichen Umwelt liegt dem Agrarprogramm des SDAP zu Grunde, und was sind seine Implikationen?

In Otto Bauers Erläuterungen zum Agrarprogramm finden sich einige Sätze zur spezifischen Positionalität von Frauen als Arbeiter*innen in der Landwirtschaft: Schwangeren und Wöchnerinnen solle besonderer arbeitsrechtlicher Schutz zukommen (Bauer 1921: 182 & 1976: 374). Doch abgesehen davon verschwinden bei Otto Bauer Genderfragen innerhalb der ländlichen Haushalte. Es gibt Bauernhöfe verschiedener Größe, und es gibt Häusler-Haushalte; die Haushalte erscheinen als Einheiten, jeweils spezifisch zusammengesetzt aus ihrer familiären Arbeitskraft und ihrem Zugang zu Wald, Weide und Acker. Aber was passiert *in* den Haushalten? Was passiert zwischen den „familiären Arbeitskräften", und wer kümmert sich um deren Reproduktion? Wer entscheidet über die Nutzung der Produktionsmittel, wenn sie „zum Hof" gehören? Wer entscheidet, wer welche Arbeit macht? Wie wird entschieden? Wer geht zu Agrargemeinschaftssitzungen und Gemeindeversammlungen?

Otto Bauer ist im Feld der *peasant studies* und Agrarsoziologie nicht allein mit der Auslassung von Machtverhältnissen auf der Ebene bäuerlicher Haushalte. Auch Chayanov rechnete beispielsweise in seinen ökonomischen Modellen mit ungeteilten Familieneinkünften und ungeteilter Arbeitslast (Chayanov 1986; vgl. Deere 1995); die systematische, sozialwissenschaftliche Forschung zu gender- oder auch altersbasierten Hierarchien in landwirtschaftlichen Betrieben ebenso wie zu gegenderter Arbeitsteilung in der Landwirtschaft entfaltete sich erst ab den 1980er Jahren (Friedman 2021, Deere 1995). In der Praxis hat bis heute die große Mehrheit der Höfe in Österreich männliche Betriebsleiter (Grüner Bericht 2023: 28).[11] Bis heute sind im Betrieb mitarbeitende Partner*innen von Hofeigentümer*innen im Trennungsfall oft nur schlecht sozial und ökonomisch abgesichert und dementsprechend abhängig innerhalb der Beziehung. In Österreich wurde erst in den 1990er Jahren eine eigenständige Pension für Bäuerinnen eingeführt (Steiner 2018: 379).

11 Laut Bericht zur Situation der österreichischen Land- und Forstwirtschaft von 2023 werden 31 % der Betriebe von Frauen und 12 % von Ehegemeinschaften geführt.

Bis heute sind Frauen – und erst recht Menschen mit nicht binärer Geschlechtsidentität – meiner Erfahrung nach in Vertretungsstrukturen und Entscheidungsgremien der ländlichen Commons in Österreich weitgehend abwesend oder zumindest stark unterrepräsentiert.

All das bedeutet, ungleicher Zugang zu landwirtschaftlichen Ressourcen und Entscheidungsteilhabe entlang von Geschlechtsunterschieden strukturiert weiterhin Agrar- und Ernährungssysteme in Österreich und weltweit – auch wenn dies mittlerweile von kritischen Theoretiker*innen und sozialen Bewegungen benannt und bekämpft wird (Desmarais 2007: 161ff., Mukherjee 2023, von Redecker & Herzig 2020: 658). „Der Kampf um Wald und Weide" und das Agrarprogramm von 1925 müssten heute um den Einsatz für Gleichberechtigung nicht nur bezüglich der Klassenzugehörigkeit ergänzt werden. Nur wenn auch Hierarchien oder Ausschlüsse vom Zugang zu Land auf Grund von Genderidentität, Sexualität, Herkunft oder Alter aufgebrochen werden, kann von echter demokratischer Teilhabe an der Landwirtschaftsgestaltung gesprochen werden. Solange in den Sitzungen, in denen über Agrargemeinschafts- oder Gemeindegut verfügt wird, nur Männer sitzen, sind die Commons auch nicht für alle sozialisiert.

Eine zweite Kritik, der aus heutiger Sicht Otto Bauers agrarpolitische Texte dringend unterzogen werden müssen, ist die ihres utilitaristischen und objekthaften Naturverständnisses. Bauer untersucht Böden, Getreide, Nutztiere, Weinstöcke, Bäume, Wild, Wasser oder Wiesen hinsichtlich ihrer Nützlichkeit zur Befriedigung menschlicher Bedürfnisse und fragt, wer wie viel von dieser Nützlichkeit profitiert und wem sie verwehrt wird. Das Ziel seiner abgeleiteten Forderungen ist es, die Nützlichkeit natürlicher Prozesse durch planmäßige Organisation zu steigern und allen Menschen bedarfsorientiert und gerecht zukommen zulassen. Ja, ökologische Prozesse werden dabei als recht komplex dargestellt. Aber *nein*, ihnen wird kein Eigenwert jenseits individueller oder kollektiver menschlicher Interessen beigemessen.

Otto Bauer legt zwar dar, wie die kapitalistische Verwertungslogik in der Forstwirtschaft strukturell ihre eigenen natürlichen Grundlagen zerstört, denn kurzfristige Profitinteressen von flexiblem Kapital untergraben die nachhaltige Bewirtschaftung der Wälder (Bauer 1925: 164ff.). Seine Kritik richtet sich gegen die „Planlosigkeit, [die] Ungeregeltheit, [die] Anarchie der kapitalistischen Produktionsweise" (Bauer 1976: 309), die sich weder am Nutzwert des Holzes noch am Bedarf der Bevölkerung noch an der Regenerationszeit des genutzten Ökosystems orientiert. Einen anderen Aspekt dieser Verwertungslogik legt Bauer hingegen nicht ab, sondern reproduziert ihn: Im sozialistischen Wohlfahrtswald sollen Bäume zwar auf Grundlage wissenschaftlicher Erkenntnis planmäßig und nachhaltig entnommen werden, doch sie sind auch hier rein passives Objekt rein menschlicher kreativer Arbeit und Extraktion.

Natur bleibt der menschlichen Gesellschaft äußerlich, und ihre Verwertung gilt auch bei Otto Bauer als grundsätzlich industrialisierbar und soll durch technischen Fortschritt stetig gesteigert werden: Arbeitszeitersparnis durch Maschineneinsatz, Vereinfachung der Agrarlandschaft durch Spezialisierung und Gleichförmigkeit der Nutzpflanzen und -tiere, Produktion in größerem Maßstab etc. Genau wegen dieser Annahmen gilt Otto Bauer eine Agrarlandschaft aus sozialisierten Großbetrieben als Idealvorstellung. Klein- und Bergbetriebe sollen zwar bestehen bleiben, allerdings nicht wegen ihrer Arbeitsweise, sondern wegen ihrer sozialen Funktion für die ländliche Bevölkerung oder wegen ihrer für eine Zusammenlegung unvorteilhaften Lage (Bauer 1925: 204ff.). Inwiefern die biologischen Prozesse der Landwirtschaft tatsächlich mit mechanischen gleichzusetzen sind und ob nicht andere Methoden für ihre Lenkung und Förderung angemessener wären, ist nicht Teil von Bauers Überlegungen.[12]

Heute ist ersichtlich, welche verheerenden Folgen exzessive (kapitalistische, aber auch planwirtschaftliche) Industrialisierung der Landwirtschaft mit sich bringt: Artensterben, Bodenauslaugung und -verlust, Tierleid, Land Grabbing und Vertreibung, Beitrag zum Klimawandel durch hohen Verbrauch fossiler Brennstoffe und synthetischer Düngemittel, Grundwasserverschmutzung, Krisenanfälligkeit bei Extremwetterereignissen, Untergrabung lokaler Versorgungssicherheit. Angesichts dessen fordern kleinbäuerliche soziale Bewegungen heute eben nicht nur angemessene Lebens- und Arbeitsbedingungen für die in der Landwirtschaft arbeitenden Menschen ein, sondern auch einen anderen Umgang mit der belebten Umwelt und die Anerkennung bäuerlichen Erfahrungswissens darüber, wie dieser nachhaltig gelingen kann (Desmarais 2007, von Redecker & Herzig 2020).

Bäuerliche, praxisbasierte Expertise wurde auch von Otto Bauer nicht als solche wertgeschätzt. Ein substanzieller Teil des sozialdemokratischen Agrarprogramms zielte auf Produktivi-

12 Gedankenanstöße zur Behandlung dieses Themas hätte es auch zu Otto Bauers Zeit schon gegeben. Eduard David, der zentrale Kontrahent Karl Kautskys im Agrarfragestreit der deutschen Sozialdemokratie, hatte sich eben mit den Unterschieden von Fabrikarbeit und der Arbeit mit lebendigen Prozessen und Ressourcen beschäftigt und deren Gleichsetzung seitens sozialistischer Theoretiker*innen hinterfragt und kritisiert (Auderset & Moser 2018: 17ff.).

tätssteigerung durch Bildungsreformen ab. Volksschulausbau, verpflichtende Weiterbildungsmaßnahmen, die Verwandlung von Großbetrieben in Mustergüter und Studienstipendien für Kinder aus bäuerlichen Familien sollten Bäuer*innen befähigen, agrarwissenschaftliche Erkenntnisse und technische Neuerungen selbst anzuwenden (Bauer 1925: 239f. & 1976: 287ff.). Die Bildungsoffensive sollte die ländliche Bevölkerung ermächtigen, selbst rationelle Entscheidungen zu treffen und zu experimentieren, anstatt neue Anbaumethoden von einer als externe Macht empfundenen Behörde aufgezwungen zu bekommen (Bauer 1976: 295ff.).[13] Das Ziel war Befähigung, nicht Bevormundung, und doch haftet dem Bildungsteil des Agrarprogramms impliziter Paternalismus an. Um den Bäuer*innen zu höherer Produktionsleistung zu verhelfen, musste eben doch die *richtige* Bildung aus den Städten und Universitäten aufs Land gebracht werden. Denn „[n]ur so kann ein Geschlecht erzogen werden, das nicht in der von den Vätern überkommenen Weise weiterwirtschaftet, sondern geistig beweglich, für Neuerungen empfänglich, zur kritischen Überprüfung und Erprobung jedes neuen Vorschlages geneigt und darum fähig sein wird, seine Arbeitsverfahren und Arbeitsmittel ständig zu verbessern“ (Bauer 1976: 289). Die Überlegenheit von moderner, institutionalisierter Wissenschaft gegenüber bäuerlicher Praxis bleibt unhinter-

13 Der Topos, dass Bäuer*innen durch ihnen nicht sinnvoll und transparent erscheinende Vorschriften seitens der staatlichen Bürokratie in ihrem Wirtschaften eingeschränkt werden, ist weiterhin relevant, um landwirtschaftspolitische Protestbewegungen zu verstehen. Auf den vor kurzem erfolgten Großdemonstrationen von Landwirt*innen und Bäuer*innen in Europa oder auch in der aktuell hitzigen Debattenführung über den Schutzstatus von Wölfen in den Alpen wurde und wird diese Klage regelmäßig vorgebracht.

fragt, ebenso wie die Verteilung der Definitionsmacht darüber, was gültiges Wissen ist. Bäuerliches Erfahrungswissen wird hingegen als statisches, unreflektiertes Reproduzieren portraitiert, anstatt dessen Basis in empirischer Beobachtung und praktischem Ausprobieren anzuerkennen.

Aus heutiger Perspektive muss dieser unproblematisierte Fortschritts- und Wissenschaftsoptimismus abgelegt und kritisch hinterfragt werden. Welches Wissen als „rationell" gelten kann und welches nicht, ist immer auch eine Frage der Macht. Wissenschaft geschieht nicht in einem politikfreien Raum reinen Erkenntnisinteresses – welche Fragen gestellt werden, wie gefragt wird und von wem, welche Methoden angemessen erscheinen, welche Anwendungsziele definiert werden, all das ist gesellschaftlich eingebettet und geprägt von historisch kontingenten Vorannahmen (z.B. Haraway 1988, Harding 2009, Horkheimer 1937). Der kritischen, feministischen und postkolonialen Wissenschaftsgeschichte und -soziologie geht es nicht darum, wissenschaftliche Methoden und Erkenntnisstreben abzutun, sondern darum, zu betonen, dass jede Wissenspraxis immer positioniert und damit immer auch politisch ist (Haraway 1988). Die Fragen, wer von der Produktion anerkannten Wissens ausgeschlossen wird, wer profitiert, oder welche Folgen bestimmte Wissensregimes für Menschen und Nicht-Menschen mit sich bringen, müssen immer mitgestellt und verhandelt werden. Auch um diese Sensibilität müssten Otto Bauers Texte und das Agrarprogramm von 1925 für ihre Anwendbarkeit auf gegenwärtige Agrarpolitik ergänzt werden.

Sozialistische Agrarprogramme für das 21. Jahrhundert?

Nach der Kritik möchte ich mit einer Rückbesinnung auf die Frage schließen, welche Utopie in den hundert Jahre alten agrarpolitischen Überlegungen Otto Bauers steckt. Ich denke, dass wir die Grundsäulen dieser Utopie heute weiterhin brauchen und wieder aufgreifen sollten. Woraus besteht sie also, die sozialistische Vision der Landwirtschaft?

Gute Arbeitsbedingungen, gesicherte Lebensgrundlagen und angemessene Nahrungsversorgung werden für alle gewährleistet. Alle haben gleichermaßen Teil am gemeinsam erarbeiteten Reichtum an Nutzungsgütern in Land und Stadt. Niemand muss aus Existenznöten in Lohn- oder Schuldabhängigkeit arbeiten. Boden ist zum Wohle aller vergesellschaftet und wird in diversen, sozial und ökologisch lokal angepassten Betriebsformen bewirtschaftet. Demokratisch ausgehandelte Bedürfnisse bestimmen, was produziert wird, nicht Profitinteressen einzelner oder Marktentwicklungen. Alle haben Zugang zu Land, aber es haben auch alle die materielle Freiheit, das Land zu verlassen und nicht-landwirtschaftliche Berufe zu wählen. Gemeinden verwalten selbst ihre Commons oder verwalten sich sogar selbst *als* inklusive Commons. Sozialistische Wohlfahrtswälder und -weiden werden nachhaltig bewirtschaftet und gepflegt. Die arbeitsteilige Gesellschaft ist ein gewaltiges, verwobenes System aus miteinander kooperierenden genossenschaftlichen Organisationen.

Dieser Utopie könnten sich wohl auch heute viele Menschen anschließen. Natürlich erscheint sie im Moment als sehr fern. Land- und Reichtumskonzentration, die Einhegung bestehender Commons, Höfesterben und -überschuldung, Hunger und oligopolistische Konzernmacht in der Landwirtschaft vor- und nachgelagerten Sektoren nehmen (wieder) weiter zu; mit ihnen verbreiten sich durch Agrartoxine aufrechterhaltene Monokulturplantagen, die Standardisierung und Überzüchtung von Tierkörpern, die Entkopplung von Nährstoffkreisläufen etc. (z.B. Blanchette 2020, Hetherington 2020, Narotzky 2016). Gerade deshalb sind Visionen von radikalen Alternativen im Landwirtschafts- und Ernährungssystem umso notwendiger. Die entscheidende Frage wird sein, wie wir zu solchen Alternativen kommen. In Otto Bauers agrarpolitischen Texten gibt es einige Anhaltpunkte, die bei ihrem Entwurf und ihrer Realisierung helfen können.

Aus der Lektüre Otto Bauers lässt sich erstens mitnehmen, dass frühe sozialistische agrarpolitische Entwürfe vielfältig und durchaus differenziert waren. In der Tradition sozialistischer landwirtschaftspolitischer Theorie und Praxis gab es nicht nur Kautskys dogmatische Überzeugung von der Notwendigkeit des Untergangs kleinbäuerlicher Landwirtschaft; es gab nicht nur die gewaltsame Zwangskollektivierung der stalinistischen Sowjetunion; es gab nicht nur Misstrauen oder Geringschätzung gegenüber ländlicher Selbstverwaltung; es gab nicht nur die Vision einer Gesellschaft aus Fabrikarbeiter*innen, in der auch die landwirtschaftliche Betriebe als standardisierte, planbare Fabriken funktionieren sollten (z.B. Auderset & Moser 2018, Chayanov 1986, Gerber 2020, Scott 1998). Es gab zum Beispiel auch „Der Kampf um Wald und Weide", die Theorie und Prosa von Chayanov und viele weitere Schriften und Autor*innen, die wieder auszugraben sich lohnen würde (vgl. Gerber 2020). Negative Assoziationen mit dem Verhältnis von Sozialismus und Landwirtschaft, wie die eben aufgezählten, sollten nicht den Blick auf andere agrarische Utopien in der sozialistischen Ideengeschichte verstellen, die für Kleinbäuer*innen sehr wohl attraktiv und befreiend wären. In dieser Ideengeschichte liegt viel Potenzial für neue Allianzen zwischen ernährungs- und agrarpolitischen sozialen Bewegungen und linken Organisationen, die sich viel zu lange kaum an die Agrarfrage gewagt haben. Die dafür nötigen Forschungen, Analysen und Forderungen müssen nicht alle neu erfunden werden, man kann sie auch wiederfinden und kritisch für die Gegenwart adaptieren.

Zweitens ist Otto Bauers Überzeugung inspirierend, dass eine Ökonomie der selbstverwalteten und vernetzen Commons und Genossenschaften – alten wie neuen – eine skalierbare, praktikable und radikale Alternative zur kapitalistischen Produktionsweise sein kann beziehungsweise der Ausweg aus der kapitalistischen Produktionsweise *ist*. Dafür allerdings müsste die Teilhabe an und Koordination zwischen den Commons demokratisch, inklusiv und paritätisch für alle Beteiligten und Betroffenen sein. Trotz dieser Erkenntnis konnten Bauers Vorschläge diesem Ziel aus heutiger Perspektive nicht ganz gerecht werden, denn ihnen fehlen Mechanismen, um etwa all jene effektiv in Selbstverwaltungsprozesse einzuschließen, die nicht der männliche Vorstand eines heteronormativen, ländlichen Haushalts sind. Die Erkenntnis bleibt gültig, doch wie man sie umsetzt, ist komplexer, als Otto Bauer ohne die Einbeziehung heute etablierterer feministischer und postkolonialer Perspektiven annahm.

Und drittens lohnt es sich Otto Bauer darin zu folgen, bei der Förderung von Commons als Inseln im Meer kapitalistischer Wirtschaftsbeziehungen nicht die größere politisch-ökonomische Gesellschaftskritik aus den Augen zu verlieren. Die Vision der demokratischen Vergesellschaftung des Agrar- und Ernährungssystems in kooperativen, selbstbestimmten Zusammenschlüssen wird unter kapitalistischen Bedingungen nicht gelingen können – nicht, solange die grundlegenden Mechanismen kapitalistischer Marktwirtschaft weiter dominieren, vor allem staatlich gesichertes liberales Privateigentum, Lohnabhängigkeit und profit- statt bedürfnisgelenkte Herstellung von Gebrauchswerten zur gesellschaftlichen Reproduktion (z.B. Nuss 2019, von Redecker 2020 & 2023). Commons können als Nischen, als Zufluchtsorte, als Inseln aufgebaut und erfahren werden. Aber sie sollten auch als Orte radikaler Alternativen fungieren, an denen „Eigentum“ etwas ganz anderes ist als exklusive, absolute Verfügungsmacht über Objekte: In Commons *ist* „Eigentum“ notwendigerweise bereits kollektiver Verhandlungsprozess, Planung und Bedürfnisabwägung. Auch individuelle Verfügung über Dinge könnte so funktionieren, z.B. in Form von kleinbäuerlichen, dem demokratisch verhandelten Gemeinwohl und ökologischer Nachhaltigkeit verpflichteten Höfen.

„Der Kampf um Wald und Weide“ leitet dazu an, anhand bereits existierender Allmenden zu überlegen, welche anderen Arten von Vergesellschaftung, Eigentum, Freiheit, Arbeit oder Bäuer*in-Sein möglich, erstrebenswert und notwendig wären, um den ökologischen und sozialen Krisen des gegenwärtigen Ernährungssystems entgegenzuwirken. Das Agrarprogramm der österreichischen Sozialdemokratie von 1925 ist ein Weckruf, dass linke Organisationen, Bewegungen und Parteien heute wieder Gefahr laufen, die Agrarfrage konservativen oder liberalen Kräften zu überlassen. Wir brauchen systemische Alternativen in der Ernährungs- und Bodenpolitik. Ja, wir brauchen neue sozialistische Agrarprogramme für das 21. Jahrhundert! Wenn diese Neuauflage hierfür als Inspiration dienen kann, ist ihr Zweck bereits erfüllt.

Literatur

Auderset, Juri & Peter Moser. 2018. *Die Agrarfrage in der Industriegesellschaft. Wissenskulturen, Machtverhältnisse und natürliche Ressourcen in der agrarisch-industriellen Wissensgesellschaft (1850–1950).* Wien, Köln & Weimar: Böhlau Verlag.

Bauer, Otto. 1976 [1926]. Sozialdemokratische Agrarpolitik. Erläuterung des Agrarprogramms der Deutschösterreichischen Sozialdemokratie. In: *Bauer, Otto. Werkausgabe. Band 3*. 283–427. Wien: Europaverlag.

Bauer, Otto. 1925. *Der Kampf um Wald und Weide.* Wien: Verlag der Wiener Volksbuchhandlung.

Bauer, Otto. 1921. Leitsätze zur Agrarpolitik. *Der Kampf. Sozialdemokratische Monatsschrift 14(6)*: 177–189.

Blanchette, Alex. 2020. *Porkopolis. American Animality, Standardized Life & the Factory Farm.* Durham & London: Duke University Press.

Blanchette, Alex. 2018. Industrial Meat Production. *Annual Review of Anthropology 47:* 185–199.

Caffentzis, George. 2012. A Tale of Two Conferences. Globalization, the Crisis of Neoliberalism and the Question of the Commons. *Borderlands E-Journal 11(2)*: 49–68.

Chayanov, Alexander V. 1986 [1923–5]. *The Theory of Peasant Economy*. Madison: The University of Wisconsin Press.

Chayanov, Alexander V. 1981 [1920]. *Die Reise meines Bruders Alexej ins Land der bäuerlichen Utopie*. Frankfurt am Main: Syndikat.

Claeys, Priscilla & Marc Edelman. 2020. The United Nations Declaration on the rights of peasants and other people working in rural areas. *The Journal of Peasant Studies 47(1)*: 1–68.

De Angelis, Massimo. 2017. *Omnia Sunt Communia: On the Commons and the Transformation to Postcapitalism*. London: Zed Books.

Deere, Carmen Diana. 1995. What difference does gender make? Rethinking peasant studies. *Feminist Economics 1(1)*: 53–72.

Desmarais, Annette Aurélie. 2007. *La Vía Campesina. Globalization and the power of peasants.* Halifax: Fernwood Publishing. London & Ann Arbor: Pluto Press.

Dreidemy, Lucile. 2021. Austrofaschismus und Dollfuß-Mythos im Licht und Schatten der Geschichtsschreibung. In: Moos, Carlo, Hg. *(K)ein Austrofaschismus? Studien zum Herrschaftssystem 1933–1938*. 29–41. Wien: LIT Verlag.

Edelman, Marc. 2005. Bringing the Moral Economy back in . . . to the Study of 21st-Century Transnational Peasant Movements. *American Anthropologist 107(3)*: 331–345.

Exner, Andreas & Brigitte Kratzwald. 2021. *Solidarische Ökonomie & Commons. Eine Einführung*. Wien & Berlin: Mandelbaum.

Exner, Andreas, Sarah Kumnig & Stephan Hochleithner, Eds. 2021. *Capitalism and the Commons. Just Commons in the Era of Multiple Crises*. London & New York: Routledge.

Federici, Silvia. 2020. *Die Welt wieder verzaubern. Feminismus, Marxismus & Commons*. Wien & Berlin: Mandelbaum.

Federici, Silvia. 2017. *Caliban und die Hexe. Frauen, der Körper und die ursprüngliche Akkumulation*. Wien & Berlin: Mandelbaum.

Federici, Silvia & George Caffentzis. 2020. Mit den Commons gegen den Kapitalismus und darüber hinaus. In: Federici, Silvia. *Die Welt wieder verzaubern. Feminismus, Marxismus & Commons*. 134–151. Wien & Berlin: Mandelbaum.

Freidberg, Susanne. 2001. On the trail of the global green bean: methodological considerations in multi-sited ethnography. *Global Networks 1(4)*: 353–368.

Friedman, Harriet. 2021. Origins of peasant studies. In: Akram-Lodhi, A. Haroon et. al., Eds. *Handbook of Critical Agrarian Studies*. 15–33. Cheltenham & Northampton: Edward Elgar.

Gascón, Jordi. 2018. Food waste: a political ecology approach. *Journal of Political Ecology 25(1)*: 587–601.

Genner, Michael. 1979. *Mein Vater Laurenz Genner. Ein Sozialist im Dorf.* München, Wien & Zürich: Europaverlag.

Gerber, Julien-François. 2020. Degrowth and critical agrarian studies. *The Journal of Peasant Studies 47(2)*: 235–264.

Goetz, Ariane. 2023. Land grabs. In: Akram-Lodhi, A. Haroon et. al., Eds. *Handbook of Critical Agrarian Studies*. 346–356. Cheltenham & Northampton: Edward Elgar.

Hall, Derek. 2023. Rural dispossession and capital accumulation. In: Akram-Lodhi, A. Haroon et. al., Eds. *Handbook of Critical Agrarian Studies*. 515–524. Cheltenham & Northampton: Edward Elgar.

Hanisch, Ernst. 1985. Otto Bauer als Historiker. In: Fröschl, Erich und Helge Zoitl, Hg. *Otto Bauer (1881–1938) Theorie und Praxis*. 193–204. München & Wien: Europa-Verlag.

Haraway, Donna. 1988. Situated Knowledges: The Science Question in Feminism and the Privilege of Partial Perspective. *Feminist Studies 14(3)*: 575–599.

Harding, Sandra, 2009. Postcolonial and feminist philosophies of science and technology: convergences and dissonances. *Postcolonial Studies 12(4)*: 401–421.

Helfrich, Silke & David Bollier. 2020. *Frei, fair und lebendig – Die Macht der Commons.* Bielefeld: Transcript.

Helfrich, Silke & David Bollier. 2014. Commons als transformative Kraft. Zur Einführung. In: Helfrich, Silke & Heinrich-Böll-Stiftung, Hg. *Commons. Für eine neue Politik jenseits von Markt und Staat.* 15–23. Bielefeld: Transcript.

Hetherington, Kregg. 2020. *The Government of Beans. Regulating Life in the Age of Monocrops.* Durham and London: Duke University Press.

Hetherington, Kregg. 2011. *Guerilla Auditors. The Politics of Transparency in Neoliberal Paraguay*. Durham and London: Duke University Press.

Hindels, Josef. 1985. Otto Bauer und das Linzer Programm 1926. In: Fröschl, Erich und Helge Zoitl, Hg. *Otto Bauer (1881–1938) Theorie und Praxis.* 205–216. München & Wien: Europa-Verlag.

Horkheimer, Max. 1937. Traditionelle und kritische Theorie. *Zeitschrift für Sozialforschung 6(2)*: 245–294.

Keller, Alexandra. 2009. *Schwarzbuch Agrargemeinschaften.* Innsbruck, Wien & Bozen: StudienVerlag.

Kohl, Gerhard, Bernd Oberhofer & Peter Pernthaler, Hg. 2010. *Die Agrargemeinschaften in Tirol. Beiträge zur Geschichte und Dogmatik.* Wien: LexisNexis.

Krammer, Josef & Franz Rohrmoser. 2012. *Im Kampf um ihre Rechte. Die Geschichte der Bauern und Bäuerinnen in Österreich.* Wien: Promedia.

Kühberger, Leo. 2016. „Alte" und „neue" Commons in Zeiten der Krise. Eine Forschungsskizze zu Agrargemeinschaften in Österreich. *Kuckuck. Notizen zur Alltagskultur 1/15:* 22–25.

Langthaler, Ernst. 2004. Gerahmte Landbilder. Agrargeschichtsschreibung in Österreich in der zweiten Hälfte des 20. Jahrhunderts. In: Bruckmüller, Ernst, Josef Redl & Ernst Langthaler, Hg. *Jahrbuch für Geschichte des ländlichen Raumes 1*: 31–62. Innsbruck & Wien: StudienVerlag.

Leser, Norbert. 1985. *Zwischen Reformismus und Bolschewismus. Der Austromarxismus als Theorie und Praxis.* Wien, Köln & Graz: Hermann Böhlhaus.

Li, Tania Murray. 2021. Commons, co-ops, and corporations: assembling Indonesia's twenty-first century land reform. *The Journal of Peasant Studies 48(3)*: 613–639.

Marx, Karl. 1974 [1867]. Das Kapital. Kritik der politischen Ökonomie. Erster Band. Buch I [Auszüge]. In: *Karl Marx, Friedrich Engels. Ausgewählte Werke in sechs Bänden. Band III.* 153–455. Berlin: Dietz Verlag.

Mattl, Siegfried. 1985. Theorie und Praxis sozialdemokratischer Agrarpolitik – Otto Bauer und das Agrarprogramm 1925. In: Fröschl, Erich & Helge Zoitl, Hg. *Otto Bauer (1881–1938) Theorie und Praxis.* 217–229. München & Wien: Europa-Verlag.

Mattl, Siegfried. 1981. *Agrarstruktur, Bauernbewegung und Agrarpolitik in Österreich 1919–1929.* Wien & Salzburg: Geyer Edition.

McCune, Mils & Peter Rosset. 2023 Agroecology. In: Akram-Lodhi, A. Haroon et. al., Eds. *Handbook of Critical Agrarian Studies*. 438–452. Cheltenham & Northampton: Edward Elgar.

Miller, James. 1992. Agrarian Politics in Interwar Austria. *University of Minnesota. Center for Austrian Studies. Working Paper 92–3*. https://conservancy.umn.edu/items/68307982-9db3-4b4b-ae2f-b096e4ec853d (20.05.2024).

Mukherjee, Avanti. 2023. In: Akram-Lodhi, A. Haroon et. al., Eds. *Handbook of Critical Agrarian Studies*. 120–130. Cheltenham & Northampton: Edward Elgar.

Narotzky, Susana. 2016. Where Have All the Peasants Gone? *Annual Review of Anthropology 45*: 301–318.

Nuss, Sabine. 2019. *Keine Enteignung ist auch keine Lösung. Die große Wiederaneignung und das vergiftete Versprechen des Privateigentums.* Berlin: Karl Dietz Verlag.

Ostrom, Elinor. 1990. *Governing the Commons. The evolution of institutions for collective action.* Cambridge & New York: Cambridge University Press.

Patel, Raj. 2012. *Stuffed and Starved. The Hidden Battle for the World Food System.* New York & London: Melville House.

Rosner, Peter. 1987. Die ewige Krise. In: Fischer, Georg & Peter Rosner. *Politische Ökonomie und Wirtschaftspolitik im Austromarxismus.* 283–322. Wien: Österreichischer Bundesverlag.

Saage, Richard. 2021. *Otto Bauer. Ein Grenzgänger zwischen Reform und Revolution*. Berlin: LIT Verlag.

Schwarz, Werner Michael & Georg Spitaler. 2025 (i.E.). Republic Celebrations, Workers' Costume Associations, 'Social Hiking,' and the Solidarity of Rafters. Red Vienna and the Austrian Alpine (Federal) States in the First Republic. In: Shapira, Elana, Ed. *Austrian Identity and Modernity. Culture and Politics in the 20th Century.* New York: Bloomsbury.

Scott, James C. 1998. *Seeing Like a State. How Certain Schemes to Improve the Human Condition Have Failed.* New Haven & London: Yale University Press.

Shanin, Teodor. 2009. Chayanov's Treble Death and Tenuous Resurrection: An Essay About Understanding, About Roots of Plausibility and about Rural Russia. *The Journal of Peasant Studies 36(1)*: 83–101.

Shanin, Teodor & Hamza Alavi. 1990 [1986]. Peasants and Capitalism: Karl Kautsky on ,The Agrarian Question'. In: Shanin, Teodor. *Defining Peasants. Essays concerning Rural Societies, Expolary Economies, and Learning from them in the Contemporary World.* 251–279. Oxford & Cambridge, MA: Basil Blackwell.

Steiner, Guenther. 2018. *Ein verlässlicher Partner fürs Leben. Soziale Sicherheit von der industriellen Revolution bis ins digitale Zeitalter.* Wien: Verlag des ÖGB.

Stuber, Martin & Rahel Wunderli. 2021. Transformations of common pastures and woodlands in Switzerland: A historical perspective. In: Haller, Tobias et. al., Eds. *Balancing the commons in Switzerland. Institutional transformations and sustainable innovations.* 17–34. London & New York: Routledge.

van der Ploeg, Jan Douwe. 2018. *The New Peasantries. Rural Development in Times of Globalization.* Second edition. Oxon & New York: Routledge.

van Gils, Hein, Gerhard Siegl & Rohan Mark Bennett. 2014. The living commons of West Tyrol, Austria: Lessons for land policy and land administration. *Land Use Policy 38*: 16–25.

von Redecker, Eva. 2023. *Bleibefreiheit.* Frankfurt am Main: Fischer Verlag.

von Redecker, Eva. 2020. *Revolution für das Leben. Philosophie der neuen Protestformen.* Frankfurt am Main: Fischer Verlag.

von Redecker, Sophie & Christian Herzig. 2020. The Peasant Way of a More than Radical Democracy: The Case of La Via Campesina. *Journal of Business Ethics 164*: 657–670.

Wenninger, Florian. 2013. Dimensionen organisierter Gewalt. Zum militärhistorischen Forschungsstand über die österreichische Zwischenkriegszeit. In: Wenninger, Florian & Lucile Dreidemy, Hg. *Das Dollfuß/Schuschnigg-Regime 1933–1938. Vermessung eines Forschungsfeldes*. 493–576. Wien, Köln & Weimar: Böhlau Verlag.

Wiesinger, Georg. 2004. Ländliche Sozialforschung in Österreich. *Schweizerische Gesellschaft für Agrarwirtschaft und Agrarsoziologie Agrarwirtschaft und Agrarsoziologie* 2: 93–110.

Wilson, Geoff A. 2007. *Multifunctional Agriculture. A Transition Theory Perspective*. Wallingford & Cambridge, MA: CABI.

Onlinequellen:

Agrarbehörde Tirol, Abteilung Agrarrecht

https://www.tirol.gv.at/landwirtschaft-forstwirtschaft/agrar/agrarrecht/agrargemeinschaftliche-grundstuecke-und-agrargemeinschaften/agrargemeinschaftliche-grundstuecke-und-agrargemeinschaften/ (25.05.2024).

Agrarprogramm der Sozialdemokratischen Arbeiterpartei Österreich 1925

https://www.mandelbaum.at/buecher/otto-**bauer**/der-kampf-um-wald-und-weide/

Arbeitsgemeinschaft bäuerliche Landwirtschaft e.V.

Positionspapier Gemeinwohlorientierte Verpachtung. Kriterien für die Verpachtung landwirtschaftlicher Flächen in öffentlicher und privater Hand. 2022.

https://www.abl-ev.de/fileadmin/Dokumente/AbL_ev/Publikationen/2022_AbL_Gemeinwohlverpachtung.pdf (30.04.2024).

Positionspapier zu Regulierung des Bodenmarktes. Agrarstrukturgesetze. Eigentumsvielfalt erhalten und bäuerliche Betriebe sichern. 2023.

https://www.abl-ev.de/fileadmin/Dokumente/AbL_ev/Publikationen/2023_Positionspapier_Agrarstrukturgesetze_web.pdf (30.04.2024).

ECVC European Coordination Via Campesina

Proposal for an EU Directive on Agricultural Land. 2023.

https://www.eurovia.org/publications/proposal-for-an-eu-land-directive (30.04.2024).

https://www.eurovia.org/wp-content/uploads/2023/03/VC_terres_EN_web.pdf (30.04.2024).

Grüner Bericht

Grüner Bericht 2023. Die Situation der österreichischen Land- und Forstwirtschaft. Bundesministerium Land- und Forstwirtschaft, Regionen und Wasserwirtschaft.

https://gruenerbericht.at/cm4/jdownload/download/2-gr-bericht-terreich/2586-gb2023 (31.05.2024).

Institut für Geschichte des ländlichen Raums IGLR

https://www.ruralhistory.at/de (15.05.2024).

Land Matrix

https://landmatrix.org (16.05.2024).

La Vía Campesina International

https://viacampesina.org/en/ (16.05.2024).

Nyéléni. International Movement for Food Sovereignty.

https://nyeleni.org/en/homepage/ (09.06.2024).

Nyéléni Deklaration. 2007. dt. Übersetzung: ÖBV-Via Campesina Austria & AgrarAttac, Hg. 2018. Die Zeit ist reif für Ernährungssouveränität.

https://www.viacampesina.at/wp-content/uploads/delightful-downloads/2018/08/2018_Broschuere_Ernnaehrung_WEB.pdf (29.05.2024).

Österreichische Berg- und Kleinbäuer*innenvereinigung, ÖBV – Vía Campesina Austria

https://www.viacampesina.at/inhalte/wert-der-kleinen-hoefe/ (10.06.2024).

Österreichische Bewegung für Ernährungssouveränität

https://www.ernährungssouveränität.at (09.06.2024).

Österreichische Bundesforste

https://www.bundesforste.at/unternehmen/ueber-uns.html (23.05.2024).

sezonieri - Kampagne für die Rechte der Erntearbeiter*innen in Österreich
sezonieri & PRO-GE, Hg. 2023. sezonieri – Für faire Arbeitsbedingungen in der Landwirtschaft!
https://www.sezonieri.at/publikationen/ (18.05.2024).
https://www.sezonieri.at/wp-content/uploads/2023/03/sezonieri_beilage_final.pdf (18.05.2024).

Editorische Anmerkung

„Der Kampf um Wald und Weide" lag bisher in zwei Versionen vor: in der Originalausgabe von 1925 und im Band 3 der Werkausgabe von Otto Bauers gesammelten Schriften aus dem Jahr 1976. Die beiden Druckversionen unterscheiden sich geringfügig. In der Setzung von 1976 sind einige Rufzeichen durch Punkte ersetzt; an wenigen Stellen wurden Verbformen an zeitgemäße Konventionen angepasst; Hervorhebungen, die im Original gesperrt oder in Anführungszeichen gedruckt sind, erscheinen in der Werkausgabe kursiv oder in Anführungszeichen.

Grundlage für die vorliegende Ausgabe war die einfacher zu digitalisierende Version von 1976, die allerdings wiederum leicht verändert wurde. Ich habe mich bemüht, die Interpunktion wieder der der Originalausgabe anzugleichen. Möglicherweise habe ich dabei aber das ein oder andere Rufzeichen übersehen. Die leichten Wortänderungen und auch die Rechtschreibung wurden hingegen von der Version in der Werkausgabe übernommen.

Der größte editorische Eingriff betrifft die Hervorhebungen von Begriffen, Fach- und Fremdwörtern. In beiden älteren Versionen sind diese nicht systematisch für den ganzen Text angewendet: Fremdwörter und alte Fachwörter sind recht willkürlich manchmal kursiv gesetzt und manchmal nicht. Einige der von Otto Bauer neu entwickelten Begriffe sind hervorgehoben, andere nicht. In der nun vorliegenden Version habe ich versucht, Hervorhebungen im ganzen Text einheitlich anzuwenden.

1. Ältere Fachwörter und Begriffe sind hier im Text durchweg kursiv gesetzt, außer sie kommen in direkten Zitaten vor (z.B. Ge-

lacke, Bantaiding, Gewere). Die Auswahl, welche dieser Wörter der Betonung bedürfen oder nicht, orientiert sich an der Auswahl der Originalversion, ist aber durch meine Einschätzungen ergänzt und bleibt somit zu einem gewissen Grad arbiträr.

2. Auch alle Textstellen in Fremdsprachen (meist Latein) sind kursiv gesetzt. Dies entspricht den beiden vorherigen Ausgaben.
3. Ebenso sind die wenigen Satzteile, die Otto Bauer in der Originalausgabe hervorhob, hier in der Neuauflage ebenfalls kursiv gesetzt.

4. In Anführungszeichen sind jene Wörter gesetzt, die ich im Original nicht als Begriffsbetonung, sondern als Zitate lese. In einzelnen Fällen sind die Anführungszeichen eine Begriffskritik, etwa wenn Bauer vom „aufgeklärten" Absolutismus schreibt. Alle in Anführungszeichen gesetzten Wörter in dieser Ausgabe sind auch in der Originalausgabe so geschrieben.
5. Neben älteren Fachwörtern hebt Otto Bauer auch immer wieder zeitgenössische Begriffe hervor, die er selbst entwickelt hat, oder die für sein Argument entscheidend sind (z.B. Gemeindegut und Gemeindevermögen, oder Selbstständigkeitsprämie). Im Original sind diese Begriffe meist gesperrt gedruckt, allerdings nicht durchgängig. In dieser Version habe ich mich dazu entschieden, diese Begriffe bei der relevanten Erstnennung kursiv zu setzen, sie danach aber nicht weiter hervorzuheben. Die Auswahl dieser Begriffe entspricht den Hervorhebungen der Originalausgabe.

Die Quellenverweise in den Fußnoten, die in beiden vorherigen Versionen fast identisch sind, wurden auch hier nicht aktualisiert. Eventuell gibt es von einigen Quellen mittlerweile neuere Ausgaben.

Der Kampf um Wald und Weide

Von

Otto Bauer

Agrarsozialistische Bücherei
Herausgegeben von der Agrarpolitischen Kommission
der Deutschösterreichischen Sozialdemokratie
Nummer 1

Der Kampf um Wald und Weide

Studien zur österreichischen Agrargeschichte und Agrarpolitik

Von
Otto Bauer

1925

Verlag der Wiener Volksbuchhandlung

Vorwort

Der Salzburger Parteitag der deutschösterreichischen Sozialdemokratie hat am 2. November 1924 beschlossen:

> Der Parteivorstand wird beauftragt, eine Agrarpolitische Kommission einzusetzen, die die einzelnen Probleme sozialdemokratischer Agrarpolitik zu untersuchen, die sozialdemokratische Agrarpolitik durch literarische Publikationen zu fördern und ein sozialdemokratisches Agrarprogramm vorzubereiten hat.

Die Agrarpolitische Kommission, auf Grund dieses Beschlusses vom Parteivorstand ernannt, hat zunächst einige Genossen beauftragt, Referate über verschiedene Probleme der Agrarpolitik auszuarbeiten und ihr vorzulegen.

Die Arbeit, die ich hiemit der Öffentlichkeit übergebe, ist ein solches, der Agrarpolitischen Kommission erstattetes Referat.

Der große Umfang meines Referates hat es der Agrarpolitischen Kommission unmöglich gemacht, das Referat vor seiner Drucklegung zu prüfen. Erst nach seiner Veröffentlichung wird die Kommission zu den Schlußfolgerungen und Forderungen meines Referates Stellung nehmen können. Vorläufig bin ich also für die Folgerungen und Forderungen, die in meinem Referat enthalten sind, allein verantwortlich; die Kommission trägt keine Mitverantwortung für sie.

Ich habe in meinem Referat zunächst dargestellt, wie sich die Nutzungs- und Rechtsverhältnisse an Grund und Boden in der Zeit der Besiedlung der österreichischen Länder durch die Deutschen entwickelt haben. Ich habe dann zu zeigen versucht, wie diese ursprünglichen Nutzungs- und Rechtsverhält-

nisse durch eine Reihe gewaltiger wirtschaftlicher und sozialer Umwälzungen aufgelöst worden sind, wie aus diesen wirtschaftlichen und sozialen Umwälzungen der Kapitalismus hervorgegangen ist und in seinem Rahmen die gegenwärtige Grundeigentumsordnung entstanden ist. Ich habe schließlich zu zeigen unternommen, wie der Kapitalismus in unserer Zeit neue wirtschaftliche und soziale Bedürfnisse weckt, die nach einer neuen Umwälzung der Grundeigentumsverhältnisse drängen, und habe untersucht, welche Aufgabe der Sozialdemokratie im Verlauf der künftigen Umwälzungen der Grundeigentumsverhält-
64 nisse zufallen wird.

Die Darstellung der älteren deutschen Wirtschaftsgeschichte in der sozialistischen Literatur beruht in der Regel immer noch auf der Skizze, die Friedrich Engels von ihr entworfen hat. Engels‘ Darstellung wieder stützte sich auf die Forschungen Maurers. So herrscht in der sozialistischen Literatur immer noch die Lehre von der aus dem ursprünglichen *Bodenkommunismus* hervorgegangenen *Markgenossenschaft.*

Diese Lehre ist aber in den letzten Jahrzehnten von Pustel de Coulanges, Wittich, Hildebrand und besonders eindringlich von dem Wiener Historiker Dopsch bekämpft worden.

Da ich aber nur die Agrargeschichte der Länder, die heute die österreichische Republik bilden, darzustellen hatte, konnte ich es vermeiden, meine Darstellung mit einer Stellungnahme zu diesen Streitfragen zu belasten.

Meitzen hat gezeigt, daß auf deutschem Boden zwar die *Allmende* überall, die *Markgenossenschaft* dagegen nur in dem Gebiet ursprünglicher germanischer Siedlung zwischen Weser und Saale, zwischen dem römischen Limes und dem Skagerak vorkommt. Österreich liegt außerhalb dieses Gebietes. Wir finden in Österreich überall die Allmende, die hier *gemain* hieß, aber nirgends von den Allmenden unterschiedene *Markgenossenschaften* als organisierte Körperschaften. Meitzens Unterscheidung zwischen der Allmende und der *Markgenossenschaft* entspricht in unserem Lande die Unterscheidung der *gemain* von den ursprünglich herrenlosen, später von den Fürsten angeeigneten Hoch- und Schwarzwäldern.

Die Entstehung der *gemain* ist aber, wie vor allem Dopsch gezeigt hat, unschwer aus den Bedingungen bäuerlicher Ansiedlung mitten in unbesiedeltem Wildland zu erklären. Es bedarf dazu nicht der Hypothese, daß die Ansiedler aus ihrer Heimat Rechtsanschauungen mitgebracht hätten, die aus ursprünglichem allgemeinem Bodenkommunismus entstanden seien, aus einem allgemeinen Bodenkommunismus, der ja in der Zeit, in der unser Land von den Deutschen besiedelt wurde, unzweifelhaft bereits überwunden war.

In der Zeit in der die Bajuwaren das Land zwischen dem Lech und der Enns besetzten, waren sie gewiß nicht mehr eine „Republik der Freien und Gleichen". Seit der Zeit, in der Tacitus die Wirtschaftsverfassung der Germanen beschrieben hatte, waren ja vier ereignisreiche Jahrhunderte vergangen, in denen die soziale Differenzierung der germanischen Stämme weit vorgeschritten war. Ihr Eindringen in das grundherrschaftlich organisierte römische Kulturgebiet und die Landnahme in ihm haben den sozialen Differenzierungsprozeß wesentlich beschleunigt. Ich konnte daher den gelehrten Streit um die Deutung der altgermanischen Wirtschaftsverfassung zu Cäsars und Tacitus' Zeiten aus meiner Darstellung völlig ausscheiden.

War so ein möglichst hypothesenfreier Ausgangspunkt gewonnen, so galt es dann, die Umwälzung der Eigentums- und Nutzungsrechte an Wald und Weide durch die Jahrhunderte zu verfolgen. Ich habe diesen wirtschaftsgeschichtlichen Teil meiner Darstellung ausführlicher gehalten, als es für ein nur agrarpolitischen Zwecken dienendes Referat notwendig gewesen wäre. Denn dieser Teil meines Buches will eine empfindliche Lücke unserer Literatur ausfüllen. Wollen wir unserem Volke die Geschichte Österreichs nicht als Geschichte der Habsburger, sondern als Geschichte des Volkes erzähle , so müssen wir unseren Lehrern, unseren Volksbildnern und Volksrednern eine kurze, volkstümliche Darstellung der österreichischen Wirtschaftsgeschichte in die Hände geben. Eine solche Darstellung der österreichischen Wirtschaftsgeschichte haben wir aber in unserer ganzen Literatur noch nicht. Darum habe ich es versucht, einen sehr wesentlichen Teil der österreichischen Wirtschaftsgeschichte gemeinverständlich darzustellen. Dieser Teil meines Buches wirbt daher auch um das Interesse derer, die an den agrarpolitischen Problemen, die ich zu untersuchen hatte, nicht interessiert sind.

An die wissenschaftsgeschichtliche Darstellung knüpft dann freilich die Untersuchung der Entwicklungstendenzen des Grundeigentums in unserer Zeit an. Aber meine Frage nach den Entwicklungstendenzen ist eine ganz andere als die, um die in den Agrardebatten der deutschen Sozialdemokratie der neunziger Jahre gestritten wurde. Die Begründung meiner Fragestellung findet der Leser im letzten Kapitel des Buches, in dem ich mich mit den älteren sozialistischen Auffassungen der Agrarfrage auseinandergesetzt habe.

Wien, 2. Mai 1925, Otto Bauer

1. Volksrecht und Königsrecht

Im sechsten Jahrhundert besetzten die Bayern das Gebiet zwischen dem Lech und der Enns. Sie breiteten sich über Tirol, Salzburg und Oberösterreich aus. Der östliche Teil unseres Bundesgebietes wurde in diesem Jahrhundert erst von den Slawen besiedelt.

Erst im achten Jahrhundert drangen die Deutschen in die slawischen Gebiete Karantaniens ein. Aus der deutschen Kolonisation in Karantanien gingen unsere Bundesländer Kärnten und Steiermark hervor. 67

Im neunten Jahrhundert endlich wurde aus den den Awaren abgenommenen Gebieten die Ostmark gegründet. Sie wurde am Anfang des zehnten Jahrhunderts von den Magyaren zerstört, nach dem Siege am Lechfeld aber wiederhergestellt. Aus der deutschen Besiedlung ihres Bodens sind unsere Bundesländer Niederösterreich und Burgenland hervorgegangen.

Es waren nicht unbewohnte, aber nur sehr dünn besiedelte Gebiete, in die die Deutschen eindrangen. Im Westen fanden sie die Reste der keltoromanischen Bevölkerung vor, die in der Zeit der Römerherrschaft in unseren Ländern gelebt hatte; es waren die romaunsch sprechenden Walchen, an die noch heute viele Ortsnamen in unseren Alpenländern erinnern. Im Osten fanden die deutschen Ansiedler die Slawen vor; sie gingen allmählich in dem deutschen Volk auf.

Aber auch die Deutschen kamen zunächst nur in geringer Zahl. Sie siedelten sich zuerst nur längs der alten Römerstraßen an, während die weiten Gebiete abseits der Verkehrswege unbewohnt blieben. Erst im Verlauf eines Jahrhunderte währenden Kolonisationsprozesses, der durch immer neuen Zuzug aus Bayern und aus anderen deutschen Ländern gestärkt wurde, wurde allmählich das ganze Land von den Deutschen besiedelt. Die Geschichte dieses Kolonisationsprozesses bestimmte die Entwicklung der Grundeigentumsverhältnisse.

In den Anfängen der deutschen Ansiedlung zwischen Lech und Enns waren jedes Dorf, jeder Weiler von weiten Waldgebieten umgeben. Der Wald war herrenlos. Jeder mochte ihn nutzen, wie es ihm beliebte.

Und die Ansiedler brauchten den Wald. Jeder ging in den nahen Wald, sich dort Brenn-, Bau- und Nutzholz zu holen. Niemand regelte die Holzung; jeder fällte das Holz, das er brauchte, an der Stelle, von der er es am bequemsten in seinen Hof bringen konnte. Jeder trieb sein Vieh auf die herrenlosen Grasflächen der Waldzone zur Weide. Jeder konnte sich aus dem Wald nach seinem Belieben Ast- und Bodenstreu holen. Jeder konnte in den herrenlosen Waldgebieten jagen, in den Waldbächen fischen.

Aber auch in anderer Weise nutzten die Ansiedler den herrenlosen Wald. Wem seine Ackerflur zu eng wurde, der ging in den Wald. Er brannte dort Bäume und Stauden nieder und pflanzte auf dem *Rottland* Getreide an. Zwei oder drei Jahre trug es ihm Ernten. Dann waren die Nährstoffe des Bodens erschöpft; nun ließ er die Stelle liegen, die sich bald wieder mit einem Nadelholzanflug bedeckte; er aber wiederholte das Brennen und *Reuten* nun an einer anderen Stelle des Waldes. So „wanderten die Äcker durch Wald und Weide“[1]. Heute

1 Über den Umfang der Brandwirtschaft vgl. Dopsch, *Die ältere Sozial- und Wirtschaftsverfassung der Alpenslawen,* Weimar 1909.

noch erinnern die häufigen Ortsnamen auf *-ried* und *-reut,* auf *-brand* und *-gschwendt* an die ursprüngliche Verbreitung dieser Brand- oder Schwendwirtschaft. Und auch sie war, solange der Wald den Ansiedlern als eine unerschöpfliche Vorratskammer erschien, unbeschränkt und ungeregelt. Noch in den bäuerlichen Rechtsbüchern viel späterer Jahrhunderte finden wir die Spuren eines ursprünglich völlig unbeschränkten, ungeregelten Rechtes auf das *Reitmachen* im Walde. So heißt es zum Beispiel im Landrecht von Kessendorf (im Salzburgischen):

> Wer auf der gmain ain reit wil machen, soll solches seinen nachbarn zuesagen, ob si mit ihme auch reiten wolten oder nit. Wer ihnen seinen nachbarn solches nit gelegen, so mag er nichts desto weniger seinem fürnemmen nach ein reit anffachen und drei nucz[2] inhaben und brauchen, doch nach disen dreien nuczen wieder wie vor und von alter herkommen liegen lassen[3].

Aber nicht nur zu solcher vorübergehenden Nutzung stand der herrenlose Wald den Ansiedlern offen. Mit dem Wachstum der Bevölkerung genügten die ursprünglich in Besitz genommenen Dorffluren den Ansiedlern nicht mehr; nun gingen sie den Wald roden, um auf ihm neue Höfe, Weiler und Dörfer zu gründen.

Derselbe Wald wurde oft von mehreren, in seinem Umkreis liegenden Dörfern genutzt. Als die Siedlung dichter wurde, stießen die Bewohner verschiedener Dörfer im Wald aufeinander. Streitigkeiten entstanden. Man mußte entscheiden, welches Dorf in diesem, welches in jenem Teil des Waldes holzen und das Vieh auf die Weide treiben jagen und *reuten* durfte. Durch

2 Drei nucz = drei Nutzungen, drei Ernten.

3 *Österreichische Weistümer.* Gesammelt von der Akademie der Wissenschaften. Wien 1870–1913, I. Band, Seite 39.

freie Vereinbarung zwischen den Dörfern oder aber durch Entscheidung des Grafen oder des Grundherrn wurde jedem Dorf ein Teil des Waldes und der Weideflächen zur Nutzung zugeteilt. Die der Gemeinde zugeteilten Wald- und Weideflächen bildeten nun den Gemeinbesitz aller Gemeindeglieder. Jedes Gemeindeglied konnte ihn nutzen; die Angehörigen anderer Gemeinden blieben von ihm ausgeschlossen. So entstand die *gemain.*[4]

Das Wort *gemain* oder *gmain* wurde in doppeltem Sinne gebraucht. Es bezeichnete erstens die Gemeinde selbst, zweitens den Gemeindebesitz, Wald und Weide, die der Gemeinde gehörten und von allen Gemeindegliedern genutzt wurden. In Schwaben, Franken und in der Schweiz heißt der für die Nutzung der Gemeindeglieder bestimmte Gemeindebesitz die Allmende; mit diesem Ausdruck werden der gemeine Wald, die gemeine Weide in der Regel auch in der Wissenschaft bezeichnet. Der bayrisch-österreichischen Volkssprache ist dieser Ausdruck fremd; unser Volk nannte die gemeine Weide in der Regel einfach die *gemain,* die gemeinen Wälder die *gemain höltzer.*

Nicht immer gehörte die Gemeine einer einzelnen Gemeinde. Oft sind die gemeine Weide, der gemeine Wald Gemeineigentum mehrerer Dörfer oder Weiler, zuweilen eines ganzen Pfarrsprengels, in Tirol eines ganzen Gerichtssprengels.[5] Sie wurden von ihnen gemeinsam oder abwechselnd genutzt, wie heute noch die Wechselalmen in Tirol, die, gemeinsames Eigentum mehrerer Ortschaften, von ihnen abwechselnd genutzt werden.

4 Dopsch, *Die wirtschaftliche Entwicklung der Karolingerzeit,* Weimar 1912, I. Band, Seite 357 ff.

5 Wopfner, *Das Almendregal des Tiroler Landesfürsten,* Innsbruck 1906, Seite 2.

Nicht überall war die *gemain* eine zusammenhängende Wald- und Weidefläche, an der jedem Gemeindeglied das Nutzungsrecht zustand. Im dünn besiedelten Gebirge kam es vor, daß innerhalb der Gemeinde die eine Gruppe von Höfen nur auf diese, die andere Gruppe nur auf jene Alm, nur auf jenen Berg oder jenes Kar ihre Herden trieb. So bildeten sich engere Gemeinschaften innerhalb des Dorfes; kraft Herkommens stand dann das Nutzungsrecht an jedem Teil des Gemeinbesitzes nicht allen Gemeindegliedern, sondern überall nur einer engeren Gemeinschaft innerhalb der Gemeinde, an der einen Alm dieser, an der anderen jener engeren Gemeinschaft zu.[6] Doch sind keineswegs alle die ausgedehnten Waldgebiete auf die Gemeinden aufgeteilt worden. Die den Ansiedlungen näheren Wälder wurden zu *gemain höltzern.* Abseits von ihnen blieben aber im Gebirge immer noch weite Waldflächen herrenlos. Das waren die Hoch- und Schwarzwälder auf den Bergen, die *Frei,* das immer noch freie, herrenlose, nicht auf die Gemeinden aufgeteilte Wildland, das jeder nutzen mochte, dem es beliebte. Noch in den Waldordnungen des 16. Jahrhunderts wurden immer die Hoch- und Schwarzwälder von den *gemainen höltzern*[7] unterschieden.

Mochte aber die Nutzung von Wald und Weide noch jedermann zustehen wie an der *Frei,* an den Hoch- und Schwarzwäldern, mochte sie schon einer Gemeinde oder einer Gruppe von Gemeinden vorbehalten sein, wie an der *gemain,* mochte

6 Ein Beispiel bei Wimbersky, *Eine obersteirische Bauerngemeinde in ihrer wirtschaftlichen Entwicklung 1498 bis 1899,* Graz 1907, Seite 50.

7 *Walld vnnd gehültz Ordnung für Steiermark von 1539*. Der Text bei Fr. Ant. Schmidt, *Chronologisch-systematische Sammlung der Berggesetze der österreichischen Monarchie.* III. Abteilung. I. Band, Wien 1839, Seite 198.

sie gar auf engere Gemeinschaften innerhalb einer Gemeinde verteilt sein – in allen diesen Fällen waren doch Wald und Weide Gemeinbesitz des Volkes, die Nutzung an ihnen stand jedem Glied einer weiteren oder engeren Gemeinschaft offen und bildete eine unentbehrliche Ergänzung des individuellen Besitzes am Ackerboden.

Aber gegen diesen Gemeinbesitz des Volkes stieß schon frühzeitig die Fürstengewalt vor: die Gewalt der bayrischen Herzöge, deren Erben vom achten Jahrhundert an die fränkischen, vom 10. Jahrhundert an die deutschen Könige und vom zwölf-
72 ten Jahrhundert an die Landesherren wurden. Das heutige Österreich war ja mit dem Schwert erobertes Kolonialland; kraft des Rechtes des Eroberers maßten sich die Fürsten die Befugnis an, über allen noch nicht in individuelle Nutzung übergegangenen Boden zu verfügen.

Der erste Zweck, zu dem die Fürsten dieses Recht benutzten, war die Jagd – vom Anfang an war die Jagd der Todfeind des Bauern. Die Fürsten errichteten Bannforste, indem sie durch ihren Befehl die Jagd in ganzen Revieren sich vorbehielten, sei es, um sie selbst auszuüben, sei es, um mit dem ausschließlichen Recht der Jagd in dem gebannten Revier einen ihrer Großen zu belehnen. Der Forst war ursprünglich nichts anderes als ein Revier, in dem die Jagd durch Befehl des Herzogs oder Königs ihm oder demjenigen, dem er sie verliehen hatte, vorbehalten war. Der Forst war nicht Eigentum des Königs, sondern nur das ihm vorbehaltene Jagdrevier.[8]

8 Der Forstbegriff wird falsch verstanden, wenn man den wesentlich erweiterten Inhalt, der ihm in viel späterer Zeit gegeben wurde, in seine Anfänge rückverlegt. Vgl. Glöckner, *Bedeutung und Entstehung des Forst-*

Die Jagd in dem gebannten Forst behielt sich der König vor, die anderen Nutzungsrechte, die Holzungs- und Weiderechte vor allem, blieben dem Volke. Aber auch die Jagd wurde keineswegs zur Gänze dem König vorbehalten. Die Jagd war in dieser alten Zeit, weil die Schußwaffen noch sehr unvollkommen waren, vornehmlich Fangjagd: Hirsche, Wildschweine und Bären wurden mit Hunden gehetzt; hatte der Hund sie gestellt, so erlegte der Jäger sie mit dem Spieß. Nur die Jagd auf Rot- und Schwarzwild und Raubtiere und die Falkenjagd behielten sich die Großen vor; die niedere Jagd ließen sie dem Volk. So erstreckte sich der Wildbann im Forst nur auf die hohe Jagd;
für das andere Getier, das nicht gebannt war, galt auch weiterhin das Recht des freien Tierfanges. So heißt es im Lechtal noch im 14. Jahrhundert:

> In sol auch kain unser phleger auf Erenberg jagen noch vischen nit verpieten, ausgenommen rotwild und vederspil[9].

Und noch in ihrem Rechtsbuch von 1517 stellten die Bauern von Fließ in Tirol als geltendes Recht fest:

> Aller wildfangk, wasser und waid, das uns das niemant wern sol, ausgenommen rotwilt, vederspill und vasant, da haben wir nicht mit zu schaffen[10].

Die Bauern in Rohr und Schwarzau im Gebirge (Niederösterreich) stellten auf ihrem *Bantaiding,* auf der Versammlung der Gemeinde, in der das niedergeschriebene örtliche Gewohnheitsrecht, das *Weistum*, alljährlich verlesen wurde, noch im 16. Jahrhundert fest:

begriffes, in: *Vierteljahrsschrift für Sozial- und Wirtschaftsgeschichte,* XVII. Band.

9 *Österreichische Weistümer,* III. Band, Seite 107 (vederspil = Falkenjagd).

10 *Österreichische Weistümer,* II. 2., Seite 216.

füchs, hasen und wölf sind ganz frei[11].

Aber nicht nur das Recht, sich die Jagd vorzubehalten, maßten sich die Könige an. Viel folgenschwerer war, daß sie, kraft des Rechtes des Eroberers, auch die Befugnis beanspruchten, das noch unbesiedelte Land an ihre Großen zu verschenken oder zu verleihen. Taten sie das aber, so konnten sie erfahren, daß mitten im weiten, unbesiedelten Gebiet, das sie einem Kloster schenkten oder mit dem sie einen Grafen belehnten, vorher schon einzelne Ansiedler den Wald gerodet und sich angesiedelt hatten. So war es im Jahre 777, als der Bayernherzog Tassilo III. dem Kloster Kremsmünster den Forst *„ad Todicha et Sirnicha“* schenkte. Da es sich zeigte, daß sich dort vorher schon Slawen angesiedelt hatten, entschied Karl der Große im Jahre 791, daß den Ansiedlern, da sie sich ohne Erlaubnis angesiedelt hatten, die Wahl zu lassen sei, den von ihnen gerodeten Boden als Freie zu verlassen oder, wenn sie auf ihm bleiben wollten, dem Kloster untertänig, zins- und fronpflichtig zu werden.[12] Der Forstbegriff weitete sich so aus: Die Könige behielten sich nicht nur die hohe Jagd im Forst vor, sie verboten auch die Rodung im Forst ohne ihre Erlaubnis.

Dem alten deutschen Recht ist der Begriff des Eigentums an Grund und Boden, wie viel spätere Zeiten ihn aus dem römischen Recht übernommen haben, überhaupt fremd. Die *Gewere,* der Besitz des Bodens, bestand in seiner Nutzung. Da es von demselben Boden vielerlei Nutzungen gibt, konnte auch die *Gewere* an demselben Boden mehreren gleichzeitig zustehen. So war auch am Walde der Besitz geteilt. Der Wald war Volksbe-

11 *Österreichische Weistümer,* VII. Band, Seite 338.

12 Die Quellenbelege bei Luschin, *Österreichische Reichsgeschichte,* Bamberg 1896, Seite 58 f.

sitz: denn dem Volk stand das Recht der Holzung, der Weide, der Streunutzung, des Schwendens, auch das Recht der niederen Jagd zu. Aber der Wald war zugleich Königsbesitz; denn dem König stand die hohe Jagd im Wald zu, sobald er gebannt war, und ohne Erlaubnis des Königs konnte niemand den Wald roden, um sich in ihm anzusiedeln. Der König beanspruchte das Recht, den Wald an seine Großen zu verleihen oder zu verschenken. Aus diesem Gegensatz zwischen dem Volksrecht und dem Königsrecht am Wald hat sich der tausendjährige Kampf um Wald und Weide entwickelt.

Wo die Könige die Hoch- und Schwarzwälder nicht an 75
Grundherren übertrugen, dort blieb durch die ganze weitere Entwicklung der Kampf um Wald und Weide ein *Kampf zwischen den Fürsten und dem Volk*. Wo dagegen die Könige in der Zeit der Besiedlung des Landes das noch öde Wildland an Bischöfe, Klöster, Stifte verschenkten oder an weltliche Große verliehen, dort trat an die Stelle des Königs der Grundherr, und der Kampf um Wald und Weide wurde *zum Kampf zwischen Grundherren und Bauern*.

2. Grundherren und Bauern

Als die Bayern in die römischen Provinzen Rhätien und Noricum einbrachen, fanden sie hier die Grundherrschaft schon vor: Der Boden war an *Kolonen* ausgetan, die dem Grundherrn Hand- und Spanndienste *(opera et iuga)* leisten und Zinse entrichten mußten. Die Bayern vertrieben die römischen Grund-
76 herren; bayrische Heerführer und Gaufürsten setzten sich an ihre Stelle. Und darüber hinaus vergaben die bayrischen Herzöge weite Bodenflächen an ihr kriegerisches Gefolge, an ihren Amtsadel, an Kirchen; die Bauern, die auf diesen Bodenflächen angesiedelt wurden, wurden den Grundherren fron- und zinspflichtig. So entwickelte sich hier schon in der Zeit der Anfänge der deutschen Besiedlung die Grundherrschaft.[13]

Weit gewaltiger aber entwickelte sie sich in den den Slawen und den Awaren abgenommenen Gebieten. Die fränkischen und deutschen Könige vergaben ungeheure Strecken noch unbesiedelten Landes an weltliche und kirchliche Große. Die Besiedlung erfolgte hier vom Anfang an unter der Herrschaft der Grundherren.

Hatte der Grundherr das ihm geschenkte öde Land in Besitz genommen, so gründete er dort zunächst eine große Eigenwirtschaft. In seinem Herrenhof war eine große Schar von Leibeigenen und Sklaven vereinigt, die den Wald rodeten, die Äcker bestellten.

13 Dopsch, *Wirtschaftliche und soziale Grundlagen der europäischen Kulturentwicklung,* Wien 1918. I. Band, Seiten 271, 322 ff.

Zugleich aber unternahm er es, das Waldland ringsum zu kolonisieren, auf ihm Bauern auszusiedeln. Zunächst siedelte er unfreie Leibeigene an. Er stattete sie mit Boden aus und verpflichtete sie, ihm aus dem Erträgnis des Bodens Abgaben zu entrichten und, sooft er sie riefe auf den Herrenhof zu kommen, um hier Fronarbeit zu leisten. Der Boden aber, der ihnen zugewiesen war, blieb des Herrn Eigentum; er konnte ihn wieder einziehen, sobald es ihm gefiel.

Aber die Zahl der Unfreien, der Leibeigenen, über die die Grundherren verfügten, war zu klein, als daß sie allein zur Besiedlung der ausgedehnten Herrschaften genügt hätten. Die Grundherren riefen daher auch freie Ansiedler auf ihren Grund. Sie übertrugen ihnen Boden als erblichen Besitz; die Ansiedler mußten sich dafür zur Leistung von Abgaben an den Herrn, auch, wenn er ihrer bedürfte, zur Arbeitshilfe auf dem Herrenhof verpflichten.

Außerhalb des Gebietes der Grundherrschaft hatten sich freie Bauern, auf eigene Faust das Land urbar machend, angesiedelt. Aber in den rauhen kriegerischen Zeiten der Kolonisation konnte sich der freie Ansiedler, den kein waffenstarker Grundherr beschützte, gegen die mächtigen Nachbarn nicht behaupten. Die freien Ansiedler unterwarfen sich der Grundherrschaft, sie übertrugen ihren Boden dem Grundherrn, der ihn ihnen gegen Verpflichtung zu mäßigen Abgaben zu freier Erbleihe rückübertrug, und erlangten dafür den Schutz des Grundherrn.

So waren dem Grundherrn Ansiedler verschiedener Kategorien untertan: Unfreie und Freie. Verschieden waren die persönlichen Rechtsverhältnisse der Ansiedler, verschieden ihre Besitzrechte am Boden, verschieden ihre Verpflichtungen zu Abgaben und Fronarbeit.

Mit dem Fortschreiten der Kolonisation wuchs die Zahl der Ansiedler, wuchs das Einkommen des Grundherrn aus den Abgaben der Bauern. Bald schien es den Grundherren vorteilhaft, die Äcker, die sie ursprünglich – vom Herrenhof aus – durch ihre Haussklaven hatten bewirtschaften lassen, gleichfalls an Ansiedler zu vergeben, um ihr Einkommen aus den Abgaben der Untertanen zu mehren. Die Eigenwirtschaft der Grundherren schrumpfte zusammen. Damit wurden auch die Frondienste der Bauern immer mehr entbehrlich. Sie wurden durch Abgaben abgelöst.

78 So entwickelte sich die Grundherrschaft von der ursprünglichen *Fronhofverfassung*, von der Eigenwirtschaft am Herrenhof, zu einem *Zinsgütersystem:* Die Eigenwirtschaft am Herrenhof wurde aufgegeben, das Ackerland an abgabepflichtige Bauern ausgetan; die Abgaben der Bauern bildeten das Einkommen des Grundherrn.

Damit verloren aber auch die ursprünglichen Rechtsunterschiede innerhalb der Bauernschaft ihre Bedeutung. Da der Grundherr der Frondienste nicht mehr bedurfte und da er den Boden des unfreien Ansiedlers zum Herrenland einzuziehen kein Bedürfnis mehr hatte, wurden auch von dem ursprünglich unfreien Ansiedler nur noch die Abgaben gefordert; aber zu Abgaben war auch der freie Ansiedler verpflichtet. Die Gleichheit der wirtschaftlichen Lage der Bauern glich auch ihre ursprünglichen rechtlichen Unterschiede allmählich aus. Daß die einen Sklaven, die anderen Freie gewesen waren, wurde allmählich vergessen. Allmählich gingen sie alle in einer rechtlich gleichgestellten Klasse von Bauern, von Untertanen, auf.[14] Dieser Pro-

14 Daß die wirtschaftliche Angleichung der Bauernschaft infolge des Überganges der Grundherrschaften von der Eigenwirtschaft zum Zinsgüter-

zeß wurde in unseren Landen im Verlauf des 13. und der ersten Hälfte des 14. Jahrhunderts vollendet.

Freilich, nur die ursprünglichen Unterschiede der persönlichen Rechtsstellung der Bauern wurden ganz ausgeglichen, nicht so die Unterschiede ihres Besitzrechtes am Boden. Da unterschied man noch in viel späterer Zeit die *Leibgedinggüter*, die – nur auf Lebensdauer verliehen – vom Grundherrn nach dem Tod des *Leibrechters* eingezogen werden konnten, und die *Freistifte,* die – nur auf Zeit verliehen – der Grundherr jederzeit einzuziehen die Freiheit hatte, von den zu Baurecht und zu Kaufrecht verliehenen *Erbzinsgütern,* die dem Bauern gegen Leistung seiner Abgaben zu erblichem Eigentum verliehen waren, über das er frei verfügen, das er auch verkaufen konnte. Aber wenn auch diese rechtlichen Verschiedenheiten erhalten blieben, so hatten sie doch vorerst keine große Bedeutung mehr. In einer Zeit, in der die Grundherren ihre Eigenwirtschaft einstellten, hatten sie kein Interesse, von ihrem Recht Gebrauch zu machen, die *Freistift* und die *Leibgedinggüter* einzuziehen. So gingen tatsächlich auch diese Bauerngüter in der Regel vom Vater auf den Sohn über.

Die *Gewere,* der Besitz des Bodens, bestand in seiner Nutzung; die *Gewere* hatte, wer die Nutzung aus dem Boden zog. Der Grundherr hatte die *Gewere,* weil er die Abgaben bezog, die die Bauern leisten mußten; die Bauern hatten die *Gewere,* weil ihnen der Boden die Ernte trug. So war der Besitz am Ackerboden geteilt. Vor dem *Landgericht,* das über die Streitigkei-

system die Ursache der rechtlichen Angleichung innerhalb der Bauernschaft war, ist besonders scharf und richtig herausgearbeitet von Fuchs, *Die Urbare des Benediktinerstiftes Göttweig 1302 bis 1536,* Wien 1906, Seite XXIII.

ten zwischen den freien Grundeigentümern entschied, galt der Boden, mochte er auch an Bauern ausgetan sein, als Besitz der Grundherren; die Bauern saßen auf herrschaftlichem Boden. Das *Hofmarkgericht* aber, das über die Rechtsverhältnisse zwischen den Grundherren und den untertänigen Bauern richtete, unterschied genau zwischen dem im ausschließlichen Besitz des Grundherrn stehenden, seiner Eigenwirtschaft gewidmeten Herrenland und dem zu bäuerlicher Nutzung ausgetanen, daher in den Besitz der Bauern übergegangenen Bauernland. Der von den Bauern bewirtschaftete Ackerboden war also *landrechtlich* Besitz des Grundherrn, aber *hofrechtlich* Besitz der Bauern. Erst eine spätere Zeit drückte das so aus, daß das *Obereigentum* des Grundherrn, das *Nutzungseigentum* des Bauern sei.

Das waren die Rechtsverhältnisse des zu individueller Nutzung an die Bauern ausgetanen Ackerlands. Wie aber stand es mit den Rechtsverhältnissen am Walde und am Weideland?

Auch die Ansiedler auf grundherrlichem Boden konnten Wald- und Weidenutzung nicht entbehren. In manchen Gebieten haben die Grundherren den Ansiedlern nicht nur Ackerland, sondern auch Wald und Weideland zu individueller Nutzung zugeteilt. Im Gebirge wurde oft jedem Ansiedler ein schmaler Bodenstreifen zugeteilt, der sich von der Talsohle bis zum Gebirgskamm zieht; da hatte der Bauer im Tal den Acker, am Berghang Weide und Wald.[15] Wo aber an die Bauern nicht Wald- und Weidestücke zu individueller Nutzung ausgetan worden waren, dort mußte der Grundherr den Ansiedlern

15 Es ist das die von Meitzen für Oberösterreich, von Kämmel auch für Niederösterreich und die Steiermark beschriebene Ansiedlung in *Waldhufen.* Nach Dopsch ist sie immer grundherrlichen Ursprungs. Vgl. Dopsch, *Karolingerzeit,* I. Band, Seite 324 f.

die Nutzung des herrschaftlichen Waldes und der herrschaftlichen Weideflächen erlauben. Und selbst dort, wo den Bauern Waldteile zu individueller Nutzung übertragen worden waren, konnte ihnen die Nutzung des herrschaftlichen Waldes nicht verweigert werden, sobald die in individuellen Besitz der Bauern übergegangenen Waldstücke infolge des Wachstums der Bevölkerung und infolge des von den Bauern getriebenen Raubbaus am Wald den Holz-, Streu- und Weidebedarf der Bauern nicht mehr befriedigen konnten.

So finden wir denn auch in grundherrlichen Ansiedlungen in der Regel eine *gemain,* eine Gemeindeweide, die von den Bewohnern des Dorfes oder Weilers gemeinsam genutzt wurde. Ihr Ursprung konnte unterschiedlich sein. Entweder hatte der Grundherr bereits bei der ursprünglichen Besiedlung den Ansiedlern eine Weidefläche zu gemeinsamer Nutzung zugewiesen. Oder aber es war ursprünglich den Ansiedlern ein ungemessenes Recht, ihre Herden auf die herrschaftlichen Weideflächen in der Nähe ihrer Ansiedlungen zu treiben, zugestanden worden, und erst später, als mit der dichteren Besiedlung benachbarte Ortschaften in Streit um die Weideflächen gerieten, hatte der Grundherr die Weideflächen auf die Ortschaften verteilt und damit jeder Ortschaft ihre *gemain* zugeteilt. Oder aber es wurden Weideflächen, auf denen in der Zeit der Fronhofwirtschaft herrschaftliche Herden weideten, beim Übergang zum Zinsgütersystem einer Bauerngemeinde als ihre *gemain* zugeteilt, wofür die Bauern vermehrte Abgaben übernahmen.

So wurden die Almen ursprünglich in der Regel von den Grundherren selbst, insbesondere von den Klöstern, bewirtschaftet. Erst mit der Einschränkung der grundherrlichen Eigenwirtschaft trat an die Stelle der herrschaftlichen Bewirtschaftung die genossenschaftliche, durch die Gemeinden oder engere Verbände innerhalb der Gemeinden.[16] Der Grundherr übertrug die Alm der Gemeinde und er setzte Alpmeister oder Bergherren ein, die die Nutzung der Alm durch die Gemeindeglieder regeln und vor allem dafür sorgen mußten, daß die von den Nutzungsberechtigten an den Grundherrn zu leistenden Abgaben, sei es in Käse, sei es in Geld, pünktlich abgeführt würden. In der Regel mußten alle Gemeindeglieder, von Jahr zu Jahr abwechselnd, die Funktion der Alpmeister oder Bergherren versehen.[17]

Aber die Bauern brauchten nicht nur Weideflächen, sondern auch Waldnutzung. Ein unbeschränktes Nutzungsrecht an dem herrschaftlichen Wald hatten sie freilich nicht. Die ausgedehnten Waldflächen dienten den Grundherren vor allem als ihr Kolonisationsgebiet; als das Gebiet, das sie neuen Ansiedlern übertragen konnten, um ihr Einkommen aus den Abgaben ihrer Untertanen zu vermehren. Daher war die Rodung im Wald an die Erlaubnis des Grundherrn geknüpft; jede Rodung, außer auf Geheiß des Grundherrn, war verboten. Daher konnte der Grundherr auch eine ungeregelte Brandwirtschaft im Wald nicht zulassen; die Grundherrschaft behielt die „Leitung des brennwirtschaftlichen Turnus", die Zuweisung des zu *reutenden* Waldes sich selbst vor. Denn „die Handhabung der Schwendtwirtschaft zu eigenem Nutzen ist die Grundherrlichkeit selbst".[18]

16 Inama-Sternegg, *Deutsche Wirtschaftsgeschichte,* III. 1., Leipzig 1899, Seite 360 ff.

17 Ein Beispiel gibt die *Alpordnung* der Herrschaft Sölk, bei Wimbersky, *Eine obersteirische Bauerngemeinde,* Seite 63.

18 Peisker, *Die älteren Beziehungen der Slawen zu Turkotataren und Germanen,* in: *Vierteljahrsschrift für Sozial- und Wirtschaftsgeschichte,* III. Band, Seite 344.

Ähnlich war es mit der Jagd. Die Könige hatten die Forste, die vom Recht des freien Tierfanges ausgeschlossen waren, in der Regel den Grundherren übertragen; dann stand den Grundherren der Wildbann, das ausschließliche Jagdrecht, in diesen Forsten zu. Zuweilen haben die Könige das Recht der hohen Jagd auch in den den Grundherren verliehenen Wäldern sich vorbehalten; dann stand das Recht der hohen Jagd in den herrschaftlichen Wäldern dem König oder Landesfürsten zu, dem Grundherrn selbst nur das Recht der niederen Jagd, das *Raisgejaid.* Aber ob der Wildbann dem Grundherrn zur Gänze zustand oder zwischen dem Landesfürsten und dem Grundherrn geteilt war, in keinem Falle bedeutete er, daß die Bauern von der Ausübung des Jagdrechtes gänzlich ausgeschlossen waren.

Vor allem hat sich im Gebiet der älteren Ansiedlung freier Bauern zuweilen die Regel erhalten, daß nur die hohe Jagd den Grundherren vorbehalten war, für die niedere Jagd dagegen das Recht des freien Tierfangs für jeden galt. So kündeten zum Beispiel die Bauern in Aschau noch im 15. Jahrhundert in ihrem *Weistum*:

> Es ist ze wissen, das in der obgenannten marken uns der wiltpan frei ist ausgenommen das rotwild gehört ainer herrschaft und das federspiel ainem abt[19].

In dem Gebiet der späteren Kolonisation bedeutete allerdings der grundherrliche Wildbann zunächst, daß die Grundherrschaft sich das Recht der Regulierung der Jagd vorbehielt. In einer Zeit, in der die Wälder noch sehr ausgedehnt waren, das Wild sehr zahlreich war und nur Fang- oder Falkenjagd die Freude der Großen war, hatten die Grundherren kein Bedürfnis, den Bauern die Jagd auf niederes Wild, die Feldjagd auf

19 *Österreichische Weistümer,* III. Band, Seite 100.

Hasen und Hühner zum Beispiel, zu verwehren; aber sie behielten es sich vor, zu bestimmen, in welchem Gebiet und welches Wild die Bauern jagen durften. Sie bestimmten also das Wild, das die Bauern erlegen durften. So zum Beispiel im *Bantaiding* von Tattendorf (Herrschaft Klosterneuburg):

> Ain ietlicher nachpawr mag füchs piber eltes mäder dachs und swein vachen auf unsers herrn grunt[20].

Oder sie banden die Bauernjagd allgemein an die Erlaubnis des Grundherrn. So zum Beispiel in Eitenthal (Herrschaft Klosterneuburg):

> Hat die herrschaft des gottshaus Closterneuburg groß und klein gejait. desselben sich auch niemant underfahen soll, dann dem es von gemeltem gottshaus erlaubt und vergunstigt wierdet[21].

Oft bedrohten die *Weistümer* mit Strafe den, der ohne Erlaubnis des Grundherrn oder über dessen Erlaubnis hinaus jagte. So zum Beispiel in Schatten (Herrschaft Lichteneck):

> Wer da vischt oder jagt an willen des herrn oder seiner anwalt der ist verfallen 32 pfunt pfening[22].

Die Grundherrlichkeit bestand also nicht darin, daß der Grundherr die Bauern von den in jener Zeit wichtigsten Waldnutzungen, von den Rechten des Rodens, des Brennens und des Jagens, ausschloß, sondern in dem Recht des Grundherrn, diese bäuerlichen Waldnutzungen zu regeln, an seine Erlaubnis zu binden und durch seine Erlaubnis zu begrenzen.

Anders stand es mit den übrigen Waldnutzungen. In einer Zeit in der ein volkarmes Land noch von überaus ausgedehnten Wäldern bedeckt war, in der ungeheurer Waldvorrat

20 *Österreichische Weistümer,* VII. Band, Seite 406.

21 *Österreichische Weistümer,* VIII. Band, Seite 1022.

22 *Österreichische Weistümer,* VII. Band, Seite 65.

den Holzbedarf der Bewohner der Grundherrschaft für ewige Zeiten überreich zu decken schien und in der der Grundherr sein Holz auch nicht in andere Gebiete ausführen konnte, weil die Dürftigkeit der Verkehrsmittel den Transport des Holzes in ferne Gebiete nicht zuließ, in einer solchen Zeit schien den Grundherren das Holz geradezu wertlos. So ist es ja in Gebieten, in denen weder Bergwerksbetrieb den Holzbedarf steigerte noch die Nähe schiffbarer Flüsse den Transport des Holzes in ferne Länder ermöglichte, bis tief in das 18. Jahrhundert geblieben. Noch als der Josefinische Grundsteuerkataster angelegt wurde, hat der Fürst Schwarzenberg erwogen, ob er nicht seinen berühmten ausgedehnten Waldbesitz in Südböhmen aufgeben solle, weil der damals noch ganz ertraglose Waldbesitz die Zahlung einer Grundsteuer nicht lohne![23] War es selbst im 18. Jahrhundert noch so, wie erst in der Zeit der Besiedlung unseres Landes, so hatten denn die Grundherren keinen Grund, den Ansiedlern nicht ein ungemessenes Holzungsrecht im herrschaftlichen Walde einzuräumen. Jeder Bauer konnte sich im herrschaftlichen Wald Bau-, Brenn- und Nutzholz holen, wo, wann und wieviel er wollte. Und ebenso unbeschränkt war das Recht der Bauern, ihr Vieh in dem herrschaftlichen Wald weiden zu lassen und Streu aus dem herrschaftlichen Walde zu holen.

Man darf diese Rechtsverhältnisse nun nicht etwa so deuten, daß dem Grundherrn das Eigentum, den Bauern aber Servituten, Rechte an fremder Sache, zugestanden seien. Diese römisch-rechtliche Auffassung einer viel späteren Zeit war dem alten deutschen Recht fremd. Vielmehr bestanden an Wald und Weide analoge Besitzverhältnisse wie am Ackerland. Auch das

23 Schwappach, *Handbuch der Forst- und Jagdgeschichte Deutschlands,* Berlin 1886, Seite 286.

Ackerland der Bauern war landrechtlich herrschaftlicher Boden; trotzdem galt es dem Bauern als sein Besitz, in dessen Genuß ihn Hof- und Dorfrecht schützten. Nicht anders war es mit Wald und Weide. Auch hier war die *Gewere* geteilt. Die *Gewere* war des Grundherrn, sofern er Rodung, Schwenden und Jagd regelte, sie war der Bauern, sofern sie Holz-, Weide- und Streunutzung ausübten. Landrechtlich waren Wald und Weide, wie die *Weistümer* oft sagen, „meines gnedigen herrn grünt", hof- und dorfrechtlich waren sie, durch jahrhundertelange Nutzung, dennoch den Bauern zu ihrem Wald, zu ihrer Weide geworden. Sie sind es nach der Rechtsauffassung des Volkes im Grunde noch heute. „Der Berechtigte spricht von seinem Wald und meint damit jenen Bestand, in dem er holzbezugsberechtigt ist, von seinem *Gelack* und meint den Wald, in welchem er streuberechtigt ist, er spricht schließlich von seiner Alm und meint Herrschaftsgrund, auf dem er das Weiderecht besitzt."[24]

Dieser Dualismus des Rechts am Wald und an der Weide ist in einer Zeit entstanden, in der ein noch dünn siedelndes Volk über unermeßlich weite Wald- und Weideflächen verfügte. Sobald aber Bevölkerungswachstum und wirtschaftliche Entwicklung den Wert der Wald- und Weidenutzungen erhöhten, mußten Wald und Weide zum Gegenstand des Kampfes derer werden, die in den Jahrhunderten der ursprünglichen Besiedlung das Recht an ihnen geteilt hatten. In den Gebirgsländern, in denen noch die herrenlosen Hoch- und Schwarzwälder außerhalb der Grundherrschaften und der Allmenden lagen, erwuchs aus dem Dualismus des Volksrechts und des Königsrechts am Wald der Kampf zwischen den *Fürsten und dem Volk* um den Wald. Wo aber die Wälder Eigentum der Grundher-

24 Jugoviz, *Wald und Weide in den Alpen*, Wien 1908, Seite 56 f.

ren waren, dort erwuchs aus dem Dualismus des herrschaftlichen und des bäuerlichen Rechts der Kampf der *Grundherren und der Bauern* um Wald und Weide.

3. Der Waldraub der Fürsten

Mit der fortschreitenden Besiedlung des Landes wuchsen die Reinerträge der Landwirtschaft, die die Grundherren und Bauern gegen gewerbliche Erzeugnisse austauschen konnten. Mit dem Wachstum dieser Reinerträge entwickelten sich daher Gewerbe und Handel, wuchsen die Städte. Die Geldwirtschaft begann die Naturalwirtschaft zu verdrängen. Die ursprünglichen Naturalabgaben der Bauern an die Grundherren wurden in Geldzinse umgewandelt; schon im 13. Jahrhundert überwogen in Niederösterreich die Geldzinse, während in Oberösterreich in dieser Zeit noch die Naturalabgaben vorherrschten.[25]

Mit dem Vordringen der Geldwirtschaft veränderte sich die staatliche Organisation. In der Zeit der Naturalwirtschaft war auch der Staat naturalwirtschaftlich organisiert: Der König gab Boden seinen Vasallen zu Lehen und verpflichtete sie dafür, ihm an seinem Hofe Dienste zu leisten und auf seinen Ruf mit ihrer ritterlichen Gefolgschaft zu seinem Heer zu stoßen. Erst die Entwicklung der Geldwirtschaft ermöglichte es den Fürsten, Geldeinnahmen aus Grundbesitz, Regalien und Steuern zu ziehen und dieses Geld dazu zu verwenden, gegen Geldentlohnung Beamte an ihrem Hof anzustellen und gegen Sold Proletarier für ihr Heer anzuwerben. Mit der Ersetzung

25 Dopsch, *Die landesfürstlichen Urbare Nieder- und Oberösterreichs aus dem 13. und 14. Jahrhundert,* Wien 1904, Seite CLIII.

der Vasallen durch die Söldnerheere und mit der Bewaffnung dieser Söldnerheere mit Feuerwaffen erstarkte die Macht der Landesfürsten; sie konnten nun gewalttätiger als vordem die bestehende Rechtsordnung umgestalten.

Mit der Entwicklung der Söldnerheere wurde die Macht der Fürsten vornehmlich von der Höhe ihrer Geldeinnahmen abhängig. Diese Geldeinnahmen zu steigern, wurde nunmehr zur Hauptsorge der Landesfürsten. Sie wurde es doppelt, seitdem mit der burgundischen Erbschaft, mit der Erwerbung Spaniens, mit dem Anfall Böhmens und Ungarns die Großmachtpolitik des Hauses Habsburg begann.

Zu den größten Geldeinnahmen des Landesfürsten wurden aber vorerst seine Einnahmen aus den Salinen und aus dem Bergbau.

Die größeren Salinen wurden bis zum 15. Jahrhundert von den Genossenschaften der *Hallinger,* den *Pfännerschaften* betrieben. 1449 löste Friedrich III. die *Halämter* in Aussee ein und zog das Berg- und Siedewesen an die landesfürstliche Kammer. 1514 brachte Maximilian I. alle Berechtigungen an der Hallstätter Saline an sich. 1530 wurde der Erzbischof von Salzburg zum alleinigen Herrn der Saline Hallein. Sobald die Landesfürsten die wichtigsten Salinen in ihren Händen hatten, zwangen sie die Grundherren zur Einstellung des Salinenbetriebes in ihren kleineren Produktionsstätten.

Mit brutaler Gewalt, durch Zuführung von Süßwasser oder Ableitung des salzhältigen Wassers in Bäche, durch Verschlagen und Verdämmen machten die habsburgischen Fürsten die Verwendung der den einzelnen Grundherren gehörenden Salzquellen unmöglich und gründeten auf diese Weise das landesfürstliche Salzmonopol, das dann seit 1563 mit der Aufschließung des Salzlagers in Ischl, seit 1604 mit der Errichtung des Sudwerkes in Ebensee immer größere Bedeutung erlangte.[26]

Eine gewaltige Entwicklung nahm im 15. Jahrhundert, vornehmlich seit der Erschließung der silber- und kupferreichen Gruben von Schwaz, der Erzbergbau: die Silberbergwerke bei Schwaz, Gossensaß und Sterzing in Tirol und bei Schladming in der Steiermark, der Goldbergbau im Gasteiner und im Rauriser Tal, der Eisenerzbergbau am steirischen Erzberg. Die Landesfürsten hoben von den Bergbauberechtigten die Frone, einen Naturalzehent von dem gewonnenen Erz, und den Wechsel, eine Geldabgabe ein. An Fron und Wechsel interessiert, machten die Landesfürsten die größten Anstrengungen, die Entwicklung des Bergbaues zu fördern.

Die Salzbergwerke und die Siedewerke, die Erzbergwerke und die Schmelzhütten brauchten gewaltige Mengen Holz: Grubenholz für die Zimmerung der Stollen, Bauholz für die Solenleitungen, vor allem aber Brennholz und Holzkohle für die Pfannen und die Schmelzhütten. War vordem das Holz in den waldreichen Gebirgsländern so gut wie wertlos gewesen, so gewann es nunmehr im Umkreis der Salinen und der Bergwerke hohen Wert. Schienen vordem die Wälder unerschöpfliche Vorratskammern zu sein, mit deren Holzvorräten man nicht hatte haushalten müssen, so fürchtete man nun, der große Holzbedarf der Salinen und der Bergwerke werde die Holzvorräte in ihrer Nähe bald verbrauchen; man erkannte daher die Notwendigkeit, die Verwüstung der Wälder zu verhindern und für ihre Verjüngung Sorge zu tragen. Die ganze Grundbesitzpolitik der Landesherren, sowohl der Habsburger

26 Vgl. Srbik, *Studien zur Geschichte des österreichischen Salinenwesens,* Innsbruck 1917.

in den österreichischen Erblanden als auch des Erzbischofs in Salzburg, stellte sich seit der zweiten Hälfte des 15. Jahrhunderts in den Dienst der Aufgabe, den Salinen und dem Erzbergbau die wohlfeile dauernde Befriedigung ihres Holzbedarfes zu sichern.

Neben der Entwicklung der Salinen und des Bergbaues gab auch das Wachstum der Städte den Wäldern in ihrer Umgebung erhöhten wirtschaftlichen Wert. So ermöglichte das Wachstum des Bedarfes Wiens an Brenn-, Bau- und Werkholz die wirtschaftliche Verwertung des Wienerwaldes. Die Landesfürsten konnten es nun unternehmen, aus der Bewirtschaftung des Wienerwaldes Nutzen zu ziehen. So führte die Entwicklung des Bergbaues und des Städtewesens zu einer Umwälzung der Eigentums- und der Nutzungsrechte an den Wäldern. Sie wurde angeordnet durch die landesfürstlichen Wald- und Bergordnungen. An die Stelle der autonomen Regelung der bäuerlichen Rechte durch die *Bantaidinge,* wie man sie aus den *Weistümern* kennt, trat die obrigkeitliche Regelung durch die landesfürstliche Gesetzgebung. Die Reihe der landesfürstlichen Waldordnungen wurde eröffnet durch die Waldordnungen Maximilians I. für das Inntal im Jahre 1492, für das Salzkammergut 1509, für den Wienerwald 1511. Ihnen folgten die Waldordnung des Salzburger Erzbischofs Matthäus Lang 1524 und 1553, die *Wald- und Gehülzordnung* Ferdinands I. für die Steiermark 1539, die Bergordnung Ferdinands I. für die niederösterreichischen Lande. Das durch diese Gesetze gegründete System wurde durch eine Reihe späterer Wald- und Bergwerksordnungen ausgebaut.

Zunächst erklärten die Landesfürsten die Hoch- und Schwarzwälder für ihr Eigentum. In Tirol erklärte schon das Haller Holzmeisterstatut (Mitte des 15. Jahrhunderts):

> Es ist auch zu wissen, daß alle weld und päch in der grafschaft ze Tyrol der Herrschaft sind[27].

In Salzburg erklärte die Waldordnung von 1524:

> all Pan und Schwarzwald vnns als Herrn und Lanndtsfürsten zuegehörig[28].

Für die niederösterreichischen Lande erklärt die Bergordnung von 1553 alle Hoch- und Schwarzwälder in den Bergwerksgebieten, sofern sie nicht Eigentum einer geistlichen oder weltlichen Grundherrschaft sind, für ein Zugehör der landesfürstlichen Bergwerke:

> Es sollen alle hoch und schwartz Wäld uns als Herrn und Landsfürsten, wo Bergwerch seyen oder noch aufferstehen, zu unsern Bergwerchen ervolgen. Es wär dan das ain Closter oder Schloß ainen aigen Wald het, daß dasselb Closter oder Schloß nottürftig wär, der sol Inen ungejrrt vom Berggericht beleiben[29].

Durch diese Usurpation des Eigentums an den herrenlosen Hoch- und Schwarzwäldern, an der *Frei,* wurde dem landesfürstlichen *Boden- oder Forstregal* ein wesentlich erweiterter Sinn gegeben: Aus einem begrenzten Verfügungs- und Nutzungsrecht wurde vollständiges römisch-rechtliches Eigentum. Natürlich konnten die Landesfürsten die alten Nutzungsrechte der benachbarten Herrschaften und Bauernschaften an den Hoch- und Schwarzwäldern nicht mit einem Schlage aufheben; denn ohne diese Rechte hätten die Volksmassen nicht wirtschaften können. Aber die Landesfürsten erklärten diese Nutzungsrechte

27 Jäger, *Geschichte der landesständischen Verfassung Tirols,* Innsbruck 1885, II. 2, Seite 91. – Wopfner, *Das Almendregal,* Seite 36.

28 Charbula, *Der Salzburger Staatswald,* Salzburg 1911, Seite 8.

29 Schmidt, *Chronologisch-systematische Sammlung der Berggesetze,* Seite 474.

der Grundherren und der Bauern für Servitute auf fremdem, nämlich landesfürstlichem Eigentum und leiteten daraus das Recht ab, diese Nutzungsrechte im Interesse des Bergbaues zu regeln und zu begrenzen. Grundherren und Bauern konnten die Nutzungsrechte nicht mehr aus eigenem, dem Nutzungsrecht des Landesfürsten ebenbürtigem Recht ausüben, sie waren nun vielmehr zur Befriedigung ihres Bedarfes, ihrer *Notdurft,* auf die Wälder, die Eigentum des Landesfürsten waren, gewiesen, in seine Wälder *eingeforstet.* Aber die Landesfürsten eigneten sich nicht nur die noch herrenlosen Hoch- und Schwarzwälder an, sondern auch Wälder, die schon seit Jahrhunderten Eigentum, sei es der Bauerngemeinden, sei es der Grundherren, waren.

In einer Zeit, in der das Holz noch so gut wie wertlos gewesen war, hatte sich bereits der Rechtsgrundsatz eingebürgert, daß sich die Bergwerke das Holz, dessen sie bedurften, ohne Rücksicht auf die Eigentumsverhältnisse am Walde, nehmen dürfen. So hieß es schon in der Zeyringer Bergordnung von 1336, die später für den ganzen steirischen Bergbau (außer dem Eisenerzbergbau) angewendet wurde:

> Wo ein pergwerch gefunden wird in unseren landen in einem holz, da soll man on alle irrung holz nemen, so viel man dazu bedarf, siben klafter um sich, zu allen vier orten um den pan, dann allein zu kol nicht[30].

Dieser Grundsatz wurde 1517 und 1549 durch die Bergwerksordnungen Maximilians I. und Ferdinands I. ausgedehnt: Niemand dürfe die Bergwerke an der Nutzung von Gehölz, Wasser, Weg und Stein hindern. Aber bald begnügte man sich nicht

30 Inama-Sternegg, *Deutsche Wirtschaftsgeschichte,* III. 2., Leipzig 1901, Seite 184.

mehr damit, den Bergwerken die Nutzung der Wälder einzuräumen, man forderte für sie geradezu das Eigentum an den Wäldern, deren sie bedurften. Da die Bergwerk landesfürstliche Regalien seien, die Bergwerke aber ohne Wälder nicht bestehen können, so folgerten die Räte der Kammer Ferdinands I., daß die Wälder ein „ungesonderter Anhang oder *inseparabile accessorium* der Bergwerke“ seien, das landesfürstliche *Bergregal* also das Eigentum an allen Wäldern, deren die Bergwerke bedürfen, mitumfasse.[31]

Mit voller Wucht richtete sich der Angriff vor allem gegen die Allmendwälder, die *gemain höltz.* Dem ursprünglich so eng zu deutenden königlichen *Forst- und Bodenregal* wurde nun der weite Sinn gegeben, daß aller nicht in individuelle Nutzung übergegangene Boden Eigentum des Landesfürsten sei; in Tirol hieß es nun geradezu: „Alle gemain des lantsfürsten seyn“, die nutzungsberechtigten *Gemeindegenossen* seien nicht Eigentümer, sondern nur „nießer der gemaind“[32]. Und auf diese Fiktion gestützt, zogen die Landesfürsten die Gemeindewälder, wo die Bergwerke ihrer bedurften, geradezu ein. Die bis dahin noch nicht scharf abgegrenzten Allmendwälder in den Bergwerksgebieten wurden für landesfürstliches Eigentum erklärt und unter Vorbehalt des landesfürstlichen Eigentums einzelne Teile dieser Wälder den Bauerngemeinden zur Nutzung, andere Teile den Bergwerksberechtigten zur Abstockung zugewiesen.[33] Nicht anders verfuhr man in den anderen Salinen- und Bergwerksgebieten. So wurden im Salzkammergut die Allmendwaldungen als landesfürstliches Eigentum behandelt, die Bauern in ihnen

31 Srbik, *Studien zur Geschichte des österreichischen Salinenwesens,* Seite 164.

32 Wopfner, *Das Almendregal,* Seite 31.

33 Wopfner, *Das Almendregal,* Seite 39 ff.

eingeforstet. Den Bürgern von Aussee zum Beispiel wurden die Wälder am Koppen, aus denen sie von altersher Brenn- und Kohlholz bezogen, geraubt.[34]

Ebenso gewalttätig gingen die Landesfürsten gegen den Waldbesitz städtischer Gemeinden vor. So raubten sie zum Beispiel, als das Salzsudwerk in Ebensee errichtet wurde, der Gemeinde Gmunden die Wälder der Herrschaft Ort. Darüber berichteten 1598 die Salzamtsbeamten:

> Daher denn auch Ihro Kayserliche Majestät der Herrschaft Ort um die Wält willen, ohne welche beruerts neu Wesen in der Ebensee nit sein khundt, so stark nachgestellt und, weil aber bei anderen so überhäuften Verweisungen und Ausgaben zu der Bezahlung die Mittel gemangelt, die von Gmunden unausgesetzt dahin behandeln lassen, daß sie auch gegen I. Majestät das gethan und einen solchen Last eingegangen, daß vielleicht sonst so bald von keiner Stadt beschehen, und sein dadurch beruerte Ortische Wäldt I. K. M. umsonst in die Gwalt kommen[35].

Der Kaiser habe zwar die Stadt vertröstet, er werde sie einmal entschädigen, „dazu aber bisher die Mittel auch gemangelt und es also mit der Stadt Gmunden nit zum Besten steht".

Nicht ebenso konnten die Landesfürsten die adeligen und die kirchlichen Grundherrschaften behandeln. Ihr Eigentum an ihren Wäldern blieb anerkannt. Aber auch ihnen wurde das Recht der freien Verfügung über ihre Wälder genommen. Dies geschah durch das landesfürstliche Waldreservat. So bestimmt die steirische Waldordnung von 1539:

34 Srbik, *Studien,* Seite 164.

35 Zitiert bei Scheichl, *Aufstand der protestantischen Salzarbeiter und Bauern im Salzkammergut, 1601 und 1602,* Linz 1885, Seite 18.

> Die Herrschaften, derselben underthanen und menigelich, so Aigen haimbhöltzer, schachen oder furhaubt beten, mugen dieselben zu Kollen oder In Annder weg gebrauchen, doch mit dem Vorbehalt, wo Sy es zu Irer hauß notturft zum thaill oder gar nicht bedärfften unnd die Röm. Kun. Majestät dieselben zu Ierer Majest, perkhwerch oder gebewen Notturfftig, sollen Sy dieselben Irer Kun. Majestät zu derselben Notturfften umb zimbliche vergnuegung ervolgen lassen[36].

Ebenso bestimmt die Berg- und Waldordnung für die niederös-
96 terreichischen Lande von 1553, daß zwar die Wälder, die einem „Closter oder Schloß" gehören, ihm „unbeirrt" bleiben sollen, soweit es ihrer zu seiner „Notturft" bedarf, jedoch

> vorbehalten, wo man der zu unseren Bergkwerchen je nottürftig sein wurde, alsdann soll man sich mit demselben Closter und Schloß darumben züemblicher vertragent[37].

Dieselbe Waldordnung erstreckt diesen Vorbehalt auf alle, die „eingezeundt Wald", das heißt privaten Waldbesitz, haben.

Kraft dieses landesfürstlichen Waldreservats durften also die Waldbesitzer ihre Wälder nur zur Deckung des Eigenbedarfes nutzen. Sie durften Holz und Holzkohle aus ihren Wäldern nicht frei verkaufen mußten vielmehr, was sie nicht zur Deckung ihres Eigenbedarfe brauchten, den Bergwerken zum Kauf anbieten, wobei „Berkrichter und Geschwornen" den Kaufpreis festsetzen konnten. Nur falls die Bergwerke den Kauf ablehnten, durften sie über ihre Walderzeugnisse frei verfügen. Die Erlaubnis, Holz an jemand anderen als die landesfürstlichen Salinen und die Bergwerke zu verkaufen, wurde in eini-

36 Schmidt, *Chronologisch-systematische Sammlung,* Seite 202.

37 Schmidt, *Chronologisch-systematische Sammlung,* Seite 474.

gen Ländern, so zum Beispiel in Salzburg, nur gegen Entrichtung einer Gebühr, des Stockrechtes, gewährt.

Dieses landesfürstliche Waldreservat wurde durch spätere Waldordnungen ergänzt, durch die Einrichtung der Holz- und Kohlenwidmung. Damit wurde jedem Berg- und Hammerwerk ein bestimmter Bezirk zugewiesen, innerhalb dessen Holz und Holzkohle nach Deckung des Eigenbedarfes der Waldbesitzer seiner ausschließlichen Benützung vorbehalten waren. So durften zum Beispiel alle Waldbesitzer, welche mit ihren Fuhren die Innern- und Vordernbergischen *Radwerke* (Schmelzwerke) und *Kohlbaren* (Kohlhütten) in einem Tage erreichen
konnten, die Holzkohle niemand anderem als der Haupteisenwurze verkaufen.[38]

Aber der Begriff des landesfürstlichen Waldreservats umfaßte noch mehr. Die Landesfürsten verliehen ohne weiteres private Waldungen, die ihre Eigentümer nicht zu ihrer *Hausnotturft* brauchten, an andere Personen zu Abholzung und Verkohlung. So hat zum Beispiel im Jahre 1689 die Hofkammer einen Teil der Wälder bei St. Nikolai, die dem Grazer Jesuitenkolleg gehörten, dem gräflich Stampferschen Silber- und Kupferbergbau zur Abholzung und Verkohlung verliehen, ohne daß dem Waldbesitzer Anspruch auf irgendeine Entschädigung zuerkannt worden wäre.[39]

Im Salzkammergut wurden die privaten Waldungen nicht nur hinsichtlich der Holznutzung den Salinen gewidmet, sondern, damit die nachhaltige Bewirtschaftung der für die Salinen erforderlichen Wälder gesichert werde, geradezu den Salinen-

38 Schopf, *Die österreichische Forstverfassung, das Forstrecht und die Forstpolizei,* Wien 1835, I. Band, Seite 46 f.

39 Wimbersky, *Eine obersteirische Bauerngemeinde,* Seite 66.

behörden unterstellt. So bestimmt schon die *Halamtsordnung* von 1523 für Aussee:

> Und soll alle Obrigkeit der Wälder den Verwesern zustehen, auf Schwendung und Verwüstung zu sehen, und die Übertreter, es sei wes Herrn sie wollen, zu bestrafen[40].

Durch diese gewaltsamen Eingriffe in die ursprünglichen Eigentumsverhältnisse wurden die Grenzen zwischen dem landesfürstlichen und dem herrschaftlichen Waldbesitz dermaßen verwischt, daß die ursprünglichen Eigentumsverhältnisse später überhaupt nicht mehr festgestellt werden konnten. So zum

Beispiel in der Herrschaft Groß-Sölk. Dort stand die Holznutzung in den Wäldern der „Hauptgewerkschaft Eisenärzt" zu, die Grasnutzung der Herrschaft und den Untertanen. Wie waren diese Nutzungsrechte entstanden? Entweder waren das ursprünglich herrenlose Hoch- und Schwarzwälder, deren Eigentum der Landesfürst kraft des *Bodenregals* usurpiert hatte; die Herrschaft und die Untertanen wurden dabei hinsichtlich der Grasnutzung in den nunmehr landesfürstlichen Wald *eingeforstet,* während die Holznutzung des landesfürstlichen Waldes dem Eisenerzbergbau gewidmet wurde. Oder aber der Wald hatte der Grundherrschaft gehört, wurde, wie überall, von den Untertanen mitgenossen und später hinsichtlich der Holznutzung kraft des landesfürstlichen Waldreservats der Hauptgewerkschaft gewidmet. Als im 18. Jahrhundert die Holz- und Kohlenwidmung aufgehoben wurde, entstanden daher viele Rechtsstreitigkeiten darüber, wer nun als Eigentümer den Wald beanspruchen konnte, ob der Staat oder die Herrschaft.[41]

40 Srbik, *Studien,* Seite 164.

41 Mischler, *Ländliche Besitz- und Schuldverhältnisse in 27 Gemeinden Steiermarks,* Graz 1901, Seite 18.

So hat die Fürstengewalt die Grundeigentumsverhältnisse in dem Gebiet des Salz- und des Erzbergbaues vollständig umgewälzt. In Tirol, in Salzburg, im Salzkammergut und in der Obersteiermark wurde der größte Teil der Waldungen Eigentum des Landesfürsten. Die noch übrigbleibenden privaten Waldbesitzer wurden in ihren Verfügungs- und Nutzungsrechten empfindlich eingeschränkt.

Als sich die Landesfürsten der Wälder bemächtigten, wurden die Bauern zunächst in die landesfürstlichen Wälder *eingeforstet,* sie durften auch weiterhin ihre alten Nutzungsrechte an den Wäldern ausüben. Aber sofort begannen die Landesfürsten den Kampf um die Einengung dieser Nutzungsrechte.

Infolge des großen Holzbedarfes der Berg- und Schmelzwerke wurden viele Wälder in kurzer Zeit ausgerottet; sehr viele Wälder sind dem Bergbau erlegen. Zuweilen mußten Bergwerke aufgelassen werden, weil das unentbehrliche Holz in der Nähe des Bergwerkes verschwunden war; so zum Beispiel das Bergwerk am Schneeberg, im Riednauner Tal.[42] Oder es mußten die Sudwerke wegen Holzmangels in großer Entfernung von den Salzgewinnungsstätten angelegt werden. So wurde zum Beispiel das Salzsieden deshalb nach Ebensee verlegt, „weil man hiezu weder zu Hallstatt noch Ischl mit Holz nit gefolgen khan“[43].

Solche Erfahrungen zwangen zu pfleglicherer Bewirtschaftung des Waldes.

Solange die Hoch- und Schwarzwälder noch als herrenlos galten, kam es immer noch vor, daß Besitzlose ein Wald-

42 Kerner, *Der Wald und die Alpwirtschaft in Österreich und Tirol,* Berlin 1908, Seite 66.

43 Zitiert bei Scheichl, *Aufstand der protestantischen Salzarbeiter,* Seite 18.

stück roden und in Besitz nehmen konnten; das wurde nun ausnahmslos verboten.

> Soll sich niemand untersteen, kein frei urbar noch möser einzufachen oder einzuzeinen,

heißt es nun in der Landesrügung des Landgerichtes Glaneck (Salzburg).[44] In der steirischen Waldordnung von 1539 wird angeordnet:

> Was in etlichen Jarn von den hoch und schwarz wäldern oder von den gemainen höltzern oder anndern freyen oder gemain fleckhen eingefanngen, So nit von Alter her eingefanngen gewest oder das Nit zu Sonnders guetern gehört hat ... wievorsteet widerumben außzuwerffen[45].

Ebenso gingen die Landesfürsten gegen das „Reutten und Brennen" vor. Die Salzburger Waldordnung von 1524 verbietet das „Rewtten"; nur dort, wo „ain unnütz Dornach, Stawdach und Poschach" ist, soll es nach Anmeldung bei dem landesfürstlichen Waldmeister erlaubt sein.[46] Ebenso bestimmt die steirische Waldordnung von 1539:

> Das die pauern, unnderthonen unnd menigelich außerhalb Ierer eigefanngen khaufrecht und Zins guetern weder in den schwarz Wäldern Albmen waiden fürholzern noch gemainen holtzern khains wegs Reuten noch prennen, Sonnder soll Also dos schwenndten, gereit hackhen unnd prennen durch auß verpotten sein pey schwerer straff[47].

Aber die Bedeutung der Brandwirtschaft im Walde für die Wirtschaft der Volksmassen war noch viel zu groß und der landes-

44 *Österreichische Weistümer,* I. Band, Seite 121 (Möser = Moorwiesen).

45 Schmidt, *Chronologisch-systematische Sammlung,* Seite 198.

46 Charbula, *Salzburger Staatswald,* Seite 9 (Poschach = Gebüsch).

47 Schmidt, *Chronologisch-systematische Sammlung,* Seite 199.

fürstliche Verwaltungsapparat, der die Befolgung der Verbote überwachte, noch viel zu wenig ausgebaut,[48] als daß solche Verbote hätten wirklich durchgesetzt werden können. Desto mehr waren die Fürsten darauf bedacht, den Kreis der die Brandwirtschaft Übenden möglichst einzuengen. Die größte Bedeutung hatte das Brennen und Schwenden im Walde für diejenigen, die keine Äcker in der Dorfflur besaßen, Ackerbau also nur auf gebrannten Waldstellen üben konnten. Das waren die *Söllner* oder *Sollhäusler*, die in den Dörfern wohl ein Haus, aber keinen Ackerboden besaßen, und die Inwohner oder Herberger, die nicht einmal ein Haus besaßen, sondern in den Bauernhäusern wohnten. Ihnen wird das „reut machen" gänzlich verboten, auch wo man einsah, daß man das Verbot für die Bauern nicht aufrechterhalten konnte. So heißt es in der Salzburger Waldordnung von 1563:

> So sein auch solche reuter nit allain durch die angesessenen bisher geschlagen worden, sondern es haben sich auch die sölheusler und herbrigsleit solche reiter zu prennen understanden. So ist unsers genedigsten fürsten und herrn willen und mainung, das nun hiefüro allain die angesessenen pauersleit, die von irer gueter wegen in den fürpergen gerechtigkait haben, die reuter schlahen und machen; doch auch von aines besetzten guets wegen am jar nur ain reut ... es sollen auch alle und iede reuter nach altem gebrauch und herkomen nit len-

48 In Salzburg wurde 1524 ein landesfürstlicher Waldmeister eingesetzt. Dieser hatte für jedes Gericht zwei bis drei Forstknechte zu bestellen. Jeder, den er dazu beauftragte, mußte diese Funktion ein Jahr versehen. In der Folge ging die Funktion umlageweise von Hof zu Hof über. Dafür hatten die Forstknechte das Recht auf das *Reyßgejaid* und einen Anteil an den Geldbußen (Charbula, *Salzburger Staatswald,* Seite 9).

ger als dreu jar nach einander ingehabt und albeg am driten ausgelassen werden bei der straff[49].

Noch weiter ging die steirische Waldordnung von 1539, die zwecks Schonung des Waldbestandes allen denjenigen, die keinen eigenen Haushalt führten, das „Brennen und Reutten" selbst innerhalb der privaten Waldbesitzungen, und zwar auch dann, wenn sie das Recht gegen Zins erstanden hatten, verbot:

Es soll auch furan den ledigen khnechten unnd diernen auch der unnderthonen ledigen Sün, So nicht angesessen oder verheirat sein, weder in den khaufrechten noch Zinnß unnd anderen guetern zu reitten prennen noch zu schwennten in khainerlei weg oder bestanndsweiß noch für sich selbst nicht vergunt noch gestat[50].

Ebenso befiehlt die Kärntner Waldordnung von 1550 den Bauern,

das sy hinfür Ihren Sünen Töchtern noch anndren ledigen Personen khain Gereudt oder geschwenndt lassen[51].

Im Interesse der Schonung der Waldbestände gingen die Landesfürsten auch gegen die überlieferten Streunutzungen der Bauern vor. Im Gebirge, wo der Viehstand groß ist, der Bauer aber nur wenig Halmfrüchte baut, daher zu wenig Stroh zur Verfügung hat, mußte der Wald immer Streu liefern. Die Bauern gingen in den Wald, sie ästeten die Bäume ab und trugen die abgeschnittenen Äste als Streu in ihre Ställe *(Schneitelstreu, Graßmachen)*. Da diese Verletzung der Bäume dem Walde überaus schädlich ist, suchten die Waldordnungen, wo immer das anging, diese alte Übung zu verbieten. Es bedurfte freilich der Drohung mit barbarisch strengen Strafen, um den Bauern zu

49 *Österreichische Weistümer,* I. Band, Seite 249 f.
50 Schmidt, *Chronologisch-systematische Sammlung,* Seite 199.
51 Schmidt, *Chronologisch-systematische Sammlung,* Seite 412.

nehmen, was sie seit jeher als ihr Recht geübt. So verfügt zum Beispiel das Waldbuch Maximilians I. für den Wienerwald (1511):

> wer einen paum sweimpt, wirt er darbei begriffen, dem soll man darumb ain hant abslahen oder er lös die hand umb funf pfunt pfennig[52].

In den Alpenländern war freilich ein ausnahmsloses Verbot des *Graßmachens* nicht möglich, zumal die Stallungen der Bauern die *Schneitelstreu* nicht entbehren konnten. Hier suchte man das *Graßmachen* zu beschränken. Häufig wurde bestimmt, wie hoch die Bäume abgeästet werden durften. So zum Beispiel in der steirischen Waldordnung von 1539:

> Es soll hiefüran khain pämb zu hoch abgräßt sonder albeg aufs wenigist Annderthalben Man hoch zum wiphl das groß steen lassen[53].

Ferner wurde die Zeit begrenzt, innerhalb derer das *Graßmachen* erfolgen durfte. So in der Salzburger Waldordnung von 1563:

> Es sol auch solich schnaidten gar nit beschehen in den Augstmonaten und sonnst in anndern Monaten allein soll es beschehen, wan der Mon aufnimmbt, damit die Paum desto weniger verdorren[54].

Häufig wurden einzelne Waldstücke, *Gelacke,* ausgeschieden, in denen allein die Bauern noch *schneitteln* durften. Dadurch wurde zwar der übrige Wald von dieser schädlichen Nutzung befreit, die *Gelacke* aber freilich geradezu der Vernichtung preisgegeben.[55]

52 *Österreichische Weistümer,* VII. Band, Seite 707.

53 Schmidt, *Chronologisch-systematische Sammlung,* Seite 200.

54 Charbula, *Salzburger Staatswald,* Seite 11.

55 Jugoviz, *Wald und Weide in den Alpen,* Seite 64 (Verlacken = vermarken, abgrenzen).

Im Interesse der Schonung des Waldes suchten die Fürsten auch die Weiderechte der Bauern zu beschränken. Der Kampf ging vor allem gegen die Ziegen, die den jungen Waldbeständen besonders gefährlich sind. Schon im 15. Jahrhundert wurden die Ziegen in die entferntesten Waldungen verwiesen. So heißt es in Altenthan (im Salzburgischen) 1437:

> Wer gaisz hat, soll sie wie vor alter an die grosze wäld und hölzer, daß sie den hann nit krähen hören und niemand schäden thun, treiben[56].

Im 16. Jahrhundert wird der Auftrieb von Ziegen in die lan-

desfürstlichen Wälder überhaupt verboten. Dadurch wurde das Landvolk überaus schwer getroffen. Hochgelegene und steile Hänge, auf die man Rindvieh nicht treiben konnte, wurden durch das Verbot des Ziegenauftriebes der bäuerlichen Weide überhaupt entzogen. Die *Sollhäusler,* die Rindvieh nicht halten konnten, wurden der Waldweide überhaupt beraubt. 1574 klagten die steirischen Landstände in ihren Beschwerdeartikeln, durch das Verbot des Haltens von Gaisvieh in den Waldungen werde ein großer Teil der Untertanen zugrunde gerichtet.[57]

In der Tat war gerade dieses Verbot Gegenstand eines jahrhundertelangen zähen, erbitterten Kampfes zwischen den landesfürstlichen Forstverwaltern und den Bauern. Immer wieder eingeschärft, konnte das Verbot gegen den hartnäckigen Widerstand des Volkes doch nie durchgesetzt werden. Nachdem das Verbot schon seit Jahrhunderten Gesetz war, verkündet noch 1767 die steirische Waldordnung „mit verfan-

56 *Österreichische Weistümer,* I. Band, Seite 30.

57 Mell, *Die Lage des steirischen Untertanenstandes seit Beginn der neuen Zeit bis in die Mitte des 17. Jahrhunderts,* Weimar 1896, Seite 86.

gen Ernst", daß das Gaisvieh jetzt endlich aus den Wäldern verschwinden müsse.[58]

Noch erbitterter wurden die Bauern, als die fürstlichen Forstverwaltungen auch die Schafweide in den Wäldern verbieten oder nur gegen hohen Zins noch gestatten wollten. Da fragten die Bauern, wie der herrschaftliche Pfleger von Groß-Sölk an das Jesuitenkolleg in Graz schrieb, „obs dann schon soweith kombt, daß der Khayser ihnen bereits umb den lodenen Rockh greiffen will, denn die Bauern und arme Keischler pur allein derowegen die Schoff halten, damit sye sich und ihren Kindern bekhleiden khönen"[59].

Vor allem aber war den Landesfürsten doch darum zu tun, die althergebrachte, ursprünglich ungemessene und ungeregelte Holzung in den Hoch- und Schwarzwäldern zu begrenzen. In vielen Gebieten erfolgte die Begrenzung vorerst räumlich. So wurden den Untertanen Waldteile, *Gelacke,* zur Holzung zugewiesen, während sie von den übrigen Waldungen ausgeschlossen wurden. So soll nach der Salzburger Waldordnung von 1524 der Waldmeister den Untertanen

> Hofsachen davon Sy sich künftiglich an Prenn Zymer und Zaunholz zu der Gueter notturft behelfen mügen, auszaigen und vermarchung thuen, damit Sy sich nit understeen noch ursach haben, nach Irem gefallen in den Wäldern weiter zu schlachen[60].

Diese *Freigelacke* konnten entweder dem einzelnen Bauern zu individueller oder der ganzen *gemain* zu gemeinsamer Nutzung zugewiesen werden. Im letzteren Falle hießen sie „gemaine ausgezeigte Hofsachen". Auf diese Weise sind neue Allmendwäl-

58 Schwappach, *Handbuch der Forst- und Jagdgeschichte,* Seite 376.

59 Wimbersky, *Eine obersteirische Bauerngemeinde,* Seite 76.

60 Charbula, *Salzburger Staatswald,* Seite 9.

der entstanden. In derselben Zeit, in der in vielen Gegenden die alten Allmendwälder von den Landesfürsten eingezogen wurden, sind in anderen Gebieten durch Zuweisung von *Freigelacken* an die Gemeinden aus dem Bestand der Hoch- und Schwarzwälder neue Allmendwälder entstanden.

Ob aber solche *Freigelacke* ausgezeigt worden waren oder nicht, in beiden Fällen blieb der Grundsatz anerkannt, daß die *Eingeforsteten* Anspruch auf Holz aus den landesfürstlichen Waldungen zu ihrer *Notturft* hatten. Nur wurde dieser Begriff immer strenger ausgelegt. Zunächst mußten die *Eingeforsteten*
106 ihren Holzbedarf aus ihrem privaten Waldbesitz, aus dem Allmendwald oder aus dem *Freigelack* decken; nur soweit diese Waldungen ihren Bedarf nicht zu decken vermochten, blieb ihr Anspruch auf Holzung im landesfürstlichen Wald anerkannt. Die Landesfürsten hatten daher das stärkste Interesse daran, daß die privaten und die *gemainen* Waldungen der Untertanen pfleglich behandelt würden, damit die Untertanen nicht gezwungen seien, Holz aus den landesfürstlichen Hoch- und Schwarzwäldern zu beanspruchen.

Zu diesem Zwecke verboten die Waldordnungen zunächst den Verkauf von Holz aus den Gemeindewäldern. So zum Beispiel das Waldbuch für den Wienerwald:

> Item alle wälddörfer die gemain holz umb den Wald haben, die mögen über jar prennholz und fridholz daraus nemen in notturft, aber nit verkaufen[61].

Die steirische Waldordnung von 1539 erlaubt zwar den Holzverkauf aus den privaten, aber nicht aus den Allmendwäldern:

> Ain paur oder underthon solle in seinen khaufrechten oder Zinsgueter wo er uberige holtz hete, stöß holtz schlahen und

61 *Österreichische Weistümer*, VII. Band, Seite 708.

> verkhauffen mugen, aber aus den Schwartz wäld und gemainen höltzern, so ain gemain ist, Ime hiemit verpoten[62].

Aus denselben Gründen suchten die Landesfürsten aber auch jeden Raubbau an den privaten und *gemainen* Waldungen zu verhüten. In Tirol gab es schon seit Maximilian I. neben dem landesfürstlichen Forstmeister, dem die landesfürstlichen Wälder unterstanden, einen *gemainen* Waldmeister, der die Aufsicht über die Bewirtschaftung der Allmendwälder zu führen hatte.[63] In Salzburg bedrohten die Waldordnungen diejenigen, die ihre eigenen oder gemeinen Wälder oder ihre *Freigelacke* verwüsten, damit, daß sie dann aus den landesfürstlichen Wäldern kein Holz bekommen würden. So schon die Waldordnung von 1524:

> Es sollen auch dieselben Vorstknecht auf die, so aigen Haym holz haben, auch ir vleissig aufsehen haben, daß Sy die nicht erödigen noch Holz daraus unziemblich verkhauffen oder swendten und Rewtten, dann so dieselben solches täten und wollten nachmals aus unseren Wälden widerumben die notturft Holz haben, das wir Inen aber nit verhenngen und gestatten[64].

Nur wo der Holzbedarf der Untertanen, ohne daß sie ihre „Haymhölzer unziemlicher Veyße verswendt oder erödigt" haben, in diesen *Haymhölzern* keine Deckung fand oder wo diese *Haymhölzer* nur den Bedarf an Brennholz, nicht auch an „Zymerholz, Dachholz, Zawnholz oder Laden" deckten, dort durften die Untertanen Holz aus den landesfürstlichen Wäldern beanspruchen. Aber auch in diesem Falle stand ihnen nicht mehr das Recht des *Freihiebs* zu. Vielmehr bestimmen alle Waldordnungen, daß die Untertanen ihre Holzungsansprüche

62 Schmidt, *Chronologisch-systematische Sammlung,* Seite 204 f.

63 Wopfner, *Das Almendregal,* Seite 79.

64 Charbula, *Salzburger Staatswald,* Seite 9.

bei den Förstern anmelden und diese ihnen die Bäume, die sie fällen dürfen, auszeigen sollen. Geschah dies zuerst wohl von Fall zu Fall, so entwickelte sich dafür doch allmählich ein geordnetes Verfahren. Im Salzkammergut zum Beispiel fand alljährlich die Holzbeschreibung statt: Die in den landesfürstlichen Wäldern *eingeforsteten* Insassen mußten dabei persönlich erscheinen und ihren Holzbedarf angeben. Auf Grund dieser Feststellung wurde ihnen das Holz durch die Förster ausgezeigt. Die Berechtigten mußten das Holz noch in demselben Jahre aus dem Wald fortbringen und es bestimmungsgemäß

verwenden. Den Holzbeschreibungen im Salzkammergut entsprachen die Forsttage der Pfleggerichte in Salzburg und die Forsttagssatzungen in Tirol.[65]

Zugleich sorgten die Landesfürsten aber auch dafür, daß mit dem Wachstum der Bevölkerung der Holzbedarf der *Eingeforsteten* nicht steige. Die Errichtung neuer *Söllhäusleranwesen* in den Dörfern wurde verboten oder an behördliche Bewilligung geknüpft, damit die Zahl der Feuerstätten in den Dörfern nicht wachse. Oder aber es wurde bestimmt, daß die Zahl der holzungsberechtigten Gemeindeglieder keine Vermehrung erfahren könne, so daß neue Gemeindeglieder Anspruch auf das Holzungsrecht erst dann erlangen, wenn sie an die Stelle von anderen rücken können. Da man nämlich die Holzungsrechte nunmehr als Servituten im Sinne des römischen Rechtes auffaßte, wendete man auf sie den Grundsatz an, daß Servituten nicht erweitert werden können. Man sprach also das Holzungsrecht nur den Rechtsnachfolgern der ursprünglich *Eingeforsteten* zu, den Alteingesessenen, den Urhausbesitzern, nicht denen, die sich erst später angesiedelt hatten. So hatten zum Beispiel

65 Schopf, *Österreichische Forstverfassung*, II. Band, Seite 113 ff.

im Salzkammergut die Salinenbehörden das Recht, späteren Ansiedlern den Holzbezug zu verweigern.[66]

Die Einschränkung der alten bäuerlichen Nutzungsrechte an den Wäldern erfolgte in einem Jahrhunderte währenden zähen Kampf zwischen den Bauern und den landesfürstlichen Forstorganen. Sie vollzog sich im beschleunigten Tempo, nachdem die Niederlagen der Bauern in den Bauernkriegen die Widerstandskraft der Bauern geschwächt hatten. Sie vollzog sich desto wirksamer, je mehr die Landesfürsten den Verwaltungsapparat ihrer Forste ausbauten. Ihr Ergebnis war die Massenexpropriation des Volkes, das einen großen Teil seines uralten Volksbesitzes an die Habsburger in den Erblanden und an den Erzbischof in Salzburg verlor.

Die sozialen Wirkungen dieser gewaltsamen Massenexpropriation des Landvolkes waren überaus groß. Solange die Rodung im Walde jedermann frei gewesen war, hatten die Bauernsöhne, die das väterliche Gut nicht übernehmen konnten, Wald roden und dort neue Bauernhöfe gründen können; der Wald hatte dem Bevölkerungsüberschuß des Dorfes Zuflucht geboten. Später, als die Rodung schon beschränkt war, konnten sich die landlosen Bauernsöhne doch noch in der *gemain* ein Haus errichten und dort als *Söllner* oder *Keuschler* leben. Hatten sie auch keine eigenen Äcker und Wiesen, so bot ihnen doch die Brandwirtschaft im Wald die Möglichkeit der Deckung ihres Bedarfes an Getreide, die Waldweide die Möglichkeit der Ziegenhaltung, das *Schneiteln* im Wald die Möglichkeit der Düngerbeschaffung; die Nutzungsrechte am Walde ermöglichten es ihnen, auch ohne eigenen Besitz an Äckern und Wiesen, Getreide zu bauen und Vieh zu halten. Mit der Einschränkung der Nutzungsrechte hörte das

66 Schopf, *Österreichische Forstverfassung,* II. Band, Seiten 100, 104.

nun auf. Die landlosen Bauernsöhne durften nun nicht mehr im Walde brennen und *reutten,* nicht mehr Ziegen in den Wald treiben, nicht mehr Aststreu aus dem Walde holen. Damit erst war ihnen die Möglichkeit, Ackerbau und Viehzucht für sich zu treiben, genommen. Nun erst wurden sie zu Proletariern, die ausschließlich darauf angewiesen waren, sich als Lohnarbeiter zu verdingen. Und sobald die Errichtung neuer *Söllhäuser* verboten, sobald neuen Ansiedlern der Holzbezug verweigert wurde, konnten sie keinen eigenen Herd mehr gründen. Der Bevölkerungsüberschuß des Dorfes wurde jetzt zu einem besitzlosen, auf
110 Lohnarbeit angewiesenen Proletariat.

In dem Kampf um die Waldnutzung vollzog sich in den Alpenländern jener gewaltsame Prozeß, den Karl Marx die „ursprüngliche Akkumulation des Kapitals" genannt hat. Der den Bergwerken, Salinen, Hammerwerken gewidmete Wald wurde die Basis des entstehenden kapitalistischen Reichtums der Bergwerksbesitzer, der Salzhändler, der Hammerwerksherren. Die Ausschließung der Bauernsöhne und *Söllner* von der Waldnutzung erzeugte die Proletarier, die sich in Berg-, Schmelz- und Hammerwerken und Salinen als Lohnarbeiter verdangen oder ihnen als Fuhrknechte Holz und Holzkohle aus den Wäldern zuführten. So schuf der gewaltsame Raub der alten Waldnutzungen das *Kapitalverhältnis*: die Kapitalisten auf der einen, die Proletarier auf der anderen Seite.

Zugleich aber veränderte der Raub der Waldnutzung auch die Lage der Bauern. War den jüngeren Bauernsöhnen die Möglichkeit, sich durch das *Reutten* im Walde, durch Waldweide und Waldstreunutzung eine selbständige Existenz außerhalb der väterlichen Scholle zu schaffen, genommen, so mußte sich auf der väterlichen Scholle eine von Generation zu Generation wachsende Menschenzahl zusammen drängen, deren Nahrungsmittelbedürfnis die ererbte Scholle immer weniger zu befriedigen vermochte. So wurde der behäbig lebende Bauer des 13. und 14. Jahrhunderts im 15. und 16. Jahrhundert zum armen Mann.

Tausende Bauern und Bergknappen haben in den Bauernkriegen Folter und martervollen Tod an Galgen und Rad erleiden müssen, damit das Landvolk, eingeschüchtert, den Raub an seinen alten Rechten dulde. Denn hier wie überall ist die „ursprüngliche Akkumulation des Kapitals ... in die Annalen der Menschheit eingeschrieben mit Zügen von Blut und Feuer“[67].

Aber in diesem blutigen, grausamen Prozeß setzte sich eine ökonomische Notwendigkeit durch. Nur solange eine noch wenig zahlreiche Bevölkerung in waldreichen Ländern gewohnt hatte, war die unbeschränkte, ungeregelte Waldnutzung möglich. Mit dem Wachstum der Bevölkerung, der Städte, des Bergbaues wurde die Regelung und Beschränkung der Waldnutzungen notwendig. Damit erst wurde der Übergang von der rein okkupatorischen Nutzung des Waldes zu planmäßiger, auf die Reproduktion der Bestände bedachten Forstwirtschaft, damit erst die dauernde Sicherung des Holzbedarfes der Städte, des Bergbaues und der Industrie ermöglicht. Daß sich dieser ökonomische Fortschritt nicht anders vollziehen konnte als mittels der „ursprünglichen Akkumulation“, die auf der einen Seite eine Kapitalistenklasse schuf, auf der anderen die Bauernmasse verelendete und aus dem Schoße der Bauernmasse ein besitzloses Proletariat sich loslösen ließ, beweist nur, daß sich die Entwicklung der Produktivkräfte, die die alten, in der Zeit der ursprünglichen Besiedlung entstandenen Produktionsverhältnisse gesprengt hatte, in jener Epoche nicht anders vollziehen konnte als in den antagonistischen Produktionsverhältnissen des entstehenden Kapitalismus.

67 Marx, *Das Kapital,* Hamburg 1890, I. Band, Seite 681.

4. Der Bodenraub der Grundherren

In der Zeit der ursprünglichen Besiedlung hatten die Könige überaus ausgedehnte Ländereien an die Grundherren verliehen. Noch im zwölften Jahrhundert war das gesamte Grundeigentum in den altösterreichischen Landen auf ungefähr 50 Klöster und wenige 100 Grafen und freie Herren verteilt.[68] Diese
112 großen Grundherren verliehen aber Teile ihres Bodens samt den auf ihm angesiedelten Bauern an ihre Dienstmannen und Ritter. Die Dienstmannen (Ministerialen) waren Unfreie, die am Hofe ihres Herrn wichtige Dienste versahen, die Ritter Unfreie, die dem Grundherrn zur Heeresfolge verpflichtet waren; beiden wurden dafür die Abgaben und Frondienste der Bauern, die auf dem ihnen verliehenen Grund saßen, überlassen. Es wurde bereits dargestellt, wie unter den Bauern die Gemeinschaft der Klassenlage die ursprünglichen Standesunterschiede zwischen Freien und Unfreien verwischt hat. Dasselbe geschah auch innerhalb der ritterlich lebenden, durch die Abgaben und Frondienste der Bauern ernährten Klasse. Die Erinnerung daran, daß Dienstmannen und Ritter ursprünglich Unfreie gewesen, ging allmählich verloren. Wichtige Ämter versehend, die Waffengewalt ausübend, über die Bauern gebietend, gingen sie allmählich in der herrschenden Klasse auf. Zunächst näherte sich die Rechtsstellung der Dienstmannen der der freien Herren. Schon im 13. Jahrhundert wurden auch die Dienstmannen als *nobiles,* Edle, bezeichnet, im 14. Jahrhundert wurden die freien Herren und die

68 Luschin, *Österreichische Reichsgeschichte,* Seite 216.

Dienstmannen als Landherren oder *Landleute* zusammengefaßt. Aus beiden, die nun nicht mehr rechtlich unterschieden wurden, setzte sich der Adel des Landes zusammen. Später gelang auch den Rittern dieser Aufstieg; im 15. Jahrhundert erlangten auch sie den Gerichtsstand des Adels und Anteil am Landtag. Innerhalb der alten großen Grundherrschaften entstanden so engere Herrschaften, innerhalb deren die einstigen Dienstmannen und Ritter über fron- und abgabepflichtige Bauern geboten.[69]

Die alten großen Grundherrschaften standen den Landesfürsten, die alle Macht in ihren Händen zu konzentrieren bemüht waren, im Wege. Die Landesfürsten sorgten darum dafür, daß nach dem Aussterben der meisten alten Adelsgeschlechter im Verlaufe des 13. und des 14. Jahrhunderts ihr Grundbesitz durch Lehenfall oder Erbgang an sie fiel. Dadurch wurde der Grundbesitz der Landesfürsten wesentlich erweitert. Und ihnen standen nun nicht mehr die alten großen Grundherrschaften gegenüber, sondern die vielen kleineren Herrschaften und Edelmannsgüter der Nachkommen der einstigen Ministerialen und Ritter.

Die alten großen Grundherrschaften hatten die Eigenwirtschaft allmählich aufgegeben und sich zu großen Zinsgütersystemen entwickelt. Anders die jüngeren, kleinen Edelmannsgüter. Von den Abgaben der wenigen Bauern, die dem Ritter untertan waren, konnte die Ritterfamilie nicht leben; der Edelmann mußte daher die Eigenwirtschaft auf seinem Boden aufrechterhalten, er konnte daher auch die Fronarbeit, die *Robath,* seiner Untertanen nicht entbehren.[70]

69 Vgl. Siegmund Adler, *Zur Rechtsgeschichte des adeligen Grundbesitzes in Österreich*, Leipzig 1902.

70 Inama-Sternegg, *Deutsche Wirtschaftsgeschichte,* III. 1., Seite 178.

Mit dem Übergang vom ritterlichen Vasallenheer zum Söldnerheer hörten die Kriegsdienstleistungen der Herren und Ritter auf; sie wurden abgelöst durch Geldsteuern, die der Adel an die Landesfürsten zu leisten hatte, damit aus dem Ertrag dieser Steuern die Söldnerheere erhalten werden konnten. Aus den Erträgnissen der herkömmlichen festen Geldabgaben der Bauern konnten die Grundherren nicht einmal mehr ihren eigenen Unterhalt bestreiten, erst recht nicht die Steuern entrichten, da in den kriegerischen Zeiten der Geldwert sank. So waren die Grundherren gezwungen, ihre Ei-
114 genwirtschaft auszudehnen, damit sie nicht nur den Eigenbedarf der Familie des Herrn oder Ritters decke, sondern auch verkäufliche Überschüsse hervorbringe. Das Wachstum der Städte und des Bergbaues hatte ja einen kaufkräftigen Markt geschaffen, auf dem die Erzeugnisse der Landwirtschaft Absatz finden konnten. So begründeten die niederösterreichischen Landstände im Jahre 1556 ihre Forderung nach der Vermehrung der bäuerlichen *Robot* damit, daß die Untertanendienste, nämlich die Geldabgaben der Bauern, so gering seien, daß die Herren ihr Einkommen vornehmlich aus der eigenen Wirtschaft ziehen müßten. Es sei

> der untertandienst khlain und dem Herrn sein einkhumben an der württschaft gelegen, so auch wissentlich und unvermentlich, das in diesem landt Österreich ainen undterthanen so vill grundt umb zwelf schilling Pfenning gelassen so sonst annder ortten und landten ainen umb so vill gründten zehen gulden Rheinisch oder noch mehr dienen muß[71].

71 Frieß, *Der Aufstand der Bauern in Niederösterreich am Schluß des 16. Jahrhunderts,* Wien 1897, Seite 64 f.

Hatte die alte große Grundherrschaft in den Jahrhunderten der Besiedlung ihre Eigenwirtschaft immer mehr eingeschränkt, so haben die jüngeren kleineren Grundherrschaften seit dem 15. Jahrhundert die Eigenwirtschaft nun wieder ständig erweitert. Aber die Eigenwirtschaft, die sie nun ausbauten, war nicht mehr die alte Eigenwirtschaft für den Haushaltsbedarf, sondern schon Warenproduktion für den Markt.

Die Herrschaften dehnten zunächst ihre Viehzucht aus, im Flachlande besonders die Schafzucht, der die Blüte der Wollmanufaktur Absatz sicherte. Zu diesem Zwecke beanspruchten sie überall das Recht, ihr Vieh neben dem Vieh der Bauern auf die Gemeindeweiden und Brachfelder und nach der Ernte auf die Stoppelfelder der Bauern zu treiben. In den späteren Kodifikationen des gutsherrlich-bäuerlichen Rechtes wurde das Mitweiderecht der Herrschaften auf den Gemeindeweiden und auf den bäuerlichen Brach- und Stoppelfeldern schon überall als selbstverständlich angesehen.[72]

Darüber hinaus aber entzogen die Herren den Bauern Weideland das bis dahin der freien Nutzung der Bauern offengestanden war; oder sie ließen die bäuerliche Nutzung der Weiden nur noch gegen erhöhten Zins zu. In den Beschwerdeartikeln, die die Bauern in der Zeit der Bauernkriege formulierten, kehren die Klagen immer wieder, daß die Herrschaften den Bauern das Weideland entziehen. Schon in den Beschwerdeartikeln, die die aufständischen Bauern in dem innerösterreichischen Bauernkrieg von 1515 formulierten, heißt es: Früher

72 So für Niederösterreich im *Tractatus de juribus incorporalibus* (1679), Tit. III. § 5. Den Text des *Tractatus* siehe: Engelmayr, *Die Untertansverfassung des Erzherzogtums Österreich ob und unter der Enns,* Wien 1826, II. Band, Seite 260 ff.

habe zu jeder *Hube* eine Alm gehört; jetzt dürfe die Alm nur nutzen, wer Käse als Zins entrichte, „das vor nit gewesen ist“[73].

In dem großen Bauernkrieg von 1525 klagten die oberösterreichischen Bauern:

> An etlichen Orten werden ihnen die Gmain, die sie zu ires Viehs Notdurften brauchen, eingefangen und nun durch die Inhaber wie andere Grund für Eigenthum gekauft und verkauft, wodurch ires Viehs Pluembsuech nit khlain geschmelert und weggenommen wird[74].

Im Bauernkrieg von 1596 kehrten in Oberösterreich die Be-
116 schwerden wieder, daß die Herrschaften den Bauern „gmain und Pluembsuech“ entziehen.[75] In den Beschwerdeschriften der aufständischen niederösterreichischen Bauern von 1596 heißt es immer wieder, daß die Gemeindeweide von der Herrschaft eingezogen worden sei; so zum Beispiel in Groß-Pertholz, Gerungs, Schönbach, Achleiten und so weiter. Namentlich im Waldviertel klagten die Bauern über die Ausdehnung der herrschaftlichen Schafzucht, die ihnen das Weideland raube. So klagten zum Beispiel die Untertanen der Herrschaft Rosegg:

> Ist ein schöffl hof aufgericht, wodurch unns wegen der villen schoff die waydt entzogen würdet[76].

Besonders im Flachlande suchten die Herren nicht nur ihre Viehzucht, sondern auch ihren Ackerbau auszudehnen. Zu diesem

73 Mayer, *Der innerösterreichische Bauernkrieg des Jahres 1515,* in: *Archiv für österreichische Geschichte,* 65. Band, Wien 1884, Seite 76. – Mell, *Die Lage des steirischen Untertanenstandes,* Seite 27 f.

74 Czerny, *Der erste Bauernaufstand in Oberösterreich. 1525,* Linz 1882, Seite 114 (Pluembsuech = Weide).

75 Czerny, *Der zweite Bauernaufstand in Oberösterreich 1595 bis 1957,* Linz 1890, Seite 366.

76 Frieß, *Der Aufstand der Bauern in Niederösterreich,* Seiten 90, 250.

Zwecke mußten sie ihren Ackerboden auf Kosten des Bauernlandes aus dehnen. Dem Angriff auf den kollektiven Besitz der Bauern am Weideland folgte daher der Angriff auf den individuellen Besitz der Bauern am Ackerboden. Gelegenheit dazu boten die vielen Kriege. Die Verheerung des Landes durch die vielen Kriege der zweiten Hälfte des 15. und des 16. Jahrhunderts hatte zur Folge, daß immer wieder viele Bauernhöfe verödet wurden, die die Herren, wo sie ihr Ackerland vergrößern wollten, einziehen konnten. Später wurden aber auch nicht verödete Bauerngüter zum Herrenland eingezogen. Von alters her war ja nur ein Teil der Bauerngüter Kaufrechte, an denen
die Bauern ein festes vererbliches Recht hatten, sehr viele Zinsgüter dagegen *Leibgedinge,* die nur auf Lebensdauer vergeben waren, und *Freistifte,* die der Grundherr jederzeit einzuziehen das Recht hatte. Dieser Unterschied, von geringer Bedeutung, solange die Grundherren kein Bedürfnis nach der Einziehung des Bauernlandes hatten, bot ihnen, sobald dieses Bedürfnis erstarkte, die Möglichkeit, die *Freistifter* und *Leibgedinger abzustiften,* diese Bauern zu legen, ihren Ackerboden zum Herrenland zu schlagen.

Dehnte sich aber das Herrenland aus, so brauchten die Herren auch mehr Arbeitskräfte zu seiner Bewirtschaftung. Schon die Ausdehnung der herrschaftlichen Viehzucht führte dazu, daß die *Landleuth,* das heißt der Landadel, die Kinder der Bauern zu Gesindediensten zwangen. Für Niederösterreich bestimmte Kaiser Maximilian II. im Jahre 1564,

> das der Landleuth unterthanen schuldig sein, ire sön und töchter, so zum dienen tauglich, derer auch ir vätter und müetter nicht selbst bedürfftig, irem grundtherrn vor allen annderen umb zimblihe belohnung dienen zu lassen,

und zu diesem Zwecke

das die unterthanen ire sön und töchter alweg zu den Weinnachten iedes jars irem grundtherrn füerstellen, dieselben zu erforschen haben, ob sye ihnen, den grundtherrn zu dienen tauglich seyn oder nit[77].

Wo aber die Grundherren nicht nur ihre Viehzucht, sondern auch ihren Ackerbau ausdehnten, dort genügten ihnen die Zwangsgesindedienste der Bauernkinder nicht. Dort forderten sie vor allem die Ausdehnung der Fronarbeitspflicht der Bauern. Die alte Grundherrschaft hatte, nachdem sie die Eigenwirtschaft aufgegeben hatte, die Fronarbeit der Bauern nur we-
118 nig gebraucht; nur wenige Tage im Jahre mußten die Bauern Frondienste verrichten. Als aber die jungen Grundherrschaften wieder ihre Eigenwirtschaft ausdehnten, verlangten sie immer weitere Ausdehnung der *Robot*. Schon 1563 setzten die niederösterreichischen Landstände durch, daß Kaiser Ferdinand I. den Grundherren die „ungemessene Robot" zugestand[78], das heißt das Recht, die Bauern nach ihrem Bedarf und Belieben zur *Robot* zu verhalten. Welch ausgedehnten Gebrauch die Herren von diesem Recht machten, ersieht man aus dem *Tractatus de juribus incorporalibus* Kaiser Leopolds I. (1679), in den diese Bestimmung überging. Da heißt es:

Die behausten Unterthanen Roboth betreffend ist von Unseren Vorfahrern noch Anno 1565 eine Resolution ergangen, daß Unsere getreue Stände sich zwar einer ungemäßigten Roboth gebrauchen können, dabey aber die Unterthanen wider die Billigkeit nit beschwären sollen. Nun lassen Wir es bey obiger Resolution der Unmäßigung auch annoch verbleiben, wollen aber wegen deß bishero fast durchgehend eingeschli-

77 Frieß, *Der Aufstand der Bauern in Niederösterreich,* Seite 86.

78 Frieß, *Der Aufstand der Bauern in Niederösterreich,* Seite 64.

chenen Mißbrauches des gar zu strengen und überhäuften Anhalten zur Roboth alle Obrigkeiten dahin ernstlich ermannet und befelcht haben, daß sie ihre Unterthanen mit Roboth wider Billigkeit nicht beschwären, noch selbe dadurch an ihrem selbst eigenen Unterhalth und Nahrungen verhindern[79].

Tatsächlich wurden trotz dieser Mahnungen die Bauern mehr als drei Tage wöchentlich zur *Robot* gezwungen; als das *Robotpatent* von 1772 die *Robot* auf höchsten drei Tage in der Woche beschränkte, wurde es als ein sehr weitgehendes Bauernschutzgesetz angesehen.

In dieser Weise vollzog sich die Entwicklung von der Grundherrschaft, die bloß eine kleine, für den Eigenbedarf des Grundherrn arbeitende Eigenwirtschaft hatte, zu der Ackerbau im großen betreibenden, für den Markt produzierenden Gutsherrschaft. Aber diese Entwicklung vollzog sich keineswegs in ganz Österreich. Sie vollzog sich vor allem in dem Flachlande Niederösterreichs und des Burgenlandes, in weit geringerem Umfange schon in einzelnen Flachlands- und Voralpengebieten Oberösterreichs, der Mittelsteiermark, Kärntens und überhaupt nicht im Gebirge. Vorarlberg, Tirol, Salzburg, die Obersteiermark, das Salzkammergut haben die Gutsherrschaft nicht gekannt.[80] Der Unterschied der Entwicklung drückt sich deutlich in der *Robotgesetzgebung* aus. Während in Niederösterreich von 1563 bis 1772 die ungemessene *Robot* rechtens war und tatsächlich *Robotleistungen* von drei und mehr Tagen wöchent-

79 *Tractatus de juribus incorporalibus,* Tit. V, § 4.

80 Grünberg, *Die Grundentlastung,* in: *Geschichte der österreichischen Land- und Forstwirtschaft 1848 bis 1898,* I. Band, 1. Hälfte, Wien 1899, Seite 5. – Schiff, *Österreichs Agrarpolitik seit der Grundentlastung,* Tübingen 1898, Seite 40.

lich beansprucht wurden, erließ für Oberösterreich Kaiser Rudolf II. unter dem Eindruck des Bauernaufstandes von 1596 das *Interimal* von 1597, gemäß dem die Bauern nicht mehr als 14 Tage im Jahre zur *Robot* verhalten werden durften, und dieses interimistisch erlassene Gesetz blieb zweieinhalb Jahrhunderte, bis 1848, in Wirksamkeit.[81] Diese Verschiedenheit der Entwicklung wirkt heute noch nach. Heute noch bestehen in Österreich landwirtschaftliche Großbetriebe in größerer Zahl nur in denjenigen Gebieten, in denen sich die Grundherrschaft mittels massenhaften Bauernlegens und bedeutender Ausdehnung der *Robotdienste* zur Gutsherrschaft fortentwickelt hat; in den anderen Gebieten Österreichs gibt es wohl viele forstwirtschaftliche, aber nur wenige landwirtschaftliche Großbetriebe.

Denn während die Grundherrschaft nur in einem kleinen Teil Österreichs zum Ackerbau in großem Maßstab überging, ging sie überall zum Betrieb der Forstwirtschaft für den Markt über, sobald die Entwicklung der Städte, des Bergbaues, der Industrie, einen erreichbaren Markt für die Waldprodukte geschaffen hatte. Sobald dies der Fall war, unternahmen es die Grundherren, die alten bäuerlichen Nutzungen an den herrschaftlichen Wäldern, die einer pfleglichen Behandlung und geordneten Bewirtschaftung der Wälder im Wege standen, zu beschränken oder zu beseitigen. Der Kampf gegen die bäuerlichen Waldnutzungen wurde in den herrschaftlichen Waldungen des Adels, der Klöster, der Stifte in ganz ähnlicher Weise und mit denselben volkswirtschaftlichen und sozialen Wirkungen geführt wie in den landesfürstlichen Forsten. Es ist eine reizvolle Aufgabe, die Spuren dieses Kampfes in den bäuerlichen *Weistümern* zu verfolgen.

81 Engelmayr, *Die Untertansverfassung,* I. Band, Seite 27, 101 ff.

Der entscheidende Schritt zur Einschränkung der bäuerlichen Nutzungen bestand darin, daß die Holzung, die vordem frei gewesen war, an die herrschaftliche Erlaubnis gebunden wurde. Die Herren liebten es, den Vorgang, der dazu geführt hat, sehr idyllisch zu schildern. So idyllisch klingt zum Beispiel die folgende Erzählung aus dem Jahre 1519 aus Tirol:

> Es ist zu wissen das die ersam nachperschaft von Münster und dem lantgericht Rotenburg und aus der hofmarch Lichtenwörth mermals komen sint zu dem edlen und vesten Anthonien Rumbl von Lichtenau als zu irem genstigen herrn und an inen begert, als einen gerichtsherrn der hofmarch Lichten-
> wörth, inen zu vergunnen ain panwald, auch den auszumerken, damit die wäld und hölzer gehaidt[82] und nit so unordenlich verwüest und verhackt werden, als ain zeitlang her beschehen sei. Darauf ich Anthoni Rumbl von Lichtenau mit samt den nachgeschribnen nachpern rat geschlagen, fürgenommen und beschlossen haben, wie hernach volgt.
>
> Des panholz halben. Der ist ausgezaigt von ... biß ... Diser walt ist dermassen in den pann gelegt, das keiner er sei nachper oder söldner, hofmarcher oder lantgerichter[83] nichts darinnen schlagen sol ohn wissen der herrschaft und der holzzüeger[84]. Ob ainer darin in dem obgemelten panwalt holz schlueg, der soll von ainem stamb ... der herrschaft finf pfunt perner, als oft des beschieht, zu pueß ...[85]

82 gehaidt = gehegt.

83 Von den Bauern des Dorfes Münster hatte ein Teil seinen Gerichtsstand vor dem Hofmarkgericht Lichtenwörth, der andere vor dem Landgericht Rottenburg.

84 Holzaufseher, die teils von dem Hofmark-, teils von dem Landgericht bestimmt wurden.

85 *Österreichische Weistümer,* VII. Band, 1., Seite 126.

In Wirklichkeit hat sich die Beschränkung der bäuerlichen Nutzungsrechte natürlich nicht so idyllisch vollzogen. Ein zäher Kampf ist um sie geführt worden.

Zuerst bestanden die Herrschaften darauf, daß die Bauern nur zu ihrer *Notturft,* nicht aber mehr, als sie selbst brauchten, schlagen; der Kontrolle wegen sollten sie es einem Förster melden, wenn sie holzen gingen. So in der Gerechtigkeit zu Aspang (zweite Hälfte des 15. Jahrhunderts):

> Item das wir grundtholden und vogtholden haben recht holz zu gewinnen, zimmerholz zu unsern hausern und höffen zeunholz, tachholz, und sagen das ainem forster zue. Slueg aber ainer mer dann er pedörft, so ist er verfallen 72 pfenning der herrschaft zum stain, oder verkauft das an urlaub oder haimleich, so ist er verfallen 5 tal. pfenning[86].

Der nächste Schritt bestand darin, daß die Holzung an die Erlaubnis der Herrschaft gebunden wurde. In den *Weistümern* vieler Dörfer fehlt diese Bestimmung in den älteren Handschriften, die uns erhalten sind, und erscheint erst in den späteren Handschriften eingeschaltet. So zum Beispiel in dem *Bantaiding* von Thern bei Ober-Hollabrunn, das dem Stift Garsten gehörte. In den Handschriften aus dem 15. Jahrhundert fehlt noch das Verbot des Holzschlagens; erst in einer späteren, wahrscheinlich vom Ende des 15. Jahrhunderts stammenden Fassung des *Bantaidings* wird mit Strafe bedroht, wer ohne Erlaubnis des Försters Holz schlägt.[87]

Ähnlich ist es zum Beispiel im *Bantaiding* von Gräffenberg.[88] Oft ist der Bezug von Werkholz aus dem herrschaftli-

86 *Österreichische Weistümer,* VII. Band, Seite 21.

87 *Österreichische Weistümer,* VIII. Band, Seite 520.

88 *Österreichische Weistümer,* VIII. Band, Seite 587.

chen Walde schon an die herrschaftliche Erlaubnis geknüpft, während Brennholz noch jeder holen kann, ohne um Erlaubnis zu fragen. So zum Beispiel in dem *Weistum* von Salmannsdorf (bei Wien, Herrschaft Klosterneuburg) aus dem Jahre 1512:

> 55. Es hat auch die Erber gemain mit willen und wissen Irer genedigen herrschaft oder Irs vorster, ain yeder im aigen, in der herrschaft holtz mit willen und erlaubnuß Ires vorsters zimmerholtz zu seinen notturften seiner behausung abzuslahen, als offt Im des not thut, darumb ist Er nyemand nichts schuldig.
>
> 56. Es meldt auch die Erber gemain das sy gerechtigkait haben mit Prennholz zu behültzen in den wippeln. Ain yeder sein notturft und nit mer, wie dann von alter herkomen ist[89].

Manche *Weistümer* zeigen uns sonderbare Kompromisse zwischen der Forderung der Herrschaft, daß die Bauern nur mit Wissen und Willen des Försters holzen, und der Einwendung der Bauern, daß die Förster oft schwer zu finden seien. So zum Beispiel der *Bantaiding* von Stolzenwerth in Niederösterreich aus dem 16. Jahrhundert:

> Wan ainer geen holz gieng, so solt er in'ß herrn walt nicht, er sol's dem forster ehe anzaigen. War der forster nit derhaim so solt er darauf hinein geen und wenn er zu nacht feierabent hat und geet wider ausser, so soll er wider zum forster geen und sols im anzaigen[90].

Oder noch hübscher in dem *Bantaiding* von Straßhofen in Niederösterreich aus dem Jahre 1499:

> Ob ainer gieng in den wald und im pedeucht er fund den forstet und wolt ein paum abhagken, so sol er drei mal mit dem

89 *Österreichische Weistümer*, VII. Band, Seite 860.
90 *Österreichische Weistümer*, VII. Band, Seite 261.

ör an dem paum schlahen. Kumbt der vorster, so ist es gut; kumbt er nit, so ist er nichts phlichtig[91].

Der Widerstand der Bauern, der in solchen Rechtssätzen einen sehr anschaulichen Ausdruck findet, konnte nur durch die Drohung mit den grausamsten Strafen gebrochen werden. In der Herrschaft des Frauenklosters zu Kirchberg am Wechsel zum Beispiel bedrohten die frommen Schwestern in der ersten Hälfte des 16. Jahrhunderts das Holzen ohne Erlaubnis in folgender Weise:

Panwält wo die sent so ainer darin abhaket mit frävel und on erlaubnuß, als oft ain stam, so oft finf pfunt pfening dem herrn des die panwält sint. hat aber ainer das am guet nit, so soll man in zu dem stok fieren und darauf die recht hand abhaken[92].

Aber und abermals erhoben sich die Bauern gegen den Raub der Herren an Weide, Acker und Wald. Schon im 15. Jahrhundert flackerte der Bauernaufstand auf: 1462 im Pongau und Pinzgau und im Brixental, 1471 in der Obersteiermark, 1478 in Kärnten und im steirischen Ennstal. Damals war es „die gemain sag, sie wolten sich nach den trewlosen Sweytzer gewonhayten halten“[93]. 1515, unter dem unmittelbaren Eindruck des Aufstandes von Georg Dózsas in Ungarn und des „Armen Konrad“ in Schwaben, von der Erhebung der windischen Bauern für die *Stara prawda,* für das alte Recht, ausgehend, verbreitete sich der Aufstand durch die Steiermark bis in die Gegend von

91 *Österreichische Weistümer,* VII. Band, Seite 233 (ör = Öse, Rücken der Hacke).

92 *Österreichische Weistümer,* VII. Band, Seite 40.

93 Rabenlechner, *Der Bauernkrieg in Steiermark. Erläuterungen und Ergänzungen zu Janssens Geschichte des deutschen Volkes,* herausgegeben von Pastor, II. Band, 5. Heft, Freiburg 1901.

Graz, durch Kärnten bis gegen Villach. 1525 raste der Sturm durch die Gebiete, in denen Bergbau und Salinen ihr Werk der Umwälzung vollbrachten: durch Tirol, Salzburg und das steirische Ennstal. Zum erstenmal boten Proletarier, die Bergknappen von Schwaz vom Gasteiner und Rauriser Tal, die Arbeiter der Gewerkstätten Aussee Schladming und Murau, die Bauernmasse auf. Zum erstenmal schlug zu Schladming ein Bauernheer die Herren. Und über die Bergwerks- und Salinengebiete hinaus griff der Aufstand in den oberösterreichischen Attergau über. Als der Aufstand erlag und blutig gerächt wurde, reimte das Volk drohend:

Die Landsknecht theten prangen
Mit Spießen und mit Stangen,
Der Bauern Bunt was zertrennt.
Ir keiner wißt um das Endt ...

Es war kein Ende. Einer Reihe kleinerer Erhebungen folgte der blutige Aufstand von 1595/96 im oberösterreichischen Mühlviertel, Hausruckviertel und Machland, 1596/97 in den niederösterreichischen Vierteln ob dem Wienerwald und ob dem Manhartsberg. Und 1626 fand die Kette der Bauernaufstände im heroischen Bauernkrieg der oberösterreichischen Bauern ihren tragischen Abschluß.

Als das kaiserliche Heer 1597 den Bauernaufstand in Niederösterreich blutig niedergeworfen hatte, als es mordend und brennend als Strafgericht durch die Dörfer zog, berichtete Wilhelm von Volkerstorf, der Gesandte der oberösterreichischen Stände, aus dem Hauptquartier des kaiserlichen Feldherrn: „Die Bauern bücken sich schier auf die Knie und ziehen die Hüte, soweit sie einen schier sehen können. Aber man läßt ihrer gleichwohl viele die Birnen an den Birnbäumen hüten, wie er denn 140 Gefangene mit sich führt, von denen er täglich einige richten läßt, während stets neue eingebracht werden. Gott gebe, daß wir in unserem Landl auch eine solch glückliche Reformation haben können."[94] In der Tat solch „glückliche Reformation", in der sich der Bauer, niedergeworfen, gedemütigt, zitternd vor jedem Edelmann schier auf die Knie bückte, das war es, was die Herren gebraucht. Nun fielen alle Schranken. Die Nutzungen, des Bauern uraltes Recht, sie wurden jetzt zur Gnade, die der Herr gewähren und entziehen konnte, wie es ihm gefiel. Die *Weistümer*, in denen von alters her Rechte und Pflichten der Bauern verzeichnet gewesen, gewannen nun ganz anderes Ansehen. „Die alten Bücher", schrieb Kaltenbaeck, der erste Herausgeber der niederösterreichischen *Weistümer,* „die alten Bücher sprechen von Rechten, die neuen von Pflichten, die alten bestimmen die wechselseitigen Verhältnisse der Untertanen, die neuen kennen nur das obrigkeitliche und dieses hatte sich in 100 Jahren auffallend verändert"[95]. Gustav Winter, der im Auftrag der Akademie der Wissenschaften die niederösterreichischen *Weistümer* abermals herausgegeben hat, drückt denselben Gedanken so aus, daß die *Bantaiding*-Bücher von der zweiten Hälfte des 16. Jahrhunderts an aus bäuerlicher Weisung von Rechten zur Mahnung an Pflichten geworden seien.[96]

Auch diese Umwälzung ist ein Stück der Geschichte der „ursprünglichen Akkumulation des Kapitals". Die blutigen Strafexpeditionen der kaiserlichen Heere gegen die aufständischen Bauern – sie erst ermöglichten den großen Raub der adeligen

94 Czerny, *Der zweite Bauernaufstand in Oberösterreich,* Seite 313 („Die Birnen an den Birnbäumen hüten" = an Birnbäumen aufgehängt sein).

95 Kaltenbaeck, *Die Pan- und Bergtaidingbücher in Österreich unter der Enns,* Wien 1846, Seite XII.

96 *Österreichische Weistümer,* VII. Band, Seite XVI.

und der kirchlichen Grundherren an Weide, Acker und Wald. Sie erst schufen damit die Gutsherrschaft im Flachlande und die Forstherrschaft im Gebirge, den für den Markt produzierenden Großbetrieb, der notwendig war, um den Nahrungsmittelbedarf anschwellender Städte, den Holzbedarf aufblühenden Bergbaues, den Schafwollebedarf wachsender Manufakturen zu decken. Aus dem blutigen Gericht über die Bauern ging der Reichtum des Adels und der Kirche hervor, der den aufblühenden kapitalistischen Luxusindustrien der Städte zu kaufkräftiger Kundschaft wurde, jener Reichtum, der der Träger jener österreichischen Barockkultur gewesen ist, die jetzt wieder der Gegenstand der Bewunderung und der Sehnsucht aller Rückwärtsgerichteten ist. Aber das Gegenstück dieses Reichtums, das waren die gelegten, von Haus und Hof vertriebenen Bauern, deren Nachkommen den kapitalistischen Manufakturen die Arbeiter stellten; das waren die unterdrückten, verelendeten Bauern, in deren Häusern sich, da die allzu eng gewordene Scholle sie nicht mehr ernähren konnte, vom frühen Morgen bis zum späten Abend im Dienste des kapitalistischen Verlegers das Spinnrad drehte.

5. Die Monopolisierung des Jagdrechtes

Solange das Volk noch in waldreichem Lande dünn siedelte, war Wild im Überfluß vorhanden. Da konnten Fürsten, Grundherren und Bauern nebeneinander jagen, ohne daß einer des anderen Waidlust gefährdete. Mit der fortschreitenden Besiedlung des Landes, der fortschreitenden Rodung der Wälder, dem fortschreitenden Wachstum der Bevölkerung wurde es allmählich anders. Je mehr sich die Ackerfluren auf Kosten des Waldes ausdehnten, desto mehr waren die jagdlustigen Großen darauf bedacht, daß niemand ihnen ihre Wildbahn störe. Je kleiner die Waldflächen wurden, je enger daher der Nahrungsspielraum des Wildes im Walde, desto gieriger stürzte sich das Wild auf die Acker des Bauern. Setzte sich aber der Bauer mit der Armbrust gegen das Wild zur Wehr, so fürchteten die Großen, daß die Bauern das Wild alsbald ausrotten könnten. So wurde die Jagd zum Gegenstand des Kampfes.

Zugleich veränderte sich auch die Technik der Jagd. Waren schon im zwölften Jahrhundert Pfeil und Bogen durch die weit treffsicherere Armbrust verdrängt, so fanden schon in der zweiten Hälfte des 15. Jahrhunderts auch Feuergewehre bei der Jagd Verwendung. Die Erfindung des Feuersteinschlosses (1630) erhöhte bedeutend die Raschheit und Sicherheit der Zündung.

Das Raubwild wurde mit der wachsenden Dichte der Besiedlung allmählich ausgerottet. Dafür aber ermöglichte es die Verbesserung der Schußwaffen, auch kleineres Wild im Lauf auf der Flucht zu treffen. Die Großen, die sich vordem an der Fangjagd auf Bären, Wölfe und Eber erfreut, begannen nun, sich auch an der Schußjagd auf Rotwild, Hasen, Hühner, die sie vordem wenig gekümmert hatte, zu erlustigen.[97] Diese technische Entwicklung der Jagd bestimmte den Verlauf des Kampfes um das Jagdrecht.

Zunächst suchten die Landesfürsten ihr altes Recht des Forstbanns erweiternd auszulegen. Bedeutete es ursprünglich nur das Recht, einzelne Reviere von dem allgemeinen Recht des freien Tierfanges auszunehmen und dem König vorzubehalten, so weiteten sie es nun zu einem *Regal* aus: Überall habe der Landesfürst das ausschließliche Recht der Jagd, wo er das Jagdrecht nicht mit Brief und Siegel an andere verliehen. Schon im
14. Jahrhundert maßte sich der Habsburger Rudolf IV. dieses Recht an. In das von ihm gefälschte *Privilegium majus* nahm er die Bestimmung auf, daß der Bann der Wälder, des Wildes und der Fische lehensrechtlich, *jure feodali,* vom Herzog von Österreich abhänge. Er versuchte damit bereits durchzusetzen, daß niemandem ein Jagdrecht anders denn als ein herzogliches Lehen zustehen könne.[98] Das war freilich in jener Zeit noch nicht durchzusetzen: aber das Ziel war damit gesteckt, dem die landesfürstliche Jagdrechtspolitik fortan zustrebte.

Die alten Forste waren mit der fortschreitenden Kolonisation immer mehr eingeengt worden; sie genügten der Jagdlust der Fürsten nicht mehr. Die Landesfürsten beanspruchten daher zunächst das ausschließliche Jagdrecht auf allem nicht zu Grundherrschaften gehörigen und nicht in individuelle Nutzung übergegangenen Boden, also nicht nur in den herrenlosen Hoch- und Schwarzwäldern sondern auch in den *gemain.* Dort hatten von alters her Edelleute und Bauern gejagt; die Landes-

97 Schwappach, *Handbuch der Forst- und Jagdgeschichte,* Seiten 221, 630.
98 Schwappach, *Handbuch,* Seite 202.

fürsten erklärten nun, in der *gemain* dürfe nur jagen, wer sich mit Brief und Siegel darüber ausweisen könne, daß landesfürstliche Gnade ihm das Jagdrecht verliehen hat. Zunächst wurden damit die Bauern vom Jagdrecht ausgeschlossen. In Tirol verbot schon das Jagdmandat von 1414 den Bauern ganz allgemein die Jagd auf Bären, Hirsche, Rehe, Gemsen, graue Hasen, Fasane und Rebhühner. Dann aber suchten die Landesfürsten, vor allem Maximilian I., ein leidenschaftlicher Jäger, auch den Edelleuten das Jagdrecht außerhalb ihrer Hofmarken zu nehmen. 100 Jahre nach dem Mandat von 1414 hatte auch der Adel das Jagdrecht in den Schwarzwäldern und den *gemain* schon verloren.[99]

Das Volk setzte sich gegen diesen Raub an alten Rechten zur Wehr. Die Landesfürsten suchten seinen Widerstand mit harten Strafen zu brechen. Noch im 13. Jahrhundert hatte der Schwabenspiegel mit Berufung auf das alte Recht des freien Tierfanges jede Leib- und Lebensstrafe für Wildfrevel ausgeschlossen:

> Dö got den menschen geschuof, dö gap er im gewalt über vische unde über vogel unde über wildiu tier. dä von hant die künige gesetzet daz niemant sinen lip noch sinen gesunt mit diesen dingen mac verwürken[100].

Auch die Verletzung des königlichen Wildbanns bedrohte das alte Recht daher nur mit mäßigen Geldstrafen: der Schwabenspiegel mit „driu phunt der lantphenninge". Aber schon das Tiroler Jagdmandat von 1414 bedrohte das Erlegen eines Hirsches mit Vermögenskonfiskation. Maximilian I. brach vollends mit der alten Rechtsordnung, als er zuerst im Zorn über Frev-

99 Wopfner, *Das Almendregal,* Seite 56 f.

100 Wackernagel, *Der Schwabenspiegel. Erster Teil: Das Landrecht,* Zürich 1840, Seite 187.

ler, die seine Jagdverbote verletzt, Todesstrafen verhängte. 1518, auf dem Ausschußlandtag zu Innsbruck, führten die Stände darüber Klage, daß der Kaiser,

> wenn durch Jemand Wildprät gefällt ward, über die Anzeige in Zorn gerieth und die Theter an ihrem Leben zu straffen hingerissen wurde.

Auch daß der Kaiser „Wilddieben“ die Augen ausstechen ließ, daß er sie im Falle der Begnadigung des Landes verwies, war der Gegenstand der Klage.[101] Die Klagen der Stände waren erfolglos; die härtesten Leib- und Lebensstrafen für „Wilddiebstahl“ bürgerten sich schnell ein.

In den Bauernkriegen stand die Forderung nach der Wiederherstellung des den Bauern geraubten Jagdrechtes immer in der ersten Reihe der Forderungen. So forderten die Meraner und Innsbrucker Artikel der aufständischen Tiroler Bauern von 1525:

> daz alles wild und geflügl menigklichen zu genießen frey sey[102].

Zuweilen mußten die Landesfürsten den aufständischen Bauern Zugeständnisse machen. So hat zum Beispiel der Erzbischof Matthäus Lang von Salzburg unter dem Druck des Bauernaufstandes von 1525 ein Jagdmandat erlassen, in dem er zwar daran festhielt, daß

> die Gejayd und Vischereyen ain anhang unnserer Landesfürstlichen Oberkait

seien, aber die folgenden Ausnahmen zuließ:

> Aber die Pern, Wolff und Lux sollen in der gemain zu jagen und zu fahnn frey sein. An welchen ortten auch bißherr die

101 Wopfner, *Das Almendregal,* Seiten 104, 105. Czerny, *Der erste Bauernaufstand in Oberösterreich,* Seite 39.

102 Wopfner, *Das Almendregal,* Seite 110.

> wasser oder päch zu vischen frey gewesen sein, dabey soll es hinfüran auch bleiben.

Das „Reyßgejaid“ blieb zwar den „Pflegern, Bröbst, Richtern und Ambtleut“ vorbehalten, aber

> die klain vogl auch die teubn amschl drossel etc. sollen in der gmain mit dem leym heerden unn pogen zu fahnn erlaubt sein[103].

Das war alles, was von dem alten allgemeinen Jagdrecht in der *gemain* und auf der *Frey* noch übriggeblieben war!

Aber die Landesfürsten gingen weiter. Den mächtigen al-
132 ten großen Grundherren konnten sie das Jagdrecht nicht streitig machen. Als aber im Verlaufe des 13. und des 14. Jahrhunderts die großen Grundherrschaften durch Lehenfall oder Erbgang an die Landesfürsten gefallen waren, verfochten die Landesfürsten den kleinen Grundherrschaften und Edelmannsgütern der Dienstherren und Ritter gegenüber das Prinzip, daß die hohe Jagd auch auf ihrem Boden ausschließlich dem Landesfürsten zustehe, sofern sie nicht mit ihr ausdrücklich belehnt worden waren. Auf dem Innsbrucker Ausschußlandtag von 1518 führten die niederösterreichischen *Landleute*, das heißt Prälaten, Herren und Ritter, darüber Beschwerde, daß der Kaiser vermöge seiner landesfürstlichen Herrlichkeit alle Jagd an sich ziehen wolle, was „den Kauf- und Lehenbriefen, so sie von geistlichen und weltlichen Fürsten und Landesherren neben dem Kaiser haben, auch den Gebräuchen und Herkommen durchaus widerspreche“. Maximilian I. antwortete, daß ihm als Herrn und Landesfürsten alle Forste, Jagden und Wildbahnen des Landes zugehören, worüber er „notturfftig prif und sigel“ habe; doch

103 Der Text des Mandats bei Engelmayr, *Die Untertansverfassung*, I. Band, Seite 133 ff.

wolle er dieses Recht nicht überall ausüben, er begnüge sich vielmehr damit, bestimmte Bezirke zu seiner fürstlichen Erlustigung „auszuzaigen“[104].

In der Tat haben sich die Landesfürsten in einigen Gebieten die hohe Jagd auch auf herrschaftlichem Boden ausschließlich angeeignet, den Grundherren nur das *Reisgejaid* gelassen. Eine solche landesfürstliche Wildbahn bestand zum Beispiel in der Nähe von Wien von der Donau über Mauer und Markstein bis gegen Wiener Neustadt. Solche landesfürstliche Jagdbezirke auf herrschaftlichem Boden bestanden in großer Ausdehnung auch in Oberösterreich, in der Steiermark und in Tirol.[105]

Beschränkten die Landesfürsten das Jagdrecht der Grundherren, so hielten diese sich schadlos, indem sie das Jagdrecht der Bauern innerhalb des Herrschaftsbezirkes gänzlich zu beseitigen suchten. Die *Weistümer* zeigen anschaulich, wie das bäuerliche Jagdrecht in den Hofmarken eingeengt und schließlich beseitigt wurde.

Zuweilen fehlt in den älteren Handschriften noch jede Beschränkung des Jagdrechtes; sie ist erst in späteren Fassungen eingeschaltet. So zum Beispiel in dem *Taiding* zu St. Johann am Steinfeld. In der ältesten uns überlieferten Fassung, die aus der ersten Hälfte des 16. Jahrhunderts stammt, fehlt noch der folgende Satz, der in jüngeren Fassungen eingeschaltet ist:

> Wer da vischt oder jagt ohne vorwissen und willen der pfleger und anwält, ist verfallen da er begriffen wirt fünf pfunt pfening![106]

104 Frieß, *Der Aufstand der Bauern in Niederösterreich,* Seite 40 f.

105 Schopf, *Die Jagdverfassung, das Jagdrecht und die Jagdpolizei,* Wien 1836, Seite 22.

106 *Österreichische Weistümer,* VII. Band, Seite 247.

Oder aber es ist in den älteren Handschriften die bäuerliche Jagd noch ausdrücklich zugelassen, und diese Bestimmung ist in den jüngeren Handschriften gestrichen oder mit dem Vermerk *Ne legatur* versehen: Sie solle in den *Bantaidingen* nicht vorgelesen werden. In einem *Weistum* von Zillingdorf aus dem 15. Jahrhundert heißt es noch:

> Item die Zillingdorffer haben frei gejait als weit und ihr Gebiet wert.

Aber in einer Niederschrift desselben *Weistums* aus dem 16. Jahrhundert ist zu dieser Stelle vermerkt:

> abkummen, gilt nichts[107].

Wie die Bauern wenigstens Reste ihres alten Jagdrechtes zu retten versuchten, zeigt ein *Weistum* aus Tattendorf in Niederösterreich aus der Mitte des 15. Jahrhunderts:

> Alles gejait ist verpoten. begäb sich aber das die nachpawern zu dem vaschang kurzweilen giengen oder ritten umb ain hasen und den in eren untereinander verzeren, der ist niemant umb schuldig. wer aber haimlich hasen vächt und die verkauft oder haimlich ißt, ist dem herren fur ain hasen verfallen ain mut habern[108].

Auch die Grundherren suchten das Jagdverbot mittels immer härterer Leibesstrafen durchzusetzen. Das fromme Stift Admont bedrohte im 16. Jahrhundert den Wildfrevel mit der Strafe der Blendung. So im *Bantaiding* von St. Gallen im Ennstal:

> Es sol auch niemant mein herrn von Admund in den forsten fraflichen iagen noch auch auf den wassern vischen; anders wirt er begriffen, so ist er verfallen die augen[109].

107 *Österreichische Weistümer,* VII. Band, Seite 105.

108 *Österreichische Weistümer,* VII. Band, Seite 406.

109 *Österreichische Weistümer,* VI. Band, Seite 38 (fraflichen = freventlich).

Ebenso das Kloster St. Lambrecht schon im 15. Jahrhundert:

> Item das rotwild und sweinen und wildpret verpeut man auf und ab des gotshaus grünten zu jagen bei verlierung der augen[110].

So entwickelte sich allmählich der Rechtsgrundsatz, daß die Bauern die Jagd überhaupt nicht ausüben dürfen. Schon die Jagdpatente von 1556, 1557, 1565 verboten, die Wildbahn auf Rot- und Schwarzwild Personen nichtadeligen Standes zu verpachten.[111] In der Folge wurde dies auch auf die niedere Jagd ausgedehnt.

Den Abschluß dieser Entwicklung in Niederösterreich zeigt der *Tractatus de juribus incorporalibus* (1679). Er hält den Grundsatz fest, daß die Jagd landesfürstliches *Regal* sei, bestimmt aber:

> § 1. Welche Landleuth oder Inhaber der Landgueter mit aufgerichten Zeigen zu jagen, auch sonsten hoch und niedres Wildprät zu fällen bishero befreyet gewesen ... die wollen Wir noch hinführan gnädigst dabey verbleiben lassen.
>
> § 2. Denen Burgern, Bauern und andren gemeinen Leuthen aber ist gäntzlichen verboten, auch dem kleinen Wildprät als Haasen Füchs und dergleichen mit Schießen Abschröcken Zainrichten und in andre Weg nachzugehen. Sie sollen sich auch alles Fleiß des Vogelfangs enthalten[112].

Den Bauern ist hier also nicht nur verboten, zu jagen, sondern auch verboten, das Wild durch Abschrecken oder durch Errichtung von Zäunen von ihren Äckern fernzuhalten!

Ebenso wurde auch in den anderen Ländern den Bauern die Ausübung der Jagd verboten, und zwar auch dann, wenn die *Jagdgerechtsame* einer Bauerngemeinde verblieben waren.

110 *Österreichische Weistümer,* VI. Band, Seite 231.

111 Schopf, *Die Jagdverfassung,* Seite 44.

112 *Tractatus de juribus incorporalibus,* Tit. IX (Landleuth = Prälaten, Herren und Ritter).

Nur in Tirol und Vorarlberg erhielten sich Reste des bäuerlichen Jagdrechtes.[113]

Mit dem Raub des bäuerlichen Jagdrechtes wurden die Bauern aber auch anderen empfindlichen Beschränkungen und Belastungen unterworfen. Maximilian I. versuchte es, den Bauern das Halten von Hunden überhaupt zu verbieten.[114] Da dies nicht durchsetzbar war, verordneten die Fürsten, daß den Hunden der Bauern Holzprügel vor die Beine gebunden sein müßten, damit sie das Wild nicht jagen können; so die steirischen *Generalien* von 1551, 1568 und 1571, die oberösterreichischen von 1584 und 1641,

das Mandat des Salzburger Erzbischofs 1526.[115] Mit der Verbreitung der Treib- und Parforcejagden wurde die *Jagdrobot*, die die Bauern leisten mußten, bedeutend ausgedehnt. Überdies wurde den Bauern die Verpflichtung auferlegt, zu Jagdzeiten die Jäger mit ihren Pferden und Hunden zu ernähren. Die Müller waren ständig verpflichtet, die Jagdhunde des Herrn zu füttern.[116]

Viel schlimmer aber als all das war, daß die Äcker der Bauern schutzlos dem Wild preisgegeben waren. Insbesondere das Schwarzwild, das die Saaten umwühlt, richtete an den Getreidefeldern furchtbaren Schaden an. Nicht selten vernichtete das Schwarzwild dem Bauern die ganze Ernte, so daß, wie 1525 in Oberösterreich geklagt wurde, „die Leute, wenn es nicht gewendet wird, verderben, von Haus kommen und die Güter öd liegen lassen müssen“[117]. Im Jahre 1596 klagten die oberös-

113 Schopf, *Die Jagdverfassung,* Seite 26.

114 Wopfner, *Das Almendregal,* Seite 103.

115 Schopf, *Die Jagdverfassung,* Seite 111. – Engelmayr, *Untertansverfassung,* I. Band, Seite 148.

116 Schopf, *Die Jagdverfassung,* Seite 59 f.

117 Czerny, *Der erste Bauernaufstand in Oberösterreich,* Seite 42.

terreichischen Bauern, daß die jagenden Edelleute „in unserem wachsenden Getreide hetzen und die Zäune niederreißen lassen"[118]. Die Lage der Bauern wurde nach den Bauernkriegen nur schlimmer. Insbesondere das Verbot, Zäune zu errichten, die der Wildbahn hinderlich wären oder an denen sich das Wild beschädigen könnte, nahm den Bauern das letzte Mittel zur Verteidigung ihrer Ernte gegen das Wild. Nicht einmal gegen Raubtiere, die ihr Vieh bedrohten, durften sich die Bauern zur Wehr setzen. Zum Ersatz für Wildschäden waren die Herren nicht verpflichtet.

Zudem wurde die Gefährdung der bäuerlichen Ernten durch das Wild auch noch zur Erpressung an den Bauern benützt. In den kaiserlichen Forsten kam es vor, daß sich die Förster weigerten, das allzu zahlreich gewordene Wild, das die Äcker der Bauern verheerte, *abbürschen* zu lassen, wenn sich die Bauern nicht verpflichteten, das erlegte Wild zu kaufen und es hoch über dem ortsüblichen Preis zu zahlen.[119]

So war drei Jahrhunderte lang, vom 15. bis zum 18. Jahrhundert, die Jagd der furchtbarste Feind des Bauern: Das überhegte Wild zerstörte alljährlich einen großen Teil des Arbeitsertrages des Volkes.

Der Waldraub der Fürsten und der Bodenraub der Grundherren fanden ihre Ergänzung darin, daß Fürsten und Herren dem Bauern auch seine alten Jagdrechte raubten. Aber die Entwicklung der Volkswirtschaft wurde durch die Umwälzung des Jagdrechtes ganz anders beeinflußt als durch die Umwälzung der Grundeigentumsverhältnisse. Der Raub an Wald, Weide und Acker war, mit wie grausamen Mitteln er auch vollzogen

118 Czerny, *Der zweite Bauernaufstand in Oberösterreich,* Seite 187.
119 Wimbersky, *Eine obersteirische Bauerngemeinde,* Seite 70.

wurde und so furchtbar auch seine sozialen Wirkungen waren, doch ein Mittel, die Produktivkräfte des Landes zu entfalten; denn erst durch den Raub an Wald, Weide und Acker wurden die Voraussetzungen einer geordneten Forstwirtschaft und eines Überschüsse für die städtischen Märkte produzierenden landwirtschaftlichen Großbetriebes geschaffen. Der Raub der Jagdrechte des Volkes dagegen hat die Produktivkräfte des Landes nicht entfaltet, sondern ihre Entfaltung gehemmt. Nicht um einer wirtschaftlichen Notwendigkeit willen, sondern auf Kosten der wirtschaftlichen Entwicklung des Landes haben die Habsburger, der Adel und die Kirchenfürsten drei Jahrhunderte lang alljährlich einen großen Teil des Arbeitsertrags des Volkes, um eines rohen Herrensports willen, schutzlos der Vernichtung preisgegeben.

6. Bauernschaft und Dorfproletariat

Wo in der Zeit der ursprünglichen Besiedlung freie Ansiedler das Land in Besitz nahmen, waren sie ängstlich darauf bedacht, das Ackerland zu gleichen Teilen untereinander zu teilen. Da wurde die Flur in *Gewanne* zerlegt und allen Höfen in jedem *Gewann* gleich große Parzellen durch das Los zugeteilt. Die Absicht, möglichst vollständige Besitzgleichheit aller Gemeindeglieder herzustellen, bestimmte die Flureinteilung in dem volksmäßigen *Gewanndorf*. Solche Dörfer waren zum Beispiel die alten Ansiedlungen im Inntal.[120] Anders, wo die Ansiedlung durch Grundherren erfolgte. Sie gaben den Boden an Freie und Unfreie gegen Zins aus, sei es, daß sie Weiler von drei bis sechs Höfen gründeten und die umliegenden Grundstücke blockweise den Ansiedlern zuteilten, wie das in den Tälern und Vorbergen Salzburgs sowie in Oberösterreich südlich der Donau geschah[121], sei es, daß sie den Boden in Waldhufen austaten, die sich vom Tal bis zum Gebirgskamm erstrecken, wie man sie in Oberösterreich nördlich der Donau, im niederösterreichischen und im steirischen Gebirgsland häufig findet.[122] In beiden Fällen kam es auf die vollkommene Besitzgleichheit der Ansiedler nicht an. Trotzdem konnten sich große Besitzunterschiede innerhalb der Dörfer nicht entwickeln, solange

120 Meitzen, *Siedelung und Agrarwesen der Westgermanen und Ostgermanen,* Berlin 1895, I. Band, Seite 431.

121 Meitzen, *Siedelung und Agrarwesen,* I. Band, Seite 432 ff.

122 Dopsch, *Karolingerzeit,* Seite 324 f.

noch die Rodung im Walde jedermann frei war, jeder seinen Ackerbesitz auf Kosten des Waldes ausdehnen konnte. Erst als die Wälder gebannt waren, die Rodung verboten war, setzte der Prozeß der sozialen Differenzierung innerhalb der Dörfer ein.

Mit dem Wachstum der Bevölkerung mußten nun die alten großen Hufen geteilt werden. Die Größe der Familien und ihre Schicksale entschieden, wie weit die Teilung fortschritt. Im Verlauf der Jahrhunderte entwickelten sich so innerhalb der Bauernschaft verschiedene Besitzkategorien: *Ganz-*, *Halb-* und *Viertellehner*. Zugleich aber entwickelten sich im Dorfe auch Bevölkerungsschichten, die nicht mehr zu den Bauern gerechnet wurden. Da waren zunächst die *Keuschler*, deren Grundbesitz zur Deckung ihres Lebensunterhaltes nicht ausreichte, die daher auf Lohnarbeit auf fremden Gütern oder im Forst angewiesen waren. Im Gebirge, wo neben Bauern, die reichlich mit Grundbesitz ausgestattet waren, solche *Keuschler* saßen, so zum Beispiel im steirischen Oberland, wird zwischen Bauern und *Keuschlern* scharf unterschieden[123]; in anderen Gebieten, wo der bäuerliche Besitz stark zersplittert wurde, war es nicht leicht, zwischen den *Viertellehnern* und den „Klein- oder Gestättenhäuslern", wie die niederösterreichische Agrargesetzgebung des 18. Jahrhunderts sie nennt, eine scharfe Grenze zu ziehen.[124] Unterhalb der *Keuschler* standen die *Söllner*, *Sölleute*, *Söllhäusler*, das heißt die Besitzer einer Sölde, eines Hauses ohne Grundbesitz. Die unterste Schicht des Landvolkes bildeten die *Inleute* oder Herbergsleute, die kein eigenes Haus besaßen, sondern in den Häusern der Bauern wohnten.

123 Mischler, *Ländliche Besitz- und Schuldverhältnisse,* Seite 24.

124 Engelmayr, *Untertansverfassung,* I. Band, Seite 25.

Diese allmähliche soziale Differenzierung des Dorfes bestimmte die Regelung der Nutzungsrechte an der *gemain.*

Solange Weideland im Überfluß vorhanden war, war die Nutzung der gemeinen Weide ungeregelt; jeder mochte so viel Vieh auf die *gemain* treiben, als er wollte. Als aber infolge des Wachstums der Bevölkerung und der damit fortschreitenden Ausdehnung des Ackerlandes auf Kosten der Weide, als später infolge der Einschränkung der Weidenutzungen im Walde durch die Landesfürsten und des Raubes von Weideland durch die Grundherren vielen Dörfern ihr Weideland zu eng wurde, begannen die *Bantaidinge*, in denen sich die Gemeindeglieder versammelten, die Nutzung der gemeinen Weide zu regeln. Vor allem suchte sich jede Gemeinde davor zu schützen, daß Vieh aus anderen Gemeinden auf ihre Weide getrieben werde, kam es doch vor, daß *Söllner* und *Inleute* „Lehenkühe" aus anderen, weidearmen Dörfern pachteten und sie auf die Gemeindeweide trieben. Um sich davor zu schützen, setzten die *Bantaidinge* überall fest, daß niemand mehr Vieh im Sommer auf die *gemain* treiben dürfe, als er mit dem auf seinem Grund innerhalb des Gemeindegebietes geernteten Futter zu überwintern vermochte. So hieß es zum Beispiel im Stiftrecht von St. Peter zu Hallein (Mitte des 15. Jahrhunderts):

> Welcher mer auf den gemain pluemgesuch trib, denn er über winter gefüeren mag, der ist vervallen 5 phunt 60 pfening[125].

Ebenso sagt im *Bantaiding* von Simmering bei Wien im 16. Jahrhundert der Sprecher der Gemeinde:

> Ich meld auch das an statt der ganzen gmain, das wir haben ein freis aigen dem armen als dem reichen mit der waid. were aber das sich einer des trösten wolt und wolt im summer meer viech

125 *Österreichische Weistümer,* I. Band, Seite 142.

> haben den er im winter vermecht und die gemain beschwären, der ist wandls pflichtig ... von iedem haupt zwelf phening[126].

Eine solche Regelung begünstigte freilich die Reichen im Dorfe: Je mehr Äcker und Wiesen ein Bauer besaß, je mehr Vieh er daher überwintern konnte, desto mehr durfte er auf der *gemain* sommern. Gegen die Begünstigung der Reichen setzten sich die ärmeren Schichten des Dorfes zur Wehr. Sie suchten in den *Bantaidingen* Formen der Nutzung der *gemain* durchzusetzen, die dem Ärmeren gleiche Nutzung ermöglichen sollten wie dem Reichen.

142 Besonders heftig war der Kampf um das Recht der Heumahd auf der *gemain*. Die Reichen forderten: Jeder dürfe sich auf der *gemain* so viel „Heu machen", als er zur Fütterung seines Viehs brauche. Die Armen forderten: Jeder dürfe von der *gemain* gleich viel Heu nach Hause schaffen, der Reiche nicht mehr als der Arme. Zuweilen finden wir in den *Weistümern* ein Kompromiß zwischen den Grundsätzen beider Dorfparteien. So zum Beispiel in der Gerechtigkeit zu Drösing in Niederösterreich aus dem Jahre 1469. Da darf

> auf dem gmain wüßmadt ... ain ieder hei machen waß er mit ainem laib verbringen mag.

Also jeder gleich viel. Aber dieses demokratische Prinzip wird durch folgenden Nachsatz plutokratisch eingeschränkt:

> Hat aber ainer roß der daß hei nottürftig ist, der mag mähen lassen waß er zu den rossen nottürftig ist[127].

In der Schweiz, wo sich der Klassenkampf zwischen *Nichthablichen* und *Hablichen* im Dorfe in Freiheit entwickeln könnte, haben die *Nichthablichen* schon seit dem 16. Jahrhundert im-

126 *Österreichische Weistümer,* VII. Band, Seite 695.

127 *Österreichische Weistümer,* VIII. Band, Seite 106 f.

mer häufiger durchgesetzt, daß Teile der Allmende als Pflanzland oder *Rüti* an alle *Gemeindegenossen* oder gerade an die Armen, die die gemeine Weide nicht oder nur wenig ausnützen konnten, zu gleichen Losen zur Sondernutzung verteilt wurden.[128]

In Österreich, wo die grundherrliche Gewalt der Entwicklung des Klassenkampfes im Dorfe Schranken setzte, kam dies seltener vor. Immerhin sehen wir auch hier, daß ein als Wiese genutzter Teil der *gemain* in Lose zerlegt und jedem Hof in der Gemeinde ein Los zugeteilt wurde. So zum Beispiel in Gainfarn (Herrschaft Markstein, Niederösterreich) um 1580:

> Item, die Gainfarner haben ain gemaine wißmadt bei Harmanstorff, gehört in iedes hauß ain lüß[129].

Oder aber es wurde ein Teil der *gemain* auf die *Gemeindegenossen* verteilt, um zum Anbau von Gemüsepflanzen verwendet zu werden. So heißt es zum Beispiel bei der Aufzählung der Bestandteile der *gemain* von Langenlois in Niederösterreich im 15. Jahrhundert:

> Mer ain wisen, haißt die Tayllandt … sölche wisen ist in der gmain zu krautgärten ausgethailt worden[130].

Auch der in solcher Weise aufgeteilte Boden blieb Eigentum der *gemain*. Er wurde zur Sondernutzung, nicht zu Sondereigentum ausgetan. Und zwar wurde entweder jedem Hof ein dauerndes Recht auf Sondernutzung eines bestimmten Loses zugeteilt oder es wurde jedem *Gemeindegenossen* ein Los auf Lebensdauer zugewiesen. Doch konnte immer nur ein kleiner

128 Miaskowski, *Die Schweizerische Allmend in ihrer geschichtlichen Entwicklung*, Leipzig 1879, Seite 140 ff.

129 *Österreichische Weistümer*, VII. Band, Seite 397.

130 *Österreichische Weistümer*, VIII. Band, Seite 715.

Teil der *gemain* auf diese Weise der gemeinsamen Weidenutzung entzogen werden. Denn solange die alte Dreifelderwirtschaft vorherrschte, der Anbau von Futterpflanzen unbekannt, daher Stallfütterung in der Sommerzeit nicht möglich war, war die gemeine Weide unentbehrlich.

Für die gemeine Weide galt aber nun überall der Satz: Ihr dürft auf die gemeine Weide nur so viel Vieh treiben, als ihr im Winter in eigenem Stall, von auf eurem eigenen Boden geerntetem Heu ernähren könnt. Dieser Grundsatz schloß aber die *Inleute* von der Weidenutzung aus. Nun hieß es: Den gemeinen Wald darf nur nutzen, wer eigenen Herd, die gemeine Weide, wer eigenen Stall hat. So zum Beispiel im *Bantaiding* zu Stetten in Niederösterreich:

> Es solt auch keinem inman, er gehör wem er wolle zu, kein viech, es sei waß es immer sei, under die halt zu treiben und zu waiden gestattet werden[131].

Freilich konnten das die Bauern nicht ausnahmslos aufrechterhalten. Wo sie nämlich selbst ein Bedürfnis nach der Ansiedlung von *Inleuten* hatten, die sie als Arbeiter brauchten, mußte sie ihnen die Viehhaltung ermöglichen und zu diesem Zweck auch die Nutzung der gemeinen Weide erlauben. So mußte die Ausschließung der *Inleute* oft später berichtigt werden. Ein Beispiel dafür bietet der *Bantaiding* von Stockerau. In seiner Niederschrift vom Jahre 1590 heißt es noch allgemein:

> Welcher inman viech unter die halt treibt und darüber befunden wierdt, soll darumb gestraft werden[132].

Aber in späteren Niederschriften ist diesem Satz der einschränkende Nachsatz beigefügt:

131 *Österreichische Weistümer,* VIII. Band, Seite 365.
132 *Österreichische Weistümer,* VIII. Band, Seite 448.

Es wer ime den von richter und rath und ganzer gemain erlaubt[133].

In der Regel bürgerte es sich ein, daß die *Inleute* die gemeine Weide nur mit besonderer Erlaubnis der *gemain* und nur gegen Entrichtung eines besonderen Zinses an die Gemeindekasse nutzen durften.[134]

Es entwickelte sich so der Grundsatz, daß nur die Behausten vollberechtigte *Gemeindegenossen* sind und nur sie Anspruch auf die Gemeindenutzung haben, während die *Inleute* die *gemain* nur mit Erlaubnis der Behausten und nur um den Preis einer Zinszahlung an sie nutzen dürfen. Die Gemeinde entwickelte sich dadurch zur Realgemeinde. Sie wurde nunmehr geradezu definiert als „die Gesamtheit aller zu einem Ort gehörigen Häuser"[135]. Nicht die Gesamtheit der Einwohner, sondern die Gesamtheit der Häuser bildete die Gemeinde.

Je mehr die Landesfürsten und die Grundherren die bäuerlichen Weiderechte einengten, je weniger daher die gemeine Weide dem Bedarf der Bauern genügen konnte, desto mehr waren die Bauern darauf bedacht, den Kreis der zur Nutzung der *gemain* Berechtigten einzuengen, den Zuzug neuer Nutzungsberechtigter fernzuhalten. Dies geschah zunächst in der Weise, daß die Bauern dem Begriff der *Inleute* weiteren Umfang gaben.

Vielfach hatten sich auf ungenutzten Flächen der *gemain* landlose Familien angesiedelt. Sie hatten von der *gemain* ein Stück Land erworben und sich dort eine *Keusche* errichtet; in

133 *Österreichische Weistümer,* VIII. Band, Seite 459.

134 Engelmayr, *Untertansverfassung,* II. Band, Seite 213.

135 Barth-Barthenheim, *Das politische Verhältnis der verschiedenen Gattungen von Obrigkeiten zum Bauernstand im Erzherzogtum Österreich unter der Enns,* Wien 1818, I. 2., Seite 56.

der Regel mußten sie dafür der Gemeinde einen Zins entrichten. Diese sogenannten *Gemeindekeuschler* wurden, obwohl sie behaust waren, den *Inleuten* zugerechnet und mit diesen von der Nutzung der gemeinen Weide ausgeschlossen.[136] Ebenso die *Keuschler*, denen auf Gründen des Pfarrers oder der Kirche die Ansiedlung erlaubt worden war, schließlich auch Taglöhner und „Wochenknechte“, die einzelne Bauern, um sich ihre Arbeitskraft zu sichern, auf ihrem eigenen Boden ansiedelten. Sie alle wurden, obwohl behaust, den *Inleuten* zugerechnet.[137]

Aber nicht nur diesen Ansiedlern, die ihrer besonderen
146 Besitzverhältnisse am Boden wegen den *Inleuten* gleichgehalten wurden, sondern auch den *Söllnern* machten die Bauern die Mitnutzung der *gemain* streitig. Dies geschah wohl zuerst in den Bergwerksgebieten, wo sich in der Zeit der Blüte des Bergbaues besonders viele Bergknappen und Holzknechte als *Söllner* in den Dörfern niederließen. Die Landesfürsten beschränkten zwar, wie erwähnt, die *Söllner* in der Nutzung der landesfürstlichen Wälder; aber dieselben Landesfürsten verlangten von den Bauern, daß sie den neu angesiedelten Bergknappen und Holzknechten die Mitnutzung der gemeinen Weiden und Wälder gewährten. Auf diese Weise wollten die Landesfürsten einerseits ihre Wälder schonen, anderseits aber doch die Heranziehung und Ansiedlung der Arbeiter fördern, deren der aufblühende Bergbau bedurfte. Dagegen setzten sich die Bauern zur Wehr. Ihre eigenen Weiderechte am Walde wurden

136 Tschinkowitz, *Darstellung des politischen Verhältnisses der verschiedenen Gattungen von Herrschaften zur Staatsverwaltung, zu ihren Beamten und Unterthanen in den Provinzen Steiermark und Kärnthen,* Grätz 1823, II. 1., Seite 3 f.

137 Barth-Barthenheim, *Das politische Verhältnis,* I. 1., Seite 311 f.

ja gerade in dieser Zeit eingeengt; desto empfindlicher traf es sie, daß sie nun auch noch den vielen sich ansiedelnden Bergknappen Anteil an den ihnen verbliebenen Weiden gewähren sollten. In Tirol wehrten sich die Bauern im 15. und 16. Jahrhundert leidenschaftlich dagegen, daß Bergknappen ohne Befragung der Gemeinden angesiedelt wurden und trotzdem Anteil an der gemeinen Weide beanspruchten. Die Gegensätze zwischen den neuen Ansiedlern und den Bauern spitzten sich um 1500 so zu, daß die Bauern sich weigerten, den fremden Arbeitern Lebensmittel zu liefern. Auch der gemeinsame Kampf im Jahre 1525 hob die Gegensätze so wenig auf, daß der Landesfürst während des Bauernkrieges selbst Bauern und Bergknappen gegeneinander ausspielen konnte.[138]

Auch in Salzburg war es 1525 eine der Hauptbeschwerden der aufständischen Bauern, daß ihre Weiden allzu sehr dadurch belastet wurden, daß Bergknappen und Holzknechte angesiedelt wurden und Anteil an der Weide beanspruchten. In dem Mandat, durch das der Erzbischof Matthäus Lang 1526 die Bauern zu beruhigen versuchte, erklärte er, er könne zwar auf das Recht, den Bergknappen Boden „auf der frey unn gemain" zuzuweisen, nicht verzichten, aber er werde künftig dafür sorgen,

> daz solches mit genugsamer erkundigung unn on sondern nachtayl der nochperschafft beschehe unnd sonderlich Daz der nochperschafft an jrem plumengesuech, Des sich dieselben Solheuser mit jrem viech zu zeyten übermässigklich gebrauchen, verschont werde[139].

Ganz ähnliche Kämpfe rief auch die innere Entwicklung der Grundherrschaft hervor. Sobald die Grundherren ihre Eigen-

138 Wopfner, *Das Almendregal,* Seite 106 ff.

139 Engelmayr, *Untertansverfassung,* I. Band, Seite 147.

wirtschaft auszudehnen begannen, siedelten sie auf der *gemain* ihrer Untertanen *Häusler* an, um sich die notwendigen Arbeitskräfte zu sichern. Die Bauern wehrten sich dagegen, daß diese gegen ihren Willen angesiedelten *Häusler* die gemeine Weide mitnutzen wollten. So klagten die aufständischen oberösterreichischen Bauern von 1596 immer wieder darüber, daß die Grundherren „Inleuthäusel ansetzen", wodurch die Bauern in ihrem „Blumensuch" beeinträchtigt würden.[140]

In der Nähe der Städte wehrten sich die Bauern vor allem dagegen, daß die sich in den Dörfern ansiedelnden Handwer-

ker den gemeinen Wald und die gemeine Weide nicht nur zu ihrer *Hausnotdurft*, sondern auch zu ihren gewerblichen Zwecken beanspruchten und daher übermäßig belasteten. Die *Weistümer* enthalten manche Spuren der Kompromisse, mit denen solche Kämpfe oft endeten. So zum Beispiel der *Bantaiding* von Simmering im 16. Jahrhundert:

> Item das ist auch unsers aigen gerechtigkait das ain jeder vleischacker soll haben auf der waid was er von ainem sambstag auf den andern verfleischacken mag[141].

So war auf der ganzen Linie der Kampf der alteingesessenen Bauern gegen die späteren Ansiedler entbrannt. Der Widerstand der Bauern wurde gestärkt durch die Umbildung der Nutzungsrechte an den landesfürstlichen und den herrschaftlichen Wäldern. Sobald diese Nutzungsrechte als Servituten aufgefaßt wurden, die nach römisch-rechtlichem Grundsatze nicht erweitert werden dürfen, sobald daher die landesfürstlichen und die herrschaftlichen Forstverwaltungen die Nutzungen nur den ursprünglich *Eingeforsteten* zuerkannten, spätere

140 Czerny, *Der zweite Bauernaufstand in Oberösterreich,* Seite 366.
141 *Österreichische Weistümer,* VII. Band, Seite 695.

Ansiedler von ihnen ausschlossen, wurde dem Volk der Gedanke vertraut, daß alle herkömmlichen Nutzungen nur den Alteingesessenen, nicht auch späteren Ansiedlern zustehen; dieser Grundsatz wurde daher auch auf die Nutzung an der *gemain* angewendet. Damit erstarkte die Tendenz, alle späteren Ansiedler von der Nutzung an der *gemain* auszuschließen, mochten diese späteren Ansiedler nun *Inleute*, *Söllner*, *Keuschler*, Bauern oder Bürger sein.

Am energischesten setzte sich die Tendenz zur Abschließung des Kreises der Nutzungsberechtigten in denjenigen Städten durch, die sich aus Realgemeinden zu Bürgerschaftsgemeinden entwickelten. Da erlangte nur derjenige, dem das Bürgerrecht verliehen wurde, das Recht zur Teilnahme an den Gemeindenutzungen; der bloße Hausbesitz gab diesen Anspruch nicht mehr. In den obersteirischen Bergstädten, deren gemeinen Waldungen der Bergbau besonders hohen Wert verlieh und denen in der Zeit der Blüte des Bergbaues besonders viele Fremde zuströmten, sperrten sich die Nutzungsberechtigten noch enger ab. Die Altbürger schlossen alle späteren Zuzügler von der Nutzung des Gemeindegutes aus; nur den Eigentümern bestimmter, nämlich der ältesten Häuser stand die Nutzung zu. Die Nutzungsrechte wurden zu Realrechten, die mit dem Eigentum an bestimmten Häusern der Stadt verbunden waren. So in Leoben, Gröbming, Schladming, Trofaiach und so weiter. Aber die Gesamtheit der Eigentümer dieser *Rechtsame* war nicht etwa nur eine private *Realgenossenschaft*. Sie versah vielmehr als Rechtsnachfolgerin der alten *gemain* wichtige Gemeindefunktionen; und wenn sie die Nutzung des Gemeindegutes für sich monopolisiert hatte, so trug sie anderseits doch auch die Gemeindelasten.[142]

142 Mischler, *Ländliche Besitz- und Schuldverhältnisse,* Seite 57.

Anders war es in den Dörfern. Hier hat sich in Österreich die Bürgerschaftsverfassung nicht entwickelt; die Dörfer (und auch die kleineren Märkte und Städte) blieben Realgemeinden. Trotzdem gelang es auch in den Dörfern den Alteingesessenen sehr oft, die alte *Gemainnutzung* für sich zu monopolisieren.

Am leichtesten gelang das dort, wo es schon seit der Zeit der ursprünglichen Siedlung keine geschlossene, von allen *Gemeindegenossen* ungeteilt genutzte *gemain* gegeben hatte, sondern die gemeinen Almen von Anfang an auf die einzelnen Höfe so aufgeteilt wurden, daß die eine Alm nur von diesen, die andere nur von jenen *Gemeindegenossen* genutzt wurde. Diese im Gebirge sehr häufige Form der Nutzung der *gemain* wurde bereits beschrieben. Wurde eine Alm von alters her nur von drei bis acht bestimmten Höfen genutzt, so duldeten die Besitzer dieser Höfe nicht, daß spätere Ansiedler ihre Alm mitnutzten. Die von alters her Nutzungsberechtigten wurden zu einer *Interessentenschaft*, einer *Nachbarschaft* innerhalb des Dorfes, die die von ihnen genutzte Alm als ihren ausschließlichen Besitz behandelte. Die späteren Ansiedler wurden daher von all den Almen ausgeschlossen, deren Nutzung ursprünglich auf die einzelnen Höfe verteilt worden war. So war es zum Beispiel in Groß-Sölk. Da waren die acht Almen, die den ursprünglichen Besitz der *gemain* bildeten, auf die einzelnen Höfe verteilt; die später angesiedelten *Keuschler* waren von ihrer Mitnutzung ausgeschlossen. Doch wies man den jüngeren Ansiedlern den ungeteilt gebliebenen Rest der *gemain*, den *Keuschlergmeinberg*, zu. Als aber später die Zahl der *Keuschler* wuchs, weigerten sich die älteren Nutznießer, den späteren Zuzüglern die Mitnutzung zu gewähren, und sperrten den *Keuschlergmeinberg* gegen die späteren Zuzügler ganz so ab, wie einige Jahrhunderte früher die *Nachbarschaften* der Bauern ihre Almen gegen ihre Vorfahren abgesperrt hatten. So wurden schließlich die Nutznießer des *Keuschlergmeinberges* selbst zu einer *Interessentenschaft* innerhalb der Gemeinde.[143]

Viel schwieriger vollzog sich die Abschließung der Nutzungsberechtigten dort, wo es von alters her eine geschlossene, von allen *Gemeindegenossen* ungeteilt genutzte *gemain* gegeben hatte. Da war die Weidenutzung der Gegenstand des zähesten, hartnäckigsten Klassenkampfes im Dorfe. Die Ergebnisse dieses Kampfes waren von Dorf zu Dorf verschieden. Oft gelang es den Alteingesessenen, den Urhausbesitzern, die Nutzung der gemeinen Weide und des gemeinen Waldes für sich zu monopolisieren, alle späteren Ansiedler von ihr auszuschließen.

In diesem Falle schied sich das Dorf in zwei scharf abgegrenzte Klassen: in die *Genossen* und die *Ungenossen*, in die Altansässigen und die *Beisassen*. In anderen Fällen gelang es den *Häuslern*, *Söllnern*, später angesiedelten Bauern, sich des Gemeinderegiments zu bemächtigen und ihre Ausschließung von der Nutzung der *gemain* zu verhindern oder, wo sie schon erfolgt war, wieder aufzuheben; das gelang wohl insbesondere dann, wenn die Grundherren an der Ansiedlung neuer Arbeitskräfte ein Interesse hatten und sich ihrer darum gegen die altansässigen Bauern annahmen. In vielen Fällen endeten diese Kämpfe mit Kompromissen: Die Nutzung wurde allen gewährt, aber in verschiedener Abstufung. Die *Ungenossen* erlangten die kleine Nutzung, zum Beispiel Waldweide und Klaubholz, die großen wurden den Altansässigen vorbehalten. Oder an den Gemeindewiesen erhielten die Bauern je drei Lose, die *Häusler* je ein Los. Oder die Altansässigen genossen die Nutzung unentgeltlich, die *Beisassen* nur gegen Zins an die Gemeinde. Oft wieder-

143 Wimbersky, *Eine obersteirische Bauerngemeinde,* Seiten 50, 54.

holten sich diese Kämpfe und Friedensschlüsse im Verlauf der Jahrhunderte einigemal; dies führte dann dazu, daß es schließlich innerhalb der Gemeinde nicht nur zwei, sondern drei, auch vier verschiedene Kategorien von Nutzungsberechtigte mit verschieden abgestuften Nutzungsrechten gab.[144]

So pflanzte sich der Druck, den die landesfürstliche und die grundherrliche Gewalt auf die Bauern übte, innerhalb der Bauerndörfer fort. Je mehr die Landesfürsten und Grundherren die alte Wald- und Weidenutzung der Bauern beschränkten, desto energischer schlossen die Bauern die ihnen noch verbliebenen Wald- und Weidenutzungen gegen die ärmeren und jüngeren Schichten des Landvolkes ab. So entstand unterhalb der Bauernschaft ein Dorfproletariat, das vom alten Gemeindebesitz, dem alten Erbe des Volkes, ausgeschlossen war. Von der Weide-, Holz- und Streunutzung ausgeschlossen, konnte das Dorfproletariat keine selbständige Wirtschaft führen. Es stellte Bauern und Grundherren die Taglöhner und das Gesinde, der entstehenden kapitalistischen Hausindustrie die Arbeitskräfte, kapitalistischen Manufakturen und Bergwerken die Lohnarbeiter. Auch die Geschichte des Klassenkampfes um die Nutzung der *gemain* ist also ein Teil der Entstehungsgeschichte des des Eigentums an allen Produktionsmitteln beraubten, daher auf Lohnarbeit im Dienste der Eigentümer der Produktionsmittel angewiesenen Proletariats – ein Teil der Entstehungsgeschichte des Kapitalismus.

144 Schiff, *Österreichs Agrarpolitik,* Seite 181 ff.

7. Die Reformen des Absolutismus

Nach der blutigen Niederwerfung der Bauernaufstände war die Bauernschaft keine geschichtlich wirkende Macht mehr. Sie war nur noch ein Ausbeutungsobjekt der Landesfürsten einerseits, der Grundherren anderseits. Beide steigerten nun ihre Ansprüche an die Bauernschaft.

Mit der Entwicklung der Söldnerheere, der Beamtenverwaltung, der Großmachtpolitik des Hauses Habsburg genügten die Einkünfte aus dem Grundbesitz und den Regalien nicht mehr, den Geldbedarf der Landesfürsten zu befriedigen. Die Landesfürsten mußten die Untertanen zur Leistung immer höherer Steuern verpflichten.

Ursprünglich wurden die Steuern nur den Grundherren auferlegt. Sobald an die Stelle der Lehensaufgebote die Söldnerheere traten, mußten die Grundherren ihre Pflicht der Heeresfolge mit Geldsteuern ablösen. Aber schon 1518 auf dem Innsbrucker Ausschußlandtag erlaubte Maximilian I. bei der Festsetzung dieser Steuern den Landständen

> die gemainen Menschen durchaus in ziembliches Mitlaiden nach jedes Lands Gelegenheit und Vermögen darin zu ziehen[145].

Schon wenige Jahre später leiteten die steirischen Landstände aus dieser kaiserlichen Ermächtigung das Recht ab, die Hälfte der Steuern, die sie als Ablösung ihrer Lehenspflichten zu entrichten hatten, von den auf ihrem Grunde ansässigen Bauern, *Keuschlern* und *Inleuten* einzuheben. Bald wurde der größere

145 Luschin, *Österreichische Reichsgeschichte,* Seite 475.

Teil der *Contributionen* auf die Untertanen der Herrschaften abgewälzt. Auf dem Prager Ausschußlandtag von 1542 wurde die *Contribution* in eine Steuer vom Vermögenswert umgewandelt und bestimmt,

> daß alle stende von iren eigen anliegunden Gütern den hundertisten und ihre Unterthanen von iren anliegunden Gütern, auch Vieh, den sechzigsten Pfenning geben und erlegen sollen[146].

Damit war bereits der Grundsatz festgelegt, daß der Bauernstand eine höhere landesfürstliche Steuer zu entrichten hätte als der Herrenstand. In der Folge wurden dann in jeder Kriegsperiode die Steuern sowohl der Herren als auch der Bauern verhältnismäßig erhöht.

Während aber die Bauern immer höhere Steuern an den Landesfürsten entrichten mußten, steigerten zugleich auch die Grundherren ihre Ansprüche an die Bauern. In den Gebieten, in denen sich die Grundherrschaft zur Gutsherrschaft entwickelte, wurden vornehmlich die *Robotpflichten* der Bauern ausgedehnt. In den anderen Gebieten dagegen, in denen die Eigenwirtschaft der Grundherren unbedeutend blieb, forderten die Grundherren von den Bauern immer höhere Abgaben. Von alters her mußten ja die Bauern Abgaben verschiedener Art an die Grundherren entrichten: vor allem die jährlichen Grundzinse, dann die *Laudemien*, die bei Todesfällen, bei Heirats- und Übergabsverträgen, bei Kauf und Schenkung entrichtet werden mußten – in Niederösterreich das *Pfundgeld*, in Oberösterreich *Freygeld*, in Salzburg *Anlait*, in Kärnten und in der Steiermark *Ehrung* genannt[147] –, endlich den Zehent, der, ur-

146 Tschinkowitz, *Darstellung des politischen Verhältnisses,* I., Seite 7.

147 Engelmayr, *Untertansverfassung,* I. Band, Seite 44. – Tschinkowitz, *Darstellung des politischen Verhältnisses,* II. 1., Seite 33.

sprünglich ein Anspruch der Kirche, durch Verleihung und Verpfändung auch zum Anspruch weltlicher Grundherren geworden war. Die Grundherren suchten nun die herrschaftlichen Abgaben immer mehr zu erweitern. So wurde durch die Zehentordnungen von 1577 für Kärnten, von 1605 für die Steiermark die Zehentpflicht erweitert. In der steirischen Zehentordnung von 1605 heißt es:

> Der Zehend soll im ganzen Land sowohl von Sommer- oder Landesweitz, Korn, Gersten und Haber als von der Wintersaat gegeben werden, im Bedenken der Bauersmann sonst dem Zehendherrn zu großen Nachtheil sich allein auf dergleichen Sommersaat, davon er bishero kein Zehend geben, begibt und der Wintersaat nicht befleißt.

Es wurde also die Zehentpflicht, die sich bisher nur auf die Wintersaat erstreckt hatte, auch auf die Sommersaat ausgedehnt. Zugleich wurde bestimmt, daß fortan auch von „Neubrüchen, Bränden und Gereuten" der Zehent entrichtet werden müsse. Bisher sei

> an etlichen Orten mit denen Neubrüchen, Bränden und Gereuten dieses observieret, daß von dreyen Jahren kein Zehend davon gereichet worden.

Das habe dazu geführt,

> daß viele Wälder ausgereutet und abgeödet, entgegen aber die Baufelder ungearbeitet verblieben, wie auch denen Zehendherren ihr Gebühr davon entzogen worden.

Deshalb wurde verfügt, daß auch von dem auf dem *Rottlande* geernteten Getreide der Zehent entrichtet werden müsse.[148]

So wuchsen sowohl die Steuern, die die Bauern an die landesfürstliche Kammer zu entrichten hatten, als auch die

148 Tschinkowitz, *Darstellung des politischen Verhältnisses,* II., Seite 6 f.

Abgaben, die sie den Grundherren entrichten mußten. Die
Konkurrenz zwischen landesfürstlichen *Contributionen* und
herrschaftlichen Abgaben mußte schließlich zu heftigen Kämp-
fen zwischen dem Landesfürsten und den Grundherren führen.
Die Grundherren fürchteten, daß die Bauern nicht mehr ge-
nug herrschaftliche Abgaben zu leisten imstande wären, wenn
sie allzu schwer mit landesfürstlichen Steuern belastet würden.
Umgekehrt fürchteten die Landesfürsten, daß die Steuerkraft
der Bauern, durch die herrschaftlichen Abgaben ausgeschöpft,
den Anforderungen der landesfürstlichen Kammer nicht genü-
156 gen würde. So trat denn jede der beiden Mächte, die den Bau-
ern ausbeuteten, gegen die konkurrierende Macht als Beschüt-
zerin des Bauern auf.

Seit dem 16. Jahrhundert sind die Verhandlungen der Landstände von den Klagen der Prälaten und Herren erfüllt, daß die allzu schwere Bürde der landesfürstlichen Steuern die Bauern zugrunde richte. Aber nicht nur in Steuersachen traten die Grundherren als Anwälte der Bauern auf. Wo sowohl die Bauern als auch die Grundherren in landesfürstlichem Walde *eingeforstet* waren, verteidigten die Grundherren die bäuerlichen Wald- und Weidenutzungsrechte gegen die landesfürstlichen Forstverwaltungen. Wo die Landesfürsten herrschaftliche Wälder den Bergwerken widmeten, traten die Grundherren als Anwälte der Bauern auf, denen dadurch die Nutzungsrechte geschmälert wurden und deren Besitz durch die Abholzung der Wälder der Lawinengefahr preisgegeben wurde. Wo die hohe Jagd auf herrschaftlichem Boden den Landesfürsten vorbehalten war, verteidigten die Grundherren die Bauern gegen die Überhegung des Wildes durch die landesfürstliche Jagdverwaltung. So klagten die steirischen Landstände von 1617 an alljährlich über die Übersetzung des Tobler Forstes mit Hochwild; sie machten sogar die Bewilligung von Kriegssteuern von der Minderung des Wildstandes abhängig.[149]

Umgekehrt traten aber auch die Landesfürsten als Sachwalter der Bauern gegen die Grundherren auf. Die landesfürstlichen Steuern wurden von den Grundherren eingehoben und an die landesfürstliche Kammer abgeführt. Die Landesfürsten ermahnten nun die Grundherren alljährlich in den Steuerbriefen, daß sie von den Bauern nicht mehr an Steuern einheben, als sie abzuführen verpflichtet waren:

> das auch niemand merers auf seine unterthan lege, dann wie es im landtag bewilligt[150].

Und auch sonst ermahnten die Landesfürsten oft die Stände, die Bauern nicht mit *Robot* und Abgaben allzu sehr zu beschweren. Aber im 17. Jahrhundert und in der ersten Hälfte des 18. begnügten sich die Landesfürsten mit bloßen Ermahnungen, die wirkungslos blieben. Erst in der Zeit von 1740 bis 1790, unter Maria Theresia und unter Josef II., hat der habsburgische Absolutismus den Besitz und die Arbeitskraft der Bauern wirksam gegen die Ansprüche der Grundherren geschützt.

Solange der Landesfürst alljährlich darauf angewiesen war, daß die Landstände ihm die Steuern bewilligten, hütete er sich, um der Bauern willen die Prälaten und Herren zu verstimmen. Im 18. Jahrhundert aber war die Macht der Landstände bereits völlig gebrochen; konnte doch Maria Theresia zum Beispiel in Kärnten, als die Landstände 1748 die Verdoppelung des Militärbeitrages verweigerten, die Landeseinnahmen ohne weiteres sequestrieren und die Steuern ohne ständische Bewilligung

149 Wimbersky, *Eine obersteirische Bauerngemeinde,* Seiten 70, 75.

150 Mell, *Die Anfänge der Bauernbefreiung in Steiermark unter Maria Theresia und Josef II.,* Graz 1901, Seite 36.

einheben lassen.[151] Nun erst, da die Stände ohnmächtig geworden waren, konnte der Absolutismus die Bauern gegen die Ansprüche der Herren schützen, ohne sich um den Einspruch der Stände zu kümmern.

Und den Bauern Schutz zu gewähren, schien nun im Interesse des Landesfürsten selbst unabweislich. Die großen Kriege Maria Theresias gegen Preußen haben die landesfürstliche Kammer schwer belastet. Die Erhöhung des Friedenspräsenzstandes des Heeres auf 108.000 Mann zwang auch in Friedenszeiten zu wesentlicher Erhöhung der landesfürstlichen Steuern. Die Erfahrung lehrte aber, daß die Bauern die staatlichen Steuern nicht mehr aufzubringen vermochten, wo sie mit Leistungen an den Grundherrn allzu schwer belastet waren. So stellte Maria Theresia in dem Patent von 1750 für Kärnten fest:

> Sintemalen auch bishero vorgekommen, daß die Unterthanen von darum außer Stande gesetzt werden, die ausgeschriebenen Contributiones in den angesetzten Fristen einzubringen und abzuführen, weil verschiedene Obrigkeiten die von denselben zu entrichten habenden Zinsen und Urbarialschuldigkeiten[152] jederzeit denen angelegten Praestationibus publicis[153] vorgezogen und mit größter Schärfe eingetrieben, ja wohl gar ein Übermaß erpresset, anmit aber das Contributionale[154] rückgängig gemacht und in uneintreibliche Reste versetzt haben ...[155]

So demonstrierten die Steuerrückstände der Bauern der Kaiserin, daß sie den Bauern gegen die Grundherren Schutz gewäh-

151 Luschin, *Österreichische Reichsgeschichte,* Seite 532.
152 Schuldigkeiten an die Herrschaft.
153 Öffentliche Leistungen, Leistungen an den Staat.
154 Die Steuerschuldigkeit an den Landesfürsten.
155 Tschinkowitz, *Darstellung des politischen Verhältnisses,* II. 1., Seite 267.

ren müsse, wenn die Bauern imstande sein sollten, die hohen Kriegssteuern aufzubringen.

Zunächst schien es notwendig, dem Bauernlegen, das besonders in den Gebieten, in denen die Grundherrschaft zum landwirtschaftlichen Großbetrieb überging, zur Übung geworden war, ein Ende zu setzen. Die landesfürstliche Kammer wurde durch das Bauernlegen geschädigt, da ja dem Bauernland höhere Steuern auferlegt waren als dem Herrenland. Nach der Steuerrektifikation Maria Theresias von 1748 hatten die *Rusticalrealitäten*, das Bauernland, die *quinquagesima*, den 50. Teil des katastrierten Wertes, die *Dominicalrealitäten*, das Herrenland, aber nur die *centesima*, den 100. Teil des Wertes zu entrichten.[156] Gegen eine Kürzung der Steuerleistung durch die Einziehung von Bauernland zum Herrenland schützte sich die landesfürstliche Kammer dadurch, daß in den Steuerkatastern das *Rusticale* (Bauernland) vom *Dominicale* (Herrenland) scharf unterschieden wurde und aller Boden, der einmal als *Rusticale* eingetragen worden war, der höheren Steuer auch dann unterworfen blieb, wenn er später von der Herrschaft eingezogen und zum Herrenland geschlagen wurde. Aber bald überzeugte sich die landesfürstliche Bürokratie, daß dies nicht genügte. Das Bauernlegen blieb aus drei Gründen den staatlichen Interessen abträglich. Vor allem: Solange der Grundherr den Bauern jederzeit mit der *Abstiftung* bedrohen konnte, konnte er mit dieser Drohung von dem Bauern immer wieder die Vergrößerung der herrschaftlichen Abgaben erpressen. Zweitens: Je mehr die Zahl der Bauern verkleinert wurde, zu desto drückenderen *Robotleistungen* und grundherrlichen Abgaben wurden die verbleibenden Bauern verhalten, desto geringer wurde daher die für den

156 Engelmayr, *Untertansverfassung*, III., Seite 9.

Landesfürsten verfügbare Steuerkraft der Bauern. Drittens: Je geringer die Zahl der Bauern wurde, desto geringer wurde die Zahl derer, die im Ehestand leben konnten, desto kleiner daher die Bevölkerungsvermehrung; dies mußte die Entwicklung der Steuer- und der Wehrkraft des Landes beeinträchtigen. So entschloß sich denn der Absolutismus, das Bauernlegen möglichst zu beschränken. Zunächst wurde durch ein Hofdekret von 1770 die Einziehung von Untertanengründen von der Erlaubnis der landesfürstlichen Kreisämter abhängig gemacht, durch die Untertanspatente von 1781 und 1782 überhaupt nur
160 noch dann zugelassen, wenn der Untertan ein „unruhiger Kopf" ist, der die Nachbarn „aufwiegelt" oder wenn er drei Jahre mit Steuern und Abgaben im Rückstand ist, wenn er seine Hausgründe öde werden läßt und seinen Wald aushackt oder wenn er seinen Hof überschuldet.[157]

Sollte aber das Bauernlegen allgemein verhindert werden, so mußte der Absolutismus dafür sorgen, daß diejenigen Bauerngüter, die noch *Freistifte* oder *Leibgedinggüter* waren, in Kaufrechte verwandelt werden. Auf vielen Herrschaften war ja die *Verkaufrechtung* der einstigen *Freistift-* und *Leibgedinggüter* längst erfolgt; in Zeiten der Geldnot hatten die Grundherren ihren Untertanen erlaubt, sich einzukaufen, ihr Gut gegen Erlegung eines Kaufschillings zu erblichem Nutzungseigentum zu erwerben. Wo aber noch *Freistiftgüter* in größerer Zahl übriggeblieben waren, dort hat der Absolutismus die *Verkaufrechtung* zwangsweise durchgeführt. So vor allem in Kärnten durch die Patente von 1772 und 1773, durch die „die

157 Mell, *Die Anfänge der Bauernbefreiung,* Seite 150 f. – Engelmayr, *Untertansverfassung,* III., Seite 319 f. – Tschinkowitz, *Darstellung des politischen Verhältnisses,* II. 2., Seite 219.

Freystiftigkeit im ganzen Lande auf ewige Welt Zeiten unveränderlich" aufgehoben und „sämtliche bis anher freystiftisch gewesenen Gründe ... zu wahren Kaufrechtsgründen erklärt" wurden.[158] Ebenso wurde im oberösterreichischen Innviertel, wo zur Zeit seiner Erwerbung durch Österreich (1779) noch die *Leibgedinggüter* vorherrschten, die obligatorische *Verkaufrechtung* angeordnet.[159]

War auf diese Weise der Besitz des Bauern geschützt, so galt es nun, diesen Besitz vor einer Überlastung, die seine Steuerkraft mindern könnte, zu bewahren. Schon 1748, anläßlich der Steuerrektifikation, ermahnte Maria Theresia die Grundherren,

> daß sie die Unterthanen mit der Robat nicht überladen, sondern in contributionsfähigem Stande zu erhalten sich angelegen seyn lassen sollen[160].

Zu demselben Zweck erließ die Kaiserin dann die *Robotpatente* von 1772 für Niederösterreich, von 1778 für die Steiermark. Das niederösterreichische Patent bestimmte: *Ganz-* und *Halblehner* können zur *Zugrobot* verhalten werden, und zwar *Ganzlehner* mit vierspännigem, *Halblehner* mit zweispännigem Zug. Von allen anderen Untertanen dürfen nur Hand- und *Fußroboten* verlangt werden. Die Dauer der *Robot* wird begrenzt: für die Bauern mit höchstens 104 Tagen im Jahre und höchstens drei Tagen in der Woche, für *Häusler* mit mehr als einem Joch Bodens mit 52 Tagen im Jahre, für *Häusler* mit weniger Boden mit 26 Tagen, für die *Inleute* mit zwölf Tagen im Jahre.[161]

158 Tschinkowitz, *Darstellung des politischen Verhältnisses,* II. 2., Seite 53 ff.

159 Grünberg, *Die Grundentlastung,* in: *Geschichte der österreichischen Land- und Forstwirtschaft,* I. 1., Seite 13.

160 Mell, *Die Anfänge der Bauernbefreiung,* Seite 56.

161 Engelmayr, *Untertansverfassung,* Seiten 90 ff., 98 ff.

Ähnlich wurde in der Steiermark und in Kärnten für diejenigen Gebiete, in denen die ungemessene *Robot* bestanden hatte, die *Robotpflicht* begrenzt: für *Ganzhübler* mit 156 Tagen im Jahre und drei Tagen in der Woche, für *Halbhübler* mit anderthalb Tagen wöchentlich, für *Viertelhübler* mit 39 Tagen im Jahre.[162] Für das Burgenland galt die ungarische *Urbarialregulierung*, die Maria Theresia in den Jahren 1766 bis 1768 gegen den Widerstand des Reichstages durchführen ließ; sie wurde 1790 von den Ständen nachträglich anerkannt. Nach dieser Regulierung hatte der Bauer von einer Session (Ansässigkeit) 52 *Zugroboten* oder 104 *Handroboten* jährlich zu leisten, von Halb-, Viertel- und Achtelsessionen den verhältnismäßigen Teil, *Kleinhäusler* 18, *Inleute* zwölf Tage *Handrobot* jährlich.[163]

Endlich hat der Absolutismus auch erkannt, daß die *Contributionsfähigkeit* der Untertanen nicht nur durch die grundherrlichen Abgaben und *Roboten* verkleinert wurde, sondern auch durch die furchtbaren Wildschäden, denen der bäuerliche Ackerbau schutzlos preisgegeben war. Die drängende Geldnot in der Zeit der großen Kriege hat die Kaiserin Maria Theresia gezwungen, einen großen Teil der landesfürstlichen Wildbahn zu verkaufen; nur im Umkreis von Wien und in Tirol, von Innsbruck gegen das Karwendelgebirge hin, blieben landesfürstliche Wildbahnen auf privatem Besitz erhalten.[164] Damit war das landesfürstliche Interesse an der Jagd wesentlich verkleinert. Desto leichter erkannte die landesfürstliche Bürokratie, daß die Wildschäden die Steuerkraft der k.k. *Contribuenten* empfindlich be-

162 Tschinkowitz, *Darstellung des politischen Verhältnisses,* II. 1., Seite 323 ff. – Mell, *Die Anfänge der Bauernbefreiung,* Seiten 94, 134, 138.

163 Mailáth, *Das ungrische Urbarialsystem,* Pesth 1838, Seite 27.

164 Schopf, *Die Jagdverfassung,* Seiten 2, 22.

einträchtigten. So wurde denn der Bauer zunächst von dem den Saaten gefährlichsten Wilde befreit: Schwarzwild durfte nunmehr nur noch in geschlossenen Tiergärten gehegt, außerhalb ihrer von jedermann geschossen werden. Das Jagdnormale Josefs II. von 1786 ging aber weiter. Es hielt zwar den Grundsatz fest, daß Bürger und Bauern von der Ausübung der Jagd ausgeschlossen seien, aber es gab den Bauern das Recht, sich gegen das Wild durch Zäune und Abschreckungsmittel zu schützen, und gab ihnen Anspruch auf Ersatz der Wildschäden gegen die Jagdherren.[165] Dem Geist des neuen Jagdrechtes entsprechend, wurden die Verpflichtungen der Untertanen, die Jäger mit ihren Hunden und Pferden zu ernähren, und die Verpflichtungen der Müller, die Jagdhunde zu füttern, beseitigt, manche den Ackerbau in den Jagdrevieren im Interesse der Jagd hemmenden Beschränkungen aufgehoben.[166] Noch zu Maria Theresias Zeit wurden alle des Wilddiebstahls Überführten auf der Festung Temesvar lebenslänglich gefangen gehalten; seit 1770 wurde die Bestrafung des Wilddiebstahls gemildert.[167]

Alle diese Reformen dienten dem Zweck, all das zu beseitigen, was die Untertanen zur Leistung der wachsenden landesfürstlichen Steuern unfähig machte. Unter Josef II. wurden aber auch andere Motive der Reformpolitik des Absolutismus wirksam.

Seit der Niederwerfung der Bauernschaft in den Bauernkriegen waren auch die persönlichen Rechtsverhältnisse der Bauernschaft empfindlich verschlechtert worden. Der Bauer war an die Scholle gefesselt. Er bedurfte der Erlaubnis des Grund-

165 Schopf, *Die Jagdverfassung,* Seite 106.
166 Schopf, *Die Jagdverfassung,* Seiten 60, 77.
167 Schopf, *Die Jagdverfassung,* Seite 137 f.

herrn zur Auswanderung aus dem Herrschaftsgebiet, zur Berufswahl, zur Eheschließung. All das schien dem Absolutismus nunmehr ein Hindernis für seine Wirtschaftspolitik. Vor allem war es dem Absolutismus um die Entwicklung der kapitalistischen Manufakturen und Bergwerke zu tun, deren Wachstum die Steuerkraft des Landes am schnellsten heben konnte; er mußte den Untertanen der Grundherren Freizügigkeit und Freiheit der Berufswahl geben, um dem Kapital zu ermöglichen, die Überschüsse des Landvolkes in seine industriellen Produktionsstätten zu locken. Der Raub an Wald und *gemain*
164 hatte bereits ein Dorfproletariat geschaffen; es galt, dieses Proletariat beweglich zu machen, damit es sich in den Standorten der kapitalistischen Manufakturen und Bergwerke konzentrieren könne. Diese Beweglichkeit wurde durch Josefs II. Patente von 1781 und 1782 geschaffen, deren Inhalt gemeinhin fälschlich als die „Aufhebung der Leibeigenschaft" bezeichnet wird. Was sie den Untertanen brachten, war die Freizügigkeit, die Freiheit der Berufswahl, die Freiheit der Verehelichung, die Freiheit des Eigentumerwerbes und der Verschuldung ohne obrigkeitlichen Konsens, die Beschränkung der Zwangsgesindedienste auf verwaiste Kinder.[168]

Diese Befreiung der Untertanen von den schwersten Fesseln ihrer Erbuntertänigkeit gegenüber den Grundherren war das notwendige Resultat der Befreiung des Volkes von seinem alten Gemeinbesitz, von seinen alten Nutzungsrechten am Wald und an der Weide, die sich seit dem 15. Jahrhundert fortschreitend vollzogen hat. Karl Marx sagt: „Der unmittelbare Produ-

168 Barth-Barthenheim, *Das politische Verhältnis,* I. 1., Seite 179 ff. – Grünberg, *Die Bauernbefreiung und die Auflösung des gutsherrlich-bäuerlichen Verhältnisses in Böhmen, Mähren und Schlesien,* Leipzig 1894, Seite 272 ff.

zent, der Arbeiter, konnte erst dann über seine Person verfügen, nachdem er aufgehört hatte, an die Scholle gefesselt und einer anderen Person leibeigen oder hörig zu sein. Somit erscheint die geschichtliche Bewegung, die die Produzenten in Lohnarbeiter verwandelt, einerseits als ihre Befreiung von Dienstbarkeit; und diese Seite allein existiert für unsere bürgerlichen Geschichtschreiber. Anderseits aber werden diese Neubefreiten erst Verkäufer ihrer selbst, nachdem ihnen alle ihre Produktionsmittel und alle durch die alten feudalen Einrichtungen gebotenen Garantien ihrer Existenz geraubt sind.“[169]

Der „aufgeklärte“ Absolutismus Maria Theresias und Josefs II. 165
hat, wie gezeigt wurde, durch seine *Abstiftungsverbote*, durch den *Verkaufrechtungszwang*, durch die *Robotpatente*, durch die Reform des Jagdrechtes den individuellen Besitz der Bauern wesentlich gefestigt. Aber derselbe „aufgeklärte“ Absolutismus hat, wie noch gezeigt wird, mit ebenso großer Energie daran gearbeitet, den Gemeinbesitz des Landvolkes aufzulösen, die alte *gemain* zu zerstören, die alten Waldnutzungen des Volkes zu schmälern. Der „aufgeklärte“ Absolutismus hat dem Dorfproletarier die Freizügigkeit, die Freiheit der Berufswahl und damit die Freiheit gegeben, sich in den modernen Industriearbeiter zu verwandeln. Aber derselbe „aufgeklärte“ Absolutismus hat, indem er den sich seit Jahrhunderten schon vollziehenden Prozeß der Auflösung des Gemeinbesitzes des Landvolkes energisch weitertrieb, selbst bewirkt, daß sich das unterhalb der Bauernschaft entstandene, der Nutzung des Gemeinbesitzes und damit der dem Landvolk „durch die alten feudalen Einrichtungen gebotenen Garantien seiner Existenz“ beraubte Dorfproletariat vermehre, das diese neue Freiheit freilich nicht

169 Marx, *Das Kapital,* I., Seite 680 f.

entbehren konnte. Heute noch wie in Marxens Zeiten sehen „unsere bürgerlichen Geschichtschreiber“, die Maria Theresia und Josef II. als Beschützer und Befreier der Bauern preisen, nur die eine Seite dieses Prozesses. Wir werden nunmehr die andere ins Auge fassen.

Die Politik des „aufgeklärten“ Absolutismus gegenüber dem alten Gemeinbesitz stand unter dem Einfluß der großen technischen Umwälzung der Landwirtschaft, die sich seit der Mitte des 18. Jahrhunderts in Deutschland zu vollziehen begann. Es war die Revolution des Klees, die da einsetzte, eine
166 landwirtschaftliche Revolution, nicht viel weniger folgenschwer als die industrielle Revolution, die die Spinnmaschine und die Dampfmaschine eingeleitet haben.

In den Ländern, in denen die Landwirtschaft früher schon von den Fesseln der feudalen Grundeigentums- und Arbeitsverfassung befreit worden war, hatte man mit der alten Dreifelderwirtschaft bereits gebrochen. Statt alljährlich ein Drittel des Ackerlandes brachliegen zu lassen, pflanzte man abwechselnd mit Sommer- und Wintergetreide Futterpflanzen, vor allem Rot- und Weißklee und Esparsette an. Statt einen großen Teil des Bodens als natürliche Weide zu nutzen, legte man auf ihm Kunstwiesen an. Seit der Mitte des 18. Jahrhunderts begannen sich diese Wirtschaftsmethoden auch in deutschen Großbetrieben einzubürgern. Der Rotklee wurde als Brabanter oder spanischer Klee aus den Niederlanden und aus Oberitalien eingeführt, die Anlegung artifizieller Wiesen nach holländischem und englischem Vorbild als englisches Wirtschaftssystem übernommen.[170] Der Anbau von Futterpflan-

170 Von der Goltz, *Geschichte der deutschen Landwirtschaft,* Stuttgart 1902, I. Band, Seite 448 ff.

zen ermöglichte eine vollständige Umwälzung der Viehzucht. Hatte man bisher das Vieh nur im Winter im Stall mit Stroh und Heu gefüttert, im Sommer auf die Weide getrieben, so ermöglichte der Anbau der Futterpflanzen den Übergang zur Stallfütterung auch in der Sommerzeit. Damit wurden die ausgedehnten Weideflächen, die bisher unentbehrlich gewesen waren, überflüssig. Es erschien nun zweckmäßig, die gemeinen Weiden zur Sondernutzung aufzuteilen und sie in Ackerland zu verwandeln, um durch die Ausdehnung des Ackerlandes den Getreidebau, den Anbau von Futterpflanzen und den sich gleichzeitig einbürgernden Anbau der Kartoffeln auszudehnen. In Deutschland und in Österreich war vor allem Johann Schubart der Wortführer dieser Umwälzung. Er lebte 1753 bis 1757 in Wien; die Kaiserin Maria Theresia forderte ihn auf, in kaiserliche Dienste zu treten, doch scheiterte dies daran, daß Schubart sich weigerte, zur katholischen Kirche überzutreten. Trotzdem blieb er in enger Verbindung mit Österreich; 1784 verlieh Josef II. ihm den Adel mit dem Prädikat eines Ritters „von Kleefeld", 1785 kehrte Schubart vorübergehend nach Österreich zurück und knüpfte enge Beziehungen mit vielen österreichischen Gutsherren an.[171] Unter Schubarts Einfluß suchte der österreichische Absolutismus den Anbau von Futterpflanzen auf der Brache zu fördern. Zu diesem Zwecke wurden durch ein Reskript von 1769 und ein Patent von 1784 die mit Futterkräutern bebauten Brachäcker vom Zehent befreit.[172] Da von alters her alle Brach- und Stoppeläcker der gemeinen Weide offen standen, wurde durch Hofdekret von 1789 und 1793 der Viehtrieb auf die mit Futterkräutern bebau-

171 Von der Goltz, *Geschichte der deutschen Landwirtschaft,* I., Seite 358 ff.
172 Barth-Barthenheim, *Das politische Verhältnis,* I. 2., Seite 95 f.

ten Brachäcker verboten.[173] Da sich die Jagdherren ihr altes Recht, auf den Brachfeldern zu jagen, nicht schmälern lassen wollten, wurde ausdrücklich festgestellt, daß auf den Kleefeldern nicht gejagt werden dürfe.[174] Der Absolutismus begnügte sich aber nicht damit, den Übergang zu dem neuen, auf Futteranbau und Stallfütterung gegründeten Wirtschaftssystem zu fördern; er unternahm es vielmehr, diesen Übergang geradezu zu erzwingen. Zu diesem Zweck ordnete er die Aufteilung der Hutweiden an.

Alle Wortführer des neuen Wirtschaftssystems waren Feinde
168 der gemeinen Weide. Schubart nannte „Hutung, Trift und Brache die größten Gebrechen und die Pest der Landwirtschaft". Berger schrieb 1786: „Den gemeinen Weiden geht es nur gar zu oft wie den gemeinen Huren. Ein jeder macht Gebrauch davon, sooft er sich laben will; keiner aber nimmt sich ihrer an."[175] Strittig aber war: Sollen die gemeinen Weiden nur zur Sondernutzung unter Beibehaltung des Gemeindeeigentums ausgetan oder zu Sondereigentum aufgeteilt werden?

In der Schweiz, wo schon in früheren Jahrhunderten die *Nichthablichen* im Kampfe gegen die *Hablichen* des Dorfes sehr oft die Aufteilung großer Teile der Allmende zur Sondernutzung durchgesetzt hatten, wurde seit der Mitte des 18. Jahrhunderts die Aufteilung der Allmende als Pflanzland zur Sondernutzung sehr häufig.[176] Auch in den Teilen Süddeutschlands, besonders Schwabens, wo es bereits ein kräftig entwickeltes

173 Engelmayr, *Die Untertansverfassung,* II., Seite 207.

174 Engelmayr, *Die Untertansverfassung,* I., Seite 299.

175 Zitiert bei Skalweit, *Agrarpolitik,* Berlin 1923, Seite 98.

176 Miaskowski, *Die Verfassung der Land-, Alpen- und Forstwirtschaft der deutschen Schweiz,* Basel 1878, Seite 25.

ländliches Gemeindewesen gab, wahrten die Gemeinden ihr Eigentum; auch dort wurde die Allmende nunmehr zur Sondernutzung, aber nicht zu Sondereigen aufgeteilt.[177] Dort ging aus der gemeinen Weide die Ackerallmende hervor: Die Allmende ist Eigentum der Gemeinde, aber zu gleichen Losen auf Lebensdauer aufgeteilt; sobald ein Allmendlos durch den Tod des Nutznießers frei geworden, fällt es dem Ältesten unter den noch mit keinem Lose beteilten vollberechtigten *Gemeindegenossen* zu.[178] In Österreich haben sich solche Formen der Allmendnutzung nur in Vorarlberg unter dem Einfluß der benachbarten Gebiete der Schweiz und Badens entwickelt;
dort gibt es heute noch Wechsel- oder Wandelgründe die an die Familienhäupter zu lebenslänglicher Sondernutzung aufgeteiltes Gemeindegut sind. In Tirol und in Kärnten wurden zwar Gemeindewälder nicht selten an die Gemeindeglieder zur Sondernutzung aufgeteilt, aber in der Regel nicht Äcker, Wiesen und Weiden.[179] Denn im allgemeinen hatte die gemeine Weide in Österreich ein ganz anderes Schicksal als in der Schweiz und in Schwaben. In Österreich hatte sich unter dem starken Druck der grundherrlichen Gewalt der Klassenkampf zwischen *Hablichen* und *Nichthablichen* im Dorfe nicht ebenso frei entfalten können wie in der Schweiz, war daher die Verteilung der Allmende als Pflanzland zur Sondernutzung nicht eine ebenso altgewohnte und ebenso weitverbreitete Übung. Hier hatten sich unter dem Drucke der grundherrli-

177 Eliasberg, *Die Bedeutung des Allmendebesitzes in der Gegenwart,* Karlsruhe 1907, Seite 58 f.

178 Vgl. Bücher, *Allmenden,* in: *Handwörterbuch der Staatswissenschaften,* 4. Auflage, I. Band, Seiten 243, 245 f.

179 Schiff, *Österreichs Agrarpolitik,* Seite 171 ff.

chen Gewalt die Dorfgemeinden nicht ebenso kräftig entwickeln können wie in Schwaben, waren daher ihre Interessen bei der Neuregelung der Gemeinnutzung nicht ebenso kräftig wirksam. So entschloß sich denn der österreichische Absolutismus, die gemeinen Weiden nicht nur zur Sondernutzung sondern zu Sondereigentum aufteilen zu lassen.

Durch das Hutweideteilungspatent von 1768 und die Nachtragspatente von 1770 und 1775 wurde für alle österreichischen Länder die Aufteilung aller Hutweiden, mit Ausnahme der Almen im Gebirge angeordnet. Sie sollten binnen Jahresfrist auf die Untertanen im Verhältnis ihres Grundbesitzes zu Eigentum verteilt werden; die Erwerber sollten bei Strafe des Verlustes ihres Anteiles verpflichtet sein, ihre Anteile binnen zwei Jahren in Wiesen oder Kleeäcker zu verwandeln.

Da die Herrschaften das Mitweiderecht an den gemeinen Weiden gehabt, sollte die Hälfte der aufgeteilten Weiden den Herrschaften zugeteilt werden, die andere Hälfte den Untertanen. Die *Kleinhäusler* wurden von der Verteilung ausgeschlossen. Trockene und magere Hutweiden konnten von der Verteilung ausgenommen werden; sie sollten der Schafweide vorbehalten bleiben. Auf besondere ausgeschiedene Stücke von ihnen mochte man auch Rindvieh und Pferde treiben, aber nicht des Futters, sondern nur der Bewegung wegen.[180]

Der Zweck, den diese Patente anstrebten, ist nicht erreicht worden. Die Gutsherren allerdings schieden die Hälfte der bisherigen Weiden aus und schlugen sie zu ihrem Besitz. Die Bauern aber leisteten der Aufteilung zähen Widerstand; in der Regel nutzten sie die ihnen verbliebene Hälfte auch wei-

180 Engelmayr, *Die Untertansverfassung,* II., Seite 210 ff. – Tschinkowitz, *Darstellung des politischen Verhältnisses,* II. 2., Seite 137 ff.

terhin ungeteilt als Weide.[181] Nicht nur die Unwissenheit und der konservative Sinn der Bauern, sondern vor allem ihre Armut, die die bedeutenden Investitionen nicht zuließ, die der plötzliche Übergang zu dem neuen Wirtschaftssystem erfordert hätte, und die Gemengelage ihres Besitzes, die sie dem Flurzwang unterwarf, waren unüberwindliche Hindernisse. Tatsächlich hat sich der Übergang der Bauern zum Futteranbau und zur Stallfütterung nur sehr allmählich erst im Verlauf des 19. Jahrhunderts vollzogen. Vergebens forderte der Absolutismus immer wieder die sofortige Aufteilung der Hutweiden[182]; die Gesetze waren ohnmächtig gegen die wirtschaftlichen Verhältnisse. Um so gewisser ohnmächtig, da auch die Grundherren, sobald sie sich erst der ihnen zugewiesenen Hälfte der Hutweiden bemächtigt hatten, die Aufteilung der anderen, den Untertanen gehörenden Hälfte im Interesse der Jagd nicht wünschten.

Trotzdem haben die Hutweideteilungspatente die Entwicklung der Grundeigentumsverhältnisse sehr wesentlich beeinflußt. Das Nachtragspatent von 1775 hat, ohne Rücksicht darauf, in welchem Maße die Herrschaften die gemeine Weide mitgenutzt hatten, den Herrschaften die Hälfte der Hutweiden als Eigentum zugewiesen. Dies hatte eine bedeutende Ausdehnung des Herrenlandes auf Kosten des bäuerlichen Gemeinbesitzes zur Folge. Derselbe „aufgeklärte" Absolutismus, der den individuellen Besitz der Bauern gegen die Einziehung durch die Gutsherren geschützt hat, hat die

181 Peyrer, *Die Regelung der Grundeigentumsverhältnisse,* Wien 1877, Seite 2 f.

182 Vgl. über die Durchführung der Hutweideteilungspatente in dem damals österreichischen Breisgau, Ellering, *Die Allmenden im Großherzogtum Baden,* Tübingen 1902, Seite 28 ff.

Hälfte des Gemeinbesitzes der Bauern dem Raub der Gutsherren preisgegeben.

Nicht minder folgenschwer war, daß die Patente die *Häusler* von der Aufteilung des den Bauern verbliebenen Besitzes ausschlossen. Im allgemeinen hat der Absolutismus die mannigfachen Nutzungsverhältnisse an der *gemain* nicht geregelt, die sich, von Dorf zu Dorf verschieden, aus dem Klassenkampf zwischen den verschiedenen Klassen der Untertanen entwickelt hatten. Aber er hielt an der Auffassung der *gemain* als Realgemeinde, als Gesamtheit aller Häuser fest, er schloß also die
172 *Häusler* nicht grundsätzlich von den Nutzungen an der *gemain* aus. In Streitfällen hielt sich die landesfürstliche Bürokratie daran, daß die einzelnen Klassen der Untertanen im Verhältnis ihrer Steuerleistung an den gemeinen Nutzungen Anteil haben sollen: Man solle sich also, wie ein Hofdekret von 1821 besagt,

> bey der Anrepartierung nach dem Steuergulden richten[183].

Aber dieser allgemeine Grundsatz wurde durch die Hutweideteilungspatente verhängnisvoll durchbrochen. Mochten die Bauern auch ihre Anteile an der Hutweide nicht tatsächlich aufteilen, sondern auch weiterhin gemeinsam nutzen, so konnten sie sich doch nunmehr darauf berufen, daß die Hutweideteilungspatente die Hutweide eben nur ihnen mit Ausschluß der *Häusler* zugeteilt hatten, daß sie also ihr Eigentum seien und es daher ihr gutes Recht sei, die *Häusler* auch dann von der Nutzung dieser Anteile auszuschließen, wenn sie sie auch weiterhin als Weide nutzten.

Die Bürokratie wollte das freilich nicht gelten lassen; in einer Verordnung von 1785 drohte Josef II. den Bauern, er werde die Hutweideanteile, falls sie nicht binnen Jahresfrist *beurba-*

183 Engelmayr, *Die Untertansverfassung,* III., Seite 274.

ret würden, ihnen entziehen und sie anderen zuteilen, „es mögen sodann auch *Keuschler*, Söldner oder Inwohner sein“[184]. Aber da man diese Drohung doch eben nicht ausführte, blieben die Bauern dabei, daß die Hutweiden auch wenn sie nicht aufgeteilt und *beurbaret* wurden, eben nach den Hutweideteilungspatenten ihnen allein zugewiesen, daher die *Häusler* von ihrer Nutzung ausgeschlossen seien. Ja die Bauern zogen aus den Hutweideteilungspatenten den Schluß, die Gesetzgebung habe nunmehr anerkannt, daß den *Häuslern* überhaupt kein Anteil an den Nutzungen der *gemain* zustehe. Wohl verwahrten sich Regierungsanweisungen und Kommentatoren gegen diesen Schluß. So zum Beispiel Barth-Barthenheim:

> Gerade der Umstand, daß das Hutweideteilungspatent die Kleinhäusler von dem Anteil an der Verteilung ausschließt, gerade diese konstituierte Ausnahme begründet die Regel nur noch mehr, daß außer den durch Gesetz ausgenommenen Fällen die kleinen Häusler Anteil an der Gemeindevermögensbenützung haben. Überdies hat jene Ausnahme einen besonderen ökonomischen Grund, nämlich weil die beabsichtigte Urbarmachung der öden Weiden von den Besitzern größerer Wirtschaften eher zu erwarten war und die Erhaltung des zahlreichen Viehstandes derselben die Notwendigkeit herbeiführte, ihnen durch Zuteilung der Weidegründe das Mittel zu verschaffen, mit der Stallfütterei den Auftrieb auf die Weide zu ersetzen[185].

Aber gerade diese Verwahrungen beweisen nur, daß die Hutweideteilungspatente tatsächlich die Tendenz zur Monopolisierung des Gemeindegutes durch die altansässige Bauernschaft

184 Tschinkowitz, *Darstellung des politischen Verhältnisses,* II. 2., Seite 147.
185 Barth-Barthenheim, *Das politische Verhältnis,* I. 2., Seite 56.

zur Ausschließung der *Häusler* von der Nutzung des Gemeindegutes verstärkt haben.

In der Tat war die Ausschließung der *Häusler* von der Aufteilung der Hutweiden, vom Rechtsstandpunkt des Absolutismus selbst gesehen, eine gewaltsame Expropriation der ärmeren Schichten des Landvolkes. Erkannte der Absolutismus an, daß alle Behausten im Dorfe Anspruch auf die Nutzung der gemeinen Weide hatten, dann war es Raub, die Aufteilung dieser Weide auf die Bauern allein mit Ausschluß der *Häusler* anzuordnen. Den ökonomischen Zweck, den der Absolutismus da-
174 mit verfolgte, die Urbarmachung der Hutweiden, hat er nicht erreicht. Aber die soziale Wirkung, die vollständige Ausschließung des Dorfproletariats von allen Produktionsvoraussetzungen, die ist in vielen Fällen erreicht worden.

Die Umwälzung der Grundeigentumsverhältnisse, die der „aufgeklärte" Absolutismus vollzogen hat, erstreckte sich aber auch auf den Waldbesitz. Und zwar haben alle Kategorien des Waldbesitzes in der zweiten Hälfte des 18. Jahrhunderts eine bedeutende Umgestaltung erfahren. Bis zur Beendigung des Siebenjährigen Krieges wurde in Österreich kaiserliches und staatliches Vermögen nicht unterschieden. Die kaiserlichen Kammergüter dienten dem Landesfürsten sowohl „zue aigenen privat Nucz" als auch für die Zwecke des „gemainen weesens"[186]. Der Siebenjährige Krieg aber hatte Österreich mit überaus schwerer Staatsschuld belastet. Sie sollte nunmehr konvertiert werden. Die Mittel dazu bot die Erbschaft nach Kaiser Franz. Maria Theresia wies 1765 den Nachlaß der kaiserlichen Kammer an, damit er die Konvertierung der Staatsschuld ermögliche, schied aber die Herrschaften Altenburg und Mannersdorf und

186 Zolger, *Der Hofstaat des Hauses Österreich,* Wien 1917, Seite 202.

eine reservierte *Casse* von 8,660.000 Gulden aus. Diese Vermögensobjekte „behalte Ich Mir“, entschied die Kaiserin, „zur freien disposition bevor zum Besten Meines Hauses und Kinder“. Damit erst wurde das kaiserliche Familienvermögen von dem von der *Camer* verwalteten Staatsvermögen geschieden.[187]

Die Habsburger hatten das Staatsvermögen als ihr Familienvermögen behandelt, solange es aktiv war; sie schieden ihr Familienvermögen aus dem Staatsvermögen aus, sobald dieses überschuldet war. Damit erst entstand der Staat als ein selbständiges, vom Landesfürsten unterschiedenes Vermögenssubjekt. Die landesfürstlichen Wälder, die aus dem großen Bodenraub des 15. und 16. Jahrhunderts hervorgegangen waren, wurden nun zu Staatswäldern.

Zugleich aber begann sich auch der große Bestand dieser Staatswälder schon zu lichten. Die Geldnot der Zeit der großen Kriege zwang zum Verkauf vieler Staatsforste. Josef II. begründete im Jahre 1789 die Veräußerung der Staatsforste auch schon mit dem liberal-kapitalistischen Argument, daß Privatleute „durch die reizende Aussicht eines sicheren Gewinns“ zu besserer Bewirtschaftung der Wälder veranlaßt würden, als die „unter eigener Verwaltung nicht wohl übersehbare Menge der Staatsgüter“ bisher genossen habe.[188] Anderseits wurde freilich der vom Staat verwaltete Forstbesitz durch die 1782 angeordnete Säkularisierung derjenigen Orden, welche „weder Schulen hielten noch Kranke pflegten“, vergrößert; der Grundbesitz der aufgehobenen Klöster gehört, soweit er nicht gleichfalls verkauft wurde, seither dem vom Staat verwalteten Religions-

187 Beer, Die *Staatsschulden und die Ordnung des Staatshaushaltes unter Maria Theresia,* Wien 1894, Seiten 19, 126 f. – Zolger, *Der Hofstaat,* Seite 205.

188 Zitiert bei Mitrofanow, *Josef II.,* Wien 1910, Seite 429.

fonds. Die Verkäufe der Staatsforste wiederholten sich später unter dem Drucke der Napoleonischen Kriege und abermals nach den Kriegen von 1859 und 1866. Unsere gegenwärtigen Staatsforste bilden den Rest, der von dem alten, viel weiter ausgedehnten Bestand an landesfürstlichen Wäldern übriggeblieben ist; ein beträchtlicher Teil des alten landesfürstlichen Waldbesitzes ist schon unter Maria Theresia und Josef II. in die Hände von Herrschaften und Gemeinden[189], im 19. Jahrhundert auch in die Hände von Kapitalisten, übergegangen. Es ist charakteristisch, daß in der Zeit der den Napoleonischen Krie-
176 gen folgenden Finanznot die erste Ausnahme von dem Gesetz, das Personen nichtadeligen Standes von der Jagd ausschloß, zugunsten der Erwerber öffentlich versteigerter Staatsforste zugelassen wurde.[190]

Aber auch die Rechtsverhältnisse am privaten herrschaftlichen Forstbesitz wurden wesentlich umgestaltet. Das seit dem 16. Jahrhundert bestehende Institut der Holz- und Kohlenwidmung hatte teils infolge des Rückganges des Bergbaues, teils infolge der Ausrottung der gewidmeten Wälder Sinn und Zweck verloren. Als nun Josef II. unter dem Einfluß des bereits vorherrschenden wirtschaftspolitischen Liberalismus die alte Reglementierung des Eisenhandels aufhob, wurde damit auch die Holz- und Kohlenwidmung im Jahre 1783 aufgehoben; erlangten die Gewerke die Freiheit, ihre Erzeugnisse frei zu verkaufen, so war es billig, auch den Forstbesitzern, deren Verfügungsfreiheit bisher zugunsten der Gewerke aufgehoben gewesen war, die Freiheit der Verfügung über ihre Forste und

189 Über den Kauf der feilgebotenen Staatsforste durch Gemeinden siehe Wimbersky, *Eine obersteirische Bauerngemeinde,* Seite 62.

190 Engelmayr, *Die Untertansverfassung,* III., Seite 297.

Forstprodukte wiederzugeben. Doch erfolgte die Aufhebung der Holz- und Kohlenwidmung nicht ganz ausnahmslos. Im steirischen Ennstal blieben die Ennsbringlichen Wälder der Eisenerzeugung gewidmet, in Salzburg blieben die Untertanen verpflichtet, „Haßlach, Salchen und Weiden" dem Salzwesen zu Hallein abzuliefern, im Salzkammergut bestand die Widmung der Wälder zugunsten der Salinen noch bis 1848 fort.[191] Von diesen Ausnahmen aber abgesehen hatten die Herrschaften ihr freies Verfügungsrecht erlangt; damit erst war die Voraussetzung des Überganges zu einer geordneten, nicht mehr als dienender Hilfsbetrieb der Berg- und Hüttenwerke betrachteten Forstwirtschaft geschaffen.

Sehr schwankend behandelte der Absolutismus den Waldbesitz der Bauerngemeinden. In der Zeit der Hutweideteilungspatente war der Absolutismus zuerst geneigt, auch die Verteilung der gemeinen Wälder anzuordnen. Dies geschah in der Tat in der Kärntner Waldordnung von 1745:

> als sollen die Grundherren von jedem Gemein-Holtz unter ihnen selbst dahin bedacht sein, auf daß die Holzstätte unter denen Unterthanen nach Proportion ihrer Gerechtigkeit oder nach Maß des größeren oder kleineren Huebwerck ausgetheilet, die Einverständniß zu Papier gebracht und ein gefertigtes Exemplar dem Land-Gericht bestellet werden solle[192].

In Tirol wurden die Gemeindewaldungen, in der Regel unter Vorbehalt des Gemeindeeigentums, unter die *Gemeindegenossen* zur Nutzung aufgeteilt.[193] Sehr bald aber überzeugte man sich, daß solche Waldteilungen zu schneller Verwüstung der Wälder

191 Schopf, *Die österreichische Forstverfassung,* I., Seiten 48, 111.

192 Schwappach, *Handbuch der Forst- und Jagdgeschichte,* Seite 308.

193 Schopf, *Die österreichische Forstverfassung,* II. Band, Seite 29.

führten. Man schlug nun den entgegengesetzten Weg ein. Eine Verordnung von 1807 erklärte die Gemeindewälder zum *Konkretalvermögen* der Gemeinden, dazu bestimmt, die Gemeindelasten zu decken, und verbot jede weitere Verteilung der Wälder.[194]

Sehr energisch gingen die Waldordnungen der Theresianischen und Josefinischen Zeit darauf aus, die alten Waldnutzungen der Untertanen an den staatlichen und herrschaftlichen Wäldern einzuschränken. In der Steiermark, wo das Brennen und *Reuten* noch weit verbreitet war, wurde 1745 eine General-, Waldbereit- und Schätzungskommission eingesetzt, die alle Wälder in Stockrecht und Raumrecht einzuteilen hatte. Die von dieser Kommission zu Stockrecht erklärten und als solche in die *Wald-Tomi*, die 1766 von Maria Theresia bestätigt wurden, eingetragenen Wälder mußten fortan forstmäßig behandelt, nach jeder Abstockung sofort wieder dem Waldanflug belassen und gehegt werden. Nur in den als raumrechtlich bezeichneten Waldungen durfte noch „geraumet, gereutet und gebrändet" werden. Die Einteilung in Stock- und Raumrecht war alt; sie wurde aber jetzt in den *Wald-Tomi* festgelegt, damit die Untertanen die Grenzen des Raumrechtes nicht erweitern.[195]

In ähnlicher Weise suchte man auch die Weiderechte aufzuzeichnen, damit die Untertanen nicht bei wachsender Volkszahl den Viehauftrieb verstärken. So wurde in den steirischen *Wald-Tomi* auch das Ausmaß des zulässigen Viehtriebes aufgezeichnet, das fortan nicht überschritten werden durfte. Demselben Zweck diente die Almbeschreibung von 1794 für das

194 Schopf, *Die österreichische Forstverfassung,* II. Band, Seite 73.

195 Tschinkowitz, *Darstellung des politischen Verhältnisses,* II. 2., Seite 131 f. – Schopf, *Die österreichische Forstverfassung,* I. Band, Seite 50.

Salzkammergut; neue Alpenrechte durften fortan nicht mehr verliehen werden.[196]

Die Gesetzgebung förderte ferner die Ablösung der Holz- und Streugerechtigkeiten. Eine Hofverordnung von 1795 räumte den Herrschaften das Recht ein, den Untertanen statt ihrer Holz- und Streubezugsrechte einen Waldteil zuzuweisen und dafür „einen mäßigen Kaufschilling" zu fordern. Anläßlich der *Verkaufrechtung* in Kärnten wurde sehr oft mit der *Hube* auch ein solches *Gelack* in das bäuerliche Kaufrecht einbezogen. Für die Herrschaften war diese Operation sehr vorteilhaft. Ihre Wälder wurden von den Holz- und Streugerechtigkeiten frei, das statt ihrer den Bauern zugewiesene *Gelack* mußten die Bauern überdies noch zahlen, und die Steuer von den Waldbeständen, aus denen die Bauern von alters her Holz und Streu bezogen, fiel nun nicht mehr auf die Grundherren, sondern auf die Bauern.[197]

In den alten Bergbaugebieten, wo die Untertanen im 15. und im 16. Jahrhundert in landesfürstlichen Wäldern *eingeforstet* worden waren, die alten Waldnutzungen den Charakter römisch-rechtlicher Servituten angenommen hatten, konnte sie freilich auch der Absolutismus nicht beseitigen. Aber der alte zähe Kampf zwischen den *Eingeforsteten* und den Forstverwaltungen wurde für die Bauern zunehmend aussichtslos, je mehr der „aufgeklärte" Absolutismus eine zahlreiche, forstwirtschaftlich gebildete Bürokratie in seinen Dienst stellte. Alte Vorschriften, die vordem auf dem Papier geblieben waren, wurden nun erst im Walde praktisch wirksam.

Viel schlimmer aber war es außerhalb der Gebiete der *Einforstung*, wo die Herrschaften die alte bäuerliche Nutzung am

196 Schopf, *Die österreichische Forstverfassung*, II. Band, Seite 138.
197 Tschinkowitz, *Darstellung des politischen Verhältnisses*, II. 2., Seite 132 f.

herrschaftlichen Walde schon fast völlig beseitigt hatten oder nur noch als Gabe herrschaftlicher Gnade zuließen. Hier hat die Gesetzgebung des Absolutismus die Holzungsansprüche der Untertanen nicht als ihre Privatrechte anerkannt, sondern als öffentlich-rechtliche Ansprüche aus dem Rechte der Untertanen auf Unterstützung durch die Obrigkeit abgeleitet und generell geregelt. So wurde zwar ausgesprochen, daß die Herrschaften den Untertanen Holz aus ihren Wäldern verabreichen müssen, aber festgesetzt, daß die Untertanen das Brenn- und Bauholz zahlen müssen (Patent von 1779, Hofdekret von 1790). Ein unentgelt-
180 licher Anspruch wurde den Untertanen nur auf das Klaubholz zugestanden. Nach dem Jagdpatent von 1786 sollen die Herrschaften bestimmte Waldbezirke auszeigen, in denen den Untertanen das Holzklauben an bestimmten Tagen der Woche zu erlauben ist.[198] Dieses Recht der Armen auf das Klaubholz war das Letzte, was dem Landvolk weiter Gebiete von der alten gemeinen Nutzung des Waldes noch belassen wurde!

Die ganze Forstpolitik des Absolutismus war von der Absicht beherrscht, den Forstherrschaften den Übergang zu einer geordneten Forstwirtschaft zu ermöglichen. Zu diesem Zwecke wurde der alte Kampf gegen die Waldnutzungen des Landvolkes fortgesetzt. Das geschah auf Kosten der Bauern, denen der Absolutismus die Weiderechte begrenzte und die er für den Verlust von Holz- und Streurechten durch Zuweisung individuellen Waldeigentums entschädigte, das die Generation, die es erwarb, teuer zahlen mußte und das einige Generationen später verwüstet war und den Holz- und Streubedarf nicht mehr deckte. In noch höherem Maße aber geschah diese forstpoliti-

198 Barth-Barthenheim, *Das politische Verhältnis,* I. 1., Seite 193 f. – Schopf, *Die österreichische Forstverfassung,* II. Band, Seiten 95, 123 f.

sche Reform auf Kosten des Dorfproletariats, dem durch die weitere Einschränkung der Waldweide und der Brennwirtschaft im Walde abermals Existenzvoraussetzungen geraubt wurden. Wurden die Proletarier des Dorfes auf diese Weise pauperisiert, so gewährte der „aufgeklärte" Absolutismus ihnen dann das Recht, dürre Äste im Walde zu klauben!

Die monarchistische, insbesondere die liberale Legende feiert den „aufgeklärten" Absolutismus als den Beschützer und Befreier der Bauern. Selbst Karl Grünberg hat zwar die Triebkräfte und Motive des habsburgischen Bauernschutzes zutreffend dargestellt, aber die Agrarpolitik Maria Theresias und Josefs II.
noch in der herkömmlichen Weise einseitig und ausschließlich als Bauernschutzpolitik dargestellt. Die Geschichte der Hutweideteilungspatente und der Forstpolitik beweist, daß sie das nicht war. In Wirklichkeit ist die historische Funktion des „aufgeklärten" Absolutismus folgendermaßen zu begreifen: Mit der Entwicklung der stehenden Heere, der Bürokratie, der Großmachtpolitik hat der Absolutismus das Steuer- und Staatsschuldenwesen entwickeln müssen. Aus der Staatsschuld entstand erst der vom Landesfürsten unterschiedene Staat, der Staat als juristische Person; nicht der Staat hat die Staatsschuld geschaffen, sondern die Staatsschuld den Staat. Mit der Staatsschuld entstanden zugleich die Banken und die Börse. Die Entwicklung der Staatsschulden, vor allem der Kriegsschulden, wurde zum Mittel schneller Bereicherung, zur Voraussetzung der Anhäufung großer Vermögen, zu einem der wichtigsten Instrumente der „ursprünglichen Akkumulation" des Kapitals.[199] Zugleich aber setzte die Entwicklung des Steuerwesens den Absolutismus in Gegensatz zur Grundherrenklasse. Da sich sowohl der Lan-

199 Marx, *Das Kapital,* I. Band, Seite 719 ff.

desfürst als auch die Grundherren den Arbeitsertrag der Bauern anzueignen suchten, trat jede der beiden Mächte den Ansprüchen der anderen gegenüber als Beschützerin der Bauern auf. Solange der Landesfürst von dem Steuerbewilligungsrecht der Stände abhängig wart, traten die Stände den Landesfürsten gegenüber als Beschützer der Bauern auf; sobald die Macht der Stände gebrochen war, setzte der Landesfürst den Ansprüchen der Stände auf die Arbeitskraft der Bauern Schranken. Um die Steuerkraft der Bauern zu stärken, festigte der Staat den individuellen Besitz der Bauernschaft und beschränkte ihre Leistungen an die Grundherren. Aber um die Steuerkraft des Landes zu stärken, löste der Staat zugleich den kollektiven Besitz der Bauern auf, verschenkte die Hälfte der bäuerlichen Weiden an die Grundherren und befreite die grundherrlichen Forste von den Nutzungsrechten der Bauern. Derselbe Staat, der den individuellen Besitz der Bauern auf Kosten der Grundherren festigte, zersetzte zugleich den Gemeinbesitz der Bauern zugunsten der Grundherren. Durch die Zersetzung des alten Gemeinbesitzes aber vermehrte der Staat das besitzlose Proletariat in den Dörfern. Er gab zugleich diesem Proletariat Freizügigkeit und freie Berufswahl und verwandelte damit die erbuntertänigen Proletarier in freie Lohnarbeiter, die in den Dienst der aus der Entwicklung des Staatsschuldenwesens hervorgegangenen Kapitalistenklasse traten. So war der „aufgeklärte" Absolutismus der Schrittmacher der auf konzentriertem Kapitalsbesitz, individuellem Grundeigentum und freier Lohnarbeit beruhenden bürgerlichen Gesellschaft.

Aber 1789 belehrten die Schreckensnachrichten von der großen Französischen Revolution den habsburgischen Absolutismus darüber, daß die Entwicklung der bürgerlichen Gesellschaft die Klassen gebar, die schließlich den Absolutismus stürzen mußten. Nun stellte der habsburgische Absolutismus seine Reformtätigkeit ein. Josefs II. soeben erst verordnete *Urbarialregulierung*, der kühne Versuch des Kaisers, die Leistungen der Bauern an die Grundherren generell zu regeln, wurde nach dem Tode des Kaisers widerrufen. Fortan galt die Parole des Kaisers Franz: „Jetzt ist keine Zeit zu Reformen." Der Absolutismus streifte das Merkmal der Aufgeklärtheit ab und verwandelte sich in eine konservative Macht, die aus Furcht vor der Revolution alles Bestehende zu erhalten suchte. Untätig das Bestehende verteidigend, harrte sie zitternd der auch in Österreich nahenden Revolution.

8. Revolution und Konterrevolution

Die Geldentwertung und die Kontinentalsperre der Zeit der Napoleonischen Kriege, die lange Friedensperiode von 1815 bis 1848, die industrielle Revolution der Dampfmaschine gaben der Entwicklung des österreichischen Kapitalismus in der ersten Hälfte des 19. Jahrhunderts mächtigen Anstoß. Fabriken wurden gegründet, die ersten Eisenbahnen gebaut, der Verkehr wurde dichter, auf den nach Wien führenden Landstraßen zogen Massen Arbeit suchender Proletarier. Neues Leben entwickelte sich im Schoße der alten, von dem Absolutismus ängstlich konservierten Gesellschaftsordnung.

Auf dem Lande oblagen (außer in Salzburg und im Innviertel) den Grundherren Verwaltung und Gerichtsbarkeit. Aber was die Grundherren einst als ihr wertvolles Privileg gehütet, wurde ihnen jetzt zur schweren Last. Mit der Verdichtung des Verkehrs, mit dem Anschwellen des Proletariats, mit der wachsenden Flut von Polizeiverordnungen, die der absolutistische Polizeistaat erließ, wuchs der Aufwand für den Sicherheitsdienst und die Gerichtsbarkeit, den die Grundherren zu tragen hatten. In Tirol, wo schon in der Zeit der Franzosenherrschaft die Patrimonialgerichtsbarkeit vorübergehend aufgehoben war, legten die nach 1815 wieder eingesetzten „Dynasten" die Gerichtsbarkeit allesamt noch vor 1848 zurück.[200] In Niederösterreich forderten die Stände schon seit 1833 vergebens,

200 *Anträge über die Errichtung des Gemeindewesens, II. Abteilung: Erläuterungen*, Wien 1856, Seite 22.

daß der Staat Kriminalgerichtsbarkeit und Sicherheitsdienst in seine Verwaltung übernehme, da sie diese Last nicht mehr zu tragen vermöchten.[201] Aber der Absolutismus wagte keine so durchgreifende Reform mehr.

Geldentwertung und Kriegssteuern wälzten das Verhältnis zwischen Grundherren und Bauern um. Die Bauern leisteten die herrschaftlichen Geldabgaben in Papiergeld; der Staat aber verlangte von den Herrschaften die Versteuerung dieser Einnahmen in Metallmünze. Die Herrschaften klagten, die bestehende Untertansverfassung führe nur dazu, daß sie das Nichterhaltene mitversteuern müßten.[202] In die Zeit endloser
Verhandlungen über ihre Klagen donnerten die Schüsse der Pariser Julirevolution von 1830. In einer Reihe deutscher Staaten wurden Fronden und Abgaben abgelöst. Die österreichischen Bauern wurden unruhig. Im niederösterreichischen Waldviertel und im oberösterreichischen Mühlviertel erhoben sich 1834 die Bauern; sie vertrieben die herrschaftlichen Schafherden von ihren Brach- und Stoppelfeldern und verweigerten die *Robot.* Wohl brachte man sie mit Militärassistenz und Stockprügeln wieder zum Gehorsam.[203] Aber die passive Resistenz bei der *Robotleistung* konnten diese Mittel nicht überwinden. Die *Robot* sei, so klagten die niederösterreichischen Landstände, nur noch eine Schule für Knechte und Kinder, wie man unter dem bloßen Schein der Arbeit möglichst wenig zu leisten vermöge.[204] Daß die alte Untertansverfassung unhaltbar gewor-

201 Bibl, *Die niederösterreichischen Stände im Vormärz,* Wien 1911, Seiten 133, 153, 158, 161, 252 ff.

202 Bibl, *Die niederösterreichischen Stände,* Seiten 82, 84, 193.

203 Bibl, *Die niederösterreichischen Stände,* Seite 111 ff.

204 Bibl, *Die niederösterreichischen Stände,* Seite 194.

den war, erkannten auch die Herrschaften; seit der Julirevolution fürchteten sie, ihrer Ansprüche gar bald ganz beraubt zu werden, wenn sie nicht rechtzeitig abgelöst würden. Der niederösterreichische Adel selbst forderte die Ablösung der Zinse, der *Robot* und des Zehents. Aber der Absolutismus konnte sich zu keiner Tat mehr aufraffen.

Auch in den Alpenländern waren die alten Eigentumsverhältnisse unhaltbar geworden. Mit der Verdichtung der Bevölkerung und des Verkehrs waren die Holzpreise gestiegen; Wälder, die vordem unverwertbar gewesen, wurden zum Gegenstand zähen, erbitterten Besitzstreites. In der Regel begann er bei der Anlegung der Steuerkataster. Die Bauerngemeinden erklärten, die Wälder seien ihre alte *gemain*, ihr Eigentum; der Staat erklärte, es seien alte, ehedem herrenlose, in der Folge an die Landesfürsten gefallene Wälder, an denen das Eigentum dem Staat, nur die Nutzungsrechte zur *Notturft* den Gemeinden zustünden. Um die Mitte des 19. Jahrhunderts waren in Salzburg 260.000 Joch Bodens, mehr als ein Drittel des gesamten Wald- und Weideareals des Landes, zwischen dem Staat und den Bauern streitig, in Kärnten 40.000 Joch Waldes, in Tirol gar 203.000 Hektar Waldes.[205] Nur in Tirol gelang es dem Absolutismus, eine Lösung zu finden. Dies geschah durch die Wälderpurifikation von 1847. Ein großer Teil der Tiroler Staatswälder hatte mit dem Verfall des Tiroler Erzbergbaues jeden Wert für den Staat verloren. Der Staat trat daher ungefähr zwei Drittel der Staatsforste den Gemeinden ab, die auf diese Weise wieder erhielten, was ihnen im 15. und 16. Jahrhundert geraubt worden war; dafür aber mußten die Gemeinden auf ihre Nutzungsrechte an den verbleibenden Staatswäldern verzichten. Die ver-

205 Schiff, *Österreichs Agrarpolitik,* Seite 48 f.

bleibenden Staatswälder wurden aufgehoben, die Weide- und Streubezugsrechte begrenzt.[206] In den anderen Ländern dagegen ist dem Absolutismus eine Lösung des die Volksmassen erbitternden Besitzstreites um die Wälder nicht mehr gelungen.

Der Absolutismus war nicht mehr fähig, die durch die wirtschaftliche Entwicklung zersetzte Gesellschaftsordnung zu reformieren. Die Revolution mußte sie sprengen. Am 13. März 1848 erhob sich Wien. Die Revolution der Stadt brachte dem Dorfe die Befreiung. Aber nicht die liberale Bourgeoisie, die der 13. März in den Sattel gesetzt hat, hat die Bauern befreit. Die liberale Bourgeoisie hat selbst in Reichstagsdebatten im Sommer 1848 noch die Frage der Entschädigung der Grundherren vor die Frage der Befreiung der Bauern gesetzt.[207] Erst nachdem die Wiener Arbeiter und Studenten durch die bewaffnete Erhebung im Mai den konstituierenden Reichstag, das Einkammersystem und das allgemeine Stimmrecht erzwungen hatten, als der kaiserliche Hof aus Wien geflohen war und der Sicherheitsausschuß, auf die bewaffnete Demokratie gestützt, im Besitze der tatsächlichen Macht in der Hauptstadt war, erst dann waren alle Hindernisse der Bauernbefreiung beseitigt; am 26. Juli stellte Hans Kudlich im Wiener Reichstag den Antrag, das Untertänigkeitsverältnis aufzuheben. Und erst nachdem in der dritten Augustwoche zum erstenmal Proletarier und Bourgeois in den Straßen Wiens einander bewaffnet entgegengetreten waren, wurde wenige Tage später, in den Tagen der stärksten sozialen Gärung in der Hauptstadt, das Gesetz über die Grundentlastung vom Reichstag beschlossen. So hat die Er-

206 Schiff, *Österreichs Agrarpolitik,* Seite 52.

207 Vgl. Bach, *Geschichte der Wiener Revolution im Jahre 1848,* Wien 1898, Seite 627 f.

hebung des hauptstädtischen Proletariats der Bauernbefreiung den Weg gebahnt. Auch als der Absolutismus die Revolution niederwarf, konnte er den Bauern nicht wieder rauben, was die revolutionäre Demokratie ihnen gegeben hatte. Im Gegenteil; an demselben 4. März 1849, an dem der Kremsierer Reichstag aufgelöst und die Verfassung oktroyiert wurde, erließ die triumphierende Konterrevolution das Patent über das Verfahren bei der Durchführung der Grundentlastung und über die Entschädigung der Grundherren[208]; die Konterrevolution konnte die städtische Revolution nicht liquidieren, ohne die Bauern-

massen darüber zu beruhigen, daß sie ihnen die Frucht der Revolution nicht rauben werde.

So wurde denn das alte Erbuntertänigkeitsverhältnis aufgehoben; der Bauer, bisher Untertan des Grundherrn, wurde Bürger des Staates. Damit fielen die aus dem Erbuntertänigkeitsverhältnis abgeleiteten Pflichten des Bauern gegenüber dem Grundherrn, aber freilich auch die Ansprüche des Bauern gegen den Grundherrn, die, wie der Anspruch auf Armenunterstützung, wie das Recht auf das Holzlesen im Walde, aus dem Erbuntertänigkeitsverhältnis abgeleitet wurden. Die Patrimonialgerichtsbarkeit wurde beseitigt; Gericht und Verwaltung gingen von den herrschaftlichen Wirtschaftsämtern an staatliche Behörden über. Zugleich wurde das Obereigentum des Grundherrn am Bauernland aufgehoben; der Bauer wurde freier Eigentümer seines Bodens. Die herrschaftlichen Abgaben, der Zehent und die *Robot* wurden gegen billige Entschädigung abgelöst. Die Grundherren erhielten die Entschädigung in der Gestalt der Grundentlastungsobligationen, die in 40 Jahren getilgt wurden; 40 Jahre nach der Re-

208 Friedjung, *Österreich von 1848 bis 1860,* Wien 1908, I. Band, Seite 346.

volution war damit der letzte Rest des alten Untertänigkeitsverhältnisses beseitigt.

Diese gewaltige Umwälzung, die Grundentlastung, wie sie gemeinhin genannt wurde, war noch von dem Reichstag der Revolution dekretiert worden. Aber die Grundentlastung selbst erforderte eine Kette weiterer Reformen. Stand der Bauer nunmehr nicht mehr als Untertan unter dem Grundherrn, sondern als freier Grundeigentümer unabhängig neben ihm, so mußten auch die bäuerlichen Nutzungsrechte am herrschaftlichen Walde, auch das Jagdrecht, auch das Gemeindewesen neu geregelt werden; diese Reformen aber wurden nicht mehr von der Revolution, sondern von der Konterrevolution durchgeführt.

Denn wenige Wochen, nachdem der Reichstag unter dem mächtigen Druck der revolutionären Demokratie die Grundentlastung beschlossen hatte, war die revolutionäre Demokratie in einen Kampf auf Leben und Tod verwickelt. Im Oktober mobilisierten Windischgrätz, Jellačić und Radetzky gegen das rote Wien. Aber in der Stunde des Entscheidungskampfes ließ der Bauer, dem die revolutionäre Demokratie die Befreiung erzwungen hatte, die revolutionäre Demokratie im Stich. Er hat es bitter gebüßt. Wien fiel. Die Konterrevolution triumphierte. Auch sie mußte freilich die Grundentlastung durchführen. Aber es hat sich an der österreichischen Bauernschaft bitter gerächt, daß die weitere Kette von Reformen, die infolge der Grundentlastung notwendig wurden, nicht mehr durch die Revolution, sondern durch die Konterrevolution dekretiert, daß sie von dem wiederhergestellten Absolutismus, von einer Regierung, an deren Spitze ein Schwarzenberg, der größte Grundherr Österreichs, stand, oktroyiert wurde.

Die erste Reform, deren Inhalt die Konterrevolution bestimmte, war die Reform des Jagdrechtes. Bis 1848 stand das

Jagdrecht auf dem Bauernland den Grundherren zu. Nachdem der Bauer von der Grundherrschaft befreit war, konnte dies nicht aufrechterhalten werden. Wie sollte nunmehr das Jagdrecht geregelt werden? Verschiedene Regelung war möglich. Der Liberalismus betrachtete die Jagd als Zugehör des Grundeigentums: Jedem Grundeigentümer das Jagdrecht auf seinem Boden! Die Demokratie betrachtet das Jagdrecht als Recht der Gemeinde: Jeder Gemeinde das Jagdrecht in ihrem Gemeindegebiet! Die Großgrundbesitzer wehrten sich gegen beide Grundsätze. Sie wünschten vor allem, das Jagdrecht auf ihrem Boden zu behalten; insoweit war ihnen das liberale Prinzip genehm und lehnten sie das demokratische Prinzip ab. Aber sie wehrten sich dagegen, daß dasselbe liberale Prinzip auch auf das Bauernland Anwendung finde. Denn wenn jeder Bauer auf seinem Boden jagen dürfte, dann würde der Wildstand schnell gelichtet; die Bauern würden auf ihrem Boden das Wild abschießen und dadurch auch die Jagd auf dem benachbarten herrschaftlichen Boden schädigen. Für das Bauernland zogen die Grundherren das demokratische Prinzip der Gemeindejagd dem liberalen Prinzip der Jagd jedes Grundbesitzers auf seinem Boden vor. Diesen Wünschen der Grundherren entsprach das Jagdpatent vom 7. März 1849. Grundsätzlich wurde das Jagdrecht dem Grundeigentümer zuerkannt. Aber nur die Besitzer eines zusammenhängenden Grundkomplexes von wenigstens 200 Joch durften die Jagd auf ihrem Boden selbst ausüben. Die Jagd auf allen anderen Grundstücken innerhalb der Gemeindegemarkung hatte die Gemeinde entweder durch Sachverständige ausüben zu lassen oder ungeteilt zu verpachten; das Jagdrecht der kleinen Grundeigentümer drückte sich nur darin aus, daß der Reinertrag der Gemeindejagden nicht der Gemeindekasse zufiel, sondern auf die

Gesamtheit der Grundeigentümer im Verhältnis der Ausdehnung ihres Grundbesitzes zu verteilen war.[209]

Das Patent hat sich also dem demokratischen Prinzip der Übertragung der Jagd an die Gemeinden genähert, indem es die Ausübung der Jagd im allgemeinen den Gemeinden zuwies. Aber es baute diese Regelung auf das liberale Prinzip auf, daß die Jagd grundsätzlich dem Grundeigentümer zustehe und nur dort, wo sie infolge der Zersplitterung des Grundbesitzes der einzelne Eigentümer nicht wohl ausüben könne, der Gemeinde als Sachwalterin der Eigentümer übertragen werde. Dies geschah zu dem Zwecke, um den Großgrundbesitz aus den Gemeindejagden auszuscheiden, ihm die Eigenjagd auf seinem Boden zu sichern. Dies hatte aber anderseits auch die Wirkung, daß das Erträgnis der Gemeindejagden auf die kleineren Grundbesitzer im Verhältnis ihres Grundbesitzes verteilt werden mußte, daher zum größten Teil den größeren Bauern zufiel.

Aber das Patent vom 7. März 1849 genügte noch bei weitem nicht den Bedürfnissen der Großgrundbesitzer. Es war in derselben Woche erlassen worden, in der der revolutionäre Reichstag aufgelöst wurde; in einem Augenblick also, in dem die Konterrevolution noch das Bedürfnis hatte, die Bauern darüber zu beruhigen, daß die Niederwerfung der städtischen Revolution ihre Interessen nicht beeinträchtigen werde. Wenige Jahre später, nachdem sich die Konterrevolution gefestigt hatte und ein Wiederaufleben der Revolution nicht mehr befürchten mußte, ging sie weiter. Das alte Privileg, daß nur Personen adeligen Standes jagen durften, war beseitigt; den Großgrundbesitzern war es nun darum zu tun, es dadurch wiederherzustellen, daß die Bauern von

209 Vgl. Schopf, *Die Jagdverfassung, das Jagdrecht und die Jagdpolizei,* 4. Auflage, Pesth 1858, Seiten 88, 90.

der Pachtung der Gemeindejagden ausgeschlossen würden. Die Grundherren hatten ihr Jagdrecht auf dem Bauernland verloren; sie suchten es durch Pachtung der Gemeindejagden wiederzugewinnen. Diesen Wünschen des Adels entsprach die Verordnung vom 15. Dezember 1852. Sie entzog den Gemeinden das ihnen im Patent von 1849 eingeräumte Recht, die Jagd durch Sachverständige ausüben zu lassen, und schrieb obligatorisch die Verpachtung der Gemeindejagden vor. Sie verfügte ferner, daß die Verpachtung nicht durch die Gemeinde erfolge, sondern durch die politische Bezirksbehörde.[210] Damit hatte es der adelige Be-

zirkshauptmann in der Hand, die Gemeindejagd dem benachbarten Herrschaftsbesitzer in die Hände zu spielen. In sehr vielen Fällen fiel damit die Jagd auf dem Bauernland wieder an den Grundherrn zurück; geändert hat sich nur so viel, daß der Grundherr den Bauern nunmehr einen Pachtzins für die Jagd zahlen mußte. Allerdings schrieb die Verordnung von 1852 vor, daß die politischen Bezirksbehörden die Jagd an den Meistbietenden verpachten müßten; dies ermöglichte es immer häufiger zahlungskräftigen Kapitalisten, die benachbarten Großgrundbesitzer zu überbieten. So wurde der Kapitalist der Erbe des feudalen Jagdherrn. In beiden Fällen aber blieben die Bauern, die bei der *Lizitation* von Großgrundbesitzern und Kapitalisten überboten wurden, von der Jagd in der Regel ausgeschlossen; in beiden Fällen blieb die Jagd in den Händen von Herren, die das Wild ohne Rücksicht auf die bäuerliche Landwirtschaft hegten. Der Sieg der Konterrevolution hat den Jagdsport der Großen auf Kosten der bäuerlichen Landwirtschaft wiederhergestellt.

In noch viel schlimmerer Weise als das Jagdrecht wurden die bäuerlichen Nutzungsrechte an den herrschaftlichen und

210 Schiff, *Österreichs Agrarpolitik,* Seite 639 f.

den staatlichen Wäldern neu geregelt. Dies geschah durch das Forstgesetz von 1852 und das Patent über die Ablösung der Holz-, Weide- und Streuservituten von 1853. Wurde das Jagdpatent von 1849 noch in einer Zeit erlassen, in der die Konterrevolution die Bauern zu beruhigen suchte, so stammen das Forstgesetz und das Servitutenpatent aus der Zeit der gefestigten Konterrevolution, die im Interesse der großen Forstbesitzer rücksichtslos über die Interessen der Bauern hinwegschritt.

Das Servitutenpatent von 1853 bestimmte: Die auf den Wäldern lastenden Holzungs-, Weide-, Streuservituten sind in der Regel abzulösen. Der Bauer verliert die Nutzungsrechte am Walde, die er bisher hatte; er ist dafür in der Regel mit Geld zu entschädigen. Statt der Entschädigung in Geld kann die Ablösung durch Abtretung von Boden an den Bauern nur dann treten, wenn der Waldbesitzer dem zustimmt. Nur dann, wenn durch die Ablösung der Servituten „der übliche Hauptwirtschaftsbetrieb des berechtigten oder verpflichteten Gutes auf unersetzliche Weise gefährdet“ wäre, müßte statt der Ablösung eine Regulierung erfolgen.

Bei der Ablösung der Holzungsrechte in Geld wurde in folgender Weise verfahren: Der übliche Holzbezug wurde nach dem Wert des Holzes in den Jahren 1836 bis 1845 geschätzt, von dem Schätzwert die Bringungskosten des Holzes abgezogen und der Rest zu einem Zinsfuß von fünf Prozent kapitalisiert; der kapitalisierte Betrag war die Ablösungssumme, die der Bauer zu bekommen hatte. Nun waren die Holzpreise schon 1853 bedeutend höher als in dem Jahrzehnt 1836 bis 1845; in den folgenden Jahrzehnten aber, in deren Verlauf die Ablösungsoperation durchgeführt wurde, sind die Holzpreise infolge des Ausbaues der Eisenbahnen, des Wachstums der Bevölkerung und der Industrie noch bedeutend gestiegen; am Anfang der siebziger Jahre waren sie bereits zwei- bis dreimal so hoch. Dazu kam nun noch, daß der Waldbesitzer die Ablösungssumme in Grundentlastungsobligationen zahlen konnte, die lange tief unter dem Nennwert standen. Das Ergebnis war, daß der Bauer als Ablösung einen Geldbetrag bekam, der tief unter dem Wert des abgelösten Holzungsrechtes stand.[211] In Salzburg kam es vor, daß der Ablösungsbetrag nur gerade den Holzbedarf weniger Jahre, zuweilen selbst nur eines einzigen Jahres deckte.[212] Die Kapitalien, die die Bauern bekamen, waren in wenigen Jahren aufgezehrt, ihre alten Nutzungsrechte aber, den letzten Rest ihres alten Gemeinbesitzes, hatten sie verloren!

194 Statt der Ablösung in Geld konnte nur dann, wenn die Waldbesitzer dem zustimmten, die Ablösung in Boden erfolgen: Der Forst wurde von den Servituten befreit und dafür wurden den Bauerngemeinden Stücke des Waldes als Eigentum zugeteilt. In diesem Falle wurde folgendermaßen verfahren: Was die Bauern als Entschädigung zu bekommen hatten, wurde wieder nach dem zum Holzwert von 1836 bis 1845 geschätzten, zu einem Zinsfuß von fünf Prozent kapitalisierten Werte ihrer Holzungsrechte berechnet. Der Boden dagegen, den der Waldbesitzer abtrat, wurde nicht nach dem Werte des Holzes in einer längst vergangenen Zeit, sondern nach seiner „nachhaltigen Ertragsfähigkeit", das heißt nach dem „Mittel des gegenwärtigen und künftig zu erwartenden durchschnittlichen Nutzertrages" geschätzt und dieser Nutzertrag nicht zu fünf Prozent, sondern zu dem der Verkehrssitte entsprechenden, damals in der Regel beträchtlich geringeren Zinsfuß kapitalisiert. Was der Bauer verlor und was er als Entschädigung bekam, wurde also mit ganz verschiedenen Maßen gemessen. Wozu dies geführt

211 Schiff, *Österreichs Agrarpolitik,* Seite 87 ff.

212 Charbula, *Der Salzburger Staatswald,* Seite 39.

hat, zeigt das folgende Beispiel: In der Steiermark wurde ein Nutzungsrecht auf 100 Klafter Brennholz jährlich auf Grund der Holzpreise von 1836 bis 1845 und auf Grund einer Kapitalisierung zu fünf Prozent mit 285 Gulden bewertet. Erfolgte nun die Ablösung in den siebziger Jahren – die ganze Operation zog sich bis Ende der achtziger Jahre hin –, so wurde auf Grund der Holzpreise der siebziger Jahre und auf Grund einer Kapitalisierung zu dem damals in der Forstwirtschaft üblichen Gemeinfuß schon eine Parzelle, die bei ordnungsgemäßer Bewirtschaftung einen jährlichen Ertrag von nur 14 Klafter abwarf, mit 285 Gulden bewertet. Der Bauer erhielt also als Entschädigung für den verlorenen Anspruch auf 100 Klafter Brennholz jährlich eine Parzelle, die ihm nur 14 Klafter jährlich abwarf! Und dafür mußte er auch noch die Grundsteuer dieser Parzelle übernehmen![213] Da die Ablösungsparzellen den Wirtschaftsbedarf der Bauern bei weitem nicht deckten, wurden sie in der Regel sehr schnell abgeholzt; die Blößen kaufte dann oft die Herrschaft zurück![214] So war diese ganze Ablösungsoperation nichts als ein neuer gewaltiger Raub an den alten Nutzungen!

Es ist begreiflich, daß sich die Bauern gegen eine solche Ablösung wehrten. Aber auch die Herrschaften bestanden nicht überall auf ihr. In den verkehrsreicheren Gebieten freilich, wo man schon eine geordnete Forstwirtschaft betrieb, erzwangen die Herrschaften die Ablösung oft auch dann, wenn dadurch die bisher Berechtigten sehr schwer geschädigt wurden; das Servitutenpatent gab ihnen die Handhabe dazu, da es ja die Ablösung nur dann ausschloß, wenn durch sie der „Hauptwirtschaftsbetrieb“ des Berechtigten „auf unersetzliche Weise

213 Schiff, *Österreichs Agrarpolitik*, Seite 95 ff.

214 Jugoviz, *Wald und Weide in den Alpen*, Seite 58.

gefährdet" wurde. In verkehrsärmeren Gebieten dagegen, wo es noch keine geordnete Forstwirtschaft gab, verzichteten die Herrschaften gern auf die Ablösung und begnügten sich mit der Regulierung. Mit Geld abzulösen, fehlten ihnen oft die Mittel; und mit Boden abzulösen, waren sie oft nicht geneigt, weil dadurch ihr Eigenjagdgebiet verkleinert worden wäre.[215]

Die Regulierung bestand in der Limitierung. Vordem hatte der *Eingeforstete* den Anspruch auf die Befriedigung seiner *Notturft*. Er hatte Anspruch darauf, daß ihm so viel Holz ausgezeigt werde, als er zur Befriedigung seines Haus- und Wirtschaftsbedarfes brauchte, er durfte andererseits das bezogene Holz nur in seiner Wirtschaft verwenden, es nicht verkaufen. Nunmehr wurde sein Holzbezug limitiert. In den Regulierungsurkunden wurde festgesetzt, wieviel Holz er zu beziehen berechtigt sei, über die bezogene Menge aber durfte er nunmehr frei verfügen.

Weit schwerer noch als die Holzungsrechte konnten die Streubezugs- und die Weiderechte abgelöst werden. Vom Standpunkt des Forstbesitzers aus gesehen, sind Waldweide und Streu bloße Nebennutzungen des Waldes. Gab man dem Bauern als Ablösung dafür eine Waldparzelle, die ebensoviel wert war wie die abzulösenden Nutzungsrechte, so konnte sie dem Weidebedarf des Bauern nicht genügen und mußte diese Waldparzelle, wenn die Streu aus ihr allein bezogen werden sollte, schnell verwüstet werden. Hier mußte man sich daher in der Regel mit der bloßen Regulierung begnügen. In Salzburg zum Beispiel wurden von den Holzbezugsrechten ein Drittel, dagegen von den Streurechten nur ein Viertel und von den Weiderechten gar nur ein Achtel abgelöst, die anderen bloß reguliert.[216]

215 Jugoviz, *Wald und Weide in den Alpen,* Seite 52 ff.

216 Charbula, *Der Salzburger Staatswald,* Seite 53.

So wurden denn die alten Nutzungsrechte nur in den verkehrsreichsten Gebieten in der Regel abgelöst, in den anderen in der Regel nur reguliert. In Niederösterreich sind fast alle Servituten abgelöst worden. In Kärnten, das bereits einen starken Holzexport in die benachbarten italienischen Provinzen hatte, wurden die Holzungsrechte zumeist abgelöst, die Weiderechte nur reguliert. In der Steiermark wurde ungefähr die Hälfte der Servituten abgelöst, die Hälfte reguliert. Im Salzkammergut, in Salzburg und in Tirol dagegen wurde die Mehrzahl der Servituten nur reguliert. In diesen Ländern besteht heute noch ein großer Teil der aus der *Einforstung* hervorgegangenen Rechte fort.[217]

Mit dem Servitutenpatent hat die Konterrevolution den alten Raub an den gemeinen Nutzungen der Bauernschaft fortgesetzt. Auch die Formen der Ablösung und der Regulierung waren zum Teil dieselben, deren sich Landesfürsten und Grundherren schon seit Jahrhunderten im Kampfe gegen die bäuerlichen Waldnutzungen bedient hatten. Die Ablösung gegen Bodenabtretung wiederholte nur die Ausscheidung der *Gelacke*, wie sie schon die Salzburger Waldordnung von 1524 angeordnet hat, wie sie für die Steiermark und Kärnten auf Grund der Hofverordnung von 1795 massenhaft durchgeführt worden war. Die Limitierung der Weiderechte war in den Kehr-, Eich-, und Alpbriefen aller Länder von alters her oft vorgenommen, in der Steiermark in den *Wald-Tomi* von 1766 allgemein katastriert worden. In alledem bedeutete also das Servitutenpatent nur einen Schritt weiter auf einer längst schon betretenen Bahn. Doch enthielt die neue Regelung auch neue Elemente. Sie ergaben sich vor allem aus dem Zusammenhang zwischen dem Servitutenpatent von 1853 und dem Forstgesetz von 1852.

217 Schiff, *Österreichs Agrarpolitik,* Seite 100 ff.

Seit dem 16. Jahrhundert hatten die landesfürstlichen Waldordnungen immer bestimmtere Vorschriften über die Bewirtschaftung der Wälder enthalten. Diese Vorschriften wurden durch das Forstgesetz von 1852 beseitigt. Dieses schreibt bestimmte Wirtschaftsregeln nur noch für die Schutzwälder vor, das heißt für Wälder, deren unzweckmäßige oder nur vom Privatinteresse des Eigentümers geleitete Bewirtschaftung die Gefahr von Abrutschungen, Abschwemmungen oder Flugsandbildung herbeiführen würde. Es gibt außerdem den Behörden das Recht, bestimmte Wälder zu Bannwäldern zu erklären und für sie bestimmte Wirtschaftsregeln vorzuschreiben, wo dies zum Schutze vor Lawinengefahr, Felsstürzen, Abrutschungen und Abschwemmungen notwendig scheint. Im übrigen aber gibt das Gesetz den Forstbesitzern die Freiheit der Wirtschaftsführung. Aber freilich, mit einer sehr wesentlichen Einschränkung: Das ganze Gesetz ist von der Tendenz beherrscht: „Wald muß Wald bleiben". Waldgrundstücke dürfen nicht ohne behördliche Genehmigung der Holzzucht entzogen, abgetriebene Flächen müssen wieder mit Holz in Bestand gebracht werden.[218] Zu diesem Zwecke nun erläßt das Gesetz eine Reihe von Vorschriften, die die alten Waldnutzungsrechte auch dort, wo sie nicht abgelöst, sondern nur reguliert worden sind, empfindlich beeinträchtigt haben.

Das Forstgesetz spricht den Grundsatz aus: „Was Wald ist, muß Wald bleiben". Aber es kennt nicht den Grundsatz: „Was Weide ist, muß Weide bleiben". Wo also die Erhaltung des Waldes dies erfordert, muß sich der Servitutsberechtigte eine Kürzung seiner Weiderechte gefallen lassen. Das Forstge-

218 Vgl. Marchet, *Die forstliche Gesetzgebung*, in: *Geschichte der österreichischen Land- und Forstwirtschaft 1848 bis 1898*, IV. Band, Seite 347 ff.

setz verbietet die Beweidung der zur Verjüngung bestimmten Waldteile; die jungen Bestände sind Schonflächen, von denen das Vieh ausgeschlossen ist. Nun schreibt das Forstgesetz nur ein Minimum für die Schonflächen vor, nicht ein Maximum; es gibt also dem Forsteigentümer das Recht, durch Ausdehnung der Schonflächen das Weidegebiet der Bauern einzuschränken. Wenn der Forstbesitzer auf Almen, die von alters her ausschließlich als Weide benützt worden sind, Waldkulturen anlegt, so fallen die bestockten Almgründe unter das Forstgesetz, sie bilden nunmehr eine Schonfläche, und der Bauer kann sein Weiderecht anderthalb bis zwei Jahrzehnte lang nicht ausüben. Wenn
nicht der ganze Waldbesitz, sondern nur einzelne Parzellen des Waldes mit der Weideservitut belastet sind, so kann der Forstbesitzer gerade diese Parzellen in Schonung legen und damit das Weiderecht des Bauern für viele Jahre gänzlich aufheben. Oder der Waldbesitzer kann durch die Anlegung von Schonflächen dem Vieh des weideberechtigten Bauern den Weg zur Tränke verlegen und dadurch die Weide unbenützbar machen. Er kann die unteren Teile des Forstes zur Verjüngung bestimmen und dadurch dem Vieh den Weg zu den oberen Teilen, auf denen die Weideservitut lastet, sperren. Kurz: Indem das Forstgesetz einerseits das Vieh von den jungen Beständen ausschloß, anderseits aber dem Forstbesitzer das Recht gab, selbst und allein die zu verjüngenden Waldteile zu bestimmen, gab es ihm die Macht, die Weiderechte der Bauern empfindlich einzuschränken, zeitweilig sogar ganz aufzuheben.[219]

Ebenso gab das Forstgesetz auch Handhaben zur Einschränkung der bäuerlichen Streu- und Holzbezugsrechte. Das Gesetz gab den Forstbehörden das Recht, eine Einschränkung dieser

219 Schiff, *Österreichs Agrarpolitik,* Seite 117 ff.

Nutzungen anzuordnen, falls durch ihre ungeschmälerte Ausübung der Waldbestand gefährdet würde. Nun hat man bei der Servitutenregulierung sehr oft die Servituten, die ursprünglich auf dem ganzen Walde lasteten, auf bestimmte Waldparzellen eingeschränkt, um den Rest des Waldes zu entlasten. Nachher hat man dann erklärt, daß diese Parzellen überlastet seien, die auf ihnen lastenden Holz- und Streugerechtigkeiten daher forstpolizeilich eingeschränkt werden müßten, damit der Wald nicht verwüstet werde.[220]

Bei der Regulierung wurden die Servituten limitiert, an die
200 Stelle des unbegrenzten Rechtes des Bauern auf Befriedigung seiner *Hausnotturft* trat das begrenzte Recht auf bestimmte Bezüge. Tatsächlich aber waren diese Bezüge nur nach oben begrenzt, nicht nach unten; das Forstgesetz gab den Forstbesitzern die Möglichkeit, diese Bezüge empfindlich einzuschränken. Und dieses Recht, das die Konterrevolution den Forstbesitzern gab, war um so gefährlicher, da es ihnen in einer Zeit gegeben wurde, in der die kapitalistische Umwälzung der Forstwirtschaft die Tendenz zur Einschränkung der bäuerlichen Waldnutzungen mächtig verstärkt hat.

Die Grundentlastung erforderte aber nicht nur eine Neuregelung der Beziehungen zwischen den Forst- und Jagdherren und ihren vom Untertänigkeitsbande befreiten einstigen Untertanen, sondern auch eine Neuregelung der Beziehungen der einstigen Untertanen zueinander. Und hier nun ist die Regierung der Konterrevolution ganz anders vorgegangen. Während sie die gewaltigste Verwaltungsarbeit aufgewendet hat, um die Beziehungen zwischen der Herrschaft und dem Dorfe im Interesse der Herrschaft neu zu regeln, hat sie die Neugestaltung

220 Schiff, *Österreichs Agrarpolitik*, Seite 113.

der Beziehungen innerhalb des Dorfes einem geradezu ungeregelten Prozeß überlassen.

Die österreichische Gemeinde war bis 1848 in den Städten mit organisiertem Magistrat eine Bürgergemeinde, sonst überall Realgemeinde. In die neue, durch die Revolution von 1848 geschaffene Ordnung fügte sich diese Gemeinde nicht mehr ein. Die Gemeindeordnung vom 17. März 1849 setzte an ihre Stelle die Einwohnergemeinde. Nicht mehr die Gesamtheit der Hausbesitzer, sondern die Gesamtheit der Einwohner bildete nun den Gemeindeverband. Damit aber war die alte Streitfrage der Nutzungen des Gemeindegutes, seit Jahrhunderten schon der Gegenstand des Klassenkampfes im Dorfe, von neuem aufgeworfen.

Das allgemeine bürgerliche Gesetzbuch von 1811 unterschied das *Gemeindevermögen* (Gemeindestammvermögen) vom *Gemeindegut.* Die Erträgnisse des Gemeindevermögens fließen in die Gemeindekasse. Das Gemeindegut dagegen dient der Naturalnutzung der Gemeindeglieder. Vom Gemeindevermögen und Gemeindegut zu unterscheiden ist das *Gemeinschaftsvermögen.* Das Eigentum am Gemeinschaftsvermögen steht mehreren Personen ungeteilt zu, von denen jeder Eigentümer seines Anteils ist, über diesen Anteil frei verfügen und jederzeit nicht nur die Teilung des Ertrages unter den Teilhabern, sondern auch die Aufhebung der Gemeinschaft und Ausscheidung seines Anteiles aus dem Gemeinschaftsvermögen verlangen kann.[221]

Die alte *gemain* war unzweifelhaft Gemeindegut, nicht Gemeindevermögen und nicht Gemeinschaftsvermögen. Die gemeine Weide, der gemeine Wald waren Eigentum der Gemeinde, aber alle Gemeindeglieder hatten das Recht auf ihre

221 ABGB, § 288, 825, 829, 830.

Nutzung. In dem Jahrhunderte währenden Klassenkampf innerhalb des Dorfes hatte aber eine Klasse der Bauernschaft diese Nutzungen für sich monopolisiert: die Urhausbesitzer, die Altansässigen, unter Ausschließung der späteren Ansiedler, oder die Bauern, unter Ausschließung der *Häusler*. Es gab also tatsächlich auch ein Gemeindegut, dessen Naturalnutzung nicht allen Gemeindemitgliedern, sondern nur einem Teil von ihnen zustand. Aber ein solches Gemeindegut war dem bürgerlichen Gesetzbuch nicht bekannt; denn es definiert das Gemeindegut als „die Sachen, welche nach der Landesverfassung zum Gebrauche eines jeden Mitgliedes einer Gemeinde dienen" (§ 288).

Die Gemeindeordnung von 1849 hat nun überdies die Real- und die Bürgergemeinden, deren Eigentum dieses eigenartige, gesetzlich ungeregelte Gemeindegut gewesen war, aufgelöst und an ihre Stelle die Einwohnergemeinden gesetzt. Damit wurde die rechtliche Natur dieses Gemeindegutes, das nur von einem Teil der Gemeindeglieder genutzt werden durfte, erst recht streitig.

Die Gemeindeordnung von 1849 bestimmte über das Gemeindegut nur, daß die Gemeindeangehörigen das Gemeindegut „nach den bestehenden Einrichtungen" nutzen dürfen. Es sollte also bezüglich der Nutzungen bei dem bisherigen Zustand bleiben. Aber damit waren doch bestenfalls die Nutzungsverhältnisse geregelt, es war damit nicht entschieden, wem das Eigentum an der bisher von einer bevorrechteten Klasse innerhalb des Dorfes genutzten *gemain* zustand.

Endlich hat die neue Rechtsordnung auch den Kreis der zur Tragung der Gemeindelasten Verpflichteten verschoben. Zwar hat auch vor 1848 der Absolutismus immer daran festgehalten, daß grundsätzlich alle Hausbesitzer zu den Gemeindelasten beizutragen haben.[222] Aber in den Klassenkämpfen um die Nutzung der *gemain* haben die altansässigen Bauern, die die Nutzung des Gemeindegutes monopolisierten, oft auch die Tragung der Gemeindelasten übernommen; sie wollten, indem sie allein die Gemeindelasten übernahmen, sich allein als Gemeindeverband konstituieren, um dadurch sich allein die Nutzung des Gemeindegutes zu sichern. So hat sich folgende Gepflogenheit der Verteilung der Gemeindelasten entwickelt: Zunächst wurden die Erfordernisse der Gemeinde aus den Erträgnissen der *gemain* bestritten: aus den Zinsen, die die *Inleute* für die Nutzung der gemeinen Weide entrichten mußten, aus den Grundzinsen der *Gemeindekeuschler*, aus dem Erträgnis, das die Wälder, nach Befriedigung der *Notturft* der Nutzungsberechtigten, der Gemeinde abwarfen. Genügten diese Erträgnisse nicht, dann wurden in vielen Gemeinden zuerst die zur Nutzung der *gemain* Berechtigten zur Steuerleistung herangezogen. Und erst, wenn auch das nicht genügte, mußten alle Hausbesitzer, und zwar im Verhältnis zu den staatlichen Abgaben, die sie zu tragen hatten, der Gemeinde steuern.[223] Die bevorrechtete Klasse im Dorfe hatte also zwar nicht immer – aber doch sehr häufig – nicht nur an der Nutzung des Gemeindegutes, sondern auch an der Tragung der Gemeindelasten ihren besonderen Anteil. Dieser Zusammenhang wurde durch die Gemeindeordnung von 1849 zerrissen. Alle Klassen innerhalb der Gemeinde wurden nunmehr zur Leistung der Gemeindeabgaben gleichmäßig herangezogen. Auch dadurch, daß die Gemeindeordnung den bisherigen Zusammenhang zwischen der Nutzung des Gemeindegutes und der Tragung der Gemeindelasten

222 Engelmayr, *Die Untertansverfassung,* III., Seite 274.
223 Schiff, *Österreichs Agrarpolitik,* Seiten 191, 209.

zerriß, wurde der nun entbrennende Streit um den rechtlichen Charakter des alten Gemeindegutes beeinflußt.

Die Privilegierten des Dorfes erklärten, die neue Einwohnergemeinde sei grundverschieden von der alten Realgemeinde. Rechtsnachfolger der alten Realgemeinde sei nicht die Einwohnergemeinde, sondern seien sie, die allein bisher das Gemeindegut genossen und allein die Gemeindelasten der alten Realgemeinde getragen hätten. Die gemeine Weide und der gemeine Wald seien daher nicht Gemeindegut der neuen Einwohnergemeinde, sondern Gemeinschaftsvermögen der bisherigen Nutznießer. Sie forderten daher, daß diese Liegenschaften als *Gemeingründe* (das heißt: Gründe der alten *gemain*) von den *Gemeindegründen* (das heißt dem Vermögen der neuen Einwohnergemeinde) unterschieden und als Gemeinschaftsvermögen der Altansässigen, der Urhausbesitzer, der *Bauernschaft* oder *Nachbarschaft*, im Gegensatz zu den *Häuslern* und den *Inleuten*, anerkannt würden.

Dieser plutokratischen Tendenz wirkten aber demokratische Tendenzen innerhalb des Dorfes entgegen. Drängte die plutokratische Tendenz nach der Verwandlung des Gemeindegutes in Gemeinschaftsvermögen, so drängte umgekehrt die demokratische Tendenz nach der Verwandlung des Gemeindegutes in Gemeindevermögen. Träger dieser demokratischen Tendenz waren die *Häusler*, *Inleute*, später angesiedelten Bauern, die von der Nutzung des Gemeindegutes ausgeschlossen waren, und die sich in den Dörfern ansiedelnden Handwerker und Industriearbeiter. Einen Verbündeten fanden sie im fiskalischen Interesse der Gemeinde, das stärker wirksam wurde, sobald sich nach der Beseitigung der Grundherrschaft das Gemeindewesen kräftiger entwickeln konnte. Auch die demokratische Strömung stützte sich darauf, daß die neue Einwohnergemeinde von der alten Realgemeinde grundverschieden ist. Aber sie zog daraus den entgegengesetzten Schluß. In der alten Gemeinde mochte eine privilegierte Schicht die Nutzung des Gemeindegutes monopolisieren, da sie auch die Lasten des Gemeindehaushaltes trug; nunmehr, da alle Gemeindeeinwohner nach gleichen Grundsätzen zu den Kosten des Gemeindehaushaltes beitragen müssen, müssen auch Gemeindewald und Gemeindeweide allen nutzbar werden. Das werden sie, wenn man sie als Gemeindevermögen der neuen Einwohnergemeinde betrachtet, ihre Erträgnisse daher in die Gemeindekasse fließen und dadurch allen Gemeindeeinwohnern zugute kommen. 205

So leitete die Gemeindeordnung von 1849 einen neuen zähen Klassenkampf in den Dörfern ein. Ging der Kampf seit Jahrhunderten schon um die Nutzung des Gemeindegutes, so ging er nunmehr um das Eigentum am alten Gemeindegut. Die privilegierte bäuerliche Klasse, die schon vor 1848 das ausschließliche Recht der Nutzung des Gemeindegutes erobert hatte, suchte das Gemeindegut nunmehr der Gemeinde zu entfremden und es in gemeinsames Privateigentum der Nutzungsberechtigten zu verwandeln. Umgekehrt suchte das Dorfproletariat, das schon vor 1848 die Nutzung des Gemeindegutes verloren hatte, nunmehr auch der privilegierten Schicht ihre Nutzungsansprüche zu entziehen und das von dieser Schicht monopolisierte Gemeindegut in ein der Gesamtheit dienendes Gemeindevermögen zu verwandeln.

Der Ausgang des Kampfes wurde vor allem durch die Machtverhältnisse innerhalb der Dörfer bestimmt. Die Gemeindevertretungen wurden auf Grund von Wahlordnungen gewählt, die das Dorfproletariat vom Wahlrecht ausschlossen. Die privilegierte Schicht verfügte daher über die Mehrheit in den Gemeindevertretungen. Die Gemeindevertretungen, deren Aufgabe es gewesen wäre, das Gemeindegut, das die Privilegierten rauben wollten, zu verteidigen, waren selbst Organe der privilegierten Räuber. So ließen sie es widerstandslos geschehen, daß Wälder und Weiden, die seit unvordenklichen Zeiten der Gemeinde gehörten, in die Grundbücher als gemeinsames Privateigentum einiger Privatpersonen eingetragen wurden! Zuweilen führten diese Gemeindevertretungen Scheinprozesse gegen die Usurpatoren des Gemeindegutes; sie erschienen bei der Verhandlung nicht, gegen die abwesende Gemeinde wurde ein Kontumazurteil gefällt und damit waren Gemeindeweide und Gemeindewald den Urhausbesitzern durch gerichtliches Urteil zugesprochen![224]

So gingen große Teile des alten Gemeinbesitzes des Volkes den Gemeinden verloren. Nicht selten war die Verwandlung des Gemeindegutes in Gemeinschaftsvermögen nur das Vorspiel der Aufteilung des Gemeinschaftsvermögens unter die Teilhaber. In dem Maße, als die Bauern nun doch allmählich von der Weidewirtschaft zum Futteranbau und zur Sommerstallfütterung übergingen, teilten sie die zu ihrem Gemeinschaftsvermögen gewordenen Weiden untereinander auf.

Die Behörden ließen diese Entwicklung ungestört zu, soweit es sich um die Weiden handelte. Dagegen widersetzten sie sich ihr oft, sobald es sich um Wälder handelte. Das Forstgesetz hat das Verbot, Gemeindewälder aufzuteilen, beibehalten. Das Servitutenpatent hat bestimmt, daß auch Gemeinschaftswälder, die die Bauern als Ablösung für Holzungs- und Streubezugsservituten bekommen hatten, nicht aufgeteilt werden dürfen. Für die anderen Gemeinschaftswälder fehlte ein Teilungsverbot. Hätte man also die Verwandlung der Gemeinde-

224 Schiff, *Österreichs Agrarpolitik*, Seite 214.

wälder in Gemeinschaftsvermögen zugelassen, so wäre wohl ein Teil dieser Wälder aufgeteilt und damit unzweifelhaft schneller Verwüstung preisgegeben worden. Aber auch wenn die Gemeinschaftswälder nicht aufgeteilt wurden, war ihre pflegliche Behandlung nicht verbürgt; der unorganisierten Gemeinschaft privater Miteigentümer fehlte ja jede Organisation, jede geordnete Verwaltung, jede Regelung der Nutzung, fehlte genossenschaftlicher Geist. Wollte man also die Verwüstung der Wälder verhüten, so mußte man dafür sorgen, daß sie den Gemeinden nicht entfremdet, nicht zu Gemeinschaftsvermögen würden. Und wünschte man eine den forstwirtschaftlichen Grundsätzen entsprechende Bewirtschaftung der Wälder, so bot dafür die Behandlung der Wälder als Gemeindevermögen offenbar viel bessere Bürgschaften als ihre Behandlung als Gemeindegut. Daher haben die Behörden die Verwandlung des Gemeindegutes, soweit es aus Waldparzellen bestand, in Gemeindevermögen oft gefördert.[225] Zuweilen haben die Behörden den Gemeindevorstehern geradezu aufgetragen, die Gemeindewälder als Gemeindevermögen zu inventarisieren und die von alters her üblichen Nutzungsrechte der Gemeindeglieder abzustellen.[226] In anderen Fällen wurden die Wälder als Gemeindevermögen aufgefaßt, die individuellen Nutzungsrechte an ihnen aber als Servituten, die dann nach dem Servitutenpatent behandelt wurden. Freilich setzten die Bauern zuweilen auch das Umgekehrte durch: In Tirol, wo häufig die Gemeindewälder auf die einzelnen Bauern zur Holz- und Streunutzung aufgeteilt waren, während die Waldweide im ganzen Gemeindewald

225 Peyrer, *Die Regelung der Grundeigentumsverhältnisse,* Seite 49 f.

226 Peyrer, *Die Zusammenlegung der Grundstücke, die Regelung der Gemeingründe und die Ablösung der Forstservituten,* Wien 1873, Seite 18 f.

den Gemeindegliedern ungeteilt zustand, wurden die Waldanteile oft zum Privateigentum der Bauern und das Weiderecht der Gemeinde zur Servitut auf ihm![227]

In manchen Fällen endete der Kampf mit Kompromissen. So wurden in den oberösterreichischen Bergstädten, die große Gemeindewälder besessen hatten, die Eigentümer der nutzungsberechtigten Häuser als Wirtschaftsvereine nach dem Vereinsgesetz konstituiert, die Wälder wurden zwischen den Gemeinden und den Wirtschaftsvereinen geteilt, die Wirtschaftsvereine verpflichteten sich zu besonderen Leistungen an die Gemeinden.[228]

208 Von Dorf zu Dorf verschieden, waren die Ergebnisse der Kämpfe, welche die neue Regelung des Gemeinderechtes entfacht hat, überall unbefriedigend. Ein Teil des alten Gemeindegutes war zu Gemeindevermögen geworden, ein Teil in individuelles Privateigentum übergegangen, dazwischen aber blieben überaus zahlreich die Gemeinschaftsvermögen der *Bauernschaften*, *Nachbarschaften* und *Interessentenschaften* bestehen: Gemeinschaftsvermögen, das, ohne jede genossenschaftliche Organisation seiner Teilhaber, daher ohne geregelte Verwaltung und Nutzung, den wilden Raubbau an Wäldern und Almen zur Folge hatte.

Die Revolution hat den Bauern befreit. Aber die Konterrevolution hat den Bauern wieder unter das Joch der Jagdherren gebeugt. Sie hat ihm einen Teil seiner alten Waldnutzungen geraubt und den verbleibenden Teil dem gefährlichen Angriff preisgegeben, den das Forstgesetz dem Forstherrn täglich ermöglichte. Sie hat es geschehen lassen, daß die Mehrheit des Landvolkes die Stütze des alten Gemeindebesitzes ver-

227 Schiff, *Österreichs Agrarpolitik,* Seite 211.

228 Mischler, *Ländliche Besitz- und Schuldverhältnisse,* Seite 51.

lor und die Minderheit selbst, die den alten Gemeindebesitz usurpierte, ihn unorganisiert, ungeregelt nur zu gefährlichem Raubbau nutzte. So waren die Eigentumsformen beschaffen, in die sich in den folgenden Jahrzehnten der wilde Strom der kapitalistischen Entwicklung ergoß.

9. Der moderne Kapitalismus

Auf den Schlachtfeldern von Magenta, Solferino und Königgrätz ist der Absolutismus zusammengebrochen. Die liberale Großbourgeoisie trat 1867 sein Erbe an. Sie übernahm es nun, die bürgerliche Eigentumsordnung auf dem Lande restlos herzustellen. Noch wirkten ja trotz der Grundentlastung die in der Zeit
210 der Grundherrschaft erlassenen Gesetze fort, die die Teilung der Bauerngüter im Erbgange und ihre Zersplitterung durch Abverkauf von Parzellen verboten und vorschrieben, daß Bauerngüter „mit dem Rücken" besessen werden müssen. Der Liberalismus hat diese Schranken beseitigt. Durch das Reichsgesetz von 1868 und die ihm folgenden Landesgesetze wurde die Freiteilbarkeit der Bauerngüter hergestellt; unter Lebenden wie von Todes wegen konnte der Eigentümer des Bauerngutes über sein Eigentum fortan frei verfügen. Nur in Tirol lehnte der Landtag 1869 die liberale Bodenreform ab; nur dort blieb das Verbot der Teilung der Bauerngüter aufrecht.[229] Das Bauernland war nunmehr „mobilisiert", es wurde zum Gegenstand freier Verfügung seines Eigentümers, jede einzelne Parzelle zur Ware, die, dem „freien Spiel der Kräfte" auf dem Bodenmarkt preisgegeben, aus einer Hand in die andere übergehen, aus dem wirtschaftlichen Organismus eines Gutes herausgerissen und in den wirtschaftlichen Organismus eines anderen Gutes eingegliedert werden konnte.

229 Schullern-Schrattenhofen, *Die Beseitigung des Bestiftungszwanges und der Wuchergesetze*, in: *Geschichte der österreichischen Land- und Forstwirtschaft 1848 bis 1898*, I. Band, 1. Hälfte, Seite 282 ff.

Freilich, die Kraft des österreichischen Liberalismus reichte zwar zu, gegen das Bauerngut die uneingeschränkte Verfügungsfreiheit des jeweiligen Eigentümers durchzusetzen, aber sie scheiterte an dem feudalen Großgrundbesitz; während das bäuerliche Erbrecht und die Teilungsverbote für die Bauerngüter aufgehoben wurden, blieben die aristokratischen *Familienfideikommisse* bestehen.

Der Liberalismus setzte auf die Beseitigung der Schranken der freien Verfügung über Grund und Boden große Hoffnungen. Wer eine Parzelle am besten bewirtschaften kann, werde für sie den höchsten Preis bieten können; bei voller Verkehrsfreiheit werde daher schließlich jede Parzelle in die Hand des „besten Wirtes" übergehen und dadurch die Produktivität der Land- und Forstwirtschaft aufs höchste entfaltet werden.

Mit wilder Gewalt brach in dieser Zeit der moderne Kapitalismus vorerst in die Forstwirtschaft ein. Zunächst steigerte die schnelle Industrialisierung Österreichs seit den fünfziger Jahren den Bedarf an Brennholz; noch heizte ja die Eisen- und die Stahlindustrie ihre Öfen mit Holz, noch verwendete sie Holzkohle zur Verhüttung der Erze. Große geschlossene Waldbestände wurden kahlgeschlagen und mußten dann künstlich verjüngt werden. Bei solcher Forstwirtschaft brauchte die Eisen- und Stahlindustrie eine schnelle Ausdehnung ihres Waldbesitzes; sie kaufte Herrschaftswälder, die nun aus feudalem in kapitalistischen Besitz übergingen, aber sie suchte auch Bauernwälder zusammenzukaufen. Die Gewerke hatten den Bauern, die ihnen Holzkohle lieferten und ihnen als Fuhrleute dienten, in Notzeiten oft Vorschüsse gewährt, und indem sie ihre Forderungen an die Bauern rücksichtslos eintrieben, konnten sie die Bauern zwingen, ihnen ihren Wald zu verkaufen. Auch indem sie denen, die sich widersetzten, Holz und Holzkohle nicht abnahmen, ihnen keine Holzfuhren zukommen ließen, konnten sie die Bauern zum Verkauf ihrer Wälder zwingen. So gingen in der Obersteiermark in den sechziger und siebziger Jahren große Bestände sowohl herrschaftlicher als auch bäuerlicher Wälder in das Eigentum der Stahl- und Eisenindustrie über; der große Waldbesitz der Alpinen Montangesellschaft ist auf diese Weise entstanden.[230]

Aber das waren doch nur die letzten Ausläufer der alten, dem Montanbetrieb dienenden Kohlholzwirtschaft. Gleichzeitig schuf aber schon der Ausbau der Eisenbahnen die Voraussetzungen der Verdrängung des Brennholzes und der Holzkohle durch die Steinkohle und den Koks. So ging zum Beispiel die vom Wolfsegg-Trauntaler Kohlenrevier nicht allzu weit entfernte Saline Ebensee schon in den sechziger Jahren zur Kohlenfeuerung über. Damit konnten die Forstbezirke Attergau und Mondsee der Verpflichtung, dieser Saline das Brennholz zu liefern, enthoben werden. Nach der Eröffnung der Salzkammergutbahn im Jahre 1877 konnten dann auch die drei anderen Salinen des Salzkammergutes zur Kohlenfeuerung übergehen, und auch die anderen Forste hatten kein Brennholz mehr an die Salinen zu liefern.[231]

Die Eisen- und Stahlerzeugung, vordem auf viele kleine, an rauschenden Waldbächen gelegene Hütten- und Hammerwerke verteilt, denen aus den in den Wäldern verteilten Köhlerhütten die Holzkohle zugeführt wurde, wurde in Großbetrieben konzentriert, die ihre Kessel und Öfen mit Steinkohle heizen, ihre Hochöfen mit Koks speisen; die Verschmelzung

230 Uitz, *Der Rückgang des bäuerlichen Besitztums in den Alpenländern, seine wichtigsten Ursachen und die Mittel zu seiner Bekämpfung*, in: *Zeitschrift für Volkswirtschaft, Sozialpolitik und Verwaltung*, 24. Band (1915), Seite 230.

231 Schollmayer, *Die Staatsforste des Salzkammergutes*, in: *Österreichische Vierteljahrsschrift für Forstwesen*, N. f. 20. Band (1902), Seite 253.

von neun Unternehmungen der Eisen- und Stahlindustrie zur „Alpinen Montangesellschaft“ im Jahre 1881 war das Ergebnis dieses Konzentrationsprozesses. Hatten seit 400 Jahren die alpenländischen Forste der Deckung des Holzbedarfes der Salinen und der Schmelzhütten gedient, so ersetzte nun das Kohlenbergwerk den Forst. In gleichem Maße aber, wie damit der Bedarf an Brennholz sank, stieg der Bedarf an Nutzholz: an Bauholz für die nunmehr schnell wachsenden Städte und Industriegebiete, an Werkholz für die wachsenden Industrien, an Bergwerksholz und Holz als Rohstoff der Holzstoff- und Zelluloseindustrie. Die ganze Forstwirtschaft musste nunmehr von der Brennholz- auf die Nutzholzproduktion umgestellt werden.[232]

Mit dem Ausbau der Eisenbahnen wurde es erst möglich, die Holzbestände weiter Waldgebiete, die vordem nur für den lokalen Bedarf gesorgt hatten, dem großen Markt nutzbar zu machen. Weite Waldgebiete wurden nunmehr durch den Bau von Straßen, Triften, Flößereianlagen, Waldbahnen aufgeschlossen. Sehr oft fehlten Forstbesitzern die Kapitalien zur Errichtung kostspieliger Bringungsanlagen. Die Forstbesitzer schlossen daher mit Kapitalisten Abstockungsverträge ab; die kapitalistischen Händler errichteten auf ihre Kosten die Bringungsvorrichtungen und amortisierten das dazu aufgewendete Kapital durch Kahlschläge auf großen Flächen.

In urwüchsigen Wäldern stehen auf derselben Fläche Bäume jeden Alters bunt durcheinander: hundertjährige und einjährige Bäume nebeneinander. Solche Wälder wurden seit je *geplentert:* die jeweils haubaren Stämme geschlagen und zwischen den ste-

232 Guttenberg, *Die Entwicklung des forstlichen Betriebes und seiner Einrichtungen,* in: *Geschichte der österreichischen Land- und Forstwirtschaft,* IV. Band.

henbleibenden jüngeren Stämmen herausgezogen. In den Gebieten, in denen die Waldungen schon seit dem 15. Jahrhundert den Salinen, Bergwerken und Schmelzhütten dienstbar geworden waren, war an die Stelle der *Plenterwirtschaft* die Schlagwirtschaft getreten: da wurden ganze geschlossene Flächen abgeholzt und wieder aufgeforstet. Während im *Plenterwalde* die *geplenterten* Bäume durch den Samenfall von den stehengebliebenen ersetzt werden, müssen bei Schlagbetrieb die abgeholzten Flächen künstlich verjüngt werden. Bei Schlagbetrieb teilt sich der Wald daher in viele Parzellen, von denen jede zu anderer Zeit aufge-

forstet worden ist. Während im *Plenterwalde* Bäume verschiedenen alters auf derselben Parzelle stehen, trägt bei Schlagbetrieb jede Parzelle nur Bäume gleichen Alters; bei hundertjährigen Umtriebe gliedert sich der schlagweise betriebene Forst in 100 Parzellen, von denen jede Bäume eines anderen Jahrganges, die eine nur einjährige, die andere nur hundertjährige Bäume, trägt. War diese Schlagwirtschaft vordem auf die Gebiete beschränkt, in denen die Nähe von Salinen, Berg- und Hüttenwerken oder großen Städten einen großen Markt für das Holz geschaffen hätte, so verdrängte sie nach dem Ausbau der Eisenbahnen auch in den anderen Gebieten sehr schnell den alten *Plenterbetrieb*. Je größer die Kapitalien waren, die die Aufschließung eines Waldgebietes erforderte, desto mehr waren die kapitalistischen Holzhändler, denen durch Abstockungsverträge die Waldungen ausgeliefert waren, darauf bedacht, große erschlossene Flächen abzuholzen, um die in den Bringungsanlagen angelegten Kapitalien mit möglichst großem Gewinn auszunützen. So wurde denn ohne jede Rücksicht auf Bestandspflege und Verjüngung die Großflächen-Kahlschlagwirtschaft in immer weiteren Gebieten eingebürgert.

Noch schlimmer als den herrschaftlichen erging es den bäuerlichen Wäldern. Vordem war die Lieferung der Holzkohle an die Schmelz- und Hammerwerke einer der wichtigsten Zweige der bäuerlichen Wirtschaft gewesen; jetzt brauchten die Gewerken die Holzkohle und die Fuhrdienste der Bauern nicht mehr. Dafür aber erschienen nun die Holzhändler in den Dörfern. Wo die Bauern in Not waren, gaben sie ihre Wälder den Händlern preis. Die Händler schlugen rücksichtslos alle mehr als 50 Jahre alten Stämme im bäuerlichen *Plenterwald*; der Rest des so gelichteten Waldes erlag dann oft dem Sturm und dem Schnee. Sehr oft wurde für die Wiederaufforstung nicht gesorgt. Der Bauer zog es vor, den abgeholzten Wald als Weide zu nutzen. Wohl verpflichtete das Forstgesetz die Behörden, gegen solche Waldverwüstung einzuschreiten; aber die üblichen Geldstrafen schreckten weder die Bauern noch die Händler; in manchen Gegenden war es üblich, daß die Holzhändler im Abstockungsvertrag schon die Verpflichtung zur Zahlung dieser Geldstrafen übernahmen.[233]

Aber auch in die Staatsforste brach der kapitalistische Handel ein. Wieder, wie in der Zeit der schlesischen und der Napoleonischen Kriege, verkaufte der Staat in der Finanznot nach den Kriegen von 1859 und 1866 große Teile seines Forstbesitzes; war es doch ein Glaubenssatz des herrschenden Liberalismus, daß nur die Überantwortung aller Produktionsmittel an das Privatkapital die Entfaltung der Produktivkräfte des Landes verbürge. So wurden denn die Forstgebiete von Waidhofen an der Ybbs und von Reichenau, in Oberösterreich der Kobernauser Wald und die Weilhardtforste, in Salzburg die Kammerforste im Flachgau, in der Steiermark die Schladminger Montanforste und die einstigen Forste der Innerberger Hauptgewerkschaft verkauft.[234] Dabei wurde das Staatseigen-

233 Angerer, *Die Waldwirtschaft in Tirol*, Bozen 1883, Seite 8.

234 Guttenberg, *Die Entwicklung des forstlichen Betriebes*, Seite 28.

tum verschleudert, und dem Raubbau preisgegeben. So wurden die Staatsforste von Waidhofen an der Ybbs und Gaming im Jahre 1863 an einen gewiss Löwy um 750.000 Gulden verkauft. Löwy schlug durch ausgedehnte Kahlschläge den ganzen Kaufschilling aus den Forsten heraus und verkaufte die Forste dann um 1,000.000 Gulden an das Straßburger Konsortium Götz und Andree. Dieses brachte abermals den ganzen Kaufschilling durch Holzfällungen ein und verkaufte dann die verwüsteten Forste um 3,000.000 Gulden an die Forstindustrie-Aktiengesellschaft.[235] Die Staatswälder, die nicht verkauft wurden, wurden durch Abstockungsverträge dem kapitalistischen Holzhandel preisgegeben. Der berüchtigteste dieser Verträge lieferte den Wienerwald dem Holzhändler Moritz Hirschl aus. Aber gerade dieser Vertrag führte die Wendung herbei.

Schon hatten sich ja die verhängnisvollen Folgen des Einbruches des Handelskapitals in die Forste gezeigt. Die Schlagwirtschaft in großen Flächen entblößte die Berglehnen. Das nun längs der entblößten Berglehnen niederströmende Regen- und Schneewasser schwemmte die Bodenkrume zu Tal. Der Waldboden verarmte. Die Wiederaufforstung wurde erschwert. Die Wildbachgefahr, die Gefahr der Vermurung, der Lawinen, der Überschwemmungen wurden vergrößert. Immer stärker wurde die Erkenntnis, daß der Staat die Wälder gegen die kapitalistische Verwüstung schützen müsse. Als die liberale Regierung einen weiteren Teil des Wienerwaldes durch einen Abstockungsvertrag der Forstbank auslieferte und zugleich im Reichsrat einen Gesetzentwurf über den Verkauf des Anninger Forstes einbrachte, nahm Josef Schöffel im Jahre 1870 den Kampf gegen die Verschleuderung der Staatsforste auf. Sein Pressefeldzug rüttelte die

235 Schöffel, *Erinnerungen aus meinem Leben,* Wien 1905, Seite 106.

öffentliche Meinung auf. 1872 endete Schöffels Kampf mit vollständigem Siege: Der Verkauf und die Abholzung des Wienerwaldes waren verhindert.[236] Der Verkauf der Staatsforste wurde eingestellt; in den achtziger Jahren bemühte sich der Staat schon wieder, seine Forstwirtschaft durch Waldkäufe zu vergrößern.

Aber auch dem privaten Waldbesitz gegenüber schlug die staatliche Forstpolitik nun eine andere Richtung ein. Der Liberalismus war der Forstwirtschaft gegenüber vollständig gescheitert. Man hatte es erfahren, daß das „freie Spiel der Kräfte" nur zur Verwüstung der Wälder führen, die kommenden Generationen des Schutzes des Waldes berauben, nur Äcker und Almen den Wildbächen, Muren und Lawinen preisgeben kann. Man entschloß sich also wieder, mit staatlichem Zwang den privaten Forstbesitz zur pfleglichen Behandlung und ordnungsgemäßen Verjüngung der Bestände zu verhalten.

Die Verordnung des Ackerbauministeriums vom 3. Juli 1873 leitete eine Periode der strengen Handhabung des Forstgesetzes, der Reorganisierung des forsttechnischen Dienstes und des Ausbaues einer wirksameren Forstpolizei ein.[237]

Unter dem Einfluß des neuen Kurses der Forstverwaltung wurde der Großflächen-Kahlschlagbetrieb im Gebirge allmählich durch den *Femelschlagbetrieb* verdrängt. Statt großer Flächen werden nur kleine Horste gleichalteriger Bestände abgeholzt. Dadurch wird die gefährliche Bloßlegung ganzer Berglehnen vermieden. Auf den kleinen Blößen bleibt die natürliche Verjüngung möglich. Tanne und Buche, die sich nur natürlich verjüngen lassen, mischen sich mit der Fichte; so entstehen gemischte Bestände, die für den Boden vorteilhafter sind als die

236 Schöffel, *Erinnerungen aus meinem Leben,* Seite 106 ff.

237 Schiff, *Österreichs Agrarpolitik,* Seite 115.

reinen Fichten- oder Kiefernbestände, die aus der künstlichen Verjüngung im Kahlschlagbetrieb hervorgehen.

Bürgerte sich so im großen Forstbetrieb eine auf die dauernde Erhaltung der Wälder und die pflegliche Behandlung des Waldbodens gerichtete Betriebsweise ein, so blieb es dagegen um die Bauernwälder schlecht bestellt. Der Bauer behandelte seinen Wald auch weiterhin als seine Sparkasse, die bei Unglücksfällen, in Zeiten des Mißwuchses, bei Auszahlung „weichender Geschwister“ oder bei Ausheiratung einer Tochter zu plündern ihm niemand verwehren dürfe. Die forstpolizeilichen
218 Anordnungen stießen auf den erbitterten Widerstand der Bauernschaft. Man erzählt von Gebirgsbauern, die gelobt haben, der Mutter Gottes eine dicke Wachskerze zu opfern, wenn die Forstaufsicht in ihrem Tal aufgehoben würde.[238]

Zu geordneter Betriebseinrichtung fehlt im Bauernwald vor allem das forsttechnische Wissen. Das Forstgesetz hat nur für den Großbetrieb – nicht für die Bauernwälder – die Bestellung „sachkundiger Wirtschaftsführer, welche von der Regierung als hiezu befähigt anerkannt sind“, angeordnet. Nur für Tirol ist schon durch eine kaiserliche Verordnung von 1856 die Bewirtschaftung der Gemeindewälder den staatlichen Forstpolizeibehörden unterstellt worden; aber auch dort blieb das wenig wirksam, da die Aufsicht über Wirtschaftsbezirke von 20.000 Hektar Waldes einem einzigen Forstbeamten übertragen wurde![239] Bei der allgemeinen Wendung der staatlichen Forstpolitik im Jahre 1873 suchte die Regierung die allgemeine Be-

238 Syrutschek, *Über forstgesetzwidrige Holzschlägerungen in servitutsfreien Bauernwaldungen und das forstpolizeiliche Strafverfahren,* Wien 1896.

239 Hufnagl, *Zur Gesetzgebung über die Ödland-Aufforstung, den Waldschutz und die Beförsterung in Österreich,* Wien 1907, Seite 15.

försterung des bäuerlichen Waldbesitzes durch die Verfügung durchzusetzen, daß die Eigentümer von Wäldern, die „zu klein sind, um die selbständige Bestellung eines Wirtschafts- oder Schutzpersonals als zweckmäßig erscheinen zu lassen, für die Bewirtschaftung und Beaufsichtigung ihrer Wälder entweder durch ein Übereinkommen mit benachbarten größeren Waldeigentümern oder durch Bildung einer Genossenschaft zum Zweck einer gemeinschaftlichen Bestellung und Verwendung des Wirtschafts- oder Schutzpersonals vorzusehen" haben. Aber die Durchführung dieser Anordnung konnte, da sie über das Gesetz hinausging, nicht erzwungen werden; sie ist tatsächlich niemals durchgeführt worden.[240]

Hand in Hand mit der Umwälzung der Forstwirtschaft ging die Umwälzung der Landwirtschaft. Mit dem Ausbau der Eisenbahnen, mit der Industrialisierung des Landes, mit der Verdichtung des Handelsverkehrs wurde die alte bäuerliche Naturalwirtschaft zersetzt. Der Bauer ging dazu über, Bedürfnisse, die er von alters her aus der eigenen Wirtschaft gedeckt hatte, durch Warenkauf zu decken. Vordem ließ der Gebirgsbauer die aus der eigenen Wirtschaft gewonnene Bockshaut vom Gerber im Lohnwerk gerben und sich aus der gegerbten Haut vom Schneider auf der Stör[241] seine Hose anfertigen; nun zog er es vor, sich beim Krämer des nächsten Marktes eine Tuchhose zu kaufen. Vordem wurden die Schuhe vom Schuster in Störarbeit angefertigt und sie kosteten den Bauern neben der

240 Heck, *Das Genossenschaftswesen in der Forstwirtschaft,* Berlin 1887, Seite 91. – Hufnagl, *Zur Gesetzgebung über die Ödland-Aufforstung usw.*, Seite 13.

241 Arbeit eines selbständigen Handwerkers im Haus seiner Kundschaft (Anm. d. R. von 1976).

Haut, die aus seiner eigenen Wirtschaft stammte, den Lohn für das Ausgerben und den Störlohn des Schusters; jetzt kaufte der Bauer die Schuhe bei dem fahrenden Marktschuster.[242] Vordem deckten die Schafhaltung und der Flachsbau des Bauern seinen Bedarf an Wolle und Leinwand; jetzt gingen Schafhaltung und Flachsbau schnell zurück, der Bauer kaufte Baumwollgewebe auf dem nächsten Markt. Wollte der Bauer aber jetzt auf dem Markt kaufen, was er sich vordem selbst erzeugt hatte, so mußte er auch mehr verkaufen.

Zudem gingen dem Bauern Geldeinkünfte, die er vordem
220 gehabt hatte, verloren. Vordem hatten die Bauern längs der alten großen Verkehrsstraßen aus dem Fuhrwerksdienst bedeutende Einnahmen gezogen; nachdem die Eisenbahnen gebaut worden waren, verödeten die Straßen, die Gespanne der Bauern warfen ihnen die altgewohnten Einnahmen nicht mehr ab. So wurde zum Beispiel längs der Alpenstraßen, auf denen seit Jahrhunderten das Salz aus dem Salzkammergut nach Süden, das Eisen aus der Steiermark, das Blei aus Kärnten nach Norden geführt worden war, die Grundlage vieler Existenzen zerstört.[243] Vordem waren aus der kapitalistischen Hausindustrie den Bauern und *Keuschlern* vieler Gebiete Nieder- und Oberösterreichs bedeutende Geldeinnahmen zugeflossen; jetzt erlagen die alte Hausspinnerei und die Hausweberei der Konkurrenz der Fabrik. Um so mehr mußten die Bauern darauf bedacht sein, aus dem Verkauf von Getreide, Vieh und Milch größere Geldeinnahmen zu gewinnen.

So wurden denn die bäuerliche Landwirtschaft und Viehzucht immer mehr von der Produktion für den Eigenbedarf

242 Wimbersky, *Eine obersteirische Bauerngemeinde,* Seite 126.

243 Uitz, *Der Rückgang des bäuerlichen Besitztums,* Seite 231.

auf die Produktion für den Markt umgestellt. Dabei mußte aber der Bauer der Alpengebiete ganz andere Wege gehen als der Bauer des Flachlandes. Vordem hatte der Alpenbauer das Getreide, das er brauchte, ebenso selbst gebaut wie der Flachlandbauer; und hatte der Flachlandbauer sein Vieh im Sommer ebenso auf die Weide getrieben wie der Alpenbauer. Jetzt wurden die Weiden des Flachlandes in Äcker und Wiesen verwandelt; der Bauer ging hier zum Futterbau und zur Sommerstallfütterung über. In den Alpengebieten aber mußte der Bauer umgekehrt verfahren. Die Almen konnten nicht in Äcker und Wiesen verwandelt, sie konnten nur besser als vordem ausge-
nützt, stärker mit Vieh besetzt werden. Wollte der Alpenbauer aber mehr Vieh im Sommer auf die Alm treiben, dann mußte er auch mehr Vieh überwintern können; er mußte daher den Futterbau auf Kosten des Getreidebaues ausdehnen. Lag vorher auch in den Alpengebieten der Schwerpunkt der bäuerlichen Wirtschaft im Getreidebau, hatte der Alpenbauer vorher selbst die schönsten Matten zum Anbau von Halmfrüchten benützt und die Alm nur als ein Mittel zur Entlastung seines Talgutes geschätzt, so trieb der Alpenbauer nunmehr erwerbsmäßig Viehzucht, er schränkte seinen Getreidebau wesentlich ein und begann, Getreide für seinen Eigenbedarf zuzukaufen, aber dafür erzeugte er Zucht- und Nutzvieh, Milch, Butter und Käse für den Markt, und die nunmehr ungleich stärker besetzte Alm wurde zum wichtigsten Bestandteil seiner Wirtschaft. Damit erst differenzierte sich die Almwirtschaft scharf von der Flachlandwirtschaft.[244]

Der Alpenbauer vergrößerte seine Futterproduktion im Tal. Die versumpften Grasflächen in den Tälern wurden entwässert

244 Thallmayer, *Österreichs Alpwirtschaft,* Wien 1907, Seite 7.

und damit in gute Wiesen verwandelt. Einschürige *Galtmähder* wurden durch Melioration und Düngung zu zwei- und dreischürigen Wiesen.[245] Die alten Heimweiden und Auen im Tal wurden aufgeteilt und zum Futterbau verwendet.[246] Je mehr Futter für die Winterung aber der Bauer im Tal bauen konnte, desto stärker wurde sein Bedürfnis nach der Ausdehnung seiner hochgelegenen Weideflächen für die Sommerung. Die starke Nachfrage nach hochgelegenen Weideflächen steigerte die Bodenpreise in den Höhen.

Solange im Dorf die Naturalwirtschaft geherrscht hatte, beherrschte die Tradition die Bodenpreise. Jahrhundertelang blieben die Bodenpreise stabil, von den Schwankungen der Preise der Bodenprodukte fast unberührt.[247] Erst als der Bauer geldwirtschaftlich zu wirtschaften und zu rechnen begann, erst seit der Mitte des 19. Jahrhunderts begannen die Bodenpreise schnell zu steigen. Infolge des Steigens der Bodenpreise wurde der Boden bei jedem Erbgang mit hohen Abfindungsgeldern an die „weichenden Geschwister“, bei jedem Besitzwechsel mit hohen Kaufschillingresten belastet. War der Bauer seit 1848 frei geworden von der Abgabe an den Grundherrn, so wuchsen dafür nun von Generation zu Generation die Zinsabgaben, die er an seine Hypothekargläubiger zu entrichten hatte.

Zugleich wurde mit der Industrialisierung des Landes auch die Arbeitsverfassung im Bauernhof umgewälzt. Die Fabriken, die Berg- und Hüttenwerke, die Eisenbahnen und der Fremdenverkehr lockten Söhne und Töchter der Bauern und *Keuschler* an.

245 Kerner, *Der Wald und die Alpenwirtschaft in Österreich und Tirol,* Seite 160.

246 Wopfner, *Der Rückgang bäuerlicher Siedlungen in den Alpenländern,* Innsbruck 1917, Seite 23 f.

247 Belege dafür bei Hainisch, *Die Landflucht,* Jena 1924, Seite 236 ff.

Immer schwerer wurde es dem Bauern, Dienstboten zu finden; obwohl die Arbeitslöhne in der Landwirtschaft weit niederer blieben als in der Industrie, mußte doch auch der Bauer allmählich höheren Geldlohn bewilligen, um seine Dienstboten zu erhalten.

Am schwersten wurden durch diese Entwicklung die hochgelegenen und von den Eisenbahnen entferntesten Bauerngüter getroffen. Solange die Bauern wesentlich für den Eigenbedarf produzierten, war die wirtschaftliche Lage des Bergbauern von der des Talbauern wenig verschieden. Mit der geldwirtschaftlichen Umwälzung wurde das anders. Der Bergbauer kann sein Vieh nur zu gleichem Preise im nächsten Marktort absetzen
wie der Talbauer. Aber der Transport aller Produktions-, Lebens- und Futtermittel zum Hof und aller Produkte vom Hof zum Markt kommt dem Bergbauern ungleich teurer als dem Talbauern. So kann der Bergbauer die hohen Hypothekarzinsen schwerer erschwingen. Und der einsame Hof des Bergbauern findet viel schwerer Dienstboten als der Hof des Talbauern, wo die Arbeit leichter, das Leben geselliger ist. So erlagen die hochgelegenen Höfe zuerst der neuen Entwicklung; die Bauern im Tal, die ihren Besitz an hochgelegenen Weideflächen ausdehnen wollten, kauften die hochgelegenen Bauernhöfe auf. Die vordem bewirtschafteten Bauerngüter wurden zu *Zugütern, Zulehen, Halthuben* herabgedrückt. Sie sind nur noch im Sommer bewohnt, der Ackerbau ist aufgelassen, der Boden wird nur noch als Alm zur Weide oder als Matte zur Heugewinnung für das Talgut genutzt. In allen Teilen unserer Alpenländer sind auf diese Weise viele hochgelegenen Ansiedlungen verödet.[248] Ein bedeutender Konzentrationsprozeß hat sich mit-

248 Wopfner, *Der Rückgang bäuerlicher Siedlungen.* – Hainisch, *Die Landflucht,* Seite 22 ff.

tels dieses Prozesses der Höhenflucht vollzogen: Viele vordem selbständige Bauerngüter wurden von den günstiger gelegenen Großbauerngütern aufgesogen, in ihre Bestandteile verwandelt.

Die verstärkte Viehhaltung führte zu immer schlimmerem Raubbau an dem alten Gemeinbesitz. Die Bauern hatten die Gemeinde- und Gemeinschaftsalmen nie pfleglich behandelt. Das Unkraut wurde nicht *gereutet*, Steine und Schutt nicht geräumt, die notwendigsten Verbauungen gegen Steinschlag, Lawinen und Wildbäche, die notwendigsten Entwässerungs- und Bewässerungsanlagen fehlten. Um die Düngung

der Almen kümmerten sich die Bauern nicht. Die Kuhfladen häuften sich auf den gewöhnlichen Ruhestätten des Viehs; dort siedelten sich dann Disteln, Eisenhut und Lägergras an, welches das Vieh verschmäht. Die Jauche versickerte nutzlos mangels geeigneter Stalleinrichtungen und Jauchengruben. So wurden den weiten Grasflächen die ihnen entzogenen Nährstoffe nicht wiedergegeben. Dieser altgewohnte Raubbau würde aber ungleich gefährlicher als früher, seitdem immer größere Herden auf die Almen getrieben wurden. Noch schlimmer war es, wo der Futterbau im Tale für die Winterung des zahlreichen Viehstandes nicht mehr genügte, die Bauern daher Heu von der Alm ins Tal schafften. Die Folge war, daß der Almboden verarmte, sein Grasertrag sank; bald fanden die Herden auf der Alm nicht mehr zureichendes Futter.[249]

Noch schlimmer erging es den Gemeinschafts- und Gemeindewäldern. Wo man die Heimweiden aufgeteilt und zum Futterbau benützt hatte, dort suchte man neue Heimweiden auf Kosten des Waldes zu gewinnen. Am unteren Waldrand wurden breite Streifen Waldes abgeholzt oder verbrannt und der

249 Stebler, *Alp- und Weidewirischaft,* Berlin 1903, Seiten 269 ff., 358 ff.

Boden als Weide oder gar zum Feldbau genutzt. Sehr oft versagte dann der Boden des gerodeten Waldes nach wenigen Nutzungsjahren jeglichen Ertrag. Auf den Höhen aber wurden am oberen Waldrande infolge des gesteigerten Bedarfes an Brenn- und Zaunholz und Streu, den die verstärkte Besetzung der Almen mit sich brachte, breite Waldstreifen verwüstet. Auf den kahlen Flächen schnitt dann der Tritt des Viehs Wege in die Grasnarbe ein und bahnte so den Muren den Weg.[250]

So hat es sich furchtbar gerächt, daß Verwaltung und Nutzung des Gemeinschaftsbesitzes völlig ungeregelt waren. Zugleich aber vollzogen sich auch schon verhängnisvolle Verschiebungen innerhalb des Gemeinbesitzes. Das liberale Grundbuchgesetz von 1871 ignorierte den bäuerlichen Gemeinschaftsbesitz. Da die bäuerlichen Gemeinschaften keine juristischen Personen waren, betrachtete es die Gemeinschaftsalm und den Gemeinschaftswald als Miteigentum der einzelnen Anteilsberechtigten. Nicht die Gemeinschaft als solche, sondern die einzelnen Anteilsberechtigten wurden als Eigentümer eingetragen. Dies konnte aber in verschiedener Weise geschehen. Zuweilen wurden die „jeweiligen Besitzer" bestimmter Liegenschaften als Eigentümer eingetragen; dann blieb der Anteil an der Agrargemeinschaft ein mit dem Eigentum an der berechtigten Liegenschaft verknüpftes Realrecht. In anderen Fällen aber wurden ohne weiteres einfach die Anteilsberechtigten, mit ihren Namen bezeichnet, als Miteigentümer eingetragen; damit wurde die Agrargemeinschaft zu einer bloßen Personengemeinschaft, der Anteil an der Agrargemeinschaft war rechtlich vom übrigen Grundeigentum des Anteilsberechtigten vollständig losgelöst und der Anteilsberechtigte konnte über ihn nun vollkom-

250 Kerner, *Der Wald und die Alpenwirtschaft,* Seite 160 ff.

men frei, unabhängig von seinem Gut, verfügen.[251] In Zeiten der Not ließ sich der Bauer verleiten, seinen Anteil an der Alm zu verkaufen; damit ging dem Talgut der Mitbesitz an der Alm, also auch jede Möglichkeit almwirtschaftlichen Betriebes verloren. Die Anteile wurden oft von Großgrundbesitzern oder Großbauern erworben, die damit als Fremde in die Agrargemeinschaft eindrangen, nicht selten zu dem Zweck, um sehr bald als Miteigentümer die Ausscheidung ihres Anteils zu verlangen. Die Zersetzung des alten Gemeinbesitzes schritt so fort.

Der Liberalismus hat keinen Versuch unternommen, die chaotischen Rechts-, Verwaltungs- und Nutzungsverhältnisse an den Gemeingründen zu regulieren; er überließ auch sie dem „freien Spiel der Kräfte", Erst nachdem 1879 die Herrschaft des Liberalismus gestürzt, die Regierung der liberalen Großbourgeoisie von der Regierung des feudalen Großgrundbesitzes abgelöst wurde, wurde ein solcher Versuch unternommen. In seinem Machtkampf gegen die liberale Großbourgeoisie stützte sich der feudale Großgrundbesitz auf die Masse der Bauern. Er verhieß den Bauern die Aufhebung der liberalen Grundeigentumsordnung: die Aufhebung der Freiteilbarkeit der Bauerngüter im Erbgang durch das Anerbenrecht, die Aufhebung ihrer Freiteilbarkeit unter Lebenden durch das Höferecht, die Befreiung von der Hypothekenlast durch die Bodenentschuldung, die berufsgenossenschaftliche Organisation des Bauernstandes.[252] Keine dieser großen Verheißungen haben die Ho-

251 *Alpwirtschaftspolitik in Österreich,* veröffentlicht vom k. k. Ackerbauministerium, Wien 1908, Seite 25 f. – Mischler, *Ländliche Besitz- und Schuldverhältnisse,* Seite 50 f.

252 Ertl, *Versuche einer Agrarreform in Österreich,* in: *Geschichte der österreichischen Land- und Forstwirtschaft*, I. 1., Seite 468 ff.

henwart und Falkenhayn erfüllt. Immerhin brach der neue Kurs aber doch mit der Maxime, die Entwicklung der Besitzverhältnisse ganz dem „freien Spiel der Kräfte“ zu überlassen. So wurde denn 1883 der Versuch der Regelung der Rechtsverhältnisse am bäuerlichen Gemeinschaftsbesitz mit dem Reichsgesetz über die Teilung und Regulierung der gemeinschaftlichen Grundstücke unternommen.

Das Reichsgesetz war freilich nur ein Rahmengesetz; nur in Kärnten (1885), Niederösterreich (1886) und Salzburg (1892) wurde es zunächst durch Landesgesetze durchgeführt. Nach diesen Gesetzen sollten entweder die Nutzungsrechte an den Gemeingründen zahlenmäßig fixiert und die Verwaltung der Gemeingründe geregelt oder aber die Gemeingründe auf die Anteilsberechtigten verteilt werden; für beides, für die Regulierung und die Teilung, wurde ein geordnetes Verfahren vorgeschrieben. Aber nur das Kärntner Gesetz ermächtigte die Behörden, dieses Verfahren von Amts wegen einzuleiten; nach den anderen, immer noch unter dem Einfluß der liberalen Scheu vor jedem zwangsweisen Eingriff stehenden Gesetzen tritt das Verfahren in der Regel nur auf Antrag mindestens der Hälfte der Anteilsberechtigten ein. Daher war der Erfolg dieser Gesetze sehr gering; in der überwiegenden Mehrheit der bäuerlichen Gemeinschaften blieben Verwaltung und Nutzung auch weiterhin ungeregelt. Dagegen förderten die Gesetze – auch darin immer noch unter dem Einfluß des liberalen Glaubens an die unbedingte Überlegenheit des individuellen Eigentums – die Teilung des Gemeinbesitzes. Sie ließen sie auch dort zu, wo sie bis dahin verboten war: so für die Wälder, die die agrarischen Gemeinschaften bei der Servitutenablösung nach dem Patent von 1853 bekommen hatten. Vor allem aber wurde neben dem Gemeinschaftsbesitz auch das Gemeindegut dem Regulierungs- und Teilungsverfahren unterworfen. Wo das Eigentum der Gemeinde zustand, die Nutzung aber einer Klasse von Gemeindegliedern vorbehalten war, dort soll nach dem niederösterreichischen Gesetz der Anspruch der Gemeinde gleich einem Viertel des Anspruches der Gesamtheit der Nutzungsberechtigten bewertet werden.[253] Der Gemeinde fiel mithin ein Fünftel des Gemeindegutes als Gemeindevermögen zu, vier Fünftel gingen in das Eigentum der Nutzungsberechtigten über, sei es in ihr Gemeinschafts-, sei es in ihr individuelles Eigentum. In den anderen Ländern wurde der Gemeinde nicht einmal dieser Anteil gesichert!

Der eigentliche Zweck der Regulierungs- und Teilungsgesetze sollte sein, die ungeregelten Rechts-, Nutzungs- und Verwaltungsverhältnisse an den Gemeingründen zu ordnen. Aber noch war die Gesetzgebung viel zu stark unter dem Einfluß der liberalen Ideen des Zeitalters, als daß sie diesen Zweck hätte allgemein erreichen können. Dafür aber benützte die privilegierte Oberschicht der Bauernschaft die Gelegenheit der Erlassung dieser Gesetze, um ihren alten Raubzug gegen das Gemeindegut fortzusetzen. Hatte sie schon vor 1848 die Nutzung des Gemeindegutes für sich monopolisiert, hatte sie dann nach der Gemeindeordnung von 1849 in zahllosen Fällen auch das Eigentum am Gemeindegut für sich usurpiert, so schuf sie sich für diese Usurpation nun auch noch ein rechtliches Verfahren! Diese Sanktionierung des Raubes am Gemeindegut war der Preis, den die Regierung des feudalen Großgrundbesitzes der Großbauernschaft zahlte, auf die sie sich im Kampf gegen die liberale Großbourgeoisie stützte; sie zahlte den Preis auf Kosten

253 Niederösterreichisches Gesetz vom 3. Juni 1886, LGBl. Nr. 39, §§ 1, al. b, 20, Z. 4, 71. – Schiff, *Österreichs Agrarpolitik,* Seite 286 ff.

des dank dem Privilegienwahlrecht von den Landtagen ausgeschlossenen Dorfproletariats und Kleinbauerntums.

Hat die feudalklerikale Regierung immerhin den Versuch unternommen, die Rechtsverhältnisse am bäuerlichen Gemeinbesitz zu regulieren, so hatte sie dagegen kein Bedürfnis, die bäuerlichen Servituten am herrschaftlichen Besitz neu zu regeln. Da blieb also der durch das Servitutenpatent von 1853 gegründete Rechtszustand bestehen. Aber gerade diese Servituten wurden nunmehr zum Gegenstand des heftigsten Kampfes.

Mit der stärkeren Viehhaltung stiegen die Ansprüche der Bauern an den herrschaftlichen Wald. Die Bauern hielten oft viel mehr Vieh, als sie im Winter auskömmlich füttern konnten; im Frühjahr stürzten sich dann große, schlecht gehütete Herden ausgehungerter Weidetiere gierig auf den Wald und richteten „mit Zahn und Tritt“ schwere Schäden an. Aber auch Streu und Holz aus dem herrschaftlichen Wald brauchte der Bauer mehr, je mehr Vieh er hielt. Stiegen also die Ansprüche der Bauern, so erstarkte anderseits der Widerstand der Forstherren gegen die bäuerliche Nutzung.

Schon die Aufschließung weiter Waldzonen durch den Ausbau der Eisenbahnen veränderte ja die Sachlage. Da waren weite Wälder zur Zeit der Servitutenregulierung noch nicht nutzbar gewesen; die Grundherren hatten daher dort gegen die reichliche Bemessung der bäuerlichen Nutzungsrechte bei der Regulierung keinen Einspruch erhoben. Sobald aber mit der Aufschließung eine intensivere Bewirtschaftung des Forstes begann, erklärten die Forstherren, der Wald sei mit Servituten überlastet, und drängten die Forstbehörden zur Einschränkung der bäuerlichen Nutzungen.[254] Die Umstellung

254 Jugoviz, *Wald und Weide in den Alpen,* Seite 52 ff.

der Forstwirtschaft von der Brennholz- auf die Nutzholzproduktion drängte in dieselbe Richtung. Der *eingeforstete* Bauer hatte Anspruch auf Brennholz. Man mußte ihm statt seiner nun Nutzholz geben, das der Bauer zudem dann oft nicht mehr zur Deckung seines Hausbedarfes verwendete, sondern verkaufte, um statt seiner billigeres Brennholz zu kaufen. Je wertvoller mit der fortschreitenden Aufschließung der Forstgebiete, mit der Entwicklung der Säge-, Zellulose-, Papierindustrie das Nutzholz wurde, desto stärker wurde der Widerstand der Forstbesitzer gegen die Holzungsrechte der Bauern.[255]
230 Hand in Hand damit ging die Forstwirtschaft vom *Plenterbetrieb* zum schlagweisen Betrieb über. Damit wurde die bäuerliche Waldweide empfindlich beengt. Im *Plenterwald* gibt es keine Schonflächen. Bei Kahlschlagbetrieb wurde oft die ganze mit dem Weideservitut belastete Parzelle abgeholzt und sodann für 20 Jahre zur Schonfläche erklärt. Bei *Femelschlagbetrieb* wird auf das belastete Waldgebiet eine Unzahl kleiner Schonflächen gelegt – „wie die Sterne am Himmel“, klagten die Bauern –, von denen das Vieh selbst bei guter Hütung schwer fernzuhalten ist; betritt es aber eine Schonfläche dann wird es gepfändet, und der Bauer muß Geldstrafe und Schadenersatz leisten.[256] Bei der Aufforstung reiht die moderne Forstwirtschaft die Bäume möglichst dicht aneinander, um hohe Stämme zu erzielen: dadurch wird den anderen Pflanzen am Waldboden das Licht entzogen, der Graswuchs wird dürftiger, die Waldweide schlechter.[257] Je verwertbarer der Wald, je wertvoller das Holz wurde, desto mehr wehr-

255 Charbula, *Der Salzburger Staatswald,* Seite 70 f.

256 Schiff, *Österreichs Agrarpolitik,* Seite 118.

257 Schwappach, *Forstpolitik, Jagd- und Fischereipolitik,* Leipzig 1894, Seite 177.

ten sich die Forstbesitzer dagegen, ihre Wälder dem Vieh preiszugeben, das die jungen Zweige abnagt und die jungen Pflanzen zertritt. Auch gegen die Streunutzung wurde man mit der pfleglicheren Behandlung der Wälder viel empfindlicher. Hatten sich die Forstbesitzer vordem vornehmlich gegen den Entzug von Aststreu gewehrt, so nunmehr auch gegen die Bodenstreunutzung. Besser als früher verstand man nun, daß die Bodenstreu dem Boden die Nährstoffe wieder zuführt, die der Baum ihm entzogen hat; daß daher mit der Entziehung der Streu der Waldboden verarmen muß. Ängstlicher als früher achtete man jetzt darauf, daß die Entziehung der Streu den Wasserlauf an der Bodenoberfläche beschleunigt, daher zur Zersetzung des Humus, zur Verhärtung der oberen Bodenschicht führt.[258]

So suchten dann die Forstbesitzer die Holzungs-, Weide- und Streunutzungen den Bauern möglichst einzuengen. Alle Mittel der Schikane, die das Forstgesetz den Forstbesitzern so reichlich bot, wurden in verstärktem Maße angewendet. Man wies den *Eingeforsteten* das Holz an den ungünstigsten Orten und zur ungünstigsten Zeit zu. Die Bauern wurden stundenweit in die tiefsten Gräben gewiesen, so daß die Kosten der Bringung den ganzen Wert des Holzes verschlangen. Unmittelbar vor den Almhütten, geradezu vor der Stalltür, wurde aufgeforstet, zwanzigjährige Schonzeiten wurden dekretiert, die Schonflächen versperrten dem Vieh den Weg zur Tränke. Schließlich wendeten sich die Forstbesitzer an die Forstbehörden, die seit der verschärften Handhabung des Forstgesetzes seit 1873 und seit der Wiederherstellung der politischen Herrschaft des Großgrundbesitzes seit 1879 sehr geneigt waren, die bäuerlichen Nutzungsrechte im In-

258 Schwappach, *Forstpolitik,* Seite 40.

teresse des herrschaftlichen Waldes wegen angeblicher Unzulänglichkeit des belasteten Waldes einzuschränken.[259]

Besonders schlimm stand es um die herrschaftlichen Almen, deren Nutzung kraft Servitut den Bauern zustand. Sie wurden noch weniger pfleglich behandelt als die Gemeinde- und Gemeinschaftsalmen. Der Grundeigentümer unterließ alle Meliorationen, da er ja aus der Alm keinen Nutzen zog, die Bauern scheuten alle Meliorationen, da ihnen ja die Alm nicht gehörte. Oft sah es der Grundbesitzer sehr gern, daß die fortschreitende Verwahrlosung und Verwilderung der Alm sie

schließlich für den ihm aus forstlichen und jagdlichen Gründen unbequemen almwirtschaftlichen Betrieb unbrauchbar machte.[260] Sehr oft meldeten die Grundeigentümer bei der Anlegung des Steuerkatasters bestockte Weiden nicht als Weiden, sondern als Wald an, um an Grundsteuer zu sparen; die Forstbehörden gaben dann den Grundbesitzern den ihnen oft sehr erwünschten Auftrag, die Alm aufzuforsten. Damit wurde sie der bäuerlichen Viehzucht entzogen.[261]

Dem erbitterten Kampf zwischen der herrschaftlichen Forstwirtschaft und der bäuerlichen Viehzucht ist ein nicht geringer Teil alten bäuerlichen Besitztums erlegen. Nicht selten gaben die Bauern den Kampf gegen die Schikanen der Forstverwaltung auf und verkauften ihre Nutzungsrechte dem Forstbesitzer. Sehr oft kauften die Forstbesitzer Bauerngüter auf, um den Forst von den Servituten zu befreien. Dies geschah in ver-

259 Schiff, *Österreichs Agrarpolitik,* Seite 115 ff. – Charbula, *Der Salzburger Staatswald,* Seite 61.

260 Thallmayer, *Österreichs Alpwirtschaft,* Seite 139 f. – *Alpwirtschaftspolitik in Österreich,* Seite 31.

261 Schiff, *Österreichs Agrarpolitik,* Seite 119 f.

schiedener Weise. Es wurde bereits dargestellt, wie die geldwirtschaftliche Entwicklung die Lebenskraft vieler hochgelegener Bauerngüter erschüttert hatte; viele solche Bauerngüter wurden von den Forstbesitzern gekauft. In anderen Fällen verkaufte ein reicher Talbauer seine Alm, seinen Wald, seine Nutzungsrechte an den Forstbesitzer; der Bauer benützte dann den Kaufschilling, um das Gut eines Bergbauern aufzukaufen, es als *Zulehen* seinem Gut einzuverleiben und dort Ersatz für den verkauften Wald, für die verkaufte Alm zu finden. In anderen Fällen wieder war das Gut oder auch nur der Waldbesitz eines zugrunde gegangenen Bauern in den Besitz eines Güterschlächters gefallen. Der Güterschlächter schlug zuerst den Wald aus; damit wurde die Bewirtschaftung des Gutes für Jahre unmöglich, da in dem Gut kein hiebreifes Brennholz mehr vorhanden war. Einen solchen Wald konnte jetzt kein Bauer mehr erwerben; er fiel dem Forstbesitzer zur Beute. So begann der große Forstbesitz auf Kosten des Bauernlandes zu wachsen.[262]

Dieses Wachstum wurde aber bedeutend verstärkt durch die Entwicklung der Jagd. Seit dem Beginn der Verfassungsära wurden von den Landtagen Jagdgesetze erlassen, die das von der Konterrevolution im Jahre 1849 dekretierte Jagdrecht noch verschlechterten. Dahin wirkte vor allem der Kaiser Franz Josef I., der, selbst ein leidenschaftlicher Jäger, die Interessen der Landwirtschaft rücksichtslos denen der Jagd unterordnete, dahin wirkte die Machtstellung der Großgrundbesitzerkurie in den Landtagen; aber auch der Liberalismus wehrte sich nicht dagegen, seit sich auch die Bourgeoisie des ihr bis 1848 verwehrten Jagdsports erfreute. Vor allem wurde durch eine Reihe von Landesgesetzen in den Jahren 1874 bis 1878

262 Uitz, *Der Rückgang des bäuerlichen Besitztums,* Seiten 247 f., 257.

die gesetzliche Schonzeit eingeführt, während der das Wild nicht gejagt werden darf; dadurch wurde der Wildstand bedeutend vermehrt. Dann wurde die Wildschadensersatzpflicht des Jagdherrn an die Bedingung geknüpft, daß der Bauer dem Jagdherrn auf sein Verlangen erlaubt, durch Einzäunung seinen Besitz gegen Wildschaden zu schützen, und daß er diese Einzäunung im Stande erhält; nach dem Oberösterreichischen und dem steirischen Gesetz müssen Besitzer von Obst-, Zier- und Gemüsegärten und Baumschulen diese Einzäunung sogar auf ihre eigenen Kosten vornehmen, wenn sie den Anspruch
234 auf Wildschadensersatz nicht verlieren wollen. So wurde ein Teil der Kosten der Wildhegung auf die kleinen Grundbesitzer abgewälzt! In dem Oberösterreichischen und dem Vorarlberger Jagdgesetz wurde den Großgrundbesitzern auch noch ein förmliches Vorpachtrecht auf die benachbarten Gemeindejagden, sofern ihr Gebiet das Ausmaß von 200 Joch nicht erreicht, eingeräumt.[263]

Die Grundherrenklasse hat die bäuerlichen Waldweiderechte bekämpft, weil das Vieh im Walde Schaden anrichte. Dieselbe Grundherrenklasse aber hat mit allen Mitteln die Wildhegung gefördert, obwohl das Wild den jungen Beständen nicht weniger schädlich ist als das Vieh. Während man die forstwirtschaftlichen Interessen gegen die bäuerliche Viehzucht rücksichtslos durchsetzte, hat man dieselben forstwirtschaftlichen Interessen den Interessen der Jagd ohne weiteres untergeordnet. Am schlimmsten war das in jenen Staatsforsten, die zum kaiserlichen *Leibgehege* gehörten. So gehörten zum Beispiel bis 1918 die Staatsforste am Oberlauf der Mürz und der Salza, die dem Kaiser als Hofjagdrevier vorbehalten waren, im-

263 Schiff, *Österreichs Agrarpolitik*, Seite 641 ff.

mer trotz vorzüglicher Bestände zu den ertragärmsten Staatsforsten, weil dort alle forstlichen Interessen den Interessen der Jagd untergeordnet wurden. Der normgemäße Jahreshiebsatz durfte nie erreicht werden, die hiebreifen Bäume mußten ungefällt bleiben, damit nur Wild und Jagd durch den Forstbetrieb nicht gestört wurden.[264] Aber auch in den Privatforsten wurden die Bestände durch die gesetzlich geförderte starke Hegung des Wildes schwer geschädigt. Die Entwicklung der Kulturen wurde durch das Verbeißen der jungen Bäumchen verzögert. In den Fichtenwäldern gab es oft keinen Stamm, der nicht vom Rotwild geschält worden wäre. Oft mußte man des Wildes wegen statt der natürlichen Verjüngung die teurere und dem Waldboden im Gebirge weniger vorteilhafte künstliche Verjüngung anwenden.[265] Trotz alledem förderte der Staat die Wildhegung! Und das in derselben Zeit, in der man im forstlichen Interesse rücksichtslos die Grundlagen der bäuerlichen Viehzucht zerstörte!

Diese Förderung des Jagdsports war um so gefährlicher, als nun eine neue Herrenklasse diesen Sport im großen zu üben begann. Mit der Entwicklung der Industrie und des Bergbaues, des Bankwesens und des Handels war eine Klasse großer Kapitalisten entstanden, die die Lebensführung der alten Aristokratie nachzuahmen versuchte. Die reichgewordenen Eisenwerksbesitzer und Kohlenhändler fühlten sich der alten Aristokratie erst ebenbürtig, wenn es ihnen gelang, Landsitze und großen Grundbesitz zu erwerben, um sich nach alter Edelmannsart der

264 *Anhang zum Bericht des Ausschusses zur Untersuchung der Verhältnisse in der Staatsforstverwaltung,* 393 der Beilagen zu den stenographischen Protokollen des Nationalrates, 1921, Seite 89.

265 Schwappach, *Forstpolitik,* Seite 303 f.

Jagd zu erfreuen. Sie vor allem waren es, die nun Almen und Bauerngründe zusammenzukaufen begannen, um großen, mit dem Rechte der Eigenjagd ausgestatteten Grundbesitz in ihren Händen zu vereinigen. In Niederösterreich waren es die Rothschild, Wittgenstein, Kupelwieser, Berl[266], in der Steiermark die Gutmann, Schoeller, Aichinger, Plange[267], die die Bauerngüter und bäuerlichen Almen in Massen aufkauften und zu großen Jagdgütern vereinigten.

Die Kapitalisten pachteten zuerst die Jagden auf dem staatlichen Forstbesitz und die Gemeindejagden. Dann drangen sie, indem sie Anteilsrechte einzelner Bauern um hohen Preis kauften, in die Almgemeinschaften ein und kauften die Almen auf. Die hohen Bodenpreise, die sie boten, verlockten die Besitzer der wenig widerstandsfähigen hochgelegenen Bauernhöfe, ihnen ihre Güter zu verkaufen. Dann suchten sie auch die Talgüter an sich zu bringen, die durch den Verkauf ihrer Almen ihre Lebensmöglichkeit verloren hatten. War in einem Dorfe erst die Mehrzahl der Güter in die Hand des Kapitalisten gefallen, so wurde die Lage der verbleibenden Bauern sehr schwierig. Der Wildschaden nahm infolge der Überhegung des Wildes durch den Jagdherrn zu, die Felder wurden durch die Aufforstung der Nachbargründe beschattet, die nachbarliche Hilfe für die Instandhaltung der Wege, Wasserleitungen, Weidezäune war verloren. So erlagen auch die Verbleibenden schließlich der Bodengier des Kapitalisten.[268] Peter Rosegger hat diesen Untergang der von dem Kapitalisten

266 Pantz, *Die Bauernlegung in den Alpentälern Niederösterreichs,* Wien 1905, Seite 9 ff.

267 Uitz, *Der Rückgang des bäuerlichen Besitztums,* Seite 233.

268 Uitz, *Der Rückgang des bäuerlichen Besitztums,* Seiten 261, 266 f.

umzingelten Bergbauern in seinem Roman „Jakob der Letzte" geschildert.

Aber nicht nur Bauernland, sondern auch Wälder und Almen der alten Grundherrschaften brachten die Kapitalisten an sich, nicht selten freilich mit der Wirkung, daß die alten Grundherrschaften dann ihrerseits den Kaufschilling an Bauern zum Aufkaufen von Bauerngütern verwendeten. So hat zum Beispiel das Stift Admont seine entlegenen Besitzungen Jagdliebhaber verkauft und sich dann durch planmäßiges Aufkaufen vieler Dutzende Bauerngüter in seinem Hauptbesitz entschädigt. Im Gerichtsbezirk Liezen allein kaufte das fromme Stift auf diese Weise 1135 Hektar Bauernlandes auf.[269]

Dank der großen Geldmittel, über die die kapitalistischen Jagdliebhaber verfügten, dank den Liebhaberpreisen, die sie für Boden boten, war die Wachstumsenergie der neuen Jagdgüter enorm. Der Grundbesitz des Kohlenmagnaten Gutmann in den Gerichtsbezirken Liezen und Rottenmann erstreckte sich 1895 auf 1636 Hektar, 1913 auf 8734 Hektar.[270]

Das steirische Statistische Landesamt hat die Ausdehnung dieses neuen Bauernlegens in den Jahren 1903 bis 1912 festgestellt.[271] Nach diesen Erhebungen gingen 1903 bis 1912 insgesamt im Oberland 24.639 Hektar, in der Mittelsteiermark 24.116 Hektar Bauernlandes verloren: in einem einzigen Jahrzehnt also im Oberland sieben Prozent, in Mittelsteiermark 4,3 Prozent des bäuerlichen Grundbesitzes. Es wurden in diesem Jahrzehnt im Oberland 585, im Mittelland 1710 Bauerngüter

269 Uitz, *Der Rückgang des bäuerlichen Besitztums,* Seite 261.

270 Uitz, *Der Rückgang des bäuerlichen Besitztums,* Seite 233.

271 *Statistische Mitteilungen über Steiermark,* herausgegeben vom Statistischen Landesamt, Hefte XVI, XVIII, XXII.

aufgekauft, das sind im Oberland 5,75 Prozent, im Mittelland 3,77 Prozent aller Bauernwirtschaften.[272] Für die niederösterreichischen Gerichtsbezirke Aspang, Gutenstein und Gaming hat Pantz den Umfang der Bauernlegung in den Jahren 1883 bis 1905 festgestellt. Im Bezirk Gaming wurden in dieser Zeit 111 Bauerngüter aufgekauft, im Bezirk Gutenstein 81, im Bezirk Aspang 24 bäuerliche Anwesen. Vom Bauernland gingen verloren in Gaming 1883 bis 1893 1644 Hektar, 1893 bis 1905 3367 Hektar, in Gutenstein 1883 bis 1893 5164 Hektar, 1893 bis 1905 5590 Hektar, in Aspang 1883 bis 1893 482 Hektar, 1893 bis 1905 517 Hektar. Insgesamt gingen in dem einen Jahrzehnt 1893 bis 1905 in Gaming 10,6 Prozent, in Gutenstein 23,5, in Aspang 2,3 Prozent des Bauernlandes verloren.[273] Auch in Oberösterreich wurden, vornehmlich in den politischen Bezirken Steyr, Kirchdorf und Gmunden, große Jagdgüter aus aufgekauftem Bauernland gebildet.[274] In Salzburg haben die Jagdliebhaber besonders die Almen aufgekauft; in einigen salzburgischen Bezirken wurden dadurch zwischen 1890 und 1905 20 bis 40 Prozent aller Alpen dem almwirtschaftlichen Betrieb entzogen.[275]

Die neuen Eigentümer schätzten die aufgekauften Almen nur als Jagdgebiet; in der Regel wurden sie überhaupt nicht mehr mit Vieh betrieben. In vielen Fällen wurden die Almen aufgeforstet. Sie wurden damit zu Schonflächen, von denen das

272 Wittschieben, *Die Bauernlegungen in Steiermark 1903 bis 1912,* in: *Statistische Mitteilungen aus der Steiermark*, XXVI. Heft, Graz 1916, Seite 7 – Gürtler, *Verlorenes Bauernland,* Graz 1917, Seiten 17 f., 21.

273 Pantz, *Die Bauernlegung,* Seite 9 ff.

274 Uitz, *Der Rückgang des bäuerlichen Besitztums*, Seite 237 f.

275 *Alpwirtschaftspolitik in Österreich,* Seite 5.

Vieh ausgeschlossen war. Nicht selten wurden aber auch umgekehrt die Holzbestände bestockter Almen den Holzhändlern ausgeliefert. Nicht mehr ausreichend betrieben und des Holzes entblößt, verwilderten die Almen. Sie blieben höchstens noch für Galtvieh, Ziegen und Schafe, nicht mehr als Melkviehalpen brauchbar.[276] Selbst wenn die Jagdherren Bauernvieh gegen Weidezins auf die Alm zu nehmen bereit waren, fanden sie oft keines mehr, weil sie, damit das Wild in der Zeit der Hirschbrunft nicht beunruhigt werde, auf vorzeitigem Abtrieb im Herbste bestanden.[277] So verödeten die Almen. Die Hirsche ästen nun, wo vordem die Kühe geweidet hatten.

So blieb denn die Entwicklung des almwirtschaftlichen Betriebes in Österreich eng begrenzt. Während sich in der Schweiz auf der Basis der Almen die Produktion von Zucht- und Nutzvieh, von Milch, Butter und Käse hoher Qualität gewaltig entwickelte, stieß die Almwirtschaft in Österreich auf die enge Schranke der Eigentumsverhältnisse. Die ungeregelten Rechts-, Nutzungs- und Verwaltungsverhältnisse an den Gemeinschafts- und den Servitutsalmen setzten ihrer Meliorierung unüberwindliche Hindernisse entgegen. War daher die Vergrößerung des Viehbestandes durch Intensivierung der Nutzung der vorhandenen Almen nicht möglich, so war die Entwicklung der Viehzucht durch die Ausdehnung der verfügbaren Weideflächen begrenzt. Diese Weideflächen wurden aber eingeengt durch die Beschränkung der Waldweiderechte, durch den Aufkauf der Almen und der Bauerngüter. Die Folge war, daß die alpenländische Viehzucht trotz der steigenden Viehpreise in einen Zustand der Stagnation geriet.

276 *Alpwirtschaftspolitik in Österreich,* Seite 5.

277 Uitz, *Der Rückgang des bäuerlichen Besitztums,* Seite 269.

Der Rinderstand betrug:

	1869	1890	1910
Niederösterreich	503.992	554.153	609.509
Oberösterreich	475.519	553.074	552.877
Salzburg	167.369	143.404	128.618
Steiermark	595.947	700.013	683.443
Kärnten	232.741	247.557	222.383
Tirol und Vorarlberg	461.439	461.220	471.259

240 Wir sehen in Niederösterreich, wo Voralpen- und Flachlandgebiet überwiegen, ein ständiges und sich beschleunigendes Wachstum des Rindviehstandes, dagegen in den rein alpinen Ländern entweder, wie in Tirol und Vorarlberg, ein nur unbedeutendes Wachstum oder aber, wie in Kärnten und vor allem in Salzburg, einen absoluten Rückgang, in Oberösterreich und in der Steiermark aber, die sowohl alpine als auch Voralpen- und Flachlandgebiete umfassen, in den ersten zwei Jahrzehnten noch ein bedeutendes Wachstum, dem dann in den folgenden zwei Jahrzehnten in Oberösterreich Stagnation, in der Steiermark ein absoluter Rückgang folgte.

Der Liberalismus hatte gehofft, die Aufhebung aller Beschränkungen des Verkehrs mit Grund und Boden werde den Boden in die Hände des „besten Wirtes“ führen und dadurch die fortschreitende Intensivierung der Bodennutzung sichern. Gerade das Gegenteil ist eingetreten. Auf der Basis der durch die konterrevolutionäre Gesetzgebung von 1849 bis 1853 geschaffenen Eigentumsverhältnisse hat die kapitalistische Entwicklung in unseren Alpenländern zum Siege der Forstwirtschaft und der Jagd über die alpine Viehzucht und Landwirtschaft, zum Siege also der extensiven Kulturen über die intensiven geführt. Das war die Folge der Tatsache, daß die Gesetzgebung des konterrevolutionären Absolutismus durch das Jagdpatent von 1849 dem Großgrundbesitz sein Eigenjagdrecht gelassen, durch das Forstgesetz von 1852 und das Servitutenpatent von 1853 die bäuerlichen Nutzungsrechte eingeengt, durch die Gemeindeordnung von 1849 den alten Gemeinbesitz ungeregeltem Raubbau preisgegeben hat. Das war die Folge der Tatsache, daß die liberale Großbourgeoisie durch ihre Bodenreform von 1868 das Bauernland dem „freien Spiel der Kräfte" preisgegeben hat. Das war die Folge der Tatsache, daß Gesetzgebung und Verwaltung der feudalklerikalen Regierungen seit 1879 die Entwicklungserfordernisse der alpinen Landwirtschaft rücksichtslos den forstlichen und jagdlichen Interessen der Herren untergeordnet haben. Alle herrschenden Klassen, der habsburgische Absolutismus, die liberale Großbourgeoisie und der klerikale Feudaladel, hatten ihren Teil der Schuld an der Entwicklung einer Rechtsordnung, die zum unüberwindlichen Hindernis der Entwicklung der Produktivkräfte unserer alpinen Landwirtschaft geworden ist. Nur die Erhebung der Bauern selbst, nur der Aufstieg der bäuerlichen Demokratie könnte dieses Hindernis überwinden, der fortschreitenden Extensivierung der Wirtschaft der Alpenländer Einhalt gebieten.

10. Die Reformen der bürgerlichen Demokratie

Von den sechziger bis zu den neunziger Jahren des 19. Jahrhunderts war die Geschichte Österreichs die Geschichte des Klassenkampfes zwischen der liberalen Großbourgeoisie einerseits, dem feudalen Großgrundbesitz und der Kirche an-
242 derseits. Die liberale Großbourgeoisie regierte unter dem „Bürgerministerium“ (1867 bis 1870) und dem „Doktorenministerium“ (1871 bis 1878); der Feudaladel und die Kirche regierten durch die Regierung Taaffe (1879 bis 1893).

Die alpenländischen Bauern bildeten in dieser ganzen Epoche die Gefolgschaft der feudalklerikalen Partei. Aber die feudalklerikale Partei war nicht die Partei der Bauern. In ihr kommandierten die Feudalherren vom Schlage der Grafen Hohenwart und Falkenhayn, die Prälaten vom Schlage der Abte Karlon und Treuinfels. Bei den Wahlen führte der Pfarrer die Bauern zur Wahl der Wahlwerber der klerikalen Partei; war aber die Wahl vorüber, so konnte die bäuerliche Masse, unorganisiert, dem politischen Leben verständnis- und teilnahmslos gegenüberstehend, die Führung der feudalklerikalen Partei nicht beeinflussen. „Daß der Pfaffenhochmut der Karlon, Treuinfels, und so weiter und die Junkermehrwertigkeit der Hohenwart, Falkenhayn und so weiter die braven Bauern nun so als eine Art Troß hinter sich herlaufen ließ“, urteilte der christlichsoziale Abgeordnete Pater Scheicher.[278] Noch waren die Bauern

278 Scheicher, *Erlebnisse und Erinnerungen,* V. Band, Seite 298.

im politischen Leben, was sie bis 1848 in der gesellschaftlichen Organisation gewesen waren: Hintersassen der Feudalherren und der Prälaten.

Erst in den neunziger Jahren begann die Emanzipation der Kleinbürger in der Stadt und der Bauern auf dem Lande, von der Führung der liberalen Großbourgeoisie dort, des Feudaladels da. Die Bewegung begann in den Städten. Der sieghafte Aufstieg der Christlichsozialen und der Deutschnationalen im Kampf gegen die liberale Partei – das war die Befreiung des mittleren und kleinen Bürgertums der Städte von der Führung der Großbourgeoisie.[279] Aber bald griff die Bewegung auch in die Dörfer über. Zuerst in Niederösterreich, wo die geldwirtschaftliche Umwälzung des Dorfes am weitesten fortgeschritten war, wo sie den Bauern dem städtischen Kleinbürger am meisten angenähert hatte. Albert Geßmann organisierte hier die bäuerliche Bewegung und verband sie mit der von Karl Lueger geführten Bewegung des Wiener Kleinbürgertums. 1896 verloren die Liberalen die Mehrheit im niederösterreichischen Landtag. 1902 eroberten die Christlichsozialen in ihm die Alleinherrschaft.

Der Befreiung der niederösterreichischen Bauern von der Herrschaft der liberalen Großbourgeoisie folgte die Befreiung der alpenländischen Bauern von der Führung des Feudaladels. Sie vollzog sich unter den letzten feudalen Regierungen, die in Österreich herrschten: unter den Regierungen des Grafen Badeni (1895 bis 1897) und des Grafen Thun (1898 bis 1899). Zum letztenmal stützten sich damals die Regierungen des feudalklerikalen Adels auf die Abgeordneten der deutschen klerikalen Bauern der Alpenländer einerseits, des Bürgertums und des

279 Vgl. Bauer, *Der Kampf um die Macht,* Wien 1924, Seite 5 ff.

Bauerntums der slawischen Nationen anderseits. Als sich aber die autoritäre Regierung des Grafen Badeni der Wiener Kleinbürgerdemokratie feindlich gegenüberstellte, indem sie Lueger die Bestätigung seiner Wahl zum Bürgermeister verweigerte (1895), da rebellierten in den Dörfern die Pfarrer und die Kapläne, deren Sympathien dem Manne gehörten, der Wien vom Liberalismus befreit hatte. Und als Badeni und Thun die Unterstützung der slawischen Nationen durch die Sprachenverordnungen (1897, 1898) erkauften, die den leidenschaftlichen Widerstand des deutschen Bürgertums entfesselten, begannen

die deutschen Bauern, sich dagegen aufzulehnen, daß ihre Abgeordneten die Regierungen der polnischen Schlachzizen und der tschechischen Feudalherren stützten. Nun rebellierten überall die Kapläne gegen die Bischöfe, die Bauern gegen die Prälaten. Am leidenschaftlichsten wurde der Kampf in Tirol geführt, wo die Christlichsozialen, von Schraffl und Schöpfer geleitet, die Bauern gegen die autoritären Altklerikalen mobilisierten.

Indessen hatte sich in den Städten und Industriegebieten die Arbeiterklasse, von der Sozialdemokratie geführt, erhoben. In fünfzehnjährigem Kampfe um das allgemeine und gleiche Wahlrecht sprengte sie schließlich die Wahlrechtsprivilegien. 1907 war das allgemeine und gleiche Wahlrecht erobert. Die Kurien des Großgrundbesitzes und der Handelskammern verschwanden. Die Feudalherren und die liberalen Handelskammervertreter saßen nicht mehr im Parlament. Auf der Basis des demokratischen Wahlrechtes konnte die herrschende kaiserliche Bürokratie das Parlament nur führen, indem sie die kleinbürgerlichen und die bäuerlichen Massen unter ihrer Führung gegen das anstürmende Proletariat zu gemeinsamer Regierung vereinigte. Nunmehr gelangte der Prozeß zu seinem Abschluß: Im ersten Parlament des allgemeinen und gleichen Wahlrechtes vereinigten sich die Vertreter der Altkonservativen aus Oberösterreich, Salzburg und Steiermark mit den niederösterreichischen und Tiroler Christlichsozialen zu der großen christlichsozialen Partei; Geßmann und Ebenhoch traten als Vertreter der Bauernschaft in die Regierung Beck ein (1907). Die Bauernvertreter saßen an der Stelle der Feudalherren auf der Ministerbank.

Erst im Verlauf dieser großen Umwälzung ist die Bauernmasse wieder geworden, was sie seit ihrer Niederlage in den Bauernkriegen nicht mehr war: eine selbständig wirkende Macht. Seit den neunziger Jahren haben sich die Bauern in ihren Raiffeisenkassen und Vertriebsgenossenschaften organisiert, haben sie es gelernt, am politischen Leben regen Anteil zu nehmen, haben sie aus ihrem Schoß eine neue, in der Verwaltung der Gemeinden und der landwirtschaftlichen Genossenschaften geschulte Führerschaft hervorgebracht. Hatten vor dem Grafen und Prälaten die Bauern geführt, so traten nun reiche Bauern, Gastwirte und Pfarrer an ihre Spitze.

Die Führung der Bewegung lag in den Händen der Oberschicht der Bauernschaft. Es waren die *Honoratioren* am Wirtshaustisch im Dorfe, es waren die Pfarrer, die reichen Bauern, die Gastwirte, Viehhändler, Mühlen- und Sägebesitzer, die die Bewegung in den Dörfern organisierten und die bäuerlichen Organisationen leiteten. Statt des Feudalherren führte nun der Dorfbourgeois das Landvolk.

Die Bewegung trug vom Anfang an zwieschlächtigen Charakter. Als demokratische Massenbewegung war sie gegen die herrschende Oligarchie, gegen Großbourgeoisie und Großgrundbesitz gerichtet. Sie vertrieb durch den Ausbau der Raiffeisenkassen den kapitalistischen Wucherer aus dem Dorfe. Sie setzte durch den Ausbau der Vertriebsgenossenschaften dem kapitalistischen Handel im Dorfe Schranken. Sie verfocht das bäuerliche

Nutzungsrecht gegen das Privateigentum des Großgrundbesitzers. Aber war es eine demokratische Bewegung, so war es doch eine Bewegung der *bürgerlichen* Demokratie. Wenn sie sich gegen Kapital und Großgrundbesitz wendete, so wendete sie sich doch zugleich schon nicht minder heftig gegen das Proletariat. Die fortschreitende Industrialisierung hatte die „Landflucht“ der Bauernsöhne und der Landarbeiter und damit die „Leutenot“ auf dem Lande verschärft. Der Bauer war erbittert über die wachsende „Begehrlichkeit“ des Knechtes und des *Keuschlers*. Trat der Dorfbourgeois im Kampf um Wald und Alm dem

Großgrundbesitzer entgegen, so sah er doch im Großgrundbesitzer seinen natürlichen Bundesgenossen im Kampfe gegen das Proletariat.

Die agrarpolitische Gesetzgebung der Landtage gewann nun ganz neuen Charakter. Im Jahre 1905, dem Jahre, in dem die erste Russische Revolution den Wahlrechtskampf des österreichischen Proletariats entfesselte in diesem Jahre des entscheidenden Sieges der Demokratie in Österreich über die alte Oligarchie, errang auch die bäuerliche Alm ihren ersten Sieg über den herrschaftlichen Wald. Der Salzburger Landtag beschloß 1905 das erste Alpenschutzgesetz. Hatte das Forstgesetz von 1852 den Grundsatz verkündet: „Was Wald ist, muß Wald bleiben“, so stellte dieses Gesetz dem den Grundsatz gegenüber: „Was Alm ist, muß Alm bleiben.“ Das Gesetz sagte:

> Die zur Zeit des Inkrafttretens dieses Gesetzes bestehenden Almen sind dem almwirtschaftlichen Charakter und Betrieb zu erhalten. Die Entziehung der Almen aus dem almwirtschaftlichen Betrieb, die Umwandlung des Almbodens oder eines Teiles desselben in eine andere Kulturgattung sowie alle Handlungen, welche den künftigen Bestand der Almen gefährden oder unmöglich machen, sind verboten.

Wird diesem Verbot zuwidergehandelt, so kann die für das Land eingesetzte Almkommission einen Verwalter für die Alm bestellen oder die Alm verpachten.[280]

Das Salzburger Vorbild wurde zuerst in Kärnten nachgeahmt. Dort bekam die Almenschutzgesetzgebung neuen Inhalt. Sie war vor allem darauf gerichtet, die Melioration der Almen mit öffentlicher Unterstützung zu ermöglichen, diese Unterstützung aus öffentlichen Geldern aber an die Bedingung zu knüpfen, daß die Nutzung der Almen reguliert und die Befolgung der Regulierungspläne unter behördliche Aufsicht gestellt wird. Zugleich aber mit dem Almenschutzgesetz regelte der Kärntner Landtag im Jahre 1907 durch ein besonderes Gesetz auch die Rechtsverhältnisse am Gemeinschaftsgut. Die individuellen Anteilsrechte am Gemeinschaftsgut wurden in Realrechte verwandelt, die vom Eigentum an der berechtigten Liegenschaft nicht losgelöst, also nicht ohne sie verkauft werden können; die Veräußerung und Belastung des Gemeinschaftsgutes selbst wurde verboten. Damit wollte man sowohl den Ankauf der Almen als auch den Ankauf individueller Weiderechte durch Forst- und Jagdherren verhindern.[281]

Diesem Beispiel Salzburgs und Kärntens folgten nun sehr schnell die Almenschutzgesetze der übrigen Länder.[282] Damit war zunächst ein defensiver Erfolg errungen: Die Almenschutzgesetze schützten die bäuerliche Viehzucht dagegen, daß Forst-

280 *Alpwirtschaftspolitik in Österreich,* Seite 8 ff.

281 *Alpwirtschaftspolitik in Österreich,* Seite 31.

282 Niederösterreich: Gesetz vom 31. August 1908, LGBl. Nr. 116 ex 1909. Oberösterreich: Gesetz vom 28. Juni 1909, LGBl. Nr. 32 ex 1910. Steiermark: Gesetz vom 7. September 1909, LGBL. Nr. 69. Tirol: Gesetz vom 11. Mai 1909, LGBl. Nr. 60.

und Jagdherren die Almen kauften, sie aufforsten oder, bloß auf die Jagd bedacht, verwildern ließen. Aber das genügte den Bauern nicht: Sie suchten ihre Weiderechte zu erweitern. Zunächst suchten die Bauern ihre politische Macht dazu zu nutzen, die bäuerlichen Weiderechte auf dem staatlichen Forstbesitz zu erweitern. Ebenhoch, der Ackerbauminister der ersten aus dem Parlament des allgemeinen und gleichen Wahlrechtes hervorgegangenen Regierung, verordnete 1907 in einem Erlaß an die Forst- und Domänendirektionen, daß der Almenboden in den Staatsforstgebieten der Viehzucht in tunlichst aus-

gedehntem Maße zur Verfügung zu stellen sei. Die Einschränkung der Weiderechte durch Aufforstungen sei zu vermeiden: „Überhaupt werden bei Beurteilung des Verhältnisses zu den Servitutsberechtigten nicht bloß deren urkundlich bestehenden Rechte zu wahren, sondern darüber hinaus die viehzüchterischen Interessen so weit zu berücksichtigen sein, als sich dies vom forstlichen Standpunkt rechtfertigen läßt." Auch Weideboden, der mit Servituten nicht belastet ist, sei gegen Entgelt den Landwirten zu überlassen.[283]

Eine Erweiterung der bäuerlichen Weiderechte auf Kosten des privaten und des kirchlichen Großgrundbesitzes wagte freilich auch die neue Agrargesetzgebung nicht zu verfügen. Zwar erließen die Landtage neue Gesetze über die Regulierung und Ablösung der Servituten.[284] Aber auch diese Gesetze hielten daran fest, daß das Ausmaß der bäuerlichen Nutzungsrechte durch die auf Grund des Servitutenpatents von 1853 erfolgte Regulierung begrenzt bleibe. Sie gaben den Berechtig-

283 *Alpwirtschaftspolitik in Österreich,* Seite 56 f.

284 Niederösterreich: Gesetz vom 25. Juni 1908, LGBl. Nr. 120 ex 1911. Kärnten: Gesetz vom 28. August 1908, LGBl. Nr. 33 ex 1910.

ten und den Verpflichteten das Recht, eine neue Regulierung oder Ablösung zu verlangen. Sie sicherten die Bauern gegen willkürliche Einschränkung ihrer Weiderechte, indem sie die Aufforstung des mit Servituten belasteten Weidebodens nur mit behördlicher Genehmigung zuließen und den Bauern für den Fall dieser Genehmigung den Anspruch auf Zuweisung eines anderen entsprechenden Weidebodens zuerkannten. Sie sicherten dem Bauern für den Fall der Ablösung der Servituten den Anspruch auf vollwertige Entschädigung. In alledem drückte sich die neue Machtstellung der Bauernschaft sehr deutlich aus. Aber bei alledem handelte es sich doch nur um die Sicherung oder um die vollwertige Ablösung jener Rechte, die die Servitutenregulierung auf Grund des Patents von 1853 den Bauern noch gelassen hatte, nicht um eine Erweiterung dieser Rechte.

Auch die Gesetzgebung über die Teilung und Regulierung des Gemeinschaftsgutes erhielt nun neuen Anstoß. In den Ländern, in denen die Durchführungsgesetze zum Reichsrahmengesetz von 1883 in den achtziger Jahren nicht zustande gekommen waren, wurden sie nun erlassen.[285] Freilich blieben auch diese Gesetze sehr mangelhaft. Die Regulierung der Nutzung und Verwaltung des Gemeinschaftsgutes erfolgt noch immer in der Regel nur auf Antrag der Teilgenossen, nicht von Amts wegen, die Gemeinschaften werden nicht als juristische Personen konstituiert, das Recht des einzelnen Miteigentümers, auf Grund des bürgerlichen Gesetzbuches die Ausscheidung seines Anteils aus der Gemeinschaft zu verlangen, bleibt un-

285 Oberösterreich: Gesetz vom 28. Juni 1909, LGBl. Nr. 36. Steiermark: Gesetz vom 26. Mai 1909, LGBl. Nr. 44. Tirol: Gesetz vom 19. Juni 1909, LGBl. Nr. 61.

berührt.[286] Eine allgemeine Regelung der anarchischen Nutzungs- und Verwaltungsverhältnisse am Gemeinschaftsgut haben auch diese Gesetze nicht erreicht. Immerhin sind sie aber doch anderen Geistes und Inhalts als die Teilungs- und Regulierungsgesetze der achtziger Jahre. Am anschaulichsten zeigt die Salzburger Gesetzgebung die Wandlung. Dort wurde das Teilungs- und Regulierungsgesetz von 1892 im Jahre 1910 novelliert.[287] Die Novelle ist eine Zusammenstellung der neuen Rechtsgedanken, die die Teilungs- und Regulierungsgesetze von 1908 bis 1910 von denen der achtziger Jahre unterscheiden. Da werden die Anteilsrechte am Gemeinschaftsbesitz in Realrechte verwandelt, die von der berechtigten Liegenschaft nicht abgetrennt werden können. Veräußerung und Belastung gemeinsamer Almen und Wälder ist nur mit Bewilligung der Landesregierung erlaubt. Die Regulierung der Nutzung und Verwaltung des gemeinschaftlichen Besitzes kann, wo die Kulturinteressen dies erfordern, auch von Amts wegen angeordnet werden. Bei der Regulierung können auch Bestimmungen über den Wirtschaftsplan, die pflegliche Behandlung und die Meliorierung der Almen und Wälder, die Herstellung gemeinsamer Anlagen angeordnet werden. Teilungsbegehren können abgewiesen werden, wo die Teilung den Kulturinteressen abträglich wäre.

Auf die größten Schwierigkeiten stießen die Landtage aber, wo sie das Jagdrecht den Bedürfnissen der Bauernschaft gemäß neu gestalten wollten. Wohl gelang es den Bauern, eine Reihe

286 Schiff, *Die agrarpolitische Gesetzgebung der Landtage 1902 bis 1908,* in: *Zeitschrift für Volkswirtschaft, Sozialpolitik und Verwaltung,* XVII. Band, Seite 540 ff.

287 Gesetz vom 11. Oktober 1892, LGBl. Nr. 32; Gesetz vom 20. November 1910, LGBl. Nr. 79.

neuer Jagdgesetze durchzusetzen.[288] Diese Gesetze beseitigten zunächst alle die Vorschriften, die die Gemeindejagden den Großgrundbesitzern in die Hände spielen sollten: Nicht mehr der Bezirkshauptmann, sondern die Gemeinden selbst (oder, in Niederösterreich und Vorarlberg, die an ihre Stelle tretenden Jagdgenossenschaften) verpachten die Bauernjagden; auf Gemeindejagdgebieten einer Ausdehnung von weniger als 200 Joch steht nicht mehr den benachbarten Eigenjagdbesitzern ein Vorpachtrecht zu, sie werden vielmehr mit benachbarten Gemeindejagden vereinigt. Gegen die übermäßige Hegung des Wildes durch die Eigenjagdbesitzer sehen die neuen Jagdgesetze mancherlei Maßnahmen vor. In Niederösterreich und in der Steiermark können die Behörden in den Weinbaugebieten die Ausrottung der den Reben schädlichen Hasen anordnen, in der Steiermark können sie unter Umständen die Schonzeit für die Hirsche aufheben. Die Bestimmungen über den Ersatz der Wildschäden wurden wesentlich verbessert. Die neuen Jagdgesetze in der Steiermark, in Kärnten und in Vorarlberg suchten auch schon dem Aufkauf von Bauerngütern zum Zwecke der Bildung neuer Eigenjagdgebiete entgegenzuwirken, indem sie den Behörden das Recht einräumten, die Bildung neuer Eigenjagdrechte auszuschließen, wo das Interesse der Landeskultur dies erfordert. Den Bauern genügten freilich diese Reformen noch nicht. Immer wieder versuchten die Landtage, weitergehende Reformen des Jagdrechtes durchzusetzen. Da sollte die Bildung neuer, die Vergrößerung der bestehenden Eigenjagdge-

288 Niederösterreich: Gesetz vom 22. November 1901, LGBl. Nr. 42 ex 1902. Kärnten: Gesetz vom 4. August 1902, LGBl. Nr.15 ex 1903. Vorarlberg: Gesetz vom 20. November 1904, tir. LGBl. Nr. 15 ex 1907. Steiermark: Gesetz vom 21. September 1906, LGBl. Nr. 5 ex 1907.

biete überhaupt ausgeschlossen werden, es sollte die Verpflichtung der Gemeinden, die Bauernjagd an den Meistbietenden zu verpachten, aufgehoben, es sollten die Behörden verpflichtet werden, die Schonzeit für die Hirsche außer Wirksamkeit zu setzen, wo immer der Landesausschuß dies verlangte. Aber all das setzten die Landtage nicht mehr durch: Der Kaiser verweigerte diesen Jagdgesetzentwürfen die Sanktion![289]

Offenbarte sich in der Almen-, der Servituten- und der Jagdgesetzgebung der demokratische, gegen den Großgrundbesitz gerichtete Charakter der neuen Gesetzgebung, so trat
252 doch nicht minder scharf ihr bourgeoiser, gegen das Dorfproletariat gerichteter Charakter hervor. Er tobte sich nicht nur in den von den christlichsozialen Landtagen beschlossenen Dienstbotenordnungen aus, sondern auch in vielen Einzelheiten der neuen Agrargesetze. Recht deutlich prägt sich in ihnen die Tendenz aus, innerhalb der Einwohnergemeinde eine engere, auf die Grundeigentümer beschränkte, privilegierte Realgemeinde wiederherzustellen. Diese Tendenz offenbart sich schon in der Verwandlung der Anteilsrechte am Gemeinschaftsgut in untrennbar mit dem Eigentum an den berechtigten Liegenschaften verknüpfte Realrechte; denn dadurch wurde nicht nur Grund- und Jagdherren, sondern auch aufsteigenden *Keuschlern* und Kleinbauern das Eindringen in die Agrargemeinschaften verwehrt. Noch deutlicher zeigt sich dieselbe Tendenz in der niederösterreichischen Jagdgesetzgebung. War die Ausübung der Jagd außerhalb der Eigenjagdgebiete seit 1849 den Gemeinden zugestanden, so wurde sie durch das niederösterreichische Jagdgesetz von 1901 den ausschließlich aus den Grundeigentümern gebildeten Jagdgenossenschaften übertragen; die Verfügung

289 Schiff, *Die agrarpolitische Gesetzgebung der Landtage,* Seite 688 ff.

über die Jagd wurde den Gemeinden entzogen, damit das Proletariat, das Einfluß auf die Gemeinden zu gewinnen begann, vom Einfluß auf die Jagd ausgeschlossen bleibe.

Das Dorfproletariat aber, noch nicht zur Teilnahme am öffentlichen Leben erwacht, noch unorganisiert, noch ohne Einfluß auf die Gemeinden und die Landtage, vermochte sich nicht zu wehren. Noch bildete es den bloßen Troß der herrschenden Großbauernschaft, wie diese selbst zwei Jahrzehnte vorher noch den bloßen Troß des Feudaladels gebildet hatte.

Erst der Krieg und die durch den Krieg entfesselte Revolution von 1918 haben auch das Dorfproletariat geweckt. Am Ende des Krieges ging auch durch die Bauernschaft eine starke Bewegung. Auch der Bauer war aus dem Schützengraben voll Haß gegen Krieg und Militarismus, gegen Bürokratie und Plutokratie zurückgekehrt. Auch der Bauer hoffte, als die Revolution den Kaiser verjagte, eine große Umwälzung der Eigentumsverhältnisse. Jetzt sei die Zeit gekommen, das von den Herren geraubte Bauernland den Nachkommen „Jakob des Letzten" wiederzugeben; jetzt die Zeit, den großen Grundbesitz auf die Bauernsöhne zu verteilen, Wald- und Weidenutzung neu zu regeln, das Jagdrecht neu zu gestalten.

Aber diese Bewegung der Bauernschaft geriet sehr bald in Gegensatz zum städtischen und zum ländlichen Proletariat.

Mit furchtbarer Gewalt hatte während des Krieges der ungeheure militärische Requisitionsapparat der Kriegswirtschaft auf den Bauern gelastet. Er hatte den Viehbestand des Bauern zerstört; er hat dem Bauern die freie Verfügung über seinen Arbeitsertrag genommen; Er hat den Bauern gezwungen, seine Erzeugnisse tief unter dem freien Marktpreis zu verkaufen. Das erste, was der Bauer von der Revolution forderte, war die Befreiung von der Kriegswirtschaft. Aber diese Forderung konnte die Revolution nicht erfüllen. Von den neuen Nachfolgestaaten blockiert, konnte sie in der Zeit der furchtbarsten Lebensmittelnot das zentrale Anforderungs- und Bewirtschaftungssystem nicht entbehren. Der Bauer sah, daß statt der militärischen Requisitionskommanden nunmehr die Arbeiterräte die Aufbringung erzwangen, den Schleichhandel verfolgten, die Übertretung der Höchstpreisvorschriften bekämpften. Der Bauer sah im Proletarier den Feind, der ihm die freie Verfügung über seine Arbeitsprodukte verweigerte.

Im Sturm der Revolution hatten sich auch die Landarbeiter
254 erhoben. Sie begannen sich zu organisieren, sie stellten Lohnforderungen, sie setzten sie durch Streiks durch, sie zwangen nicht nur den Gutsbesitzern, sondern auch den Bauern Kollektivverträge auf, in denen geregelt wurde, welchen Lohn „das Großmensch“ und „das Kleinmensch“ zu bekommen hatten. Der Bauer sah die proletarische Revolution auf sein eigenes Heim übergreifen, seine eigene Autorität erschüttern. Zugleich wälzte die Einführung des allgemeinen und gleichen Gemeindewahlrechts die Machtverhältnisse in den Gemeinden um. Die Landarbeiter, *Keuschler*, Kleinbauern stürzten die Herrschaft der Großbauern in den Gemeindestuben. Sie nahmen den alten Kampf um die Nutzung des Gemeindegutes von neuem auf.

Das Dorfproletariat begann sich mit dem industriellen Proletariat zu verbünden. Es stieß zur Sozialdemokratie. Der Bauer dagegen, sich gegen die Aufrechterhaltung der Zentralwirtschaft auflehnend und durch die Bewegung des Dorfproletariats geschreckt, geriet in immer heftigeren Gegensatz zur Sozialdemokratie. Die Sozialdemokratie war daher nicht imstande, die Führung der demokratischen, die Umwälzung der Eigentumsverhältnisse fordernden Bewegung an sich zu reißen, die zu Ende des Krieges auch durch die Bauernschaft ging.

Diese Bewegung entfaltete sich vielmehr im Schoße der christlichsozialen Partei.

Seitdem Albert Geßmann das Bündnis zwischen den Bauern und dem von Lueger geführten städtischen Mittel- und Kleinbürgertum gegründet hatte, war die Bauernschaft unter der Fuhrung des christlichsozialen Bürgertums der Städte gestanden. Aber diese bürgerliche Führung der Bauernschaft wurde durch die Revolution zunächst schwer gefährdet. Dem städtischen Bürgertum bedeutete die Revolution die Erschütterung seiner Herrschaft in seinen Betrieben, die Vernichtung seiner Macht in den Gemeinden, seine Unterwerfung unter die Gewalt der Arbeiter im Staat. Es war in offen konterrevolutionärer Stimmung. Es fühlte sich als die konservative Macht, die die bestehenden Eigentumsverhältnisse gegen den Ansturm des Proletariats, gegen die drohende Sozialisierung der Produktionsmittel zu verteidigen hätte. Die Bauernschaft dagegen war am Anfang der Revolution nicht in konterrevolutionärer Stimmung. Sie war, durch den Krieg erbittert, republikanisch, antimilitaristisch, antiplutokratisch gestimmt, sie drängte selbst nach der Umwälzung der ländlichen Eigentumsverhältnisse. Im Frühjahr 1919 befreiten sich die Bauernvertreter im Schoße der christlichsozialen Partei von ihrer städtisch-bürgerlichen Führung und koalierten mit der Sozialdemokratie; aus der Koalition ging die Regierung Renner-Fink hervor. Aber diese Lage war von sehr kurzer Dauer. Je schärfer im Verlauf der Revolution der Gegensatz zwischen der Bauernschaft und dem Proletariat wurde, desto schneller und vollständiger gelang es den städtischen Christlichsozialen, die christlichsozialen Bauernvertreter wieder ihrer Führung zu unterwerfen.[290]

290 Vgl. Bauer, *Die österreichische Revolution,* Wien 1923, Seiten 122 ff., 129, 211 f.

Dieser soziale Prozeß bestimmte die Agrargesetzgebung der Revolution. Die Sozialdemokratie setzte einige Reformen im Interesse des besitzlosen Landproletariats durch: die Pächterschutzverordnung[291], das Gesetz über die Ablösung der Zinsgründe und das Luftkeuschenablösungsgesetz[292] und vor allem die Landarbeiterordnungen. In der Gesetzgebung über die Neugestaltung der bäuerlichen Besitzverhältnisse aber behielt die christlichsoziale Partei die Führung. Diese Gesetzgebung trug daher zwieschlächtigen Charakter. Durch die Revolution war es zur Funktion der christlichsozialen Partei geworden, die bürger-
256 liche Eigentumsordnung gegen den Ansturm des Proletariats, gegen den Sozialismus zu verteidigen; aber die christlichsoziale Partei mußte anderseits das aus der Revolution hervorgegangene Drängen ihrer bäuerlichen Gefolgschaft nach einer Umwälzung der ländlichen Eigentums- und Nutzungsverhältnisse zu befriedigen suchen. So mußte sie denn diesem Drängen der Bauernschaft im Rahmen der bestehenden Eigentumsordnung, ohne jede wesentliche, grundsätzliche Änderung der bestehenden Eigentumsverhältnisse, Zugeständnisse machen. Daher die Halbheit, die Zwieschlächtigkeit, die Ängstlichkeit, die Grundsatzlosigkeit der Agrarpolitik der Revolution.

Der erste Schritt war noch rein defensiven Charakters. Schon während des Krieges hatte eine kaiserliche Verordnung die Übertragung des Eigentums an land- und forstwirtschaftlich genutztem Boden an die Zustimmung von Grundverkehrskommissionen gebunden; dieses neue Prinzip wurde durch das

291 Vollzugsanweisung vom 18. Dezember 1919, StGBl. Nr. 589; Verordnung vom 16. Juli 1921, BGBl. Nr. 398.

292 Gesetz vom 4. Dezember 1918, StGBl. Nr. 94; Bundesgesetz vom 26. April 1921, BGBl. Nr. 273.

Grundverkehrsgesetz von 1919 ausgestaltet.[293] Diese Beschränkung hatte zunächst den Zweck, den Aufkauf der Bauerngüter durch Kriegs- und Inflationsgewinner zu Verhindern. Darüber hinaus aber hofften die Bauern, dadurch auch jede weitere Expansion der großen Forst- und Jagdgüter auf Kosten des Bauernlandes unmöglich zu machen. Aber da man diesen Zweck nicht anders zu erreichen verstand als dadurch, daß man jede Eigentumsübertragung an die Zustimmung von Kommissionen band, in denen die Vertreter der Gemeindeklüngel und der landwirtschaftlichen Korporationen die Führung haben, ist das Gesetz zu einer Quelle von Willkür und Korruption geworden.

Aber dieses Gesetz, das bestenfalls den weiteren Verlust von Bauland an den Großgrundbesitz verhüten konnte, genügte den Bauern nicht. Sie wollten ihren Söhnen das im vergangenen halben Jahrhundert verlorene Bauernland wieder erobern. Diesem Zweck sollte das Wiederbesiedlungsgesetz, das eigentliche Kern- und Hauptstück der Agrargesetzgebung der Revolution, dienen.[294]

Das Gesetz regelt zwei verschiedene Aktionen. In seinem ersten Teil strebt es die Wiederherstellung von Bauerngütern an, die seit dem Jahre 1870 aufgekauft, vom Großgrundbesitz aufgesogen worden sind. In seinem zweiten Teil dagegen will es Bauerngütern, die erhalten geblieben sind, Grundstücke und Nutzungsrechte wiedergeben, die sie seit dem Jahre 1870 verloren haben.

Der erste Teil des Gesetzes bestimmt: Land- und forstwirtschaftliche Grundstücke, die ein selbständiges Bauerngut oder

293 Kaiserliche Verordnung vom 9. August 1915, RGBl. Nr. 234; Gesetz vom 13. Dezember 1919, StGBl. Nr. 583.

294 Gesetz vom 31. Mai 1919, StGBl. Nr. 310.

Häusleranwesen gebildet, diese Eigenschaft aber seit dem 1. Jänner 1870 verloren haben, können der Wiederbesiedlung zugeführt werden, wenn sie für Jagd- oder Luxuszwecke verwendet oder Bestandteile eines forstlichen Betriebes geworden sind oder mit einem landwirtschaftlichen Besitz vereinigt worden sind, der das Ausmaß eines Bauerngutes überschreitet. Meldet sich ein geeigneter Bewerber, so können diese Grundstücke zu seinen Gunsten enteignet werden. Die Enteignung kann sich auch auf Wälder, Weiden und Almen sowie auf Anteilrechte an Agrargemeinschaften erstrecken, sofern sie Bestandteile des seit 1870 gelegten Bauerngutes gewesen waren. Die Enteignung erfolgt gegen eine Entschädigung, die auf Grund der Erträge der Jahre 1914 bis 1921 zu bemessen ist; da während der Durchführung des Gesetzes die scharfe Geldentwertung eintrat, stellt diese Entschädigung in Wirklichkeit nur einen sehr kleinen Bruchteil des Wertes der enteigneten Grundstücke und Nutzungsrechte dar.

Es unterliegt keinem Zweifel, daß dieser Teil des Gesetzes völlig verfehlt ist. Man hätte die Neugründung von Bauerngütern und *Häusleranwesen* dort durchführen müssen, wo volkswirtschaftliche Interessen sie erfordern; also zum Beispiel dort, wo Almen vorhanden sind, die heute nicht oder in nicht genügendem Maße almwirtschaftlich genutzt werden, deren volle Nutzung vielmehr erst dadurch ermöglicht würde, daß Bauern angesiedelt würden und ihnen die Alm als gemeinsamer Besitz zugewiesen würde. Statt dessen hat das Gesetz die Wiederbesiedlung dort angeordnet, wo Bauerngüter nach 1870 gelegt worden waren. Damit wurden zunächst Flächen, die für die Besiedlung geeignet wären, von ihr nur deshalb ausgeschlossen, weil sie nicht erst nach, sondern schon vor 1870 in die Hände des Großgrundbesitzes gefallen sind. Damit wurde anderseits die Wiederherstellung von Bauerngütern auch dort ermöglicht, wo die Bedingungen ihres dauerhaften Bestandes fehlen. Ein großer Teil der höhergelegenen Bauerngüter war nicht mehr lebensfähig, sobald sich die Bauernwirtschaft geldwirtschaftlich umbilden mußte. Stellt man diese Bauerngüter jetzt wieder her, so wird so manches von ihnen abermals zugrunde gehen. Das Gesetz schließt also die Kolonisation dort aus, wo sie volkswirtschaftlich nützlich wäre, und läßt sie dort zu, wo sie volkswirtschaftlich aussichtslos ist. Noch bedenklicher ist das Gesetz in anderer Hinsicht. Besonders gern beanspruchten die Bauern Güter, auf denen die Haus- und Wirtschaftsgebäude nicht verlassen oder verfallen, sondern von Pächtern oder Arbeitern des Großgrundbesitzers bewohnt und bewirtschaftet waren. In diesen Fällen wird die Ansiedlung des Bauern mit der *Abstiftung* des Pächters oder mit der Vertreibung der Arbeiter erkauft.

Anderen Charakters ist der zweite Teil des Gesetzes. Da handelt es sich nicht um die Gründung neuer oder um die Wiederherstellung verschwundener Bauerngüter, sondern um die Wiederausstattung bestehender Bauerngüter mit Rechten, die sie verloren haben. Das Gesetz besagt: Land- und forstwirtschaftliche Grundstücke, die einen Bestandteil eines Bauerngutes oder *Häusleranwesens* gebildet, diese Eigenschaft jedoch seit dem 1. Jänner 1870 verloren haben und Jagdzwecken dienstbar gemacht oder mit einem das Ausmaß eines Bauerngutes überschreitenden land- und forstwirtschaftlichen Besitz vereinigt worden sind, können zugunsten des Eigentümers des Bauerngutes oder *Häusleranwesens* enteignet werden, wenn dies zu seiner entsprechenden Bewirtschaftung notwendig ist; unter denselben Voraussetzungen können Anteilsrechte an Agrargemeinschaften, die seit 1870 einem Bauerngut oder *Häusleranwesen* verlorengegangen sind, zu seinem Gunsten enteignet, Holz- und Weideservituten zu seinen Gunsten wiederhergestellt werden. Auch in diesen Fällen erfolgt die Enteignung gegen eine Entschädigung, die weit unter dem Wert der enteigneten Grundstücke oder Nutzungsrechte bleibt. Dieser Teil des Gesetzes kann immerhin zur Festigung manchen schwer kämpfenden Bauerngutes führen und die Almwirtschaft auf Kosten der Forstwirtschaft und der Jagd fördern.

Was die Entwicklung der Almwirtschaft vor allem braucht, wurde freilich auch durch diesen Teil des Gesetzes nicht erreicht. In weiten Gebieten mangelt dem Landvolk vor allem hinreichender Besitz an Weideland und Almen; diesen kollektiven Besitz der Bauern auf Kosten des Großgrundbesitzes auszudehnen, hätte die wichtigste Aufgabe sein müssen. Die Sozialdemokraten forderten daher bei der Beratung des Gesetzes vor allem, daß Herrenland zugunsten von Gemeinden, Genossenschaften und Agrargemeinschaften enteignet werden müssen. Aber jede solche Bestimmung fürchteten die Christlichsozialen als eine Sozialisierungsmaßregel. Zwar wurde auf Auftrag der Sozialdemokraten die Bestimmung aufgenommen, daß bei der Verfügung über den seit 1870 vom Großgrundbesitz erworbenen Boden auch „Agrargemeinschaften und Genossenschaften für landwirtschaftliche Zwecke, gemeinnützige Siedlungsgenossenschaften, Gemeinden, Bezirke sowie das Land oder der Bund für Zwecke der Förderung der Landeskultur, Wohlfahrts- und Heimatspflege in Bewerbung treten" können (§ 4, Absatz 4). Aber die Durchführung dieser Bestimmung ist von der christlichsozialen Agrarverwaltung sabotiert worden. Nach der Durchführungsverordnung kommen zuerst alle individuellen Bewerber zum Zuge: erst wenn kein individueller Bewerber da ist, die Gemeinde oder das Land![295]

295 Verordnung des Bundesministeriums für Land- und Forstwirtschaft vom 25. November 1921, § 20, BGBl. Nr. 689.

Der schlimmste Fehler des Gesetzes aber war das umständliche Verfahren, das es anordnete. Die Aktion zieht sich seit sechs Jahren hin, das langwierige Verfahren gibt tausend Gelegenheiten zur Sabotage, und der schließliche Erfolg steht in lächerlichem Widerspruch zur aufgewendeten Arbeit. Denn das Ergebnis des Gesetzes war sehr dürftig. Bis zum 30. Juni 1924 wurden Enteignungserkenntnisse gefällt und Übereinkommen genehmigt über[296]:

	Bauerngüter und Häusleranwesen		Gutsbestandteile		Rechtskräftig wiedererrichtete Servituten
	Zahl der Güter	Fläche in Hektar	Zahl der Fälle	Fläche in Hektar	
Niederösterreich	87	1635	519	1136	–
Oberösterreich	6	44	197	268	33
Salzburg	32	897	56	5089	18
Steiermark	109	1389	209	1144	21
Kärnten	16	123	212	726	13
Tirol	3	102	9	1401	–
Zusammen	253	4190	1202	9764	85

Nach der Statistik des steirischen Landesamtes sind 1903 bis 1912 in der Ober- und der Mittelsteiermark allein 48.755 Hektar Bauernlandes verlorengegangen; das Wiederbesiedlungsgesetz hat in der Steiermark bisher nur 2533 Hektar dieses Bodens den Bauern wiedergegeben. Man muß sich erinnern, welch gewaltige Umwälzungen der Grundeigentumsverhältnisse in den letzten Jahren nicht nur in Sowjetrußland, sondern auch in den

296 *Statistisches Handbuch,* herausgegeben vom Bundesamt für Statistik, V. Jahrgang, Wien 1924, Seite 30.

baltischen Staaten, in Rumänien und in der Tschechoslowakei vollzogen worden sind, ja man muß die österreichische Wiederbesiedlungsaktion auch nur mit der Siedlungspolitik des Deutschen Reiches seit der Revolution von 1918 vergleichen, um richtig zu würdigen, wie ängstlich die christlichsoziale Agrargesetzgebung des Revolutionsjahres verfahren ist und wie dürftig ihre Ergebnisse sind.

Ebenso ängstlich verfuhr die Agrargesetzgebung der österreichischen Revolution auch in ihren anderen Zweigen. Bezeichnend ist, daß ihr nicht einmal die Aufhebung der *Fidei-*
262 *kommisse* gelang. Noch bezeichnender ihre Ängstlichkeit auf dem Gebiet der Jagdgesetzgebung. Die Jagdgesetzgebung der Revolution begnügte sich mit der Aufhebung des habsburgischen Jagdreservats auf dem staatlichen Forstbesitz und der Jagdrechte auf fremdem Grund und Boden.[297] Bei der Abtretung von Grund und Boden als Entschädigung für abgelöste Servituten auf Grund des Servitutenpatents von 1853 hatten sich der Staat und andere Grundeigentümer oft das Jagdrecht auf dem abgetretenen Boden vorbehalten; diese Jagdrechte auf fremdem Boden wurden nunmehr abgelöst. Eine grundsätzliche Neuordnung des Jagdrechts aber hatte die Revolution nicht gewagt. Sie hätte ja vor allem die Aufhebung der Eigenjagdgebiete, die Einbeziehung des Herrenlandes in die Gemeindejagden bringen müssen. Aber vor der Kommunalisierung des individuellen Rechtes scheuten die Christlichsozialen zurück. Das wäre ja die gefürchtete *Sozialisierung* gewesen!

297 Gesetz vom 25. Jänner 1919, StGBl. Nr. 43. Niederösterreich: Gesetz vom 5. April 1922, LGBl. Nr. 207. Oberösterreich: Gesetz vom 24. Mai 1921, LGBl. Nr. 106. Steiermark: Gesetz vom 21. Dezember 1922, LGBl. Nr. 56.

Aber gerade das unbefriedigende Ergebnis der ängstlichen Gesetzgebung der Revolutionsjahre zwingt die Landtage, nunmehr nachzuholen, was damals versäumt worden ist. Wie das Bedürfnis der Bauernschaft sie schließlich doch gerade auf den Weg zwingt, den die Sozialdemokraten schon während der Beratung des Wiederbesiedelungsgesetzes gefordert, den aber die Christlichsozialen damals aus Furcht vor der Sozialisierung nicht zu betreten gewagt haben, zeigt das niederösterreichische Gesetz von 1923 über die Förderung der Alm- und Weidewirtschaft.[298] Da wird den Agrarbehörden bereits das Recht eingeräumt, die Eigentümer aller Almen und Weiden, die nicht oder nicht voll ausgenützt werden, zwangsweise zur Verpachtung der Weiden und Almen an Weidegenossenschaften oder Gemeinden zu verhalten und den Inhalt des Pachtvertrages, sofern eine Verständigung über ihn nicht zustande kommt, festzusetzen. Zugleich werden durch dieses Gesetz auch neue gesetzliche Holzungsrechte geschaffen. Sind nämlich auf der Alm oder Weide keine oder nicht genügende Holzbestände für die Errichtung und Erhaltung von Hütten, Ställen und Zäunen sowie für den Heizbedarf vorhanden, so werden die Eigentümer der benachbarten Wälder verpflichtet, die notwendigen Holzmengen gegen Entrichtung des dem Standort entsprechenden Preises zu überlassen.

Im Jahre 1919, als der Ansturm des Proletariats gegen die bürgerliche Eigentumsordnung die Christlichsozialen schreckte, waren sie von der Angst vor der Sozialisierung beherrscht. Damals wagten sie keine Erweiterung des kollektiven Besitzes des Landvolkes auf Kosten des individuellen großen Grundeigentums; sie suchten vielmehr den Drang der Bauernmas-

298 Gesetz vom 26. April 1923, LGBl. Nr. 109.

sen nach einer Umwälzung der Grundeigentumsverhältnisse nur durch Erweiterung des individuellen bäuerlichen auf Kosten des individuellen herrschaftlichen Eigentums zu befriedigen, ohne doch die Eigentumsordnung grundsätzlich neuzugestalten, und gerieten dadurch in alle die Verirrungen, die das Wiederbesiedlungsgesetz so wenig wirksam gemacht haben. Als aber die Wellen der Revolution zurückgeflutet waren, die bürgerliche Eigentumsordnung nicht mehr unmittelbar bedroht schien, als daher nicht mehr die Furcht der herrschenden Partei vor allem, was nach Sozialisierung aus-
264 sah, ihre Gesetzgebungsaktion behinderte, da zwang ihr selbst das lebendige Bedürfnis der Bauernschaft ein echtes Sozialisierungsgesetz auf. Denn als ein echtes Sozialisierungsgesetz darf man das niederösterreichische Gesetz von 1923, das den kollektiven Besitz bäuerlicher Genossenschaften und Gemeinden auf Kosten des individuellen Grundeigentums erweitert, wohl bezeichnen. Darin liegt die große symptomatische Bedeutung dieses Gesetzes: Es zeigt an, nach welcher Richtung die weitere wirtschaftliche und soziale Entwicklung die Gesetzgebung drängen wird.

Aber eben diese Entwicklung muß unvermeidlich die inneren Gegensätze im Schoße der christlichsozialen Partei verschärfen. Diese Gegensätze haben sich bei der Durchführung des Wiederbesiedlungsgesetzes sehr anschaulich gezeigt. Kirchenfürsten, wie der Fürstbischof von Klagenfurt und der Abt von Admont, haben gegen die Durchführung des Gesetzes, das dem „christlichen Sittengesetz" widerspreche, leidenschaftlich protestiert.[299] Dem bürgerlichen Flügel der Christlichsozialen

299 Fürstbischof Dr. Adam Hefter, *Agrarpolitik und christliches Sittengesetz*, in: *Das neue Reich*, VI. Jahrgang, Nr. 10, 11. – Abt Oswin Schlamma-

schien dieser Expropriationsakt ein revolutionärer Raub. Die Bauern bestanden zähe auf der Durchführung des Gesetzes.

Seit der Revolution von 1918 verändert sich augenfällig die soziale Struktur der politischen Parteien. Die Großbourgeoisie war bis in die neunziger Jahre durch die auf das Privilegienwahlrecht gestützte liberale Partei vertreten gewesen. Die liberale Partei wurde in den neunziger Jahren und im ersten Jahrzehnt des 20. Jahrhunderts von den aufsteigenden klein- und mittelbürgerlichen und bäuerlichen Parteien, den Christlichsozialen und den Deutschnationalen, gestürzt, durch die Einführung des allgemeinen und gleichen Wahlrechtes vollends entthront. Seit 1907 war die Großbourgeoisie im Parlament überhaupt nicht mehr vertreten, sie setzte ihre Interessen nicht mehr durch das Parlament durch, sondern durch die kaiserliche Bürokratie, die seit 1909 auf Grund des § 14 absolutistisch regierte. In der Republik aber kann sich die Großbourgeoisie nicht mehr hinter der kaiserlichen Bürokratie verstecken; sie mußte nun wieder das Parlament unter ihren Einfluß bringen. Das konnte sie, indem sie die durch den Ansturm des Proletariats geschreckten klein- und mittelbürgerlichen und bäuerlichen Parteien unter ihre Führung brachte. Der Einzug der Vertreter der Großindustrie in die parlamentarische Vertretung der Christlichsozialen und der Großdeutschen Partei bei den Wahlen von 1923, der offensichtlich wachsende Einfluß der großindustriellen Vertreter in beiden Parteien zeigt anschaulich diese Wandlung. Die beiden bürgerlichen Parteien, die ihre Entwicklung in den neunziger Jahren als kleinbürgerlich-bäuerliche Parteien im Kampfe gegen die Großbourgeoisie begonnen haben, sind zu bürger-

dinger, *Agrar-„Reform" und Kirchengut in Österreich,* in: *Das neue Reich,* VI. Jahrgang, Nr. 15.

lichen Sammelparteien geworden, die unter der Führung der Großbourgeoisie die Gesamtheit der besitzenden Klassen gegen das Proletariat vereinigen.[300] Auf der anderen Seite aber hat sich auch die soziale Struktur der Sozialdemokratie verändert. Bis 1918 ausschließlich auf das industrielle und gewerbliche Proletariat gestützt, gewinnt sie seit der Revolution in Niederösterreich, im Burgenland, in Kärnten und im Salzkammergut wachsenden Einfluß auf die proletarischen und halbproletarischen Elemente in den Dörfern.

Der Gegensatz zwischen dem Großkapital und dem Pro-
266 letariat beherrscht nunmehr das ganze öffentliche Leben. Die bürgerlichen Parteien vereinigen unter der Führung des Großkapitals alle Klassen, die die bestehende Eigentumsordnung verteidigen. Auf der anderen Seite, im Lager der Sozialdemokratie, scharen sich um das industrielle Proletariat alle Klassen, die gegen die bestehende Eigentumsordnung anstürmen. Im Verlauf dieses Prozesses wird die Bauernschaft unvermeidlich gespalten. Die Großbauern macht ihre Unternehmerstellung und ihr Gegensatz gegen das Dorf- und das Stadtproletariat unvermeidlich zu Todfeinden des Sozialismus. Sie bilden den Kern der christlichsozialen Partei, die breite Wählermasse, auf deren Stimmen sich die durch die christlichsoziale Partei herrschende Großbourgeoisie stützt. Die Kleinbauern und *Keuschler* dagegen, die keine Proletarier ausbeuten, sondern selbst auf Lohnarbeit angewiesen sind werden, durch keinerlei Interessen in Gegensatz zum Proletariat gesetzt, durch ihr starkes Bedürfnis nach Umwälzung der Eigentums- und Nutzungsrechte am Walde und an der Weide sowie am Gemeindegut und an der Jagd zum Proletariat hingedrängt. Sie vereinigen sich mit dem

300 Bauer, *Der Kampf um die Macht,* Seite 12 ff.

Dorf- und dem Stadtproletariat zum Kampfe gegen die bestehende Eigentumsordnung.

Hat schon die Agrargesetzgebung der Revolutionszeit gezeigt, wie wenig die christlichsoziale Partei, unter der Führung
des städtischen Bürgertums stehend, noch fähig ist, jene Umgestaltung der ländlichen Eigentumsverhältnisse durchzuführen, nach der die Entwicklung drängt, so wird die christlichsoziale Partei zur Erfüllung dieser Aufgabe immer weniger fähig
werden, je mehr sie zur Sammelpartei aller sich unter der Führung der Großbourgeoisie vereinigenden, die bestehende Ei-
gentumsordnung gegen den Ansturm des Sozialismus vertei- 267
digenden Klassen wird. Die ländliche Eigentumsordnung den neuen Tendenzen der wirtschaftlichen Entwicklung, den neuen Machtverhältnissen der Klassen anzupassen wird die Aufgabe der sich um das industrielle Proletariat scharenden Massen des Landvolkes, die Aufgabe der Sozialdemokratie sein.

11. Die Sozialisierung der Forstwirtschaft

Die Aneignung der einst der Nutzung des ganzen Volkes freistehenden Hoch- und Schwarzwälder durch die Landesfürsten und die Grundherren war eine Voraussetzung für die Entstehung des Kapitalismus. Erst auf der Basis des landesfürstlichen und des grundherrlichen Eigentums an den Forsten konnten
268 sich im Bergbau, in der Eisenproduktion, im Salz- und Eisenhandel große Kapitalien zusammenballen, entstand anderseits eine Klasse von Proletariern, die, aller Möglichkeit selbständiger Produktion beraubt, auf Lohnarbeit angewiesen ist. Die aus dem durch Jahrhunderte fortgesetzten Raubzug der Herrenklassen hervorgegangenen modernen Eigentumsverhältnisse am Wald sind also die Basis des Kapitalismus.

Aber ist der Kapitalismus aus den modernen Eigentumsverhältnissen an den Forsten hervorgegangen, so ist doch der Kapitalismus gerade mit den naturgegebenen Voraussetzungen der Forstwirtschaft unvereinbar. Konnte sich der Kapitalismus nur unter der Voraussetzung der gewaltsamen Aneignung der Forste entwickeln, so muß der Kapitalismus doch, sobald er auch die Forstwirtschaft selbst seinem Geist zu unterwerfen sucht, mit den gesellschaftlichen Interessen an der Forstwirtschaft in heftigsten Widerspruch geraten.

Der Wald hat im Haushalt der Natur seine unentbehrliche Funktion. Der Wald bindet den Boden und schützt ihn dadurch vor der Abschwemmung. Die Bestockung verhindert die Bildung von Wildbächen und schützt dadurch vor Überschwemmung und Vermurung. Der Wald schützt Tal und Alm gegen die Lawinen, die Äcker vor austrocknenden Winden. Das Klima, die Volksgesundheit und die Schönheit der Landschaft sind von der Erhaltung der Wälder abhängig.

Aber für den Kapitalisten ist der Wald nichts anderes als eine Kapitalanlage. Ließe man das „freie Spiel der Kräfte" auch in der Forstwirtschaft ungehemmt wirken, dann würde der Kapitalist die Wälder schlagen, da das Kapital, das er für das Holz lösen kann, ihm, gegen Zins angelegt oder in anderen Produktionszweigen verwertet, höheren Ertrag abwerfen würde, als es, zu nachhaltiger Bewirtschaftung des Waldes verwertet, abwerfen kann. Er würde die kahlgeschlagenen Flächen nicht aufforsten, weil ja das Kapital, das heute zur Aufforstung verwendet wird, erst in 80 oder 100 Jahren Profit abwerfen kann. Daher hat der Kapitalismus überall, wo man ihn ungehemmt in den Forsten walten ließ, die Wälder verwüstet. Die kapitalistische Gesellschaft selbst war daher gezwungen, dem Walten des individuellen Unternehmungsgeistes, der individuellen Profitgier im Walde enge Grenzen zu setzen. Sie hat durch das Forstgesetz vorgeschrieben, daß Waldboden der Holzzucht nicht entzogen werden darf, daß der Eigentümer den geschlägerten Wald verjüngen, daß der Wald nachhaltig bewirtschaftet werden muß. Sie hat die Kahlschläge an behördliche Genehmigung geknüpft. Sie hat für Schutz- und Bannwälder, deren Verwüstung besondere Gefahren für bewohnte Gebiete bedeutete, dem Eigentümer noch engere Bewirtschaftungsvorschriften auferlegt. Die unbestrittene Notwendigkeit, die individuelle Freiheit des Eigentümers so eng zu begrenzen, läßt die Gefahren des Privateigentums in der Forstwirtschaft erkennen.

Aber selbst innerhalb dieser Grenzen, die die Gesetzgebung der Freiheit des Eigentums gezogen hat, gerät das individuelle Interesse des Eigentümers unvermeidlich in Gegensatz zu den gesellschaftlichen Interessen am Walde. Die Holzmasse jedes Waldbestandes wächst von Jahr zu Jahr mit dem natürlichen Wachstum der Bäume. Der jährliche Zuwachs an Holzmasse ist in den jüngsten Lebensjahren der Bäume klein, er nimmt dann zu, erreicht in der wuchskräftigsten Periode des Lebens der Bäume ein Maximum und sinkt dann wieder.

Zunächst haben die Waldbesitzer überall danach gestrebt, im Rahmen der vom Staat vorgeschriebenen nachhaltigen Bewirtschaftung einen möglichst hohen jährlichen Reinertrag aus dem Walde zu ziehen. Sie strebten danach, daß die Differenz
270 zwischen dem Erlös für die jährlich anfallende Holzmasse und den jährlichen Verwaltungs- und Kulturkosten möglichst hoch sei. Sie ließen daher die einzelnen Jahresklassen so lang wachsen, als der Wert des jährlich zuwachsenden Holzes höher war als die auf die einzelne Jahresklasse entfallenden Verwaltungs- und Kulturkosten. Erst in dem Jahre, in dem der Holzzuwachs die Verwaltungs- und Kulturkosten nicht mehr deckte, wurde die Jahresklasse geschlägert. Das war die *Waldreinertragswirtschaft*.

Aber die Waldreinertragswirtschaft entspricht nicht der Denkweise des Kapitalisten. Dem Kapitalisten ist die Naturalform seines Kapitals gleichgültig; er legt sein Kapital dort an, wo es den höchsten Profit abwirft, gleichgültig, ob dies in der Holzzucht oder in einem anderen Produktionszweig ist. Er will sein Kapital nicht in Bäumen angelegt lassen, wenn es ihm in dieser Anlage ein Erträgnis abwirft, das geringer ist als die Zinsen, die es ihm abwürfe, wenn es in einer Bank oder in Aktien angelegt wäre.

Da ist ein Waldbestand. Schlägern wir ihn jetzt, so lösen wir für ihn ein Kapital, das wir verzinslich anlegen können. Schlägern wir ihn erst in einem Jahre, so entgehen uns die Zinsen für ein Jahr, dafür aber wächst im Verlauf des Jahres die Holzmasse des Bestandes, und wir können daher, wenn wir den Bestand in einem Jahre schlägern, höheren Erlös erzielen. Der Kapitalist wird die Bäume so lang wachsen lassen, als der Wert des Jahreszuwachses an Holz größer ist als die Jahreszinsen des Kapitals, das er bei Schlägerung des Waldes lösen würde. In dem Jahre, in dem der Holzzuwachs des Bestandes kleiner ist als die Zinsen von dem Kapital, das der Bestand darstellt, ist der Bestand hiebreif. Das ist der Grundgedanke der sogenannten *Bodenreinertragswirtschaft*.

Das Prinzip der Bodenreinertragswirtschaft wurde zum erstenmal von Tharandt M. R. Preßler im Jahre 1858 vertreten.[301] Sein Buch entfesselte den langen, heftigen Kampf zwischen *Waldreinerträglern* und *Bodenreinerträglern*. Die Waldreinerträgler setzen das Haubarkeitsalter, also die Umtriebszeit, so fest, daß der Waldreinertrag, das heißt die Differenz zwischen dem jährlichen Gesamterlös und den jährlichen Gesamtkosten, möglichst hoch sei. Die Bodenreinerträgler setzen die Umtriebszeit so fest, daß die Bodenrente, das heißt der jährliche Gesamterlös abzüglich der Zinsen von dem in den Holzbeständen enthaltenen Kapital und abzüglich der Kultur- und Verwaltungskosten möglichst hoch sei. Die Waldreinerträgler gehen vom rein forstlichen Standpunkt aus, sie betrachten die Forstwirtschaft isoliert; sie streben nach möglichst hohem Reinertrag des Waldes, Die Bodenreinerträgler gehen vom rein kapitalistischen Standpunkt aus sie betrachten den Forst nur als eine der verschiedenen möglicher Anlagesphären des Kapitals. Sie lehren den Waldbesitzer, daß er sein Gesamteinkommen erhöhen kann, wenn er die Bestände schon in jüngerem Alter schlägert und den Erlös verzinslich anlegt. Die Wald-

301 Preßler, *Rationeller Waldwirt*, Dresden 1858.

reinerträgler vertraten die alte grundbesitzende Aristokratie, deren Reichtum aus dem Grund und Boden bestand und die aus ihm allein möglichst hohen Ertrag zu ziehen suchte, während sie allen jüngeren kapitalistischen Formen der Bereicherung noch argwöhnisch und mit Verachtung gegenüberstand: die Generation jenes Fürsten Windischgrätz, der, als man ihm 1855 Aktien der Kreditanstalt anbot, voll Verachtung antwortete: „Geschäfte macht kein Windischgrätz". Die Bodenreinerträgler vertraten den modernen Kapitalisten, dessen Reichtum sich aus Kapitalien verschiedener, ständig wechselnder Natural-
272 form zusammensetzt, dem es daher selbstverständlich scheint, das im Walde angelegte Kapital in dem Augenblick in Geldform zu verwandeln, in dem der Jahreszins, den das Geldkapital abwirft, höher ist als der Wert des jährlichen Holzzuwachses, der das in der Holzzucht angelegte Kapital vergrößert. Der Sieg der Bodenreinerträgler über die Waldreinerträgler war der Sieg des rein kapitalistischen Wirtschaftsgeistes in der Forstwirtschaft über die kavaliersmäßigen Methoden der Verwaltung feudalen Reichtums; die Waldreinerträgler haben die Bodenreinertragstheorie „grünen Semitismus" genannt.[302]

In dem Maße, als die Bodenreinertragstheorie an Einfluß gewann, wurden die Umtriebszeiten verkürzt. Derselbe Bestand, der nach den Grundsätzen der Waldreinertragswirtschaft erst im Alter von 110 bis 130 Jahren haubar wird, wird nach den Grundsätzen der Bodenreinertragswirtschaft selbst dann, wenn man mit einem Zinsfuß von nur zwei bis drei Prozent rechnet, schon mit 60 bis 80 Jahren hiebreif. Der jährliche Holzanfall wird mit dieser Verkürzung der Umtriebszeit verkleinert; denn

302 Endres, *Forstwirtschaft*, in: *Handwörterbuch der Staatswissenschaften*, 3. Auflage, IV. Band, Seite 399 ff.

während die Waldreinertragswirtschaft die Bestände bis in ein hohes Alter wachsen läßt, um alljährlich eine möglichst große Holzmasse verkaufen zu können, schlägert die Bodenreinertragswirtschaft die Bestände schon in jüngerem Alter. Sie verzichtet damit auf das Holz, das bei Aufschub der Schlägerung noch zugewachsen wäre, und legt dafür das für die geschlägerten Bestände gelöste Geldkapital verzinslich an. Durch den Übergang zur Bodenreinertragswirtschaft wird also einerseits die jährliche Holzproduktion verkleinert, wird anderseits Kapital der Forstwirtschaft entzogen und anderen Produktionszweigen zugeführt. 273

Je höher der Zinsfuß ist, desto kürzer müssen die Umtriebszeiten werden. Ein Bestand, der bei einem Zinsfuß von zwei Prozent erst im Alter von 80 Jahren hiebreif wird, wird bei einem Zinsfuß von drei Prozent schon im Alter von 60 Jahren hiebreif, wenn der Holzzuwachs zwischen dem 60. und dem 80. Lebensjahr das in den Bäumen vergegenständlichte Kapital zwar noch zu zwei, aber nicht mehr zu drei Prozent verzinst. Rechnet man aber mit einem noch höheren Zinsfuß, dann erfordert das Prinzip der Bodenreinertragswirtschaft eine technisch nicht mehr mögliche Verkürzung der Umtriebszeit; die Bestände müßten dann, dem Prinzip gemäß, schon in einem Alter geschlägert werden, in dem sie ihrem Verwendungszweck noch nicht genügen. Die Praxis der Forstwirtschaft kann sich daher dem Prinzip der Bodenreinertragswirtschaft immer nur einigermaßen annähern, ohne ihm jemals vollständig entsprechen zu können.

Jeder Kapitalist strebt danach, sein Kapital der Sphäre zuzuführen, in der es ihm den höchsten Ertrag abwirft. Aus diesem Streben der Kapitalisten geht in der kapitalistischen Gesellschaft die Tendenz zur Angleichung der Zins- und Profitraten

in allen Sphären der kapitalistischen Produktion hervor. Die Waldreinertragswirtschaft versucht es, die Forstwirtschaft außerhalb des Bereiches, in dem sich Zins- und Profitraten ständig anzugleichen streben, zu halten, indem sie dem Kapitalisten zumutet, sein Kapital in der Holzzucht angelegt zu lassen, auch wenn es ihm dort viel weniger als den marktüblichen Zins trägt. Die Bodenreinertragswirtschaft stellt den Versuch dar, auch die Forstwirtschaft in den Bereich der Angleichung der Zins- und Profitraten einzubeziehen. Aber auch sie kann die Differenz zwischen der Rentabilität des in der Holzzucht angelegten
274 Kapitals und der in anderen Produktionszweigen fungierenden Kapitalien nur verkleinern, nicht beseitigen, weil eben die naturgegebene, unabänderliche Holzzuwachsrate der Bäume in dem Lebensalter, in dem sie überhaupt technisch verwertbar sind, hinter dem Zinsfuß des kapitalistischen Geldmarktes zurückbleibt. Die Tendenz zur Angleichung der Zins- und Profitraten erweist sich also der Forstwirtschaft überhaupt nicht durchsetzbar. Selbst die Bodenreinertragswirtschaft in den Forsten ist nur möglich, wenn sie der Berechnung des Haubarkeitsalters einen Waldzinsfuß zugrunde legt, der bei weitem geringer ist als der Zinsfuß, zu dem sonst in der kapitalistischen Wirtschaft Geld verliehen wird.

Die Tatsache, daß das im Walde vergegenständlichte Kapital geringeren Zins abwirft als das Geldkapital, in das es verwandelt werden kann, ruft unvermeidlich die Tendenz hervor, das Kapital der Forstwirtschaft zu entziehen und es anderen Produktionszweigen zuzuführen. Bei „freiem Spiel der Kräfte" würde diese Tendenz zu schneller Abstockung der Wälder und damit zur Verkarstung unserer Alpen führen. Im Rahmen der staatlichen Gesetze, die dies verhindern führt diese Tendenz zu fortschreitender Verkürzung der Umtriebszeit und damit einerseits zur Verkleinerung des jährlichen Holzanfalles, anderseits zur Ausscheidung der aus dem Verkauf der abgestockten Bestände gelösten Kapitalien aus der Forstwirtschaft.

Eine nach rein kapitalistischen Grundsätzen betriebene Forstwirtschaft ist also überhaupt nicht möglich. Die rein kapitalistische Methode würde zur Zerstörung der Forste, nicht zu ihrer nachhaltigen Bewirtschaftung führen. Aber selbst im Rahmen der staatlichen Rechtsordnung, die die nachhaltige Bewirtschaftung gegen das kapitalistische Interesse erzwingt, offenbart die Undurchführbarkeit des Prinzips der Bodenrein-
ertragswirtschaft die innere Unmöglichkeit kapitalistischer Forst- 275
wirtschaft. Das letzte Ergebnis des Streites zwischen Waldreinerträglern und Bodenreinerträglern ist die Erkenntnis, daß die reine Anwendung der kapitalistischen Wirtschaftsgrundsätze in der Forstwirtschaft überhaupt nicht möglich ist, daß die naturgegebenen Voraussetzungen der Forstwirtschaft dem Walten der Wirtschaftsgesetze des Kapitalismus unüberwindliche Schranken setzen und eben deshalb das kapitalistische Privateigentum an den Forsten im Verlauf seiner Entwicklung zur Schranke der Entwicklung einer rationellen Forstwirtschaft werden muß.[303]

Der innere Widerspruch zwischen den naturgegebenen Bedingungen und den technischen Erfordernissen einer rationellen Forstwirtschaft einerseits, dem Bedürfnis des Kapitalisten nach höchstmöglicher Verwertung seines Kapitals anderseits entwickelt sich allerdings nur allmählich und in den verschiedenen Kategorien des Forstbesitzes in verschiedenem Tempo. Denn zunächst steht noch die Macht außerwirtschaftlicher Motive, die den Forstbesitzer leiten, der Durchsetzung der rein kapitalistischen Bewirtschaftungsmethoden in der Forst-

303 Marx, *Das Kapital,* II. Band, Seite 227.

wirtschaft im Wege und läßt daher jenen Widerspruch nicht in voller Schärfe zutage treten.

Am wenigsten ist der staatliche Forstbesitz von rein kapitalistischen Wirtschaftsgrundsätzen beeinflußt. Werfen die Staatsforste Reinerträge ab, so müssen sie diese dem Finanzministerium abführen, das sie konsumiert; sie können sie nicht verzinslich anlegen. Das Motiv, die Umtriebszeit zu verkürzen, um das in den Holzbeständen enthaltene Kapital in eine andere, rentablere Gestalt zu verwandeln, kann daher in den Staatsforsten nicht wirksam werden. Zudem sind die Staatsforste in viel hö-
276 herem Maße als die Privatforste mit den alten Holzservituten belastet. Die starke Belastung mit Holzgerechtigkeiten zwingt dazu, einen möglichst hohen Massenertrag anzustreben, damit nach Befriedigung der *Eingeforsteten* noch ein wenigstens die Verwaltungs- und Kulturkosten deckender Erlös übrig bleibe; will man aber möglichst hohen Massenertrag, so muß man das Haubarkeitsalter sehr hoch festsetzen. Endlich ist die staatliche Forstverwaltung in höherem Maße als die private darauf bedacht, daß der Wald vor allem seine Schutzfunktionen vollständig erfülle. Da der alte, hochstämmige Wald wirksameren Schutz gegen Lawinen und Muren bietet als der junge, hat die staatliche Forstverwaltung im Gebirge das Abtriebsalter in der Regel noch über dem Alter des höchsten Massenertrages festgesetzt; so schreibt das Betriebseinrichtungsoperat für den Salzburger Staatswald eine hundertzwanzigjährige Umtriebszeit vor, obwohl die größte Massenproduktion im Alter von 90 bis 110 Jahren erreicht würde.[304]

Aber auch der *fideikommissarisch* gebundene Forstbesitz des alten Adels und der Forstbesitz der Kirche wurden bisher kei-

304 Charbula, *Der Salzburger Staatswald,* Seite 140 f.

neswegs nach rein kapitalistischen Grundsätzen bewirtschaftet. Dem Aristokraten war sein Forstbesitz nicht nur Ertragsquelle, sondern auch Basis seiner privilegierten Stellung in Staat und Gesellschaft und Stätte seines Jagdvergnügens. Er war stolz auf den Besitz großer, alter, wildreicher Wälder und darum nicht geneigt, diese Wälder früh schlagen zu lassen, nur um ihren Erlös gegen höheren Zins anlegen zu können. Zudem ist der *Fideikommißinhaber* nicht Eigentümer des *Fideikommisses*, sondern nur Verwalter des Erbes künftiger Generationen; der ganze Geist der Institution des *Fideikommisses* wirkt für eine nachhaltige, konservative, nicht ausschließlich von rein kapitalistischem Verwertungsinteresse des Augenblicks geleitete Bewirtschaftung der Forste. Und ebenso hemmte der Traditionalismus der Kirche die Durchsetzung rein kapitalistischer Wirtschaftsmethoden im kirchlichen Forstbesitz.

Aber selbst der jüngere kapitalistische Großgrundbesitz ist zunächst in der Regel doch noch unter dem Einfluß der auf dem älteren grundherrlichen Forstbesitz gepflegten konservativen Bewirtschaftungsmethoden geblieben. Die Kapitalmagnaten, die große Forst- und Jagdgüter zusammenkauften, zogen daraus nicht ihr Haupteinkommen. Sie betrachteten ihr Forsteigentum als einen Luxusbesitz, der ihnen die Nachahmung aristokratischer Lebensweise ermöglichte und sie dadurch zu der bewunderten und beneideten Aristokratie emporhob; dieses soziale Avancement, die Freude des Verkehrs mit den benachbarten Aristokraten und der Luxus der Jagd schienen ihnen nicht überbezahlt, wenn ihnen der Wald geringere Erträgnisse abwarf, als das in ihm gebundene Kapital bei anderer Verwertung abgeworfen hätte.

Standen also selbst im großen Forstbesitz der Durchdringung der Forstwirtschaft mit rein kapitalistischen Bewirtschaf-

tungsgrundsätzen außerwirtschaftliche Hemmungen entgegen, so war der bäuerliche Waldbesitz noch viel weniger von kapitalistischen Wirtschaftsmethoden beeinflußt. Dem Bauern ist der Waldbesitz dienendes Zugehör seiner Ackerwirtschaft und Viehzucht. Weide- und Streunutzung sind dem forstlichen Großbetrieb nur lästige „Nebennutzungen", sind dem Bauern aber oft die eigentlichen Hauptnutzungen. Zu geordneter, auf jährlichen Abhieb der im betreffenden Jahre hiebreif gewordenen Jahresklasse gerichteter Betriebseinrichtung ist der Bauernwald zu klein. Der Bauer *plentert* rücksichtslos, wenn er gerade
278 Geld braucht, aber er läßt dann den Wald wieder ruhig wachsen, ohne nachzurechnen, ob die Zuwachsrate der Holzmasse hinter dem Zinsfuß der Sparkasse zurückbleibt. Zudem wirken auch hier außerwirtschaftliche Motive: Der augenfällige Besitz eines wohlbestandenen Waldes hebt das Ansehen des Bauern: „Holz macht den Bauern stolz".

So standen bisher den kapitalistischen Entwicklungstendenzen der Forstwirtschaft starke Hindernisse entgegen. Aber diese Hindernisse verlieren in unserer Zeit offensichtlich an Kraft.

Dahin wirkt zunächst der hohe Zinsfuß. Das durch den Krieg und seine Wirkungen verarmte, durch den Zerfall des alten Reiches seiner früheren Absatzgebiete beraubte Österreich wird jahrzehntelang seine Zahlungsbilanz nur durch ständigen Zufluß ausländischen Kapitals im Gleichgewicht halten können. Es wird daher ständig den Zinsfuß höher halten müssen als die Länder, deren Kapital es an sich locken muß. Je höher aber der Zinsfuß ist, je größer daher die Differenz zwischen der durch die natürliche Zuwachsrate der Holzmasse begrenzten Rentabilität des in den Waldbeständen investierten Kapitals und der Rentabilität des auf dem Geldmarkt verzinslich angelegten Geldkapitals, desto stärker muß die Tendenz werden, durch Verkürzung der Umtriebszeiten das in der Holzmasse vergegenständlichte Kapital möglichst schnell in Geldkapital zu verwandeln und es anderer, rentablerer Verwertung zuzuführen. Der Forstbesitzer, der an langen Umtriebszeiten festhielt, solange die Differenz zwischen dem Waldzinsfuß und dem Zinsfuß auf dem Geldmarkt nur ein bis drei Prozent betragen hat, wird natürlich viel stärker zur Verkürzung der Umtriebszeit gedrängt, wenn diese Differenz dauernd sechs bis acht Prozent beträgt.

Heute kann der Grundbesitzer überhaupt keinen Hypothekarkredit bekommen. Braucht er Kapital, sei es zur Melioierung seines Ackerbodens, zu dringenden Reparaturen an 279
Wirtschaftsgebäuden, zur Anschaffung von Maschinen, sei es zur Auszahlung von Abfindungen im Erbgang, so muß er, da er Hypothekarkredit nicht bekommen kann, Wald schlägern. Aber selbst wenn Hypothekarkredite wieder erlangbar sein werden, wird der Zinsfuß für Hypotheken noch lange sehr hoch bleiben; wird es daher zweckmäßiger scheinen, durch Verkürzung der Umtriebszeit Kapital aus dem Forst herauszuziehen, statt eine teure Hypothek aufzunehmen.

Auf der anderen Seite ist die Rentabilität der Forstwirtschaft gesunken. Die Monarchie hat den Waldboden des Großgrundbesitzers unverhältnismäßig geringer besteuert als den Ackerboden des Bauern; die Republik hat die Grundsteuer vom Forstbesitz viel stärker als die Grundsteuer vom Ackerbesitz erhöht und sie hat ihr Lohnabgaben und Warenumsatzsteuer hinzugefügt. Die Forstarbeiter, seit dem Umsturz weit stärker als vordem gewerkschaftlich organisiert, haben höhere Löhne erkämpft. Die Transportkosten sind durch den schlechten Zustand unserer Straßen und durch hohe Eisenbahntarife erhöht. Sind so die Produktionskosten gestiegen, so ist anderseits die Nachfrage nach Holz durch das Stocken der Bau- und Investitionstätigkeit gedrückt, und unser Holzhandel begegnet zudem einer wesentlich verschärften Konkurrenz der slowakischen und jugoslawischen Forste. Steigen aber die Verwaltungskosten schneller als die Holzpreise, so muß selbst bei reiner Waldreinertragswirtschaft die Umtriebszeit verkürzt werden. Desto mehr nach den Regeln der Bodenreinertragswirtschaft, wenn die geringere Rentabilität der Holzzucht in eine Zeit hohen Zinsfußes fällt.

Die Wirkungen der veränderten Rentabilitätsverhältnisse
werden dadurch verstärkt, daß sich zugleich auch die Vermö-
280 gensverhältnisse vieler Forstbesitzer verändert haben. Viele
Waldbesitzer haben ja neben ihrem Forst andere Vermögen besessen: Wertpapiere, Fabriken, Miethäuser. Diese Vermögenschaften sind teils durch die Geldentwertung zerstört worden, teils werfen sie jetzt bei weitem geringere Erträgnisse ab als vor der Revolution. Konnte der Forstbesitzer, solange ihm aus anderen Quellen ein hohes Einkommen zufloß, seinen Wald kavaliersmäßig bewirtschaften, ohne viel danach zu fragen, wie hoch sich das in der Holzmasse enthaltene Kapital verzinst, so ist er jetzt, da seine anderen Einkommensquellen verschüttet sind, weit mehr darauf bedacht, seinen Forstbesitz möglichst vorteilhaft zu verwerten.

Selbst der alte aristokratische Forstbesitz wird sich diesen Entwicklungstendenzen nicht wirksam widersetzen können. In der Monarchie war der Adel immer noch eine privilegierte Klasse. Er bildete die Umgebung des Kaisers, er genoß im staatlichen Verwaltungsdienst und im Heeresdienst immer noch Vorrechte; er fühlte sich noch als ein privilegierter Stand der auch auf die Bourgeoisie mit Geringeschätzung hinabsah. Die Revolution hat dem Adel diese Vorrechte entzogen. Es gibt keinen kaiserlichen Hof, kein Herrenhaus, keine Großgrundbesitzerkurien in den Landtagen mehr, keine Begünstigung des Adeligen im staatlichen Dienst, keine dem Adel vorbehaltenen Würden in der Diplomatie und im Heere mehr. Der grundbesitzende Adel ist nicht mehr ein gegenüber der Bourgeoisie begünstigter Stand, sondern nur noch eine Fraktion der Bourgeoisie. Damit verbürgerlichte auch die Denkweise des Adels: Sein Grundbesitz ist ihm nicht mehr die Basis seiner privilegierten Stellung in Staat und Gesellschaft, sondern nur noch Rentenquelle. Fallen aber selbst in dem alten grundherrlichen Forstbesitz die sozialen Hemmungen, die vordem einer rein kapitalistischen Verwertung der Forste entgegenstanden, so natürlich erst recht in dem jüngeren kapitalistischen Forstbesitz. War in der Monarchie der Kapitalist, der Wald- und Jagdgüter zusammengekauft hatte, immer noch vom Streben geleitet, es dem benachbarten Edelmann gleichzutun, so verliert seit der gesellschaftlichen Entthronung des Adels dieses soziale Motiv an Wirksamkeit gegenüber den rein wirtschaftlichen Motiven, die zur Bewirtschaftung der Forste nach den Regeln der höchsten Rentabilität drängen. Ja selbst der bäuerliche Waldbesitz gerät nun mehr als früher unter den Einfluß rein kapitalistischer Wirtschaftsmotive. Krieg und Umsturz haben den Bauern aus vielen Traditionen herausgerissen und ihn nüchterner und schärfer rechnen gelehrt. Hat der Bauer vordem den Wald als seine „Sparkasse" für Zeiten der Not betrachtet, ohne viel nach dem Zinsfuß dieser Sparkasse zu fragen, so ist er jetzt schon weit eher geneigt, das Jahreserträgnis seines Waldes mit dem Zins zu vergleichen, den die Sparkasse im nächsten Marktort zahlt, und den Wald durch energischen *Plenterhieb* zu lichten, wenn Geldkapital höheren Zins abwirft als die im Walde wachsende Holzmasse.

Die Entwicklungstendenz zu immer vollständigerer Durchsetzung rein kapitalistischer Wirtschaftsmethoden im Walde wird aber noch wesentlich verstärkt werden, wenn es der Demokratie gelingt, die beiden Überbleibsel feudaler Rechtseinrichtungen, die in unsere demokratische Zeit hereinragen, zu beseitigen: die *Familienfideikommisse* und die herrschaftlichen Eigenjagden. Wird der *Fideikommißinhaber*, der das Erbe der Väter im Interesse künftiger Generationen zu verwalten hat, zum Privateigentümer, so gewinnen seine auf höchstmögliche Rentabilität gerichteten Gegenwartsinteressen stärkere Kraft gegen das Bedürfnis, schöne alte Wälder den nachkommenden Geschlechtern zu übergeben. Wird das Eigenjagdrecht des Großgrundbesitzers aufgehoben, so hört der Großgrundbesitzer auf, den Wald als Luxus-, als *Voluptuarbesitz* zu betrachten. Der Wald wird ihm zur bloßen Einkommensquelle, die nach keinem anderen Gesichtspunkt mehr bewirtschaftet wird als dem der rentabelsten Verwertung.

Zwei Hauptursachen wirken also zusammen, die rein kapitalistischen Entwicklungstendenzen in der Forstwirtschaft zum Siege zu führen: einerseits die Verarmung des Landes, die zu rücksichtsloser Ausbeutung seiner natürlichen Reichtümer drängt, anderseits die politische Umwälzung, die die Überbleibsel feudaler Institutionen und damit auch aus der Feudalzeit überkommener Wirtschaftsgewohnheiten beseitigt und dadurch den rein wirtschaftlichen Motiven kapitalistischer Wirtschaft erst gegen die überkommenen, außerwirtschaftlich motivierten Bewirtschaftungsgrundsätze verstärkte Kraft verleiht. So gelangt erst in unserer Zeit der kapitalistische Geist in der Forstwirtschaft ganz zum Siege.

Der Sieg der kapitalistischen Wirtschaftsmethoden bringt uns zunächst die Verkürzung der Umtriebszeiten. Beim Über-

gang von längerer zu kürzerer Umtriebszeit wird der Holzanfall zunächst vergrößert; sobald aber der Übergang vollzogen ist, ist der jährliche Holzanfall dauernd verkleinert. Dadurch wird die Nachfrage der Forstwirtschaft nach Arbeitskräften verkleinert; das Dorfproletariat findet in der Forstarbeit, die Bauernschaft bei den Holzfuhren geringeren Verdienst. Überdies bilden die Schonflächen einen desto größeren Teil der Waldfläche, je kürzer die Umtriebszeit ist; durch die Verkürzung der Umtriebszeit wird also die bäuerliche Waldweide abermals eingeengt werden. Im Gebirge kann selbst die Fähigkeit des Waldes, die Bodenkrume vor der Abschwemmung, Siedlungen, Äcker
und Almen vor Elementarkatastrophen zu schützen, durch die Verkürzung der Umtriebszeit geschwächt werden.

Aber die Verstärkung der kapitalistischen Tendenzen im Forstbetrieb führt nicht nur zur Verkürzung der Umtriebszeit, sondern auch zur Neugestaltung der Betriebsarten. Der hohe Zinsfuß, die geringe Rentabilität der Forstwirtschaft, die Erhöhung der Bringungskosten, das Durchdringen rein kapitalistischer Wirtschaftsmotive drängen nach möglichst konzentrierter, rücksichtsloser Nutzung, die allein schnelle Amortisation und ausreichende Verzinsung der Bringungsanlagen ermöglicht. Je stärker diese Tendenzen werden, desto schwieriger wird sich die staatliche Forstaufsicht ihnen zu widersetzen vermögen. Je konzentrierter und rücksichtsloser aber die Nutzung geübt wird, desto größer wird, insbesondere im Gebirge, die Gefahr der Verarmung und Verwilderung des Waldbodens.

So wird die Gesellschaft jetzt erst allmählich erfahren, wie sehr die dauernden Interessen der Gesamtheit gefährdet werden, wenn die Gesellschaft die Herrschaft über den Wald Privateigentümern überläßt, sobald diese Privateigentümer nach rein kapitalistischen Grundsätzen zu wirtschaften bestrebt sind.

Aber nicht nur im privaten, sondern auch im staatlichen Forstbetrieb bereiten sich bedeutende Veränderungen vor. Wir haben gesehen, wie schon seit der Zeit des „aufgeklärten" Absolutismus nach jeder großen Kriegsperiode ein großer Teil des staatlichen Forstbesitzes verkauft worden ist; schon seit Josefs II. Zeiten wurde die Verschleuderung des staatlichen Forstbesitzes immer wieder damit begründet, daß der Staat die Forste nicht rationell zu bewirtschaften vermöge und nur das Privatinteresse des Privateigentümers die höchste Betriebsamkeit sichere, die die rationellste Forstwirtschaft erfordert. Aber je-
284 der Periode des Verkaufes der Staatsforste ist ein Rückschlag erfolgt. Wir haben gesehen, wie energisch dieser Rückschlag am Anfang der siebziger Jahre des vorigen Jahrhunderts eingetreten ist. Ganz Ähnliches erleben wir nun abermals nach dem großen Krieg.

Die Kriegsverwaltung hat in den letzten Kriegsjahren einerseits in einigen Forstbezirken rücksichtslos geschlägert, um den großen Holzbedarf der Südfront zu befriedigen, anderseits infolge des Mangels an Arbeitskräften die Windbrüche nicht rechtzeitig aufarbeiten lassen und dadurch den Wald dem Borkenkäfer preisgegeben.[305] Zu den verhängnisvollen Folgen dieser Mißwirtschaft gesellten sich auch in den Staatsforsten nach dem Kriege alle die Wirkungen jener Erscheinungen, die die Rentabilität auch der privaten Forstwirtschaft gesenkt haben. Die Gebarung der Staatsforste weist daher einen bedeutenden Betriebsabgang aus. Die staatliche Forstverwaltung, an ihrer Kraft, diese Schwierigkeiten überwinden zu können, zweifelnd, hat zuerst die Reichraminger Religionsfondsforste und die nord-

305 Anhang zum *Bericht des Ausschusses zur Untersuchung der Verhältnisse in der Staatsforstverwaltung,* Seite 51.

steirischen Forstwirtschaftsbezirke durch langfristige Holzabstockungsverträge dem Privatkapital ausgeliefert. Aber sofort folgte wieder der Rückschlag: Unter dem Druck der von den Forstwirten aufgerüttelten öffentlichen Meinung hob der Nationalrat diese Abstockungsverträge auf. Nunmehr sollen die Bundesforste, der Genfer Vereinbarung vom September 1924 gemäß, einem „besonderen Wirtschaftskörper" zur treuhändigen Verwaltung „nach kaufmännischen Grundsätzen" übertragen werden.

Die Verwaltung unserer Staatsforste war bisher ganz unzweckmäßig organisiert. Die drückende Abhängigkeit vom Finanzministerium, der Dualismus der juristisch-administrativen und der forsttechnischen Abteilung im Landwirtschaftsministerium, die geringe Selbständigkeit der Wirtschaftsführer, der bürokratische Geschäftsgang, die kameralistische Buchhaltung – all das ließ verantwortungsbewußte Initiative nicht aufkommen und belastete den Betrieb mit einem allzu großen bürokratischen Apparat. Aber diese Mängel, von denen einige übrigens schon in den letzten Jahren beseitigt wurden, sind keineswegs untrennbar mit dem Wesen jedes Staatsbetriebes verknüpft, sie sind nur die Folgen einer verrotteten Organisation des Staatsbetriebes. Es ist durchaus möglich, diese Organisation zu verbessern und damit die aus ihr hervorgegangenen Mängel zu beheben. So urteilen die besten Kenner unserer Forstwirtschaft, zum Beispiel der steirische Oberlandesforstmeister Dr. Jugoviz: „Ein staatliches selbständiges Betriebsunternehmen, von Fachleuten geführt und unmittelbar dem Bund oder den Landesregierungen unterstellt, vollverantwortlich für sich selbst und dem Bund gegenüber, wird die Staatsforstverwaltung unter Wahrung der Wohlfahrtsaufgaben des Waldes und der auf den Forsten ruhenden Rechte ebenso das größtmögliche Reinerträgnis liefern wie andere, von einsichtigen Fachleuten geführte Privatforstbetriebe."[306]

Der Unterschied zwischen den Privat- und den Staatsforsten besteht nicht darin, daß jene gut, diese schlecht bewirtschaftet seien, er besteht vielmehr darin, daß diese einen ganz andere Betriebserfolg anstreben als jene.

Vergleicht man die Betriebsergebnisse, so darf man vor allem nicht übersehen, daß die Staatsforste viel schwerer mit Servituten belastet sind als die Privatforste. Der Jahreshiebsatz unserer Staatsforste beträgt 1,104.220 Festmeter; aber davon fal-
286 len nicht weniger als 285.066 Festmeter den *Eingeforsteten* zu.[307] Wahrscheinlich wären heute noch die meisten Privatforste passiv, wenn sie einen ebenso großen Teil des jährlichen Holzanfalles den Servitutsberechtigten überlassen müßten. Man darf daher das volkswirtschaftliche Erträgnis der Staatsforste nicht allein danach beurteilen, ob sie dem Fiskus Erträgnisse abzuführen vermögen, muß vielmehr als Erträgnis auch die Nutzungen veranschlagen, die die Landwirtschaft und die Viehzucht aus den Staatsforsten ziehen.

Dazu kommt aber ein zweiter, die ganze Betriebsführung beherrschender Gegensatz. Sowohl der große Privatbesitz als auch der Staat lassen ihre Waldungen durch Beamte verwalten. Die Beamten, wissenschaftlich geschulte Forstwirte, suchen vor allem das forstliche Interesse zu befriedigen: das Interesse an pfleglicher und nachhaltiger Bewirtschaftung des Waldes. Im Privatwald tritt diesem Interesse das ihm entgegengesetzte Interesse des Waldbesitzers entgegen, dessen Interesse an möglichst hoher Verwertung des im Walde vergegenständlichten Ka-

306 Anhang zum *Bericht des Ausschusses,* Seite 58.

307 Anhang zum *Bericht des Ausschusses,* Seite 26.

pitals. Im Staatswald fehlt dieses Gegeninteresse, oder es setzt sich doch nicht ebenso energisch durch. Darum überwiegt im Privatwald das Interesse des Waldbesitzers. Darum werden im Staatswald die Wohlfahrtsinteressen des Waldes besser erfüllt. Darum sind im Staatswald die Umtriebszeiten länger; woher es auch kommt, daß der Holzertrag in den Staatsforsten in der Regel höher ist als in den Privatforsten.[308] Darum wird die Nutzung in den Staatsforsten in der Regel weniger konzentriert, weniger rücksichtslos geübt als in den Privatforsten; wird also der Waldboden den künftigen Generationen in besserem Zustand erhalten als in den Privatforsten. Der Privatwald ist rentabler; der Staatswald befriedigt vollkommener die gesellschaftlichen Interessen am Walde. Der Privatwald wirft der Gegenwart höhere Erträge ab; der Staatswald verbürgt vollkommener, daß Waldböden und Bestände ungeschädigt und unbeeinträchtigt der Zukunft erhalten bleiben.

Die Übertragung der Staatsforste an einen „selbständigen Wirtschaftskörper" verfolgt zwei grundverschiedene Absichten. Sie will die Organisation der staatlichen Forstverwaltung zweckmäßiger gestalten; das ist nützlich und notwendig. Sie will anderseits die Staatsforste „kommerzialisieren", ihre Bewirtschaftung nach „kaufmännischen Grundsätzen" anordnen; das ist gefährlich. Denn die „Kommerzialisierung" der Staatsforste würde ja bedeuten, daß auch der Staatswald nach rein kapitalistischen Grundsätzen bewirtschaftet würde, auch hier das Bedürfnis des Waldbesitzers nach höchstmöglicher Rentabilität über das Bedürfnis des Waldes nach pfleglicher und nachhaltiger Bewirtschaftung obsiegte, daß die gesellschaftlichen Interessen am Walde den fiskalischen Interessen, die Zukunfts-

308 Heck, *Das Genossenschaftswesen in der Forstwirtschaft,* Seite 67.

interessen den Gegenwartsinteressen geopfert würden. Aber jeder solche Versuch einer rein kapitalistischen Ausbeutung der Staatsforste würde unzweifelhaft ebenso an leidenschaftlicher Auflehnung der Öffentlichkeit scheitern, wie die Verschleuderung der Staatsforste in den siebziger Jahren, wie die Holzabstockungsverträge 1920 an ihr gescheitert sind.

Die Entwicklung wird wohl einen anderen Weg gehen. Man kann die Staatsforste nicht wirklich „kommerzialisieren". Aber man kann unzweifelhaft die Verwaltung der Staatsforste verselbständigen, zweckmäßiger gestalten, von bürokratischem Ballast

befreien und dadurch wohl auch das Gleichgewicht im Haushalt der Bundesforstverwaltung wiederherstellen. Gelingt dies, so werden die Klagen über die Mißwirtschaft in den Staatsforsten verstummen. Zugleich werden anderseits die Gefahren des Privateigentums an den Forsten um so augenfälliger sichtbar werden, je vollständiger sich die kapitalistischen Wirtschaftsmethoden in der privaten Forstwirtschaft durchsetzen. So wird die jetzt weitverbreitete skeptische Beurteilung der staatlichen Forstwirtschaft überwunden werden. Die ganze Entwicklung der Forstwirtschaft wird dem Volke die Erkenntnis aufzwingen, daß unseren gesellschaftlichen Interessen am Walde, die, je länger, desto schwerer gefährdet sind, solange der Wald den nach kapitalistischen Grundsätzen wirtschaftenden Privateigentümern preisgegeben bleibt, nur das Staatseigentum an den großen Forsten dauernden Schutz verbürgen kann.

Aber viel wirksamer als die Entwicklung der Forstwirtschaft selbst wird die weitere Entwicklung des alten Kampfes zwischen der Viehzucht und der Forstwirtschaft zur Umwälzung der Eigentumsverhältnisse an den Forsten drängen. Unsere Alpenländer, die Gebiete der Almwirtschaft werden die Stätten dieses Kampfes sein.

In der Holzkohlenzeit war die Industrie längs der Gebirgsbäche der waldreichen Alpenländer angesiedelt. In der Steinkohlenzeit ist die industrielle Entwicklung der Alpenländer zurückgeblieben; die Industrie siedelte sich in den den böhmischen und den schlesischen Kohlenrevieren näher gelegenen Gebieten an. Der Ausbau der Wasserkräfte in unserer Zeit leitet eine rückläufige Bewegung ein. Er wird der Industrialisierung der Alpenländer neuen Anstoß geben. Die Industrialisierung wird den lokalen Markt für Milch und Molkereiprodukte erweitern. Die Entwicklung des Fremdenverkehrs wird ihn noch kaufkräftiger machen. Dadurch wird die Entwicklung der alpenländischen Milchwirtschaft gefördert werden.

Die Industrialisierung der Alpenländer wird zugleich den Prozeß der geldwirtschaftlichen Umwälzung der alpenländischen Bauernwirtschaft beschleunigen. Sie reißt den Bauern aus gewohnheitsfaulem Traditionalismus heraus. Sie macht ihn fähiger, seinen Betrieb zu intensivieren, zu rationalisieren, umzustellen. Mitten in industrialisierter Umgebung lernt er es leichter, den Getreidebau in ungünstigen Lagen aufzugeben, statt der Körnerfrüchte Futter zu bauen, seine Almen zur Produktion von Zucht- und Nutzvieh hoher Qualität auszunützen und für den Erlös des in das Ausland ausgeführten Viehs Getreide, Kraftfuttermittel und Kunstdünger zu kaufen.

Die staatliche Agrarpolitik wird vor allem diese Entwicklung der Almwirtschaft fördern müssen. Unsere Alpenländer haben alle natürlichen Voraussetzungen für die Produktion von Zucht- und Nutzvieh und von Molkereiprodukten hoher Qualität. Die Almwirtschaft könnte eine unserer größten Exportindustrien sein. Aber Deutsch-Österreich hat es nicht verstanden, den Naturschatz seiner Almen auszunützen. Die staatliche Agrarpolitik wird die schon im letzten Jahrzehnt vor dem

Krieg begonnenen Anstrengungen, die Almwirtschaft zu fördern, mit verstärkter Kraft fortsetzen müssen, wenn das Land sich aus der Armut, in die es der Krieg gestürzt hat, emporarbeiten soll. Die Hindernisse, die diesen Anstrengungen entgegenstanden, sind nunmehr leichter zu beseitigen, da die Macht der an Forst und Jagd interessierten Grundherrenklasse gebrochen ist und die an der Almwirtschaft interessierte Bauernschaft die alpenländischen Landtage beherrscht.

Der Großgrundbesitz hat die Almwirtschaft bisher vornehmlich den Bauern überlassen. Wir haben in unseren Al-
290 penländern nur wenige Großbetriebe, die Viehzucht im großen betreiben. Es ist denkbar, daß das nun anders wird. Die Zeit drängt den alpenländischen Großgrundbesitzer zur intensiveren Ausnützung seines Eigentums. Sie mag ihn nicht nur zu rücksichtsloserer Ausbeutung seines Forstbesitzes drängen, sondern auch zu intensiverer Nutzung der Weideflächen, die seine Wälder einschließen. Die Entwicklung von Großbetrieben, die, von wissenschaftlich geschulten Betriebsleitern geführt, almwirtschaftliche Viehzucht im großen betreiben, würde unsere Zucht- und Nutzviehproduktion wesentlich fördern. Denn in der Zucht ist der Großbetrieb dem Kleinbetrieb gewiß überlegen. Alle Zucht setzt Auslese voraus, alle Auslese aber ist von der Größe des Viehstandes abhängig. Der Großbetrieb kann unter den Kälbern eine Auslese treffen, die minder tauglichen Stücke ausscheiden. Im Kleinbetrieb mögen unter vier oder fünf Kälbern, die jährlich fallen, überhaupt keine zuchttauglichen zu finden sein. Der Großbetrieb hält einen Stier auf 35 bis 40 Kühe; der Kleinbetrieb kann keinen Stier halten, er kann oft im weiten Umkreis keinen guten Stier finden.[309] Eine stärkere

309 Hainisch, *Die Landflucht,* Seite 91.

Entwicklung almwirtschaftlicher Großbetriebe auf dem Großgrundbesitz würde daher unzweifelhaft die Entwicklung unserer rückständigen Almwirtschaft fördern und unsere Viehrassen verbessern. Das Beispiel des Großgrundbesitzes würde auch die Bauern seiner Nachbarschaft zu rationellerer Wirtschaft anleiten.

Aber der Entwicklung des Großbetriebes in der alpenländischen Viehzucht stehen bedeutende Hindernisse entgegen. Der Bauer betreibt die Viehzucht, um die Arbeitskräfte seiner Familie und die Nährstoffe seines ererbten Bodens auszunützen. Im Gebirge, wo Getreidebau für den Markt nicht vorteilhaft ist, muß er bei der Viehzucht bleiben, auch wenn sie, im kapitalistischen Sinne, nicht rentabel ist. Ganz anders der kapitalistisch orientierte Großgrundbesitzer. Er hat die Wahl, ob er Kapital zur Gründung eines großen Viehzuchtbetriebes verwenden oder anders verwerten will. Er wird einen Viehzuchtbetrieb nur gründen, wenn das Kapital, in Vieh angelegt, höhere Erträgnisse abwirft als bei anderer Verwertung. Nun ist Zucht von Rindern und Pferden ein Produktionszweig mit mehrjähriger Umschlagszeit. In einer Zeit hohen Zinsfußes muß die Zucht sehr hohe Erträgnisse abwerfen, soll es nicht vorteilhafter scheinen, das Kapital zu Zins und Zinseszinsen in einer Bank anzulegen.

Mangelt die Rentabilität, ohne die dem Großgrundbesitz der Antrieb zum Betrieb der Viehzucht fehlt, so ist sie auch nicht etwa durch Mittel der Handels- und Zollpolitik zu schaffen. Unsere Alpenländer müssen ihr Zucht- und Nutzvieh ins Ausland exportieren. Der Marktpreis auf ausländischen Märkten bestimmt daher auch den Preis des Zucht- und Nutzviehs auf dem heimischen Markt. Viehzölle erhöhen den Inlandspreis des Schlachtviehs, das wir importieren müssen, nicht den des Zucht- und Nutzviehs, das wir exportieren. Die Schutzzollpolitik verteuert der Almwirtschaft nur das Getreide und die Industrieprodukte, die sie kaufen muß, aber sie vermag nicht den Preis des Viehs, das sie verkauft, zu erhöhen; sie senkt daher nur die Rentabilität der Almwirtschaft, erschwert daher nur die Entwicklung viehzuchttreibender Großbetriebe in den Alpenländern.

Im Hochgebirge stehen der Entwicklung viehzuchttreibender Großbetriebe besonders schwere Hindernisse entgegen. Die Viehzucht muß ja mit dem Futterbau für die Winterstallfütterung, also mit Wiesen- und Ackerbau, verbunden
292 sein. Nun kann man auf den kleinen produktiven Flächen an den Abhängen des Hochgebirges weder Maschinen verwenden noch größere Arbeitermassen konzentrieren.[310] Die Verwendung des Kunstdüngers ist in den höheren Lagen nicht mehr rationell, weil die Kosten der Zufuhr allzu hoch sind. Der Großbetrieb verliert hier wesentliche Vorteile, die ihm in der Ebene zukommen. Dagegen ist die Bearbeitung des Bodens im Gebirge besonders mühselig. Der Bauer, der für sich selbst arbeitet, leistet schwere, mühselige Arbeit; der Großbetrieb findet zu solcher Arbeit nur schwer Arbeitskräfte und muß sie, wenn er sie findet, ungleich höher entlohnen.

So dürfen wir denn eine schnelle und allgemeine Entwicklung almwirtschaftlicher Großbetriebe auf dem Boden des alpenländischen Großgrundbesitzes nicht erwarten. In der Hauptsache wird unsere Almwirtschaft doch in den Händen der Bauernschaft bleiben. Aber bleibt ihre Entwicklung vornehmlich den Bauern überlassen, so muß sie sehr bald an die Grenzen des bäuerlichen Grundeigentums stoßen und diese Grenzen zu überschreiten suchen.

310 Hainisch, *Die Landflucht,* Seite 77.

Die Almwirtschaft setzt ein Gleichgewichtsverhältnis zwischen der im Sommer bewirtschafteten Alm und dem den Futterbedarf für den Winter deckenden Talgut voraus. Dieses Gleichgewichtsverhältnis muß aber durch die Intensivierung der Almwirtschaft gestört werden; seine Wiederherstellung wird wesentliche Verschiebungen der Eigentumsverhältnisse erfordern.

In weiten Gebieten verfügt die Bauernschaft über allzu wenig Weideland. Die ganze Agrargesetzgebung, vom Salzburger Alpenschutzgesetz von 1905 bis zu dem niederösterreichischen Gesetz über die Förderung der Weidewirtschaft von 1923, zeigt das Bedürfnis der Bauernschaft nach der Erweiterung ihres Besitzes an Almen und Weiden. Lernt es der Bauer, seine Äcker zu *kommassieren*, seine Wiesen zu meliorieren, besseres Saatgut zu verwenden, mit Stallmist und Jauche besser hauszuhalten, Kunstdünger auf seinem Talgut zu verwenden, unrationellen Getreidebau einzustellen und Futtermittel anzubauen, so wird ihm sein Talgut bei weitem höheren Futterertrag abwerfen, er wird daher auch bedeutend mehr Vieh überwintern können; desto weniger werden daher die Almen, über die er verfügt, für die Sommerung des Viehs genügen. Die Intensivierung des bäuerlichen Acker- und Wiesenbaues muß daher in vielen Gebieten mit einer Expansion des bäuerlichen Besitzes an Almen Hand in Hand gehen.

In anderen Gebieten der Alpenländer ist es gerade umgekehrt. Die Bauernschaft ist mit Almen sehr reichlich, aber allzu wenig mit Acker- und Wiesenboden ausgestattet. Da es an Futter für die Stallfütterung im Winter fehlt, können die Almen im Sommer nicht vollständig ausgenützt werden. Der Bauer sieht sich gezwungen, das Gras auf der Alm zu mähen, das Heu in sein Talgut zu bringen, um seinen Vorrat an Winterfutter zu ergänzen; aber dadurch werden dem Almboden die

Nährstoffe entzogen und nicht wiedergegeben, der Almboden verarmt, seine Graswüchsigkeit sinkt. Lernt es aber der Bauer, seine Alm zu meliorieren und pfleglicher zu behandeln, dann wird sie noch weit weniger vollständig als jetzt ausgenützt werden können, wenn nicht zugleich der bäuerliche Besitz an Wiesen, Matten, Heubergen und Äckern ausgedehnt wird.

Die Entwicklung der Almwirtschaft erfordert also, daß die Almen dort, Wiesen oder Heuberge da, auf Kosten des Waldes Raum gewinnen. In der Schweiz, wo die Macht des feudalen Großgrundbesitzes schon seit dem 16. Jahrhundert gebrochen worden ist, hat der Bauer seine Almen und seine Wiesen rücksichtslos auf Kosten des Waldes ausdehnen können; erst im 19. Jahrhundert, nachdem die großen Überschwemmungen von 1834 und 1839 die Gefahren rücksichtsloser Abholzung gezeigt hatten, erkannte man dort die Notwendigkeit der Erhaltung der Wälder.[311] In Österreich dagegen blieb die Macht des feudalen Großgrundbesitzes erhalten. Er dehnte seine Wälder auf Kosten der bäuerlichen Almen, Heuberge und Wiesen aus. Hier steht Wald noch auf Böden, die weder absolute Waldböden sind noch zur Abwehr von Elementarkatastrophen bestockt bleiben müssen. Hier ist die Ausdehnung der Almen, Heuberge und Wiesen auf Kosten des Waldes in weiten Gebieten noch möglich; hier kann sich die Almwirtschaft ohne diese Ausdehnung in vielen Gebieten nicht entwickeln. Und wo nicht der Großgrundbesitz selbst zum Viehzuchtbetrieb im großen übergeht, setzt diese Ausdehnung der Almen, der Heuberge und Wiesen den Übergang des Bodens aus dem Eigentum des Großgrundbesitzes in den Besitz der Bauernschaft voraus.

311 Miaskowski, *Die Verfassung der Land-, Alpen- und Forstwirtschaft der deutschen Schweiz in ihrer geschichtlichen Entwicklung,* Basel 1878, Seite 88.

Diese volkswirtschaftliche Notwendigkeit drängt zunächst nach zwei Maßregeln: nach der Aufhebung der *Familienfideikommisse* und nach der Aufhebung der Eigenjagdrechte. Der Großgrundbesitz würde manche Bodenflächen, die heute *fideikommissarisch* gebunden sind, daher nicht verkauft werden können, feilzubieten bereit sein, sobald sie von dem Band des *Fideikommisses* befreit wären. Der Großgrundbesitz würde weite Bodenflächen, die ihm heute nur als Jagdgebiete wertvoll sind, verkaufen, sobald er das Jagdrecht auf seinem Boden verlöre. Die Aufhebung der *Fideikommisse* und des Jagdrechtes auf dem eigenen Grund und Boden würde zwar die Tendenzen zu rein ka-
pitalistischer Ausbeutung der Forste verstärken, aber sie würde anderseits heute gebundenen Boden „mobilisieren", durch Vergrößerung des Bodenangebots die Bodenpreise drücken und es so der Bauernschaft ermöglichen, ihren Besitz an Almen dort, an Heubergen und Wiesen da, auszudehnen. Sie würde daher die Entwicklung der Almwirtschaft unzweifelhaft fördern.

Aber auch die Aufhebung der *Fideikommisse* und der Eigenjagdrechte wird auf die Dauer gewiß nicht genügen, um die im Interesse der Entwicklung unserer Almwirtschaft notwendigen Eigentumsverschiebungen zu sichern. Je größer die Volksbildung in unseren Alpenländern, je höher das Kulturniveau der alpenländischen Bauernschaft gehoben wird, je mehr daher der Bauer zur Intensivierung seines Betriebes fähig wird, desto stärker wird das durch die Intensivierung der Bauernwirtschaft gestörte Gleichgewichtsverhältnis zwischen Talgut und Alm die Ausdehnung der Kulturflächen der Bauernwirtschaft erfordern, desto stärker wird der Hunger der Bauern nach der Ausdehnung ihrer Almen in den einen, ihrer Wiesen und Heuberge in den anderen Gebieten werden. Der Kampf zwischen der Forstwirtschaft und der Viehzucht um den Boden muß immer heftiger werden. Der Bodenhunger der Almwirtschaft muß die Bodenpreise, die zeitweilig durch Aufhebung der *Fideikommisse* und der Eigenjagdrechte gedrückt werden können, schließlich doch wieder emportreiben, den Verkehrswert des Bodens abermals hoch über seinen Ertragswert treiben. Daraus gehen nun schwere Gefahren hervor. Je höher der Verkehrswert des Bodens über seinem Ertragswert steht, desto stärker wird die Tendenz zu rein kapitalistischer Ausbeutung der Forste; denn je höher der Forstbesitzer den Forst beim Kauf oder bei der Erbteilung mit Hypothekarschulden belasten muß, desto zwingender wird sein Bedürfnis nach rücksichtsloser konzentrierter Nutzung und nach immer weiterer Verkürzung der Umtriebszeiten. Je höher der Verkehrswert des Bodens über seinem Ertragswert steht, desto schwerer wird der Bauer bei Kauf und Erbgang mit Hypothekarzinsen belastet, desto weniger kann er, durch die Zinsenlast erdrückt, seinen Betrieb intensivieren, desto weniger ist er imstande, sich die Mittel für die Meliorierung seines Bodens zu beschaffen, da die Überlastung des Bodens mit Besitzwechselhypotheken für Meliorationshypotheken keinen Raum läßt, desto weniger ist schließlich der Bauer imstande, seinen Besitz, sei es an Almen, sei es an Wiesen oder Heubergen, durch Zukauf zu vergrößern. Sowohl die intensive als auch die extensive Entwicklung der Almwirtschaft stößt so auf unüberwindliche Schranken.

Diese Schranken können nicht anders beseitigt werden als durch das Eingreifen des Staates. Der Staat muß durch Enteignungsakte, durch Zwangsmaßregeln in den Gebieten, in denen die Bauernschaft mit Almen nicht hinreichend ausgestattet ist, zur Nutzung als Alm geeignete Bodenflächen aus der Forstwirtschaft ausscheiden und den Bauern zuweisen; in den Gebieten, in denen unzulängliche Ausstattung der Bauern mit

Wiesen- und Ackerland die Ausnützung der vorhandenen Almen unmöglich macht, zur Umwandlung in Wiesenflächen, Heuberge, Heimweiden geeignete Flächen aus den Forsten ausscheiden und den Bauern zueignen. Nur wenn der Staat selbst auf diese Weise das Bedürfnis nach extensiver Entwicklung der bäuerlichen Almwirtschaft befriedigt, verhindert er, daß der Bodenhunger der Almwirtschaft die Bodenpreise so hochtreibt, daß auch die Intensivierung der Almwirtschaft auf dem ihr jetzt schon zur Verfügung stehenden Boden unmöglich wird. Freilich, der Wald wird auf diese Weise an Almen, Heubergen und Wiesen Boden verlieren; aber nur dadurch, daß der Staat selbst die Ausdehnung der der Viehzucht dienenden Kulturböden auf Kosten des Waldes durch unmittelbare Expropriationsakte durchführt, kann er verhindern, daß der Bodenhunger der Almwirtschaft jene Überwertung des Bodens herbeiführt, die den Wald gemeingefährlicher kapitalistischer Ausbeutung preisgeben würden. Indem der Staat selbst die Waldfläche zugunsten der Viehzucht einengt, schützt er die verbleibende Waldfläche vor kapitalistischem Raubbau.

In welcher Weise soll sich aber dieser staatliche Eingriff in die Eigentumsverhältnisse vollziehen? Soll der Staat die Grundeigentümer nur verpflichten, Flächen, die als Weide oder aber als Heuberg oder Wiese genutzt werden können, den Bauern zu verpachten, wie dies das niederösterreichische Gesetz von 1923 vorschreibt? Oder soll er neue dingliche Rechte auf dem Herrenlande zugunsten der Bauern schaffen, wie sie von alters her an den Servitutsalmen bestehen? Oder soll er die geeigneten Flächen enteignen und sie den Bauern als Eigentum übertragen?

In weiten Gebieten führt heute schon die Waldbestockung auf den der Viehzucht dienenden Bodenflächen ein Wanderleben. Wird eine Grasfläche einige Jahrzehnte als Alm oder als Heuberg genutzt, so wird der Boden an Nährstoffen immer ärmer. Auf den herabgekommenen Weideflächen fliegt der Wald an. Der Wald bereichert den Boden wieder: Vermoderndes Laub und vermodernder Nadelabfall führen dem Boden Mineralsalze und Stickstoff zu und verbessern zugleich auch die physikalischen Eigenschaften des Bodens – Feuchtigkeit, Durchlüftung, Temperatur. Nach einer Waldgeneration ist der Boden wieder so weit hergestellt, daß er nun wieder für einige Jahrfünfte oder Jahrzehnte als fruchtbare Weide oder fruchtbarer Heuberg genutzt werden kann.[312] So braucht der Almboden den ewigen Wechsel von Gras- und Waldnutzung. Sie ist seine natürliche Rotation, der Erhaltung seiner Nährstoffe ebenso unentbehrlich wie der Fruchtwechsel auf dem Ackerboden.

Die Eigentumsordnung steht dieser natürlichen Rotation im Wege. Der Bauer kann seine Alm nicht aufforsten, weil er sie für die Sommerung seines Viehs braucht; der Grundherr hat kein Interesse daran, Bodenflächen abzuholzen, um sie der bäuerlichen Weide zu überlassen. Die Rechtsordnung verstärkt noch dieses Hindernis. „Wald muß Wald bleiben", dekretiert das Forstgesetz. „Alm muß Alm bleiben", antworten die Alpenschutzgesetze. Die Natur will es anders. Sie will, daß ewig Alm zu Wald, Wald zur Alm werde, wenn der Almboden nicht verarmen soll.

Wir werden den Kulturboden, über den die bäuerliche Viehzucht verfügt, wesentlich vergrößern müssen, um die Entwicklung der Almwirtschaft zu fördern. In den Gebieten, wo es den Bauern an Weideflächen mangelt, werden wir Wälder abstocken und die Blößen den Bauern für einige Jahrfünfte als

312 Jugoviz, *Wald und Weide in den Alpen,* Seite 24.

Almen zuweisen. Nach wenigen Jahrfünften ist der Boden der Alm erschöpft. Nun müssen wir sie wieder einziehen, aufforsten und den Bauern andere, nunmehr abgeholzte Waldblößen zuweisen. Noch notwendiger wird diese Rotation in den anderen Gebieten sein, wo die Bauern Almen genug, aber zu wenig Acker- und Wiesenland haben. Äcker und Wiesen auf dem Talboden können wir den Bauern nicht zuweisen. Wir werden ihnen Waldblößen als Heuberge zuweisen müssen, von denen sie das Heu in ihre Ställe schaffen müssen. Aber bei solcher Nutzung wird der Boden noch viel schneller erschöpft als bei der Nutzung als Weide; nach wenigen Jahren müssen wir den Heuberg wieder einziehen, aufforsten und die Bauern durch Zuweisung einer anderen Waldblöße entschädigen. So müssen Almen und Matten durch den Wald wandern, wie einst die Äcker durch den Wald gewandert sind. Wir bedürfen einer Macht, die diese Rotation leitet, wie einst die grundherrliche Gewalt den brennwirtschaftlichen Turnus geleitet hat.

Wer kann diese Macht sein? Der private Forstbesitzer kann es nicht sein; denn er hat nur an der Holzzucht, nicht an der bäuerlichen Viehzucht ein Interesse. Die Bauernschaft kann es auch nicht sein; denn sie würde den Wald rücksichtslos dem Interesse ihrer Viehzucht opfern. Nur der Staat kann es sein. Freilich, auch er nicht, solange er seine Forste „kommerzialisieren“ , seinen Wald als kapitalistischen Ertragswald nutzen will. Auch der Staat erst dann, wenn er den Wald nicht als kapitalistischen Ertragswald, sondern als sozialistischen Wohlfahrtswald bewirtschaftet.

Mit der Entwicklung der Almwirtschaft muß sich der alte Kampf zwischen der Viehzucht und der Forstwirtschaft um den Kulturboden schließlich dermaßen zuspitzen, daß er die bestehende Eigentumsordnung sprengt. Der Interessengegensatz zwischen der Viehzucht und der Forstwirtschaft, unüberwindbar, solange die Viehzucht Sache des Bauern, die Forstwirtschaft Sache des Grundherrn ist, kann seine Lösung nur finden in einer Eigentumsordnung, die den Wald einer Macht übergibt, die das allgemeine volkswirtschaftliche Interesse zu wahren und ihm sowohl die forstlichen als auch die viehzüchterischen Interessen ein- und unterzuordnen fähig und berufen ist. So wird die Entwicklung schließlich zur Sozialisierung der Forste drängen.

Die Sozialisierung der Forste ist nicht bloße Verstaatlichung
300 der Forste, sie setzt aber die Verstaatlichung voraus. Zunächst wird also der Forstbesitz des privaten und des kirchlichen Großgrundbesitzes verstaatlicht und mit dem Forstbesitz des Staates und des Religionsfonds vereinigt werden müssen. Dann aber folgt erst die eigentliche Sozialisierung: die Verwandlung des Ertragswaldes in den Wohlfahrtswald. Heute wird nicht nur der Privatwald, sondern auch der Staatswald wesentlich als Ertragswald bewirtschaftet. Im Staatswald überwiegt das technisch-forstliche, im Privatwald das wirtschaftlich kapitalistische Interesse; die staatliche Forstverwaltung strebt möglichst hohen dauernden Ertrag des Forstes, die privatkapitalistische Forstverwaltung möglichst hohen augenblicklichen Ertrag des im Forst vergegenständlichten Kapitals an; beide aber betrachten es als ihre Aufgabe, möglichst hohen, sei es dauernden, sei es augenblicklichen Ertrag des Forstes zu erzielen. Mit der Verwandlung des Ertragswaldes in den Wohlfahrtswald verändert sich das Ziel der Forstwirtschaft: Das Ziel ist nunmehr möglichst hoher volkswirtschaftlicher Ertrag, gleichgültig, ob dieser aus der Forstwirtschaft oder aus der Viehzucht stammt; die Verwaltung des Wohlfahrtswaldes muß sich mit geringerem Ertrag der staatlichen Forstwirtschaft bescheiden, wenn dieser

Minderertrag durch einen Mehrertrag der bäuerlichen Viehzucht überkompensiert wird.

Diese Umstellung der staatlichen Forstwirtschaft erfordert zunächst eine veränderte Verwaltungsorganisation. Sowohl im obersten Verwaltungsorgan der Staatsforste als auch in den Verwaltungsorganen der einzelnen Forstbezirke müssen neben wissenschaftlich geschulten Forstwirten auch wissenschaftlich geschulte Landwirte und neben Vertretern der Forstarbeiter auch Vertreter der Bauern sitzen. Diese Körperschaften, die sowohl die forstlichen als auch die viehzüchterischen Interessen zu wahren haben, werden die Betriebseinrichtung des sozialistischen Wohlfahrtswaldes festzusetzen haben. Sie hat den almwirtschaftlichen Turnus planmäßig einzurichten, die Rotation Wald – Alm – Wald, Wald – Heuberg – Wald zu regeln. Sie hat der bäuerlichen Viehzucht so viel Böden bereitzustellen, als sie ohne Verletzung forstlicher Lebensinteressen zur Verfügung stellen und als die Viehzucht rationell nutzen kann; sie muß der bäuerlichen Viehzucht da, wo es an Weideflächen fehlt, Almen, dort, wo es an Wiesen und Ackern fehlt, Wiesen, Matten oder Heuberge zur Verfügung stellen. Anderseits muß die Betriebseinrichtung die forstlichen Interessen wahren. In Mulden und Böden, an geschützten Hängen wird sie der Viehzucht große geschlossene kahlgeschlagene Grasflächen zur Verfügung stellen können; freie, dem Sturm preisgegebene Hänge und Kuppen, Lehnen mit armen Böden, den Kampfgürtel an der oberen Waldzone wird sie horstweise bestockt lassen und nur die Blößen zwischen den Horsten der bäuerlichen Nutzung überlassen.[313]

Die Entwicklung unserer Almwirtschaft erfordert, daß wir der Viehzucht möglichst große Kulturflächen zur Verfü-

313 Jugoviz, *Wald und Weide in den Alpen,* Seiten 37 ff., 78 f.

gung stellen. Aber dieses zwingende Bedürfnis der Almwirtschaft kann nur durch die Sozialisierung der Forste befriedigt werden. Aus zwei Gründen. Erstens: Gerade weil wir einen Teil unserer Wälder der Entwicklung der Almwirtschaft opfern müssen, müssen wir um so mehr darauf bedacht sein, daß die verbleibenden Wälder nicht in rein kapitalistischem Geiste ausgebeutet werden, sondern den kommenden Geschlechtern erhalten bleiben. Darum die Verstaatlichung des großen privaten und kirchlichen Forstbesitzes! Zweitens: Die Entwicklung der Almwirtschaft erfordert, daß der Viehzucht Böden dienst-
302 bar werden, die, dem Wald abgerungen, nur wenige Jahrfünfte der Viehzucht dienstbar bleiben können, dann wieder an den Wald zurückfallen müssen. Darum: Festsetzung der Betriebseinrichtung des staatlichen Forstbesitzes durch eine Organisation, die nicht ausschließlich forstliche und nicht ausschließlich viehzüchterische Interessen, sondern beide zu wahren und in Einklang zu bringen fähig und berufen ist. Nur eine solche Organisation kann den ewigen Wechsel zwischen forstlicher und viehzüchterischer Nutzung des Bodens im allgemeinen volkswirtschaftlichen Interesse dauernd regulieren.

Nach derselben Richtung drängt aber noch ein anderes, mit der Entwicklung der Almwirtschaft gleichfalls erstarkendes Bedürfnis: das Bedürfnis nach der Neuregulierung der alten bäuerlichen Nutzungsrechte am Herrenwald.

Viele alte Holzungsrechte haben ihren ursprünglichen volkswirtschaftlichen Sinn verloren. Sie waren notwendig, wo der Bauer seinen Holzbedarf nur aus dem nahen Herren- oder Staatswald decken konnte; sie haben ihren Sinn verloren, wo der Bauer im Tal das Nutzholz, das er auf Grund des Servituts bezieht, verkauft und statt seiner Brennholz kauft, das die Eisenbahn zuführt, oder wo gar das Servitut nicht mehr einem

Bauern, sondern einem Hotel, einer Fabrik zusteht. Können also nicht wenige alte Servituten ohne weiteres aufgehoben werden, so müssen anderseits neue Holzungsrechte geschaffen werden. Der Bauer kann nicht neue Almen in Betrieb nehmen, wenn er nicht Brenn- und Zaunholz aus dem nachsten Wald beziehen kann; denn im Gebirge kann das Holz der Transportschwierigkeiten wegen nicht aus größerer Entfernung zugeführt werden. Da handelt es sich also um eine ganz andere Servitutenregulierung als die, die nach dem Patent von 1853 vollzogen wurde oder nach den neueren Landesgesetzen vollzogen werden kann. Denn während bei diesen Servitutenregulierungen immer nur bestehende Servituten limitiert oder abgelöst wurden, ist nunmehr nicht nur die Aufhebung bestehender, sondern auch die Schaffung ganz neuer Servituten notwendig.

Zunächst drängt die Entwicklung nach der Neuregelung der Waldweiderechte. Des alten Kampfes um diese Rechte müde, haben sowohl die Forstbesitzer als auch die Bauern oft die reinliche Trennung von Wald und Weide gefordert. Aber dieser ersehnten Lösung stehen im Rahmen der gegenwärtigen Eigentumsordnung unüberwindliche Hindernisse entgegen. Gewiß ist die Waldweide in vielen Fällen völlig unrationell. Die Graswüchsigkeit des schwach belichteten Waldbodens ist gering, das Vieh findet auf ihm nur sehr dürftige Nahrung; in vielen Fällen mag daher der Schaden, den das Vieh dem Walde zufügt, größer sein als der Nutzen, den der Bauer aus der Waldweide zieht. Trotzdem kann der Bauer auf die Waldweide nicht verzichten, solange er nicht über hinreichende andere Weideflächen verfügt. Erst eine reichliche Ausstattung der Bauern mit Weideland wird die Befreiung vieler Wälder von der Waldweide ermöglichen. Freilich, überall wird die Waldweide auch dann nicht beseitigt werden können. Wo dies nicht geschehen

kann, wird es notwendig sein, die Waldweide rationeller zu ge-
stalten. Dem privaten Großgrundbesitzer und auch der staatli-
chen Forstverwaltung, solange sie den Staatswald nur als Ertrags-
wald bewirtschaftet, ist die Waldweide nur eine Last. Können
sie sich der Waldweide nicht entledigen, so ist es ihnen voll-
kommen gleichgültig, ob der Bauer aus der Waldweide größe-
ren oder geringeren Nutzen zieht. Die Verwaltung eines sozi-
alistischen Wohlfahrtswaldes dagegen, in der Landwirte und
Forstwirte zusammenwirken und die nicht nach dem höchst-
möglichen fiskalischen Ertrag, sondern nach möglichst voll-
304 kommener volkswirtschaftlicher Verwertung des Waldbodens
zu streben hat, wird dort, wo die Waldweide notwendig bleibt,
den Wald so einzurichten streben, daß der Gewinn der Vieh-
zucht den Schaden des Forstes sicher und in möglichst hohem
Maße überwiege. Sie kann zum Beispiel den Holzwuchs in ge-
schlossenen Horsten vereinigen und zwischen ihnen offene Wei-
deflächen frei lassen, die, ausreichend belichtet, sich mit einem
dichten Rasen nahrhafter Gräser bedecken; solche horstweise
Trennung von Wald und Weide kann die Waldweide auch dort
volkswirtschaftlich fruchtbar gestalten, wo die völlige räumli-
che Trennung des Waldes von der Weide nicht möglich oder
nicht zweckmäßig ist.[314]

Noch wichtiger aber als die Neuregelung der Weideservituten ist die Neuregelung der Streunutzungsrechte. Denn dem Walde ist die bäuerliche Streunutzung weit gefährlicher als die Waldweide. Und zwar nicht nur die immer noch in weiten Gebieten übliche Entziehung von *Schneitelstreu*, durch die die Bäume verwundet, die Bestände verwüstet werden, sondern auch die Entziehung von Bodenstreu. Denn im Haushalt des

314 Jugoviz, *Wald und Weide in den Alpen,* Seite 41.

Waldes versieht die Bodenstreu eine überaus wichtige Funktion. Durch ihren Laubabfall führen die Waldbäume die Nährstoffe, die ihre Wurzeln aus tieferen Bodenschichten gehoben haben, den oberen Bodenschichten zu; so werden dem Boden die Mineralsubstanzen ersetzt, die der Baum ihm entzogen hat. Der Vermoderungsprozeß der Bodenstreu fördert Bodenaufschließung und Humusbildung, er bereichert den Boden an Stickstoff. Zugleich wirkt die Bodenstreu als Schutzdecke, die die Auswaschung wichtiger Pflanzennährstoffe verhindert. Wird dem Waldboden alljährlich die Streudecke entzogen, so schwinden die Nährkräfte des Bodens, der Holzwuchs wird langsamer,
der Wald verdorrt. Überdies kann durch die Entziehung der Streudecke auch der Ablauf des Regenwassers ungünstig beeinflußt werden. Die Streudecke saugt das Wasser auf. Sie verlangsamt also einerseits den Wasserabfluß und wirkt dadurch Abschwemmungen entgegen, sie macht anderseits durchlässigen Boden weniger durchlässig und fördert dadurch die Quellenbildung. Entzieht man dem Waldboden alljährlich die Streudecke, so werden diese gesellschaftlich wichtigen Funktionen des Waldes gefährdet.[315]

Aber braucht der Wald die Streu, so braucht sie auch der Bauer. Er braucht sie als Lager für das Vieh in seinem Stall und als Mittel zur Sammlung der tierischen Exkremente, mit denen er seinen Acker düngen muß. Der Bauer kann die Waldstreu nicht entbehren, wenn er nicht genug Stroh hat; Waldstreu braucht also der Gebirgsbauer, der wenig Getreide baut, Waldstreu aber auch der Bauer im Flachland, wenn er viel Handelsgewächse und Kartoffeln, aber wenig Getreide anpflanzt. Selbst bei stärkerem Anbau von Halmfrüchten kann

315 Schwappach, *Forstpolitik,* Seiten 9, 40, 57 f.

der Bauer die Waldstreu nicht entbehren, wenn er einen großen Teil des Strohs zu verfüttern gezwungen ist; also insbesondere dann, wenn seine Acker- und Wiesenflächen zu klein, zu wenig ertragreich im Verhältnis zu seinem Viehstand sind. Je kleiner der bäuerliche Betrieb ist, desto mehr Zugvieh entfällt auf gleiche Bodenfläche, desto weniger reichen daher die auf der Bodenfläche gewonnenen Futtermittel aus. Der Kleinbauer vor allem ist daher gezwungen, das Stroh zu verfüttern und es durch Waldstreu zu ersetzen.[316] Entzieht man dem Bauern die Waldstreu, so macht man es ihm unmöglich,
306 seinen Acker zu düngen.

Der Kampf zwischen dem Forstherrn und dem Bauern um die Streu ist der Kampf zwischen dem Wald und dem Acker um die Nährstoffe des Bodens. Entzieht der Bauer dem Wald die Streu, so werden dem Waldboden die Nährstoffe, die die Bäume ihm entzogen haben, nicht wiedergegeben, daher verarmt der Waldboden. Wird dem Bauern das Streurechen verwehrt, so wird dem Acker der Stallmist entzogen, werden dem Acker die Nährstoffe, die die Pflanzen ihm entziehen, nicht wieder zugeführt, es verarmt daher der Ackerboden. Es ist daher nichts damit getan, wenn man dem Bauern die Streunutzung einfach entzieht; damit rettet man zwar den Wald, zerstört aber die Bodenkräfte des Ackers. Auch die Überwindung dieses Gegensatzes kann nur das Ergebnis zielbewußter staatlicher Eingriffe, staatlicher Verwaltungsaktionen sein.

In den alpinen Gebieten treiben die Bauern immer noch einen dort in der Regel unrationellen Getreidebau. Zwei Maßregeln sind notwendig, sie dazu zu bewegen, den Getreidebau aufzugeben. Die erste ist: keine Getreidezölle. Der Al-

316 Hundeshagen, *Die Waldweide und Waldstreu,* Tübingen 1830, Seite 158.

penbauer wird den Getreidebau nur dann aufgeben, wenn er Getreide wohlfeil kaufen kann. Die zweite Maßregel ist: reichliche Ausstattung der Bauern mit Almen. Stehen dem Bauern erst reiche Almen für die Sommerung zur Verfügung, dann wird er die Wiese auf Kosten des Ackers ausdehnen, um hinreichende Mengen guten Stallfutters für den Winter zur Verfügung zu haben. Mit der Ausdehnung des Wiesenbaues auf Kosten des Getreidebaues sinkt aber sofort der Bedarf des Bauern an Waldstreu; denn die Wiese braucht Jauche, nicht Stallmist. Eine Revision der Besitz- und Nutzungsrechte, die die Almen auf Kosten der Wälder ausdehnt, rettet zugleich den verbleibenden Wäldern ihre Streudecke. Freilich setzt diese Umstellung der bäuerlichen Wirtschaft noch eines voraus: bessere Einrichtung der bäuerlichen Stallungen und vor allem Jauchengruben! Die Ausstattung der Bauernwirtschaft mit guten Stallungen und Jauchengruben ist ein unmittelbares Interesse des Forstes, weil sie den Streubedarf wesentlich reduziert; die Verwaltung eines sozialisierten Waldes, die das forstliche und das landwirtschaftliche Interesse gleichermaßen zu wahren hat, dürfte und müßte einen Teil der Kosten der Errichtung besserer Stalleinrichtungen in den Bauernwirtschaften auf sich nehmen, weil ja diese Einrichtungen unmittelbar dem Forst zugute kommen. Der auf diese Weise wesentlich verkleinerte Streubedarf des Alpenbauern wäre zunächst durch Surrogate, wie Sauergräser, Farnkräuter, Unkraut, Moos, Torf, Holzwolle, Sägespäne, zu befriedigen. Die Verwaltung eines sozialisierten Waldes könnte und müßte die Versorgung der Bauern mit diesen Streumitteln planmäßig organisieren, erforderlichenfalls auf anders wenig verwendbaren Böden als Streusurrogate verwendbare Pflanzen anbauen. Der Alpenbauer würde so schließlich Waldstreu überhaupt nicht mehr oder nur in sehr geringen, dem Wald nicht mehr gefährlichen Mengen brauchen.[317]

In den Voralpen und im Flachland ist es anders. Da herrscht nicht die Viehzucht, sondern der Ackerbau vor. Da kann der Getreidebau nicht eingestellt werden. In diesen Gebieten wird der Kleinbauer insbesondere dort, wo der Bodenbesitz stark zersplittert ist und wo Handelsgewächse und Kartoffeln auf großen Flächen angebaut werden, die Waldstreu nicht entbehren können. In diesen Fällen wird man die Waldstreunutzungsrechte nicht nur nicht aufheben können, sondern sogar noch erweitern müssen, um Raubbau am Ackerboden zu verhüten. Wie aber soll dies geschehen? Seit dem 16. Jahrhundert hat man immer wieder den Bauern *Gelacke* zugewiesen und die Streunutzung darauf beschränkt. Diesen Waldstücken wurde daher von Jahr zu Jahr die Streu rücksichtslos entzogen; sie wurden daher völlig verwüstet. Wir müssen gerade umgekehrt verfahren. Die Streunutzung zerstört den Wald, wenn von Jahr zu Jahr derselben Waldfläche die Streudecke entzogen wird; sie ist dem Wald ungleich weniger schädlich, wenn von Jahr zu Jahr andere Waldteile zum Streurechen zugewiesen werden. Sie ist in alten Beständen weniger schädlich als in jungen, auf flachem Boden weniger schädlich als an steilen Hängen.[318] Müssen wir also die Streunutzung nicht nur zulassen, sondern sogar erweitern, so müssen wir sie um so mehr regulieren. Diese Regulierung kann aber nicht durch den privaten Grundbesitzer erfolgen, der nur forstliche Interessen im Auge hat, auch nicht durch die Bauern, die nur landwirtschaftliche Interessen im Sinne haben, sondern nur durch eine aus Forstwirten und Landwirten

317 Jugoviz, *Wald und Weide in den Alpen,* Seite 65.

318 Schwappach, *Forstpolitik,* Seite 41.

zusammengesetzte Verwaltung des sozialisierten Waldes, die beide Interessen gleichmäßig zu wahren hat. Sie wird die Aufgabe haben, die bäuerlichen Streunutzungsrechte so weit zu bemessen, als dies im Interesse der Landwirtschaft unerläßlich und im Interesse der Forstwirtschaft zulässig ist, die Streunutzung auf ein möglichst ausgedehntes Waldgebiet zu verteilen und innerhalb dieses Gebietes den Nutzungsturnus zu regulieren. Auch dieses Problem ist nicht lösbar auf der Basis der gegenwärtigen Eigentumsverhältnisse, die den herrschaftlichen oder staatlichen Forstbesitz und die bäuerliche Landwirtschaft einander feindlich gegenüberstellen, sondern nur im sozialis- tischen Wohlfahrtswald, dessen Verwaltung nicht dem fiskalischen Zweck der höchstmöglichen Rentabilität, sondern dem volkswirtschaftlichen Zweck zustrebt, die Bedürfnisse der bäuerlichen Landwirtschaft in einer den Wald möglichst schonenden Weise zu befriedigen.

Schließlich drängt auch der Raubbau, der an den Bauernwäldern getrieben wird, nach der Neuregelung der Besitz- und Nutzungsrechte. Die Bauernwälder, die teils im individuellen, teils im Gemeinschaftsbesitz der Bauernschaft sind, bilden einen sehr bedeutenden Teil unseres Nationalreichtums, aber zugleich den Teil unseres Nationalreichtums, der am wenigsten pfleglich behandelt wird. In einer Zeit, in der wir im Interesse unserer Almwirtschaft gezwungen sein werden, große Waldflächen zu roden und der Viehzucht zu überlassen, werden wir darauf bedacht sein müssen, dass kein Teil der noch verbleibenden Wälder verwüstetem Raubbau preisgegeben bleibe.

Nun können die Bauernwälder schon durch die Sozialisierung des großen, des grundherrlichen und des staatlichen Forstbesitzes wesentlich entlastet werden. Heute kümmert sich weder der Großgrundbesitzer noch die staatliche Forstverwaltung

darum, ob der Bauer seinem Wald allzu viel Streu entzieht und in seinen Wald allzu viel Vieh treibt; ihnen ist nur wichtig, dass der Bauer den herrschaftlichen und staatlichen Wald zur Weide- und zur Streunutzung nicht stark beanspruche. Werden dagegen die Forste der Großgrundbesitzer und des Staates sozialisiert und als Wohlfahrtswälder im volkswirtschaftlichen Interesse verwaltet, so wird ihrer Verwaltung auch die Aufgabe obliegen, dafür zu sorgen, dass nicht unbefriedigter Weide- und Streubedarf der Bauernschaft die Bauernwälder zerstöre. Indem sie in dem sozialisierten Forstbezirk dem Bauern neue Weideflächen zuweist, be-
310 freit sie die Bauern von dem Zwang, die Bauernwälder mit Vieh zu überlasten. Wenn sie den Streubedarf der Bauern zum großen Teil aus dem sozialisierten Forst deckt, kann sie auch den Bauernwald in den Turnus der Streunutzung einbeziehen, so daß der Waldboden des Bauernwaldes nur in ebenso großen Intervallen für die Streunutzung beansprucht werden muß wie der Waldboden des sozialisierten großen Forstes.

Aber diese Entlastung des bäuerlichen Waldbesitzes, die mittelbar durch die Sozialisierung des herrschaftlichen und des staatlichen Forstbesitzes erreicht werden kann, genügt nicht. Es wird vielmehr notwendig sein, die Verwaltung und Bewirtschaftung der Bauernwälder unmittelbar neuzugestalten. Man wird mit den Bauernwäldern freilich nicht so verfahren können wie mit dem großen privaten Forstbesitz. Hier ist ja eine ganz andere Aufgabe zu lösen. Hier handelt es sich nicht, wie beim großen Forstbesitz, darum, den bisher nach rein forstlichen Gesichtspunkten bewirtschafteten Wald erst in den Dienst der Entwicklung der Viehzucht und der Landwirtschaft zu stellen, sondern umgekehrt darum, den der Viehzucht und der Landwirtschaft dienenden Wald zugleich doch nach forstlichen Grundsätzen pfleglicher zu behandeln.

Der Kleinbetrieb läßt eine geordnete Forstwirtschaft nicht zu. Dem Bauern fehlen die technischen Kenntnisse, ohne die die planmäßige, nachhaltige Forstwirtschaft nicht möglich ist. Sein Wald ist zu klein, als daß er forstmäßig in jährlichem Betrieb bewirtschaftet werden könnte. Zu Wegbauten, Bringungs- und Entwässerungsanlagen fehlen dem Bauern die Mittel. Bei Fällung, Aufbereitung und Abfuhr des Holzes in einem Bauernwald werden die benachbarten Bauernwälder beschädigt. Trifft einer der Waldbesitzer nicht die notwendigen Schutzmaßnahmen gegen Insektengefahr, so werden auch die Nachbarn gefährdet. Räumt einer der Waldbesitzer seine Holzung ab, so werden die benachbarten mittelwüchsigen Bestände dem Sturm preisgegeben.[319]

So schließt der bäuerliche Kleinbetrieb in der Forstwirtschaft einen geordneten forstlichen Betrieb aus. Nur durch Vereinigung der bäuerlichen Waldeigentümer in Zwangsgenossenschaften kann eine geordnete Betriebsführung ermöglicht werden. Die Zwangsgenossenschaften mögen zuerst technisch geschultes Forst- und Schutzpersonal bestellen, gemeinsame Wegbau-, Bringungs-, Entwässerungsanlagen errichten, die Hiebführung auf Grund eines gemeinsamen Wirtschaftsplanes regeln. Sie werden schließlich weiter gehen können und müssen. Denn jeder gemeinsame Wirtschaftsplan scheitert schließlich an der Schwierigkeit, daß jeder Bauer Bestände anderen Alters hat, in demselben Jahre der eine hiebreife Bestände hat, der andere nicht; man wird also schließlich dazu gelangen müssen, jeden ganzen zusammenhängenden Komplex der Bauernwälder als ein Ganzes zu bewirtschaften, das individuelle Eigentum des Bauern an seinem Wald in ein verhältnismäßiges

319 Heck, *Das Genossenschaftswesen in der Forstwirtschaft,* Seite 62.

Anteilsrecht an dem gemeinsamen Genossenschaftswald zu verwandeln.[320] Damit erst würde geordnete, nachhaltige Bewirtschaftung der Bauernwälder in jährlichem Betrieb möglich. Alle Einbußen, die unser Waldbesitz durch Zuteilung von Almen, Heubergen, Wiesen im Interesse unserer Almwirtschaft erleiden muß, wären weit überkompensiert, wenn es auf diese Weise gelänge, den bäuerlichen Waldbesitz geordneter Forstwirtschaft zu erobern!

So drängt die Entwicklung einerseits nach der Sozialisierung des großen Forstbesitzes, anderseits nach der Vergenos-
312 senschaftlichung des bäuerlichen Waldbesitzes.

Diese große Umwälzung muß mit der Verstaatlichung des privaten und des kirchlichen Großgrundbesitzes beginnen, soweit dieser Besitz aus Wäldern und Weideflächen besteht. Die Enteignung kann gegen Entschädigung erfolgen, doch darf sie nicht nach dem Verkehrswert, sie muß nach dem Ertragswert der Forste bemessen werden, wobei bei der Berechnung des Ertrages nachhaltiger, pfleglicher Betrieb vorauszusetzen ist. Die Entschädigung wird in Schuldverschreibungen geleistet, deren Zinsen von den verstaatlichten Forsten zu tragen sind. Wo Böden der sozialisierten Forste den Bauern übertragen werden, haben diese den verhältnismäßigen Teil der Leistung der Obligationenzinsen zu übernehmen; da der Verkehrswert des Bodens seinen Ertragswert immer weit übersteigt, bekommen die Bauern auf diese Weise den Boden ungleich billiger, als sie ihn durch Kauf oder Pachtung bekommen könnten. Den verstaatlichten Wäldern und den Bauern, die Teile des verstaatlichten Forstbesitzes nutzen, darf aber nur die Pflicht zur Aufbringung der Zinsen der Obligationen, nicht auch die Last der

320 Heck, *Das Genossenschaftswesen in der Forstwirtschaft*, Seite 98 ff.

Tilgung der Obligationen auferlegt werden; diese Obligationen müssen vielmehr vom Staat aus dem Erträgnis von Vermögens- und Erbschaftssteuern, die von der Gesamtheit der besitzenden Klassen entrichtet werden, im Verlauf von einer bis zwei Generationen getilgt werden, ähnlich, wie die Grundentlastungsobligationen nach 1848 getilgt worden sind. Auf diese Weise durchgeführt, zerfällt die Verstaatlichungsaktion in zwei Phasen. Die erste Phase gibt dem Staat die Verfügungsmacht über die Forste; die Macht, die Verwertung der Forste den Bedürfnissen der Volkswirtschaft anzupassen. Dagegen bleibt die Grundrente noch den bisherigen Waldbesitzern; sie beziehen sie in Gestalt der Obligationenzinsen weiter. Die zweite Phase, die allmähliche Tilgung der Obligationen aus dem Erträgnis von Besitzsteuern, befreit im Verlauf von höchstens zwei Generationen die verstaatlichten Wälder von der auf ihnen lastenden Zinsenverpflichtung; sobald die Tilgung der Obligationen vollendet ist, ist die Expropriation der Forstbesitzer vollendet, ihre Kosten sind von der Gesamtheit der besitzenden Klassen gedeckt, die Rente des Waldbodens fällt nun nicht mehr Privatpersonen, sondern dem Gemeinwesen zu.

Sobald die privaten und die kirchlichen Forste verstaatlicht sind, sind sie mit dem alten Forstbesitz des Staates und des Religionsfonds zu verbinden. Dieser gesamte staatliche Forstbesitz ist nunmehr völlig neuzugestalten.

Wo sich im Rahmen des verstaatlichten Forstbesitzes gut geleitete almwirtschaftliche Großbetriebe befinden, dürfen diese Betriebe nicht zerstört werden; sie sind für die Zucht hochwertiger Viehrassen unentbehrlich. Anderseits wird der Staat diese Betriebe selbst nicht übernehmen können. So gewiß der Staat forstliche Großbetriebe rationell zu leiten vermag, so gewiß ist seine Fähigkeit zur Leitung großer Viehzuchtbetriebe sehr gering. Solche Betriebe müssen daher an ihre bisherigen Eigentümer oder an andere tüchtige Landwirte verpachtet werden. An dem Betrieb selbst ändert sich so gar nichts. Der bisherige Eigentümer verwandelt sich nur in einen Pächter; er zahlt statt der Hypothekarzinsen an seine Gläubiger, die der Staat als nunmehriger Eigentümer übernehmen muß, einen Pachtzins an den Staat.

Von diesen besonderen Fällen abgesehen, verwaltet der Staat selbst den gesamten, nunmehr in seiner Hand vereinigten Forstbesitz. Er verwaltet ihn durch Verwaltungskörperschaf-
314 ten, die aus Forstwirten und Landwirten zusammengesetzt und durch Vertreter der Forstarbeiter und der Bauern ergänzt werden. Diese Körperschaften haben die neue, den Bedürfnissen der bäuerlichen Viehzucht angepaßte Betriebseinrichtung zu treffen, den almwirtschaftlichen Turnus zu regulieren, die Nutzungsrechte neuzuregeln.

Die Verwaltung der sozialisierten Forste wird ihre Tätigkeit damit beginnen, daß sie den Bauern weite Teile des staatlichen Forstbesitzes als Almen, Matten, Heuberge und Wiesen zuweist. Aber sie wird im volkswirtschaftlichen Interesse den Bodenbesitz der Bauern nicht vergrößern, ohne die rationelle Nutzung des bäuerlichen Bodenbesitzes sicherzustellen.

Sie wird den Bauern neue Almen nicht zuweisen, ohne die Bauern zu verpflichten, ihre alten Almen zu meliorieren und die gemeinschaftliche Nutzung sowohl der alten als auch der neuen Almen genossenschaftlich zu regulieren.

Sie wird den Bauern nicht neue Matten, Heuberge und Wiesen zuweisen, ohne für ihre rationelle Nutzung Sorge zu tragen; ohne zu verlangen, daß die Bauern je nach den örtlichen Verhältnissen durch *Kommassierung* ihrer Äcker, durch Drainierung ihrer Wiesen ihren Futterbau verbessern.

Sie wird nicht der bäuerlichen Viehzucht weite Bodenflächen zuweisen, ohne darauf zu bestehen, daß sich die Bauern zu Viehzuchtgenossenschaften vereinigen, die Hochzucht unter der Leitung geschulter Zuchtleiter betreiben.

Sie wird nicht den Bauernwald durch Zulassung der Streunutzung auf dem Staatswald entlasten, ohne zu verlangen, daß die Bewirtschaftung des Bauernwaldes vergenossenschaftlicht werde.

Anderseits wird die Verwaltung des sozialisierten Forstes auch zu den Kosten der von ihr geforderten Meliorationen beitragen. Wo die Meliorierung der bäuerlichen Almen es ermög-
licht, den Staatsforst von der Waldweide zu befreien, ist es billig, daß der Staat einen Teil der Kosten der Almmeliorierung auf sich nehme. Wo die Verbesserung der Stalleinrichtungen und Jauchengruben es ermöglicht, den Staatsforst von übermäßiger Streunutzung zu befreien, ist es zweckmäßig, daß der Staat diese Investitionen in den Bauernwirtschaften durch einen Beitrag zu den Kosten erleichtere.

So wird die Verwaltung des sozialisierten Forstes zum mächtigsten Organ der Hebung unserer Almwirtschaft. Indem sie den Bauern Weiden und Wiesen zuweist, indem sie die Wanderung des Weidelandes durch den Wald reguliert, indem sie die Bauern zur Verbesserung ihres almwirtschaftlichen Betriebes verpflichtet und selbst am Kostenaufwand für diese Verbesserung teilnimmt, reguliert sie die bäuerliche Almwirtschaft. Die bäuerliche Wirtschaft wird so dem großen Organismus der sozialisierten Forstverwaltung eingegliedert, wie sie einmal der Grundherrschaft eingegliedert war. Aber die sozialisierte Forstverwaltung ist kein über die Bauern herrschender, von ihnen feindlichen Interessen geleiteter Herr, sondern ein Organ des demokratischen Gemeinwesens, in dem die Bauernschaft selbst unmittelbar vertreten ist, das unter der Kontrolle des von der Bauernschaft mitbeherrschten Staates steht und das keine andere Aufgabe hat als die, der Hebung der bäuerlichen Wirtschaft zu dienen und ihre Erfordernisse mit den gesellschaftlichen Interessen am Walde in Einklang zu bringen.

Die gegenwärtigen Eigentumsverhältnisse am Walde sind das Resultat der Machtverhältnisse vergangener Zeiten. Es war die Macht der Landesfürsten und der Grundherren, die ihnen erlaubt hat, in einem Jahrhunderte dauernden gewaltsamen blutigen Feldzug sich die einst herrenlosen Hoch- und Schwarz-
316 wälder anzueignen, dem Volke die alten *gemain höltzer* und die uralten Nutzungsrechte an den grundherrlichen Wäldern zu rauben. Die aus dem Waldraub der Fürsten und der Grundherren hervorgegangenen Eigentumsverhältnisse werden unvereinbar mit den Machtverhältnissen der Klassen in unserer Zeit. Schon die bürgerlich-großbäuerliche Demokratie sucht diese Eigentumsordnung im einzelnen zu berichtigen. Aber die bürgerliche Demokratie, die das kapitalistische Privateigentum an den Produktionsmitteln gegen den Ansturm des Proletariats verteidigt, wagt sich auch an das aus den feudalen Machtverhältnissen überlieferte Privateigentum an den Forsten nur ängstlich, nur zaghaft heran. Erst die Eroberung der politischen Macht durch die besitzlosen Volksmassen kann die durch die politische Macht längst vergangener Zeit gewaltsam geschaffene Eigentumsordnung an den Forsten aufheben.

Aber die politische Gewalt kann immer nur vollziehen, was wirtschaftlich möglich und notwendig geworden ist. Die ursprünglich unbeschränkte, ungeregelte Nutzung der Wälder durch das Volk war nur möglich, solange noch waldreiches Land dünn besiedelt war. Sobald das Wachstum der Volkszahl und die Entwicklung des Bergbaues den Übergang von rein okkupato-

rischer, ungeregelter Nutzung herrenlosen Waldes zu geordneter Forstwirtschaft erforderten, mußte die Gewalt der Fürsten und der Grundherren den alten Volksbesitz am Walde aufheben, das landesfürstliche und das grundherrliche Eigentum am Walde gründen, die Volksnutzung des Waldes einengen. Aber mit der weiteren Entwicklung des Kapitalismus, der auf der Basis dieser Eigentumsverhältnisse am Walde entstanden ist, füllt sich das Privateigentum am Walde schließlich mit rein kapitalistischem Inhalt und gerät damit in Widerspruch zu den dauernden gesellschaftlichen Interessen am Walde. Und zugleich werden die überlieferten Eigentums- und Nutzungsverhältnisse
am Walde zum Hindernis der auf der Basis des kapitalistischen Marktes möglich und notwendig gewordenen Entwicklung der Almwirtschaft. Nunmehr muß die Gewalt des Proletariats die aus der Gewalt des Feudalismus und des Absolutismus hervorgegangenen Eigentumsverhältnisse an den Forsten sprengen, um intensiverer Nutzung des Bodens unserer Almen Raum zu schaffen, die Schranken der Entwicklung unserer Almwirtschaft niederzureißen, die Waldnutzung den veränderten Bedürfnissen der Volkswirtschaft anzupassen und dabei doch den kommenden Geschlechtern den Wald zu erhalten.

So wird die Macht des Proletariats vollziehen müssen, was die wirtschaftlichen Notwendigkeiten erfordern. Damit entsteht nach der Periode des landesfürstlichen und grundherrlichen Eigentums an den Forsten der alte Volksbesitz am Walde in neuer, höherer Form wieder. Die alte Volksnutzung der herrenlosen Hoch- und Schwarzwälder ersteht wieder im Volkseigentum am sozialisierten Forst, die alten *gemain höltzer* leben wieder auf im vergenossenschafteten Bauernwald. Dem Volke wiederzugeben, was Fürsten- und Herrengewalt ihm geraubt hat, damit den tausendjährigen Krieg um den Wald durch die

Wiederherstellung des Volksbesitzes am Walde auf höherer Stufe zu beenden, das ist die geschichtliche Mission des Sozialismus im Walde.

12. Der Gemeindesozialismus in der Landwirtschaft

Würde das Bauerngut bei jedem Erbgang zwischen den Kindern des Bauern geteilt, so würde es im Verlauf weniger Generationen in Zwergwirtschaften zerfallen, von denen keine mehr eine Familie zu ernähren vermöchte. Die Gesellschaft hat daher stets die Teilung des bäuerlichen Grundbesitzes im Erbgang beschränken müssen.

In der Zeit der Grundherrschaft haben die Grundherren den Besitzübergang der Bauerngüter geregelt. Über die *Freistifte* und *Leihgedinggüter* verfügten die Grundherren nach dem Tode ihrer Inhaber nach ihrem Ermessen; in der Regel übertrugen sie das freigewordene Anwesen einem der Kinder des verstorbenen Untertanen. An den Kaufrechtsgütern stand freilich den Kindern des verstorbenen Bauern ein Erbrecht zu; aber nur mit Erlaubnis des Grundherrn konnten sie den Boden untereinander teilen. Das Bauerngut war also nicht unteilbar, aber nur mit Zustimmung des Grundherrn teilbar.[321] Der „aufgeklärte" Absolutismus hob dieses Entscheidungsrecht des Grundherrn auf. Durch Josefs II. Patent von 1787 und die ihm folgenden Patente von 1790 für Nieder- und Oberösterreich, 1793 für die Steiermark, 1795 für Tirol wurde die Teilung der Bauerngüter

321 Grünberg, *Studien zur österreichischen Agrargeschichte,* Leipzig 1901, Seite 208.

im Erbgang überhaupt verboten.[322] Erst die liberale Gesetzgebung von 1868 hat dieses Teilungsverbot (ausgenommen Tirol) aufgehoben. Tatsächlich aber hat die Bauernschaft die alte Gewohnheit, daß das Bauerngut ungeteilt vom Vater auf einen Sohn übergeht, aufrechterhalten. Im größten Teil Österreichs schließt der Bauer durch die Ehepakten, die er bei der Eheschließung eingeht, und durch den Übergabsvertrag, mit dem der alte Bauer das Gut einem Sohn übergibt, die Anwendung des gesetzlichen Erbrechtes aus und sichert den ungeteilten Übergang des Gutes auf den Anerben[323], in Tirol schließt das Gesetz selbst die Teilung des Bauerngutes im Erbgang aus. Einer der Söhne übernimmt das Bauerngut; die anderen Kinder des Bauern, die „weichenden Geschwister" des Gutsübernehmers, werden mit einem Geldanspruch an diesen abgefunden.

Solange die Naturalwirtschaft überwog, blieben die „weichenden Geschwister" in der Regel zeitlebens auf dem väterlichen Hof. Die Abfindungsgelder wurden nicht wirklich ausgezahlt, sondern blieben als Schulden auf dem Hof haften. Da die auf dem Hof des Gutsübernehmers wohnenden Geschwister nicht heiraten, keine eigenen Familien gründen konnten, fielen die Abfindungsgelder im Erbgang schließlich wieder an den Eigentümer des Hofes zurück. Mit der fortschreitenden Industrialisierung wurde das allmählich anders. Die Industrialisierung bot den jüngeren Bauernkindern die Möglichkeit, den väterlichen Hof zu verlassen, in der Stadt oder im Fabrikdorf Arbeit zu finden und dort einen eigenen Hausstand zu gründen. Im-

322 Grünberg, *Studien zur österreichischen Agrargeschichte,* Seiten 231, 254 f., 267.

323 Schmidt, *Gutübergabe und Ausgedinge,* Wien 1920, Seiten 43 ff., 258 f., 261 ff.

mer häufiger machten die Bauernkinder von dieser Möglichkeit Gebrauch. Nun mußten die Abfindungsgelder wirklich ausgezahlt werden; der Bauernwirtschaft wurde damit bei jedem Erbgang Kapital entzogen. Nun verlor der Gutsübernehmer die Arbeitskraft seiner Geschwister; ihre Arbeitsstellen wurden von den Kindern der Kleinbauern und *Keuschler* besetzt, die als Dienstboten in den Hof des Bauern einzogen, um dort die abgewanderten Kinder des Bauern zu ersetzen.[324]

Die Arbeitsverfassung des Bauernhauses wurde so wesentlich verändert: An die Stelle von Familienmitgliedern trat familienfremdes Gesinde.

Aber auch auf das Gesinde übten Stadt und Industrie, Fremdenverkehr und Eisenbahn immer stärkere Anziehungskraft aus. Die Löhne der bäuerlichen Dienstboten blieben hinter denen der Industriearbeiter weit zurück. Noch 1897 betrug der durchschnittliche Jahreslohn bäuerlicher Dienstboten[325]:

	Knechte	**Mägde**
	Kronen	
Niederösterreich	175	135
Oberösterreich	155	120
Salzburg	215	125
Steiermark	140	90
Kärnten	165	80
Tirol	250	130

324 Hainisch, *Referat über das bäuerliche Erbrecht in den Verbandlungen des Vereins für Sozialpolitik,* in: *Schriften des Vereins für Sozialpolitik*, LXI. Band, Leipzig 1895, Seite 265.

325 Pflügl, *Die Lohn- und sonstigen Verhältnisse der land- und forstwirtschaftlichen Arbeiter,* in: *Statistische Monatsschrift*, N. F., IX. Jahrgang, Wien 1904.

Mit Monatslöhnen von zwölf bis 20 Kronen für Männer, von sieben bis elf Kronen für Frauen konnte die bäuerliche Wirtschaft den Wettbewerb mit der Industrie um die Arbeitskräfte nicht bestehen.

Aber nicht nur die niederen Löhne trieben die Bauern- und *Keuschlerkinder* von der Bauernwirtschaft weg, zur Industrie hin. Die ungeregelte, in den Sommermonaten überaus lange Arbeitszeit, der Mangel aller sozialen Fürsorge für kranke und alte Dienstboten, die Eintönigkeit und Freudlosigkeit des Lebens im Dorf und erst recht im einsam gelegenen Hof, vor al-
322 lem aber die Unmöglichkeit, einen eigenen Haushalt zu gründen, das Zwangszölibat, zu dem der Beruf des bäuerlichen Dienstboten verdammt, trieben zur Flucht aus der Landwirtschaft in die Industrie.

Alle diese Ursachen der „Landflucht" wirken weiter. Zwar kann die gewerkschaftliche Organisation, wo sie die Landarbeiter erfaßt, die Löhne heben, können die Landarbeiterordnungen, die Ausdehnung der Kranken-, Alters- und Invalidenversicherung auf die landwirtschaftlichen Arbeiter auch ihnen bessere Rechtsstellung und bessere Fürsorge sichern, können allmählich wohl auch Kino und Rundfunk das Unterhaltungsbedürfnis des Dorfproletariats befriedigen, in einiger Zeit vielleicht Motorrad und Kleinauto das Dorf den städtischen Unterhaltungsstätten näher bringen. Trotzdem wird sich die Gesindeverfassung des Bauernhofes schließlich als unhaltbar erweisen.

Solange im Bauernhaus die Geschwister des Bauern neben dem Gesinde arbeiteten, aßen alle an einem Tisch. Sobald die „weichenden Geschwister" den väterlichen Hof verlassen haben und durch Familienfremde ersetzt worden sind, lockert sich das alte patriarchalische Verhältnis. „Je mehr sich die patriarchalischen Sitten lockern, je mehr sich die Familie des Bauern vom Gesinde absondert, je mehr sich insbesondere die Sitte, die Mahlzeiten getrennt einzunehmen, einbürgert, desto fremder fühlt sich der Knecht auf dem Hofe." Was soll er in seinen freien Stunden beginnen? „In der gemeinsamen Stube fühlt er sich fremd. Auf dem Dachboden, wo sich seine Schlafstätte befindet, ist es unbehaglich. Es bleibt ihm nichts übrig, als sich auf die Bodenstiege zu setzen und seine Beine baumeln zu lassen."[326] Solche Lebensführung kann den Knecht um so weniger befriedigen, da die Revolution doch auch das Selbstbewußtsein des Dorfproletariats gestärkt, seine Ansprüche an das Leben vergrößert hat.

So muß die „Landflucht" immer größere Ausdehnung annehmen. Heute schon gibt es nicht wenige Dörfer, aus denen alle lebenstüchtigen Knechte und Mägde abgewandert sind; die Bauern sind nur noch auf die Arbeitskraft ihrer nicht erwachsenen Kinder, der unehelichen Kinder ihrer Geschwister und allenfalls auf die Arbeitskraft der körperlich oder geistig Kranken im Dorfe angewiesen. Weder die Heranziehung fremder Wanderarbeiter noch die kontraktliche Bindung von *Inleuten* zur Taglöhnerarbeit bietet hinreichenden Ersatz für das fehlende Gesinde. Diese Entwicklung, weiter fortschreitend, droht zur größten Gefahr für unsere Landwirtschaft, zu einem unüberwindlichen Hindernis für ihre Intensivierung zu werden.

Auf die Dauer wird sich die bäuerliche Wirtschaft tüchtige Arbeitskräfte in hinreichender Zahl nicht erhalten können, wenn sie den Arbeitern nicht die Möglichkeit bietet, eine eigene Familie zu gründen, einen eigenen Haushalt zu führen. Die „Landflucht" wird die allmähliche Ansiedlung eines mög-

326 Hainisch, *Die Landflucht,* Seite 53.

lichst großen Teiles der Landarbeiter schließlich zur zwingenden Notwendigkeit machen.

Die Ansiedlung der landwirtschaftlichen Arbeiter, die Verwandlung des bäuerlichen Gesindes in angesiedelte, eigenen Haushalt führende Arbeiter wird nur durch eine großzügige staatliche Ansiedlungsaktion, sie wird nur mit Aufwand bedeutender öffentlicher Mittel, sie wird nicht mit einem Schlage, sondern nur allmählich, im Verlauf von einer bis zwei Generationen, vollzogen werden können. Aber sie wird unter dem Druck der „Landflucht“ und der „Leutenot“ vollzogen werden müssen.

324 Die Ansiedlung ist notwendig, damit die Landarbeiter ihren eigenen Haushalt führen können. Aber die Ansiedlung ist nicht ohne Gefahr für die Arbeiter selbst. Der Bauernknecht kann, wenn das Jahr, auf das er sich verdungen hat, vorüber ist, sein Bündel schnüren und sich eine andere Arbeitsstelle suchen; der Arbeiter, der sein eigenes Anwesen besitzt, ist weit weniger beweglich, er ist an die Scholle gebunden. Hat er sich die Gunst der Landwirte ringsum verscherzt, weigern sie sich, seine Arbeitskraft zu kaufen, dann ist er in viel schlimmerer Lage als der freizügige Bauernknecht. Die Ansiedlung kann daher die Abhängigkeit des Landarbeiters von den Landwirten noch verschärfen und dadurch auch die Löhne der Landarbeiter drücken. Eine Ansiedlung, die solche Wirkungen zeitigte, könnte die „Landflucht“ nicht eindämmen.

Diese Gefahren sind in unserer Zeit größer als ehedem. Wie sich vor einem Menschenalter die Bauern von der politischen Führung der Grafen und der Prälaten befreit haben, befreit sich in unserer Zeit das Dorfproletariat von der politischen Führung der Großbauernschaft. Heftige Klassenkämpfe entbrennen im Dorfe: Kämpfe zwischen Landwirten und Landarbeitern, Kämpfe zwischen Grundbesitzern und Pächtern,

Kämpfe um die Nutzung des Gemeindegutes, Kämpfe um die Herrschaft in der Gemeindestube. In der Enge des Dorfes werden alle Klassengegensätze oft zu persönlichen Gegensätzen, alle Klassenkämpfe oft mit den Mitteln des Boykotts gegen den Gegner, mit Mitteln des Terrors geführt. Jede Beschränkung der Freizügigkeit des Landarbeiters, die ihn von einer kleinen Zahl von Landwirten abhängig macht, ist daher jetzt besonders gefährlich.

In früheren Jahrhunderten haben die Grundherren Arbeiter als *Häusler* angesiedelt, um sich ihre Arbeitskraft zu sichern. Die *Häusleranwesen* wurden den Ansiedlern als *Freistifte* zugewiesen, die der Grundherr jederzeit einziehen konnte; sie wurden erst später *verkaufrechtet*. In unserer Zeit stehen der Schaffung von *Häusleranwesen* für die anzusiedelnden Landarbeiter weit größere Hindernisse im Wege. Die Bauernknechte werden in der Regel die Mittel nicht aufbringen können, *Häusleranwesen* als Eigentum zu erwerben. Und könnten sie es, so würde gerade das Eigentum am Boden sie am stärksten an die Scholle binden. Wo die Arbeiter Grundeigentümer sind, dort sind, wie Max Weber feststellt, die Löhne am tiefsten gedrückt. „Der schrecklichste aller Schrecken", meint Weber, „ist ein grundbesitzendes Proletariat, dem die ererbte Heimstätte zum Fluche wird."[327]

Man hat deshalb oft empfohlen, die Landarbeiter nicht als Eigentümer, sondern als Pächter anzusiedeln. Aber wie soll das geschehen? In Westfalen haben die Großbauern einen Teil ihrer Außenschläge als *Heuerland* abgesondert und Katen darauf ge-

327 Max Weber, *Referat über die Landarbeiterfrage in den Verhandlungen des Vereines für Sozialpolitik,* in: *Schriften des Vereines für Sozialpolitik,* LVIII. Band, Leipzig 1893, Seite 79 f.

baut. Diese Katen nebst dem *Heuerland* haben sie an Arbeiterfamilien verpachtet. Die Pächter, die *Heuerlinge*, sind verpflichtet, eine bestimmte Anzahl von Tagen im Jahr ihre Arbeitskraft dem Bauern gegen geringeren Lohn, als sonst ortsüblich ist, zur Verfügung zu stellen. Anderseits besorgt der Bauer die Spannarbeit auf dem *Heuerlande* des Pächters. Diese westfälische *Heuerlingsverfassung* hat man auch in Österreich oft zur Nachahmung empfohlen.[328] Aber diese Arbeitsverfassung ist nur für großbäuerlichen Betrieb denkbar; die Dienstbotennot des mittelbäuerlichen Betriebes kann sie nicht beheben. Sie ist die Arbeitsverfassung des Einzelhofes; wo Dorfsiedlung besteht, ist sie weit weniger angemessen.[329] Vor allem aber versetzt sie den Landarbeiter in drückende Abhängigkeit von einem einzigen Landwirt und ist deshalb schon keine Lösung, die die Arbeiter befriedigen könnte. In der Tat ist die *Heuerlingsverfassung* selbst in Westfalen bereits im Zustand der Auflösung.[330]

Soll die Ansiedlung nicht zur Fessel für den Landarbeiter werden, dann muß ihm die Wahl frei bleiben, welchem Landwirt er sich verdingen will. Deshalb darf der Landarbeiter nicht als Pächter eines einzelnen Landwirtes angesiedelt werden. Diese Erwägung spricht dafür, die Landarbeiter als Pächter auf Gemeindegrund anzusiedeln. Wie die Bauern vor Jahrhunderten Arbeiter als *Gemeindekeuschler* auf der *gemain* angesiedelt haben, so wären jetzt die Arbeiter als Pächter auf Gemeindegrund mit einer Heimstätte auszustatten. Aber auch eine solche An-

328 Wopfner, *Der Rückgang bäuerlicher Siedlungen*, Seite 34. – Hainisch, *Die Landflucht*, Seite 54.

329 Knapp, *Referat über die Landarbeiterfrage*, in: *Schriften des Vereins für Sozialpolitik*, LVIII. Band, Seite 10.

330 Skalweit, *Agrarpolitik*, Seite 282.

siedlung hat ihre besonderen Gefahren. Wo die Gemeindeverwaltung Gegenstand heftiger Kämpfe im Dorfe ist, könnte die Gefahr entstehen, daß die Partei, die die Herrschaft in der Gemeindestube erobert, die ihr mißliebigen Pächter *abstiftet*. Gegen diese Gefahr könnten die Landarbeiter nur durch unkündbare oder doch sehr langfristige Pachtverträge geschützt werden. Könnte aber auch der Pächter den Pachtvertrag überhaupt nicht oder erst nach Ablauf von Jahrzehnten lösen, so würde der Landarbeiter ganz ebenso an die Scholle gefesselt, wie wenn das Anwesen sein Eigentum wäre. Eine befriedigende Lösung ist aber unschwer darin zu finden daß zwar der Pacht-
vertrag mindestens für ein Menschenalter unkündbar ist, der Pächter aber die volle Freiheit hat, jederzeit das Pachtgut an einen Subpächter zu übertragen.

Viel schwieriger ist die Frage zu beantworten, mit wieviel Boden die anzusiedelnden Landarbeiter ausgestattet werden sollen. In weiten Teilen Deutschlands unterscheidet man die *Büdner*, die über zwei bis fünf Hektar Ackerboden verfügen, von den *Häuslern*, die weniger als zwei Hektar Boden besitzen. Die Arbeitskraft des *Büdners* ist an seine eigene Wirtschaft gebunden. Er hat nur wenige Arbeitstage im Jahre frei, die er zur Lohnarbeit verwerten kann, und diese Arbeitstage nur außerhalb der Erntezeit. Gerade in der Zeit, in der er am leichtesten Arbeit fände, kann er von der eigenen Wirtschaft nicht abkommen. So ist die Lage der *Büdner* traurig. Reicht einerseits ihre eigene Wirtschaft nicht aus, ihre Familien zu ernähren, sind sie also darauf angewiesen, eine Ergänzung ihres Einkommens in der Lohnarbeit zu suchen, so finden sie doch schwer Gelegenheit zur Lohnarbeit, weil sie sich nur in den Zeiten verdingen können, in denen der Arbeitsbedarf der Landwirtschaft am kleinsten ist. In ganz anderer Lage sind die *Häusler*. Die

Bewirtschaftung ihres kleinen Besitzes kann von ihren Familienmitgliedern besorgt werden. Ihre Arbeitskraft ist das ganze Jahr verfügbar. Finden sie in der Nachbarschaft keine Arbeit, so können sie diese auch in größerer Entfernung suchen. Ihre Lage ist daher oft günstiger als die der *Büdner*.[331]

Diese Erfahrungen scheinen zunächst dafür zu sprechen, daß man die anzusiedelnden Landarbeiter mit nur wenig Boden ausstatte. Die Aufgabe der Ansiedlungsaktion soll ja sein, der Landwirtschaft die Befriedigung ihres Bedarfes an Arbeitskräften zu sichern. Dieser Zweck würde nicht erreicht, wenn
328 Arbeiterstellen geschaffen würden, deren Inhaber sich nur wenige Tage im Jahre den Landwirten verdingen könnten. Und die Lage der Landarbeiter selbst würde nur verschlechtert, wenn man sie mit Anwesen ausstattete, die doch nicht genügen würden, sie zu ernähren, sie aber an der Verwertung ihrer Arbeitskraft zur Lohnarbeit hindern würden.

Aber gegen diese Erwägung streitet eine andere. Mit der Intensivierung der Landwirtschaft, vor allem mit der Verbreitung des Hackfruchtbaues, verändert sich die Verteilung der landwirtschaftlichen Arbeit auf die Jahreszeiten. Immer größer wird die Differenz zwischen dem Arbeitsbedarf im Sommer und im Winter. Der angesiedelte Landarbeiter wird sehr oft nur während eines Teiles des Jahres Lohnarbeit finden; seine eigene Wirtschaft muß ihn während des Restes des Jahres ernähren. Diese Erwägung warnt davor, das Anwesen des Landarbeiters etwa nur mit einem kleinen Kartoffelacker oder Gemüsegarten auszustatten.

Wir dürfen dem Landarbeiter nicht allzu viel Boden zuweisen, damit er seine Arbeitskraft in der Lohnarbeit verwer-

331 Max Weber, *Referat über die Landarbeiterfrage,* Seite 80.

ten kann. Wir müssen es ihm anderseits trotzdem ermöglichen, während der Monate des geringen Arbeitsbedarfes vom Ertrag seiner eigenen Wirtschaft zu leben. Diese beiden einander widerstreitenden Forderungen können nur dann in Einklang gebracht werden, wenn es möglich ist, dem angesiedelten Landarbeiter eine möglichst starke Viehhaltung zu ermöglichen. Dies setzt voraus, daß ein nur bescheidener Ackerbesitz des angesiedelten Landarbeiters in möglichst ausgedehnten Weiderechten auf Gemeinbesitz seine Ergänzung findet.

So wird die alte Frage der Allmende, der *gemain*, von neuem aufgerollt. Wir brauchen Gemeinbesitz, um einerseits auf ihm kleine Pachtgüter zu schaffen, die Landarbeitern zuzuweisen sind, und anderseits diese Pachtgüter mit möglichst ausgedehnten Weiderechten auszustatten. Die alte *gemain* bekommt so eine neue, für die Landwirtschaft lebenswichtige Funktion: Sie wird zur Basis der Ansiedlung der Landarbeiter und damit zur Voraussetzung der dauernden Sicherung der Arbeitskräfte, die die Landwirtschaft braucht. Die Erfahrung bestätigt das Ergebnis dieser Erwägungen: So beruhen die vergleichsweise großen Erfolge der *Häusleransiedlung* in Mecklenburg darauf, daß dort den Gemeinden sehr reicher Grundbesitz erhalten geblieben ist.[332] Wo die Gemeinden den alten Gemeinbesitz verloren haben, müssen sie von neuem mit Grundbesitz ausgestattet werden, wenn die Landarbeiterfrage eine befriedigende Lösung finden soll.

Ersteht so dem alten Gemeinbesitz eine neue Funktion, so ist aber zugleich auch der alte Kampf um die Nutzung des Gemeinbesitzes von neuem entbrannt. Die Revolution von 1918 hat das Selbstbewußtsein der Kleinen im Dorfe gestärkt. Das

332 Skalweit, *Agrarpolitik,* Seite 104.

durch sie eingeführte allgemeine und gleiche Gemeindewahlrecht hat die Machtverhältnisse im Dorfe umgewälzt. Daß öffentliches Gut, wie es das Gemeindegut ist, nur von einer privilegierten Klasse im Dorfe genutzt werden darf, ist unvereinbar mit der neuen demokratischen Gemeindeverfassung. Die von der Nutzung des Gemeindegutes ausgeschlossenen Klassen des Landvolkes stürmen gegen die privilegierten Nutznießer des Gemeindegutes von neuem an.

Dieser Kampf wird durch die Entwicklung der Grundeigentumsverhältnisse im Dorfe verschärft. Die alten Erbge-
330 wohnheiten, die den ungeteilten Übergang des Bauerngutes vom Vater auf einen Sohn gesichert haben, blieben im größten Teil Österreichs bisher erhalten, aber sie wurden in manchen Gebieten allmählich doch durch die wirtschaftliche Entwicklung untergraben. Zuerst sind sie in einigen Weinbaugebieten aufgegeben worden; dort schien ja die Teilung der Parzellen im Erbgang weit weniger gefährlich als in den Getreidebau- und Viehzuchtgebieten. So ist zum Beispiel im niederösterreichischen Bezirk Wolkersdorf die Naturalteilung des Bodens im Erbgang üblich.[333] Sie hat dort zu schneller Zersplitterung der Bauernwirtschaften geführt: Die *Halblehnerwirtschaften* wurden in *Viertellehnerwirtschaften*, die Bauerngüter in *Häusleranwesen* zerschlagen. So entfielen zum Beispiel in der Gemeinde Obersdorf im Jahre 1890 auf ein Haus durchschnittlich 16 Joch, 1924 nur noch neun Joch Bodens.[334] Aber diese Entwicklung ist keineswegs mehr auf die Weinbaugebiete beschränkt. In allen stark von der Industrie durchsetzten Gebie-

333 Schmidt, *Gutsübergabe und Ausgedinge,* Seiten 45, 259.

334 Krautschneider, *Die Sozialdemokraten und die Grundaufteilung am Dorfe,* in: *Der Kleinbauer,* II. Jahrgang, Nummer 18.

ten, in denen es viele Zwergbesitzer gibt, die außerhalb ihres kleinen Gutes ihren Erwerb in industrieller oder landwirtschaftlicher Lohnarbeit suchen, werden die alten Erbgewohnheiten allmählich erschüttert. In solchen Gebieten wird die Gutsübergabe durch Übergabsvertrag immer seltener; immer häufiger erfolgt der Besitzwechsel erst beim Tod des Besitzers.[335] Bei der Veranschlagung des Wertes des Gutes setzen die „weichenden Geschwister" in den industrialisierten Gebieten immer höhere Bewertung des Gutes durch; wo das Einkommen aus dem Grundbesitz nur noch ein Nebeneinkommen neben dem Einkommen aus Lohnarbeit ist, scheint es nicht mehr nötig und daher nicht mehr billig, durch geringere Veranschlagung des Wertes des Gutes die Abfindungsgelder niedrig zu halten, den Gutsübernehmer zum Nachteil der „weichenden Geschwister" zu begünstigen.[336] Schließlich geht man noch weiter: Wo die eigene Wirtschaft nur noch Nebenbeschäftigung neben industrieller oder landwirtschaftlicher Lohnarbeit ist, tritt die Naturalteilung des Bodens im Erbgang häufig ein.[337] Wo diese Erschütterung der alten Erbgewohnheiten eintritt, bildet sich im Dorfe unterhalb der Bauernschaft eine wachsende Klasse grundbesitzender Proletarier. Sie wird noch vermehrt durch Arbeiter, die sich auf Schulden ein Kleinhaus gebaut und allmählich ein paar Parzellen zugekauft haben. Je größer aber die Zahl dieser Proletarier im Dorfe wird, desto heftiger wird ihr Ansturm gegen die Monopolisten des Gemeindegutes und desto größer werden anderseits die sozialen Ansprüche an die Gemeinde.

335 Schmidt, *Gutsübergabe und Ausgedinge,* Seite 47 ff.

336 Schmidt, *Gutsübergabe und Ausgedinge,* Seite 142.

337 Schmidt, *Gutsübergabe und Ausgedinge,* Seite 259.

Diese Entwicklung drängt zunächst nach der Verwandlung des Gemeindegutes in Gemeindevermögen. Soll die Nutzung des Grundbesitzes der Gemeinde nicht von einer privilegierten Klasse monopolisiert werden, sondern der Gesamtheit der Dorfbevölkerung dienen, so kann dies am einfachsten so erreicht werden, daß das Gemeindegut in Gemeindevermögen verwandelt wird, seine Erträgnisse der Gemeindekasse zufließen und die Gemeinde in die Lage versetzen, ihre sozialen Pflichten gegenüber der Gesamtheit, insbesondere aber gegenüber dem Dorfproletariat zu erfüllen. In der Tschecho-
332 slowakei ist durch das Gesetz vom 17. Juli 1919 das Gemeindegut in *Stammvermögen* der Gemeinden verwandelt worden; die Rechte der einzelnen Nutzungsberechtigten am alten Gemeindegut wurden – grundsätzlich ohne Entschädigung – aufgehoben. Auch in Österreich drängt die Entwicklung in vielen Gemeinden in diese Richtung. Insbesondere die Gemeindewälder, die heute von einer privilegierten Klasse als Gemeindegut genutzt werden, können, in Gemeindevermögen verwandelt, den Gemeindefinanzen eine kräftige Stütze werden und damit die Entwicklung der sozialen Fürsorge in den Landgemeinden mächtig fördern.

Aber nicht überall würde diese Reform die Bedürfnisse der von der Nutzung des Gemeindegutes ausgeschlossenen Klassen der Dorfbevölkerung befriedigen. In weiten Gebieten können die Kleinen im Dorfe Weidenutzung und Streunutzung nicht entbehren. Sie brauchen sie viel dringender als die Monopolisten des Gemeindegutes. Denn je kleiner der Grundbesitz eines Wirtes ist, desto mehr Zug- und Nutzvieh entfällt auf den Hektar Bodens; desto stärker ist daher sein Bedarf an Weideland zur Ergänzung seiner unzulänglichen Futterernte und sein Bedarf an Streu zum Ersatz des notgedrungen verfütterten

Strohs. Wo aber die Kleinen im Dorfe die Naturalnutzung der Gemeindeweide dringend brauchen, wäre ihnen nicht damit geholfen, daß die Gemeindeweide als Gemeindevermögen bewirtschaftet, also etwa an den Meistbietenden verpachtet würde. Was sie brauchen, ist nicht die Verwandlung des Gemeindegutes in Gemeindevermögen, sondern die Verallgemeinerung der Nutzung des Gemeindegutes: Die Nutzung, die jetzt von einer Klasse monopolisiert ist, soll allen *Gemeindegenossen* zustehen. Dem steht aber ein großes Hindernis entgegen: Eine Gemeindeweide oder eine Alm, die für die Herden der Monopolisten des Gemeindegutes ausreicht, wird oft nicht mehr reichen, wenn sie dem Vieh aller *Dorfgenossen* geöffnet werden soll. Ein Gemeindewald würde völlig verwüstet werden, dürfte nicht nur eine privilegierte Klasse, sondern die ganze Bevölkerung des Dorfes ihm Streu entnehmen. Die Verallgemeinerung der Nutzung des Gemeindegutes wird daher in vielen Fällen nur dann möglich sein, wenn zugleich das Gemeindegut vergrößert wird. Wenn die Verwaltung sozialisierter Forste einem Dorf neue Weideflächen zuweist und dadurch sein Gemeindegut vergrößert, dann wird es möglich sein, daß das vergrößerte Gemeindegut nicht mehr einer privilegierten Klasse vorbehalten, sondern der Gesamtheit der Dorfbevölkerung geöffnet wird. Wenn die Verwaltung des sozialisierten Forstes den Gemeindewald in den Turnus der Streunutzung einbezieht, der im sozialisierten Forst eingerichtet wird, dann wird auch den bisher von der Streunutzung im Gemeindewald Ausgeschlossenen der Anteil an ihr gewährt werden können.

Ein sehr großer Teil des Gemeindegutes ist schon seit langer Zeit den Gemeinden entfremdet, in den Gemeinschaftsbesitz der *Interessentenschaften*, *Nachbarschaften* oder *Bauernschaften* übergegangen. Dieser Gemeinbesitz wird den Gemeinden

nur dann wiedererobert werden können, wenn die Gemeinden zugleich mit neuem Gemeindebesitz ausgestattet werden. Wenn die Verwaltung eines sozialistischen Forstes einer Gemeinde neue Weideflächen zuweist, wird sie vorschreiben können, daß die Anteilsberechtigten der *Interessentenschaft* innerhalb der Gemeinde diese neuen Weideflächen nur dann mitnutzen dürfen, wenn sie auch ihre Alm der allgemeinen Nutzung aller Gemeindeglieder öffnen, andernfalls aber die neu zugewiesenen Weideflächen nur von denjenigen Gemeindegliedern genutzt werden dürfen, die von der *Interessentenschaftsalm* aus-
334 geschlossen sind.

Aber nicht nur die Demokratisierung der Nutzung des Gemeindegutes und des Gemeinschaftsgutes, auch die Reform der Nutzung des Gemeindevermögens, zu der die soziale Entwicklung im Dorf drängt, setzt die Vergrößerung des Grundbesitzes der Gemeinden voraus.

In Schwaben und in der Schweiz ist aus der alten Weide- und Waldallmende die Ackerallmende entstanden. Die einstigen Gemeindeweiden und Gemeindewälder sind jetzt Acker- und Wiesenland. Sie sind in Lose geteilt; jeder verheiratete Gemeindebürger hat Anspruch auf ein Los. Sobald ein Bürger stirbt, fällt sein Los dem nach dem Alter nächstberechtigten Gemeindebürger zu.

In Österreich haben die Gemeinden den größten Teil ihrer alten *gemain* verloren. Das Acker- und Wiesenland, das ihnen gehört, ist in der Regel viel zu klein, als daß es als Ackerallmende genutzt werden könnte. Es wird in der Regel als Gemeindevermögen behandelt, im Wege der Versteigerung an den Meistbietenden verpachtet. Es fällt daher in der Regel den Zahlungskräftigsten im Dorfe zu; also denjenigen, die ohnehin mit Grundbesitz am reichlichsten ausgestattet sind.

Dagegen setzen sich die Kleinbauern und *Keuschler* immer heftiger zur Wehr. Sie verlangen die Aufhebung der gesetzlichen Bestimmungen, die den Gemeinden die Verwertung des Gemeindevermögens durch öffentliche Versteigerung vorschreiben.

Aber solange das Gemeindevermögen klein ist, streiten gegen die Aufhebung dieser Bestimmungen ernste Bedenken. Hat die Gemeinde nur wenig Äcker und Wiesen zu verpachten und erfolgt die Verpachtung nicht im Wege öffentlicher *Lizitation*, dann wird die in der Gemeindestube herrschende Partei die Gemeindeäcker und Gemeindewiesen ihren Parteigenossen verpachten. Der Gemeindebesitz würde zur Kriegsbeute im Kampf der Parteien um die Gemeindestube.

Nur wenn die Gemeinden mit hinreichendem Besitz an Äckern und Wiesen ausgestattet würden, wäre es möglich, das Beispiel der schwäbisch-schweizerischen Ackerallmende nachzuahmen. Dann könnte man verfügen, daß der Gemeindebesitz an Äckern und Wiesen in Lose zu teilen ist und jedem in der Gemeinde Seßhaften und einen eigenen Haushalt Führenden ein Anspruch auf ein Los zusteht, sofern er nicht selbst schon einen eine Ackernahrung[338] überschreitenden Grundbesitz hat. Erst die Vergrößerung des Gemeindevermögens würde es ermöglichen, das Gemeindevermögen an Äckern und Wiesen in Gemeindegut rückzuverwandeln, und zwar in ein von der Gesamtheit aller Bedürftigen im Dorfe losweise genutztes Gemeindegut. Die Schaffung solcher Acker- und Wiesenallmenden hätte für die soziale Entwicklung im Dorfe sehr große Bedeutung.

Die Entwicklung der Wirtschaft einer Kleinbauernfamilie, die ohne familienfremde Lohnarbeiter wirtschaftet, ist durch

338 Ackernahrung = landwirtschaftlicher Familienbetrieb ohne Nebenerwerbsnotwendigkeit (Anm. d. R. von 1976).

die natürliche Entwicklung des Familienstandes bestimmt. Mit der Zahl der Kinder wächst die Zahl der Verbraucher, die die Wirtschaft ernähren soll. Sobald aber die älteren Kinder arbeitsfähig werden, wächst auch die Zahl der Arbeitskräfte, über die die Wirtschaft verfügt. Aber auf dem kleinen Grundbesitz der Kleinbauernfamilie können die zuwachsenden Arbeitskräfte nicht ausgenützt werden. Die Wirtschaft reicht daher bald nicht mehr aus, die Familie zu ernähren.[339] Die älteren Kinder müssen das Vaterhaus verlassen; sie strömen der Industrie zu, in die Stadt. Anders, wo ausreichende Ackerall-
336 menden bestehen. In der Zeit, in der der Kleinbauer heiratet, wirtschaftet er zunächst auf eigenem Grunde. Aber anderthalb bis zwei Jahrzehnte später, wenn er bereits eine zahlreiche Kinderschar zu ernähren hat und die älteren Kinder bereits arbeitsfähig sind, wird ein Los der Ackerallmende durch den Tod seines Inhabers frei, und es fällt nun unserem Kleinbauern zu. In der Zeit, in der sein Grundbesitz nicht mehr ausreicht, die Familie zu ernähren und ihre Arbeitskräfte zu beschäftigen, vergrößert sich sein Grundbesitz durch den Anfall des Gemeindeloses. Dank ihm findet auch die herangewachsene Familie auf dem Grundbesitz Nahrung und Arbeit; die heranwachsenden Kinder müssen daher das Vaterhaus nicht verlassen. Die Ackerallmende ist so ein wesentliches Mittel zur Eindämmung der „Landflucht“.

Ist dem Kleinbauern infolge des Wachstums seiner Familie sein Boden zu eng geworden, so sucht er um jeden Preis Boden zuzupachten oder zuzukaufen. Die Nachfrage der Kleinbauern treibt Pachtzinse und Bodenpreise, sie treibt den Verkehrswert

339 Vgl. Tschajanow, *Die Lehre von der bäuerlichen Wirtschaft,* Berlin 1923, Seite 9 ff.

des Bodens hoch über seinen Ertragswert. In Gebieten mit starker Zersplitterung des Grundbesitzes, mit zahlreicher Kleinbauern- und *Häuslerschaft* ist darum die Differenz zwischen dem Verkehrswert und dem Ertragswert des Bodens besonders groß.[340] Die Überwertung des Bodens führt zur Überlastung der Landwirtschaft mit Hypothekar- und Pachtzinsen. Auch dieser Gefahr wirkt die Ackerallmende entgegen. Fällt dem Kleinbauern in der Phase der Entwicklung seiner Familie, in der sein Bodenbedarf steigt, ein Allmendlos zu, so braucht er nicht zuzukaufen noch zuzupachten. Die Nachfrage nach Bodenparzellen und daher auch der Auftrieb der Bodenpreise werden abgeschwächt. Wird aber das Steigen der Bodenpreise gehemmt, so wird der Boden bei Kauf und Erbgang mit geringeren Hypotheken belastet. So wirkt die Ackerallmende der Überlastung der Landwirtschaft mit Pacht- und Hypothekarzinsen entgegen.

Ist der Bauer alt geworden, so übergibt er das Gut einem Sohn und behält sich selbst das Ausgedinge vor. Auf der Kleinbauernwirtschaft lastet das Ausgedinge als eine schwere Bürde. Anders, wo die Ackerallmende besteht. Der Gutsübernehmer, der seine alten Eltern ernährt, genießt da, solange sein Vater und seine Mutter leben, auch das Los der Ackerallmende, das seinem Vater zugefallen war. Erst wenn beide Eltern gestorben sind, ist der Sohn zwar der Last des Ausgedinges ledig, aber er verliert damit zugleich auch das Allmendlos. Das Allmendlos ist also hier die Kompensation für die Last des Ausgedinges, die wirtschaftliche Grundlage der Altersversorgung der Bauern und der Witwenversorgung der Bäuerinnen.[341]

340 Schmidt, *Gutsübergabe und Ausgedinge,* Seite 161 ff.

341 Ellering, *Die Allmenden im Großherzogtum Baden,* Seite 82. – Eliasberg, *Die Bedeutung des Allmendbesitzes in der Gegenwart,* Seite 29.

Die Ackerallmende ist so das Mittel, die Ausstattung der Kleinbauernschaft mit Äckern und Wiesen den Veränderungen anzupassen, die der Bodenbedarf des Kleinbauern im Verlauf einer Generation infolge der natürlichen Entwicklung der Familie erfährt. Sie ist daher ein wesentliches Mittel zur Lösung der sozialen Probleme des Dorfes.

In Schwaben und in der Schweiz ist mit dem Übergang zur Sommerstallfütterung die Ackerallmende aus der gemeinen Weide hervorgegangen. In Österreich konnte sich die Ackerallmende – trotz der Ansätze, die es zu solcher Nutzung der *gemain* gegeben hatte – nicht entwickeln, weil die gemeinen Weiden nicht nur zur Sondernutzung, sondern in Sondereigentum aufgeteilt worden sind. Der unzulängliche Besitz der Gemeinden an Äckern und Wiesen läßt heute diese Form der Verwertung nicht zu, weil den Gemeinden ein sehr großer Teil der gemeinen Weiden geraubt worden ist. Wir werden den Dorfgemeinden den ihnen in früheren Jahrhunderten geraubten Boden wiedererobern müssen, um zur Ackerallmende zu gelangen.

Von allen Seiten her drängt so die Entwicklung nach der Vergrößerung des Grundbesitzes der Gemeinden. Die Vergrößerung des Grundbesitzes der Dorfgemeinden ist die Voraussetzung für eine zweckmäßige Ansiedlung der Landarbeiter. Sie ist die Voraussetzung für die Aufhebung des Monopols einer privilegierten Klasse an der Nutzung des Gemeindegutes. Sie ist die Voraussetzung für die Schaffung der Ackerallmende. Aber der Grundbesitz der Dorfgemeinden kann nicht anders vergrößert werden als auf Kosten des Großgrundbesitzes. Was die Grundherren in vergangenen Zeiten der *gemain* geraubt haben, müssen wir ihnen jetzt wieder abringen.

In den Alpenländern wird dies geschehen durch Sozialisierung des großen Forstbesitzes. Die Verwaltung der sozialisierten

Forste wird in den Gemeinden Grundflächen zur Ansiedlung von Landarbeitern zuweisen und den angesiedelten Landarbeitern durch Zuweisung von Weideflächen und den Bezug von Wildheu die Viehhaltung ermöglichen. Die Verwaltung der sozialisierten Forste wird in den Gebieten, in denen die Bauern mit Almen unzulänglich ausgestattet sind, ihnen neue Almen als Gemeindegut zuweisen und dadurch ihnen die Verallgemeinerung der Nutzung des Gemeindegutes, die Aufhebung des Nutzungsmonopols der Privilegierten im Dorfe ermöglichen. In den anderen Gebieten, in denen die Talgüter der Bauern unzulänglich sind, wird die Verwaltung der sozialisierten Forste den Gemeinden Wiesen und Heuberge zuweisen, die losweise nach Art von Ackerallmenden zu nutzen sein werden.

Anders im Flachland, in den Gebieten Niederösterreichs und des Burgenlandes, in denen der Großgrundbesitz nicht nur Forstwirtschaft, sondern auch Landwirtschaft im großen betreibt. Wenn wir in den Alpenländern Bodenflächen aus den Forsten ausscheiden und sie den Dorfgemeinden als Allmenden übergeben, dann gewinnen damit Viehzucht und Landwirtschaft Raum auf Kosten der Forstwirtschaft, der intensivere Produktionszweig Raum auf Kosten des extensiveren. Wenn der Staat dagegen Bodenflächen, die vom landwirtschaftlichen Großbetrieb bewirtschaftet werden, enteignet, um sie den Dorfgemeinden als Gemeindegut zuzuweisen, so gewinnt der landwirtschaftliche Kleinbetrieb Raum auf Kosten des landwirtschaftlichen Großbetriebes. In diesem Falle tauchen daher ganz andere Probleme auf.

Der landwirtschaftliche Großbetrieb ist im allgemeinen dem landwirtschaftlichen Kleinbetrieb technisch überlegen. Der Großbetrieb allein kann wissenschaftlich geschulte Landwirte in seinen Dienst stellen. Der Großbetrieb kann das tote und das lebendige Inventar rationeller ausnützen und er kann vollkommenere Maschinen verwenden als der Kleinbetrieb. Die Produktivität der Arbeit ist daher im Großbetrieb in der Regel größer als beim Kleinbetrieb. Wird eine Bodenfläche aus dem landwirtschaftlichen Großbetrieb ausgeschieden und als Gemeindegut der Nutzung von Kleinbetrieben übergeben, so wird sie weniger rationell bewirtschaftet, weniger produktiv bearbeitet werden als bisher.

Diesem volkswirtschaftlichen Nachteil steht aber ein volkswirtschaftlicher Vorteil gegenüber. Wenn die Ausstattung der
340 Gemeinden mit neuem Gemeindegut die Ansiedlung von Landarbeitern ermöglicht und dadurch die „Leutenot" überwindet, die die Intensivierung der bäuerlichen Wirtschaft hindert; wenn sie Bauerngütern, die bisher von der Nutzung des Gemeindegutes ausgeschlossen waren, diese Nutzung und dadurch stärkere Viehhaltung sowie bessere Düngung ihres Bodens ermöglicht; wenn sie die Bildung einer Ackerallmende ermöglicht und dadurch einerseits der „Landflucht", anderseits der Bodenverschuldung entgegenwirkt, dann ermöglicht sie eine rationellere Bewirtschaftung der Bauerngüter. Dem Nachteil der schlechteren Bewirtschaftung des aus dem Großbetrieb ausgeschiedenen, in den Gemeindebesitz überführten Bodens steht so der Vorteil der besseren Bewirtschaftung der den Bauern gehörigen Böden gegenüber.

Der Nachteil wird durch den Vorteil überkompensiert werden, wenn man zur Bildung oder Vergrößerung des Gemeindegutes Böden verwendet, die der Großbetrieb selbst wenig rationell zu nutzen vermag. Viele große Güter besitzen Außenschläge, die wegen ihrer großen Entfernung vom Zentrum des Gutes nur mit hohen Kosten, daher wenig intensiv und wenig rationell bewirtschaftet werden können. Früher, bei extensiver Wirtschaft und niederen Löhnen, war ihre Bewirtschaftung rentabel; je intensiver die Wirtschaft, je höher die Löhne, desto mehr werden sie zur Last für das Gut. Das Kapital, das durch ihre Abstoßung frei würde, könnte zu intensiverer Bewirtschaftung des verbleibenden Gutes zweckmäßiger verwendet werden. Diese Außenschläge also werden vorerst zu enteignen und zur Vergrößerung des Grundbesitzes der Gemeinden zu verwenden sein.

Wo Gemeindegut weder auf Kosten des Waldes gebildet werden kann, weil nur noch absoluter Waldboden bestockt ist, noch auf Kosten landwirtschaftlicher Großbetriebe gewonnen werden kann, weil keine solchen bestehen oder weil die bestehenden keine Außenschläge besitzen, die ohne empfindliche Beeinträchtigung des ganzen Betriebes ausgeschieden werden könnten, dort wird man die Vergrößerung des Gemeindegutes auf anderen Wegen anstreben müssen. Man wird durch Gesetz anordnen müssen, daß bei *Kommassierungen* Parzellen auszuscheiden sind, die Gemeindebesitz und zur Ansiedlung von Landarbeitern verwendet werden. Man wird den Gemeinden das gesetzliche Vorkaufsrecht bei allen Bodenverkäufen einräumen und die Weiterveräußerung des auf Grund dieses Vorkaufsrechtes erworbenen Bodens verbieten müssen. Die Einräumung dieses gesetzlichen Vorkaufsrechtes würde zugleich die Bindung der Bodenkäufe an die Zustimmung der Grundverkehrskommissionen entbehrlich machen.

Die Lösung der sozialen Probleme des Dorfes setzt eine wesentliche Erweiterung des Grundbesitzes der Gemeinden voraus. Die Sozialisierung der Forste, die die Zuweisung von Bodenflächen an die Gemeinden ermöglichen wird, die Enteignung der Außenschläge des landwirtschaftlichen Großgrundbesitzes zugunsten der Gemeinden, die Ausscheidung von Gemeindeparzellen bei allen *Kommassierungen* und die Einräumung des Vorkaufsrechtes an die Gemeinden bei allen Bodenkäufen – das sind die Mittel zur Schaffung der neuen *gemain*, die die soziale Entwicklung im Dorfe fordert.

Daneben aber wird der Gemeindebesitz noch durch eine andere Maßnahme erweitert werden müssen: durch die Kommunalisierung des Jagdrechtes.

Das Eigenjagdrecht der Grundbesitzer, die mehr als 200 Joch Bodens besitzen, ist ein Überbleibsel des feudalen Jagdrechtes. Wir haben gesehen, wie schon der Kampf der bäuer-

lichen Alpwirtschaft mit der Forstwirtschaft nach der Aufhebung der Eigenjagdrechte drängt. Fällt aber das Eigenjagdrecht, dann wird die Beziehung zwischen dem Grundbesitz und dem Jagdrecht überhaupt zerrissen. Das Jagdrecht muß dann sowohl auf dem herrschaftlichen und auf dem staatlichen als auch auf dem bäuerlichen Boden zum Recht der Gemeinde werden, die über seine Ausübung frei entscheidet und über seinen Ertrag frei verfügt.

Für diese Lösung des alten Streites um das Jagdrecht sprechen gewichtige soziale Gründe. Die hohe Jagd, vor allem die Jagd auf Rotwild, ist eine nicht unbedeutende Einkommensquelle. Ihre Übertragung an die Gemeinden würde diese in die Lage versetzen, ihre sozialen Pflichten gegenüber ihrer Bevölkerung vollkommener zu erfüllen. Anders die niedere Jagd, die Jagd auf Hasen und Hühner. Volkswirtschaftlich betrachtet wiegt ihr Erträgnis den Schaden, den das Wild auf den Feldern und in den Wäldern anrichtet, schwerlich auf. Die Ausrottung des niederen Wildes wäre also volkswirtschaftlich nur von Nutzen. Nur als Sport hat die niedere Jagd Bedeutung. Will man um des Sportvergnügens willen sie erhalten, das Wild also nicht durch Freigabe seiner Erlegung der Ausrottung preisgeben, dann muß dieser Sport wenigstens zum Gemeingut des ganzen Landvolkes werden. Das Leben im Dorfe ist an Vergnügungen ärmer als das Leben in der Stadt; die Anziehungskraft der städtischen Vergnügungen ist unzweifelhaft eine der Ursachen der „Landflucht". Will man diese Anziehungskraft abschwächen, so muß man dem Landproletariat als Ersatz für die städtischen Vergnügungen, die es entbehrt, die Jagdfreude zugänglich machen. Vor dem Krieg erzählten Tiroler Pfarrer, das Jagdvergnügen sei das einzige Anziehungsmittel, das die Bauernburschen nach der Beendigung ihrer Militärdienstzeit in das heimische Tal zurückführe.[342] All das spricht dafür, das Jagdrecht den Gemeinden zu übergeben und ihnen volle Freiheit der Entscheidung über die Art seiner Ausübung einzuräumen.

Freunde der Jagd haben eine solche Kommunalisierung des Jagdrechtes immer abgelehnt, weil sie fürchten, daß sie zur Ausrottung des Wildes führen würde. Nun ist es gewiß, daß die Gemeinden das Wild nicht dermaßen überhegen werden, wie es die kapitalistischen Jagdherren in den letzten Jahrzehnten vor dem Krieg überhegt haben. Solche Überhegung richtet in Feld und Wald Schäden an, die alle Erträgnisse der Jagd weit überwiegen. Wirklich ausrotten werden aber die Gemeinden das Hochwild nicht; der Gewinn, den sie aus der Verwertung der hohen Jagd ziehen können, ist viel zu groß, als daß sie das täten. Was aber die niedere Jagd betrifft, so wäre die Ausrottung des niederen Wildes, volkswirtschaftlich betrachtet, nur von Nutzen. Man kann daher ruhig der Masse des Landvolkes selbst die Entscheidung überlassen, ob sie um des Jagdvergnügens willen die Wildschäden auf sich nehmen oder um der

342 Wopfner, *Der Rückgang bäuerlicher Siedlungen,* Seite 33.

Schonung ihrer Felder und Wälder willen auf den Jagdsport verzichten will.

Selbst in unseren Reihen ist gelegentlich statt der Kommunalisierung der Jagd ihre Verländerung empfohlen worden. Aber in den großen Jagdrevieren, die durch die Verländerung entstünden, würden nur die Landesbeamten jagen, die damit das Erbe der Feudalherren antreten würden, oder es könnten diese großen Jagdreviere nur an Kapitalisten verpachtet werden. Beides ist nicht, was wir wünschen können. Die Übertragung des Jagdrechtes an die Gemeinden, allenfalls – wo die Gemeindegebiete zu klein sind – an Zweckverbände einiger Gemeinden liegt in der Richtung des Zieles, das anzustreben uns die ganze soziale Entwicklung im Dorfe drängt: des Zieles der Kräftigung der Landgemeinden, der Entwicklung eines kraftvollen ländlichen Gemeindesozialismus.

In alten Zeiten war nur der Acker individueller Besitz des Bauern. Rings um die bäuerlichen Äcker dehnte sich aber weit die *gemain*. Der *gemain* gehörten Wald und Weide. Die *gemain* kündete im *Bantaiding* das bäuerliche Recht und regelte die dem Flurzwang unterworfene Wirtschaft der Bauern. Das ganze Leben des Landvolkes war dicht eingesponnen in die kraftvolle Betätigung der *gemain*. Erst die gewaltige Umwälzung, aus der der Kapitalismus hervorgegangen ist, hat der *gemain* ihren Grundbesitz geraubt und ihre gesellschaftliche Bedeutung genommen. Aus einem kräftigen Wirtschaftsorganismus ist die Gemeinde zur blutleeren Verwaltungsorganisation geworden. Aber der moderne Kapitalismus hat im Dorfe soziale Probleme aufgeworfen, die zwingend nach ihrer Lösung drängen und nicht anders gelöst werden können als durch die Wiederausstattung der Gemeinden mit reichlich Besitz. Als die Macht, die auf ihrem Boden die Landarbeiter ansiedelt und dadurch die Versorgung der Landwirtschaft mit Arbeitskräften sichert; als Eigentümerin von Weiden und Almen, die der Nutzung aller *Gemeindegenossen* offenstehen, von Wäldern, die der Gemeindekasse bedeutende Erträge abwerfen, von Wiesen und Ackerallmenden, deren Lose den individuellen Ackerbesitz der Bauern ergänzen; als Inhaberin des Jagdrechtes, die die Wildhegung regelt, den Ertrag der hohen Jagd einzieht und die Teilnahme aller *Gemeindegenossen* an der niederen Jagd organisiert, muß die Landgemeinde wieder zu einem kraftvollen Wirtschaftsorganismus werden, der wieder wie in alter Zeit das Leben und die Entwicklung der individuellen Bauernwirtschaften mächtig beeinflußt. So die alte *gemain*, die durch die Entwicklung des Kapitalismus zersetzt worden ist, auf höherer Stufe und mit neuen Funktionen wiederherzustellen, ist die geschichtliche Aufgabe des Sozialismus in der Landwirtschaft.

13. Sozialdemokratie und Grundeigentum

In dem halben Jahrhundert zwischen 1760 und 1815 ging in England der landwirtschaftliche Kleinbetrieb zugrunde. Durch die gewaltsame „Einhegung“ der gemeinen Weiden wurde dem
346 Kleinbetrieb die Grundlage seiner Existenz entzogen. Die großen Grundeigentümer zogen die kleinen Pachtgüter ein, legten sie zusammen und verpachteten sie an kapitalistische Großpächter.

Unter dem Eindruck dieser Entwicklung formulierte Arthur Young die Lehre von der Überlegenheit des landwirtschaftlichen Großbetriebes über den Kleinbetrieb. Er wies nach, daß die Produktivität der landwirtschaftlichen Arbeit im Großbetrieb größer ist als im Kleinbetrieb.[343]

Der Liberalismus war überzeugt, daß die „freie Konkurrenz“ unvermeidlich zum Siege des technisch überlegenen Betriebes über den technisch rückständigen führe. Der freie Wettbewerb führe den Boden in die Hände der „besten Wirte“. Ist, wie Young, Sinclair, David Low und Caird lehrten, die Produktivität der landwirtschaftlichen Arbeit im Großbetrieb größer als im Kleinbetrieb, dann werde der Großbetrieb im freien Wettbewerb um den Boden den Kleinbetrieb schlagen, der Boden werde durch das „freie Spiel der Kräfte“ aus dem Besitz des Kleinbetriebes in die Verfügung des Großbetriebes übergehen.

343 Vgl. Levy, *Entstehung und Rückgang des landwirtschaftlichen Großbetriebes in England,* Berlin 1904, Seite 38 ff.

Diese in England entstandene Theorie gewann auch auf die übrigen Länder Einfluß. Albrecht Thaer, der eigentliche Begründer der deutschen Landwirtschaftslehre, der „Vater der deutschen Landwirtschaft“, übernahm sie von Young und bürgerte sie in Deutschland ein, wo sie freilich in einer Zeit, in der das Bürgertum noch den Kampf gegen Feudalismus und Absolutismus zu führen hatte, der Bürger daher die Sache der Bauern gegen die Junker führte, auf viel stärkeren Widerstand stieß.[344]

Der wissenschaftliche Sozialismus hat in der Zeit seiner Entstehung die Theorie von der technischen Überlegenheit des landwirtschaftlichen Großbetriebes über den Kleinbetrieb und von der unabwendbaren Verdrängung der Kleinbetriebe durch den Großbetrieb in der englischen und der deutschen Landwirtschaftswissenschaft vorgefunden und sie aus ihr übernommen.

Daher herrschten im älteren Sozialismus die folgenden Vorstellungen: Die kapitalistische Entwicklung führt nicht nur in der industriellen, sondern auch in der landwirtschaftlichen Produktion unabwendbar zum Sieg des Großbetriebes über den Kleinbetrieb. Wie die Fabrik die Produktion an sich reißt und den kleinen Handwerker niederkonkurriert, so reißt in der Landwirtschaft der Großbetrieb den Boden an sich, der Kleinbauer verschwindet. Konzentriert der Kapitalismus den Boden im Besitz der Großbetriebe, so wird der Sozialismus die Eigentümer dieser Großbetriebe enteignen, die Großbetriebe in das Eigentum des Gemeinwesens überführen.

Hielt man die Verdrängung des bäuerlichen Kleinbetriebes durch den kapitalistischen Großbetrieb in der Landwirtschaft für ebenso unabwendbar wie den Sieg der Eisenbahn über die

344 Vgl. Cronbach, *Das landwirtschaftliche Betriebsproblem in der deutschen Nationalökonomie,* Wien 1907.

Postkutsche oder der Fabrik über das Handwerk, so mußte man es als „Bauernfängerei“ ablehnen, den Bauern Schutz gegen diese unabwendbare Entwicklung zu versprechen.[345]

Aber diese ältere Auffassung des Sozialismus wurde durch die Entwicklung widerlegt. Seit dem Ende der siebziger Jahre sanken unter dem Druck der amerikanischen und der russischen Konkurrenz die Getreidepreise. Die europäische Landwirtschaft war in den achtziger Jahren und der ersten Hälfte der neunziger Jahre in einer schweren Krise. In dieser Zeit gewann sowohl in England als auch in Deutschland der landwirt-
348 schaftliche Kleinbetrieb Boden auf Kosten des Großbetriebes. Die Entwicklung schien gerade in entgegengesetzter Richtung zu verlaufen, als man es erwartet hatte.

Unter dem Eindruck dieser Erfahrung entstand im Schoße der deutschen Sozialdemokratie eine Strömung, die die alte sozialistische Auffassung der landwirtschaftlichen Entwicklungstendenzen vollständig zu revidieren suchte. Die Vorstellungen dieser revisionistischen Richtung fanden ihre vollkommenste Darstellung in Eduard Davids Buch „Sozialismus und Landwirtschaft“.[346]

Auch David gibt zu, daß im Getreidebau der Großbetrieb dem Kleinbetrieb technisch überlegen ist. Aber der Getreidebau werde in Mitteleuropa unter dem Druck der Konkurrenz der überseeischen Produktionsgebiete immer mehr zusammenschrumpfen. Er werde ersetzt werden durch intensive Viehzucht und durch Anbau von Gemüse, Handelsgewächsen, Obst. In diesen Produktionszweigen aber sei der Kleinbetrieb dem Großbe-

345 Vgl. Cohnstaedt, *Die Agrarfrage in der deutschen Sozialdemokratie,* München 1903.

346 David, *Sozialismus und Landwirtschaft,* Berlin 1903.

trieb überlegen, denn hier komme es vor allem auf die Sorgfältigkeit der Arbeit an, und der am Erfolg seiner Arbeit interessierte Kleinbauer arbeite sorgfältiger als der Lohnarbeiter in fremdem Betrieb. Die Entwicklung führe daher in Mitteleuropa zum Sieg der Kleinbetriebe über den Großbetrieb, zur Zerschlagung der landwirtschaftlichen Großbetriebe in bäuerliche Kleinbetriebe.

Diese Vorstellungen der Revisionisten wurden von den Vertretern der älteren, marxistischen Auffassung leidenschaftlich abgelehnt. Das wertvollste Ergebnis des Streites zwischen den beiden Richtungen innerhalb der deutschen Sozialdemokratie war Karl Kautskys Buch „Die Agrarfrage".[347]

Kautsky hielt nachdrücklich an der alten Erkenntnis fest, daß die Produktivität der Arbeit im landwirtschaftlichen Großbetrieb größer ist als im Kleinbetrieb. Aber er zog aus dieser Erkenntnis nicht mehr den Schluß, daß die Entwicklung der Landwirtschaft in der Geschichtsepoche des modernen Kapitalismus unabwendbar zur Verdrängung des Kleinbetriebes durch den Großbetrieb führen müsse. Trotz der technischen Überlegenheit des Großbetriebes könne sich der Kleinbetrieb durch „Überarbeit und Unterkonsumtion" der Bauernfamilien behaupten, unter Umständen sogar seinen Besitz ausdehnen.

Damit war das liberale Dogma, daß bei „freier Konkurrenz" der Boden unweigerlich in die Hände des „besten Wirtes" übergehe, verlassen. Obwohl der Großbetrieb wohlfeiler produziere als der Kleinbetrieb, behaupte sich der Kleinbetrieb bei harter Arbeit und dürftiger Lebenshaltung der Kleinbauernfamilie im Besitz des Bodens.

Die Diskussion in der deutschen Sozialdemokratie hat die bürgerliche Wissenschaft zu vielen wertvollen Untersuchungen

347 Kautsky, *Die Agrarfrage,* Stuttgart 1899.

der Betriebsfrage angeregt. Im allgemeinen haben diese Untersuchungen bestätigt, daß die Produktivität der Arbeit im Großbetrieb größer ist als im bäuerlichen Kleinbetrieb.[348] Anderseits hat die Erfahrung Kautskys Voraussage bestätigt, daß die „freie Konkurrenz“ um Grund und Boden trotz der technischen Überlegenheit des Großbetriebes nicht zu allgemeiner Verdrängung des Kleinbetriebes durch den Großbetrieb, ebensowenig aber zu allgemeiner Zerschlagung der Großbetriebe in Kleinbetriebe führt.

Schließlich haben russische Volkswirte nachdrücklich da-
350 rauf aufmerksam gemacht, wie sehr der Wettbewerb zwischen dem Großbetrieb und dem Kleinbetrieb um Grund und Boden dadurch beeinflußt ist, daß der Preis, den der Bauer für Grund und Boden bietet, durch ganz andere Motive bestimmt wird, von ganz anderen Umständen abhängig ist als der Preis, den der Kapitalist für den Boden zu bieten vermag.[349] In der Tat findet das Problem, das die deutsche Sozialdemokratie so lange beschäftigt, das zu so heftigen Debatten geführt hat, in der Analyse dieser Verschiedenheit der Motive der Bildung des Bodenpreises seine Lösung.

Nehmen wir an, ein Grundeigentümer wolle einige Parzellen verpachten. Um diese Parzellen bewirbt sich ein kapitalistischer Pächter, der sie im Großbetrieb bewirtschaften will. Um dieselben Parzellen bewerben sich *Häusler*, die sie als Kleinbauern bewirtschaften wollen. Wer kann dem Grundeigentümer den höheren Pachtzins bieten? Wer wird daher die Parzellen erstehen: der Kapitalist oder die *Häusler*?

348 So zuletzt sehr eindringlich Hainisch, *Die Landflucht,* Seite 77 ff.

349 Tschajanow, *Die Lehre von der bäuerlichen Wirtschaft,* Seiten 117, 120.

Wir wollen zunächst voraussetzen, daß beide, der Kapitalist wie der *Häusler*, kapitalistisch richtig rechnen. Tun sie das, so können sie nicht unbeschränkt hohen Pachtzins bieten, sondern nur einen solchen, bei welchem ihnen von dem Ertrag, den sie aus den Parzellen herauswirtschaften können, nach Entrichtung des Pachtzinses noch ein hinreichend hohes Einkommen bleibt. Den höchsten Pachtzins, bei dem der Pachtlustige, sofern er kapitalistisch richtig rechnet, die Parzellen eben noch pachten kann, wollen wir den *normalen Pachtzins* nennen.

Für den Kapitalisten ist die Pachtung eine Kapitalsanlage. Er kann, sofern er kapitalistisch richtig rechnet, die Parzellen 351
nur pachten, wenn ihm das zur Bewirtschaftung der Parzellen verwertete Kapital nicht geringeren Profit abwirft, als ihm dasselbe Kapital, in einem anderen Produktionszweig angelegt, abwerfen würde; nicht geringeren also als den gesellschaftlichen Durchschnittsprofit. Der normale Pachtzins für die Großpacht muß also so bemessen sein, daß dem Kapitalisten bei mittlerer Ernte nach der Deckung der Produktionskosten – und zwar sowohl des Lohn- als auch des Sachaufwandes, der zur Bewirtschaftung der Parzelle erforderlich ist – und nach der Entrichtung des Pachtzinses der Durchschnittsprofit von seinem Kapital verbleibt.

Für den Proletarier, *Häusler*, Kleinbauern dagegen ist das Pachtgut eine Arbeitsstelle. Er will auf der gepachteten Parzelle die Arbeitskraft seiner Familie verwerten, und der Ertrag der Arbeit auf der Parzelle soll seine Familie ernähren. Sofern er kapitalistisch richtig rechnet, kann er die Parzelle nur pachten, wenn der Ertrag, den er aus ihr gewinnen kann, nicht geringer ist als der Arbeitslohn, den er und seine Familienmitglieder als Lohnarbeiter bei gleicher Arbeitsanstrengung erwerben könnten. Außerdem aber muß er, wenn er die Parzelle pach-

tet, auch seine Ersparnisse zur Bewirtschaftung der Parzelle verwenden. Er kann also, sofern er kapitalistisch richtig rechnet, die Parzelle nur pachten, wenn sein Kapital, zur Bewirtschaftung der Parzelle verwendet, ihm nicht geringere Zinsen abwirft, als es ihm bei anderer Verwertung abwerfen würde. Der normale Pachtzins für die Kleinpacht muß also so bemessen sein, daß dem Kleinpächter bei mittlerer Ernte nach der Deckung des Sachaufwandes und nach der Entrichtung des Pachtzinses noch der Zins für sein in der Wirtschaft verwertetes Kapital und darüber hinaus ein Ertrag verbleibt, der, in
352 Geld veranschlagt, dem Lohn gleich sein muß, den die Kleinbauernfamilie durch Lohnarbeit bei gleicher Arbeitsanstrengung erwerben könnte.

Nehmen wir nun an, die Großpacht sei der Kleinpacht technisch überlegen. Im Großbetrieb entfällt auf das Hektar Landes weniger totes und lebendes Inventar, ist daher der Sachaufwand geringer. Der Großbetrieb verwendet mehr und vollkommenere Maschinen, er braucht daher weniger lebende Arbeit zur Erzielung desselben Ertrages. Der Großbetrieb verwendet sehr oft besseres Saatgut, er düngt den Boden rationeller, er hat eine rationellere Fruchtfolge; er erlangt daher mit gleichem Aufwand oft höheren Ertrag. Ist dies der Fall, dann wird der normale Pachtzins, den der Kapitalist zahlen kann, höher sein als der Pachtzins, den der Kleinpächter bieten kann, sofern er kapitalistisch richtig rechnet. Die Differenz zwischen dem normalen Pachtzins des Großpächters und dem normalen Pachtzins des Kleinpächters wollen wir die *Produktivitätsdifferenz* nennen.

Aber der Kleinpächter rechnet in der Regel nicht kapitalistisch. Der *Häusler*, der sich um die Parzellen bewirbt, hat die Wahl: entweder seinen Lebensunterhalt als Lohnarbeiter zu erwerben oder Parzellen zu pachten, um auf ihnen als Kleinbauer eine selbständige Existenz zu führen. Nun bietet ihm die selbständige Existenz als Kleinbauer große Vorteile. Der Lohnarbeiter in der Fabrik und am Gutshof steht unter dem ständigen Kommando des Kapitalisten; der Kleinbauer ist „sein eigener Herr". Dem Lohnarbeiter droht stets das Schreckgespenst der Arbeitslosigkeit; der Kleinbauer kann nicht von seiner Arbeitsstelle verwiesen, nicht arbeitslos werden. Des Lohnarbeiters harrt im Alter die Armenversorgung; den Kleinbauern sichert in seinen alten Tagen das Ausgedinge. Das sind die großen Vorteile der Kleinbauernstelle vor der Lohnarbeit. Der Dorfproletarier schätzt diese Vorteile so hoch, daß er bereit ist, schwere Opfer zu bringen, um nur die Parzellen pachten, um eine selbständige Existenz gründen zu können. In der Regel ist daher der Dorfproletarier, der *Häusler*, der Kleinbauer bereit, für die Parzellen einen höheren Pachtzins zu zahlen als den, den wir als den normalen bezeichnet haben. Die Differenz zwischen dem Pachtzins, den der Kleinpächter zu zahlen bereit ist, um nur eine selbständige Existenz zu erlangen, und dem normalen Pachtzins wollen wir die *Selbständigkeitsprämie* nennen.

Worin drückt sich diese Selbständigkeitsprämie aus? Der Kleinpächter betrachtet die Parzelle als seine Arbeitsstelle. Er ist zufrieden, wenn sie ihm nur einen Lohn für seine Arbeit abwirft; tut sie auch nur das, so ist sie ihm immer noch lieber als eine Arbeitsstelle als Lohnarbeiter, auf der er doch ständig unter fremdem Kommando, ständig in der Furcht vor Arbeitslosigkeit und unversorgtem Alter leben mußte. Der Kleinpächter ist daher bereit, einen Pachtzins zu bieten, bei dem ihm vom Ertrag der Parzelle nach Entrichtung des Pachtzinses nur gerade ein Lohn für seine Arbeit, aber kein Zins für das in der Wirtschaft verwertete Kapital übrig bleibt.

Aber noch mehr! Der Kleinpächter bewirtschaftet die Parzelle anders, als der kapitalistische Großbetrieb sie bewirtschaften würde. Der Kapitalist läßt die Kartoffeln zwei- oder dreimal hacken; sie öfter hacken zu lassen, wäre nicht rentabel, weil der Mehrertrag den vergrößerten Lohnaufwand nicht lohnen würde. Der Kleinbauer hackt die Kartoffeln fünf-, sechs-, selbst siebenmal; denn er kann bei dieser Arbeit sich und seine Familienmitglieder in der „toten Zeit" beschäftigen, in der ihre Arbeitskraft sonst brachläge. Der Kapitalist intensiviert die Arbeit auf der Parzelle nur so weit, als der Mehrertrag die Vergrößerung
354 des Lohnaufwandes überwiegt; der Kleinbauer intensiviert sie so weit, bis die Arbeitskraft seiner Familienmitglieder innerhalb der herkömmlichen Grenzen möglichst vollständig ausgenützt ist, auch wenn der Mehraufwand an Arbeit nur noch geringen Mehrertrag bringt. Daher wendet der Kleinbauer auf gleiche Flächen in der Regel mehr Arbeit auf als der kapitalistische Betrieb. Er kann daher von der gleichen Fläche in der Regel auch höheren Rohertrag erlangen, auf gleicher Fläche mehr Vieh halten; freilich um den Preis, daß er einen geringen Mehrertrag mit ungleich größerem Arbeitsaufwand erlangt. Seine Arbeitszeit ist während eines großen Teils des Jahres viel länger als die eines Lohnarbeiters, seine Frau ist überarbeitet, seine Kinder müssen schon in zartem Alter mitarbeiten. Ist auch seine Lebenshaltung etwas besser als die eines Lohnarbeiters, so ist die um ein geringes bessere Lebenshaltung doch mit bedeutend stärkerer Arbeitsanstrengung erkauft. Auf die Arbeitsstunde gerechnet ist der Arbeitslohn den ihm seine Wirtschaft abwirft, geringer als der Arbeitslohn eines Lohnarbeiters. Der Kleinpächter zahlt eben, um nur eine selbständige Existenz führen zu können, einen so hohen Pachtzins, daß ihm nach der Entrichtung des Pachtzinses nicht nur kein Zins für das Kapital, das er in der Wirtschaft

verwertet, sondern auch nur ein Lohn verbleibt, der, auf die Arbeitsstunde gerechnet, geringer ist als der eines Lohnarbeiters.

Ist der Großbetrieb dem Kleinbetrieb technisch überlegen, so ist der normale Pachtzins des Großpächters um die Produktivitätsdifferenz höher als der normale Pachtzins des Kleinpächters. Tatsächlich aber bietet der Kleinpächter um die Selbständigkeitsprämie mehr als den normalen Pachtzins. Daraus folgt:

Ist die Produktivitätsdifferenz größer als die Selbständigkeitsprämie, die die Kleinpächter zu bezahlen bereit sind, dann bietet der Großpächter höheren Pachtzins als der Kleinpächter, der Großpächter überbietet also den Kleinpächter, *der Boden geht in die Hand des Großpächters über.*

Ist dagegen die Produktivitätsdifferenz kleiner als die Selbständigkeitsprämie, dann bietet der Kleinpächter höheren Pachtzins als der Großpächter, *der Boden geht daher in die Hände der Kleinpächter über.*

Ein Großgrundbesitzer kann seinen landwirtschaftlich nutzbaren Boden in verschiedener Weise verwenden. Er kann ihn selbst bewirtschaften oder an einen kapitalistischen Großpächter verpachten. Er kann ihn aber auch in Parzellen zerschlagen und die einzelnen Parzellen an Kleinpächter verpachten. Ist die Selbständigkeitsprämie, die die Kleinpächter zu zahlen bereit sind, größer als die Produktivitätsdifferenz, dann ist es rentabler, das Gut zu parzellieren und an Kleinpächter zu vergeben. Nur wenn die Produktivitätsdifferenz größer ist als die Selbständigkeitsprämie, nur dann ist es rentabler, das Gut im Großbetrieb zu bewirtschaften. Nur in diesem Falle wird der Großgrundbesitzer das Gut selbst bewirtschaften oder es an einen Kapitalisten verpachten.

In den Gebieten Niederösterreichs und des Burgenlandes, in denen sich im 15., 16. und im 17. Jahrhundert aus der alten

Grundherrschaft die Gutsherrschaft entwickelt hat, bestehen heute noch landwirtschaftliche Großbetriebe. Die Großgrundbesitzer bewirtschaften diese Güter in der Regel selbst, zuweilen verpachten sie sie an Kapitalisten. Wir müssen daraus schließen, daß in diesen Gebieten die Produktivitätsdifferenz größer ist als die Selbständigkeitsprämie; das heißt, daß in diesen Gebieten der Großbetrieb dem Kleinbetrieb nicht nur überlegen, sondern bedeutend überlegen ist. Seine bloße Existenz beweist seine bedeutende Überlegenheit.

Immerhin kommt es vor, daß Großgrundbesitzer ihre Gü-
356 ter parzelliert und an Kleinpächter vergeben haben. Das ist zum Beispiel in den Weinbaugebieten die Regel. Dürfen wir daraus schließen, daß in diesen Fällen der Kleinbetrieb dem Großbetrieb technisch überlegen sei? Nein! Wir dürfen nur schließen, daß in diesem Falle die Produktivitätsdifferenz kleiner ist als die Selbständigkeitsprämie. Auch hier mag noch die Produktivität der Arbeit im Großbetrieb größer sein als im Kleinbetrieb, aber die Produktivitätsdifferenz zugunsten des Großbetriebes ist hier nicht groß genug, um die Überwertung des Bodens durch den Kleinbetrieb zu kompensieren.

Dasselbe Gesetz, das den Wettbewerb um Pachtgründe regelt, regelt aber auch den Wettbewerb um Parzellen, die zum Kauf angeboten werden.

Wer Boden kauft, muß das Kapital verzinsen, das er zum Kauf des Bodens aufwendet. An die Stelle des Pachtzinses tritt hier der Zins vom Kaufschilling, in der Regel der Hypothekarzins von der auf dem Boden einverleibten Besitzwechselhypothek.

Rechnet der Bodenkäufer kapitalistisch richtig, so wird der Boden zum *Ertragswert* gekauft. Der Kapitalist hat den Boden zum Ertragswert gekauft, wenn ihm vom Ertrag des Bodens bei mittlerer Ernte nach der Deckung der Produktionskosten und nach Verzinsung des zum Kauf des Bodens aufgewendeten Kapitals noch der gesellschaftliche Durchschnittsprofit bleibt. Der Kleinbauer hat den Boden zum Ertragswert gekauft, wenn ihm vom Ertrag des Bodens bei mittlerer Ernte nach der Deckung des Sachaufwandes und nach Verzinsung des Kaufschillings noch der Zins von seinem der Bewirtschaftung des Bodens gewidmeten Kapital und noch ein Arbeitslohn verbleibt, der nicht geringer ist als der Lohn, den er und seine Familie als Lohnarbeiter bei gleicher Arbeitsanstrengung erwerben könnten.

Der Ertragswert des Bodens ist also ein anderer, wenn der 357
Boden dem Kapitalisten, ein anderer, wenn der Boden dem Kleinbauern gehört. Wir unterscheiden also den *kapitalistischen* Ertragswert und den *bäuerlichen* Ertragswert. Die Differenz zwischen dem kapitalistischen und dem bäuerlichen Ertragswert ist die *kapitalisierte Produktivitätsdifferenz.*

In Wirklichkeit bietet aber der Kleinbauer für den Boden höheren Preis als den bäuerlichen Ertragswert. Die Differenz zwischen dem Preis, den der Kleinbauer für den Boden zu zahlen bereit ist, und dem bäuerlichen Ertragswert des Bodens ist die *kapitalisierte Selbständigkeitsprämie.*

Ist die Produktivitätsdifferenz größer als die Selbständigkeitsprämie, dann bieten Großgrundbesitzer und Kapitalisten für den Boden höheren Preis als die Kleinbauern. In diesem Falle klagen die Bauern, daß der *Verkehrswert* des Bodens über seinem Ertragswert stehe; in Wirklichkeit steht er über dem bäuerlichen Ertragswert, nicht über dem kapitalistischen. Da Kapitalisten und Großgrundbesitzer in diesem Falle für den Boden höheren Preis bieten, so gehen die feilgebotenen Parzellen in ihr Eigentum über; der Großbesitz und Großbetrieb gewinnen Boden auf Kosten der Bauernschaft.

Sehen wir also, daß in einem Gebiet der Großbetrieb auf Kosten des Kleinbetriebes Boden gewinnt, so dürfen wir daraus schließen, daß die Produktivitätsdifferenz größer als die Selbständigkeitsprämie ist, also der Großbetrieb dem Kleinbetrieb technisch bedeutend überlegen ist.

Ganz anders ist es im entgegengesetzten Falle. Ist die Selb-
ständigkeitsprämie größer als die Produktivitätsdifferenz, dann
bieten die Kleinbauern für den Boden höheren Preis, als die Ka-
pitalisten zu bieten vermögen. In diesem Falle klagen die Ka-
pitalisten, daß der Verkehrswert des Bodens über seinem Er-
358 tragswert stehe; er steht in der Tat in diesem Falle über dem
kapitalistischen, erst recht über dem bäuerlichen Ertragswert.
Da die Kleinbauern höheren Preis bieten, gehen alle Böden,
die feilgeboten werden, in die Hände des bäuerlichen Klein-
betriebes über. Der Kleinbetrieb gewinnt Boden auf Kosten
des Großbetriebes.

Sehen wir also, daß zeitweilig der Kleinbetrieb auf Kosten des Großbetriebes Boden gewinnt, so dürfen wir daraus noch nicht schließen, daß der Kleinbetrieb dem Großbetrieb technisch überlegen sei; wir dürfen nur schließen, daß die Selbständigkeitsprämie, die die Kleinbauern im Bodenpreis zu zahlen bereit sind, noch größer ist als die Produktivitätsdifferenz zugunsten des Großbetriebes. Der Kleinbetrieb kann also selbst dann auf Kosten des Großbetriebes Raum gewinnen, wenn der Großbetrieb ihm technisch überlegen, die Arbeit im Großbetrieb produktiver ist.

Der Liberalismus glaubte, daß im freien Wettbewerb um den Boden der „beste Wirt" siegen muß. Wir sehen, wie unrichtig das war. Auch bei technischer Überlegenheit des Großbetriebes kann der Kleinbetrieb auf Kosten des Großbetriebes Boden gewinnen.

In der Industrie hat der Großbetrieb über den Kleinbetrieb gesiegt. Dadurch wurde die Produktion in den technisch vollkommeneren Großbetrieben konzentriert und damit die Produktivität der Arbeit bedeutend gesteigert; aber dieser gewaltige wirtschaftliche Fortschritt wurde furchtbar schwer erkauft mit dem jahrzehntelangen verzweifelten Todeskampf und schließlichen Untergang zahlloser Kleinmeister. In der Landwirtschaft geht die Entwicklung eine andere Bahn. Wohl kennt auch sie die Geschichte des Unterganges von tausenden Gebirgsbauern. Aber der Kleinbetrieb geht in der Landwirtschaft doch bei weitem nicht so allgemein zugrunde wie in der Industrie, ja zuweilen kann hier sogar der Kleinbetrieb auf Kosten des Großbetriebes Raum gewinnen. Der breiten Masse der landwirtschaftlichen Kleinbetriebe bleibt also das furchtbare Schicksal erspart, dem so unendlich viele gewerbliche Kleinbetriebe erlegen sind. Aber die Bauernschaft wird nur um hohen Preis vor diesem Schicksal bewahrt. Wirtschaftlich betrachtet, wird die Bauernschaft nur erhalten um den Preis, daß die landwirtschaftliche Produktion nicht in den vollkommensten Betrieben konzentriert wird, daß sie technisch weniger leistungsfähigen Betrieben überlassen bleibt, daß daher die Produktivität der Arbeit in der Landwirtschaft nicht ebenso allgemein und schnell gesteigert wird wie in der Industrie. Sozial gesehen, behauptet sich die Kleinbauernschaft nur um den Preis, daß sie in Pachtzinsen und Hypothekarzinsen hohe Selbständigkeitsprämien zahlt, so daß ihr selbst vom Ertrag ihrer Arbeit nicht mehr bleibt als ein Verdienst, der geringer ist als der Lohn eines Lohnarbeiters bei gleichem Arbeitsaufwand; also nur um den Preis der „Überarbeit und der Unterkonsumtion“.

Unsere Untersuchung der Konkurrenz um den Boden bestätigt im allgemeinen die Erkenntnisse über die Tendenzen der

Betriebsentwicklung, zu denen Karl Kautsky im Verlaufe der großen Agrardebatte der deutschen Sozialdemokratie gelangt ist.

Diese Agrardebatte war also nicht ganz fruchtlos; sie hat zu wichtigen theoretischen Erkenntnissen geführt. Aber sie hatte keine unmittelbare praktische Wirkung. Noch beschränkte sich die Aufgabe der Sozialdemokratie darauf, die industrielle Arbeiterschaft zu sammeln und in den Kampf zu führen. Im Landvolk hatte die Sozialdemokratie noch keine Stützen.

Erst im Gefolge des Krieges und der durch den Krieg ge-
weckten Revolution wurde das anders. Nun begannen Massen
360 von Landarbeitern, *Keuschlern*, Kleinbauern sich um das indus-
trielle Proletariat zu scharen. Zugleich lehrten der Sieg des Bol-
schewismus in Rußland und die Niederlagen des Sozialismus in
Mitteleuropa, daß die industrielle Arbeiterklasse die Macht nicht
erobern, nicht behaupten kann, solange sie es nicht versteht,
breite Massen des Landvolkes unter ihre Führung zu bringen.

Die Sozialdemokratie muß daher jetzt ganz anders an die Agrarprobleme herantreten, als sie dies in den Agrardebatten der neunziger Jahre getan hat.

Der Landarbeiter, der *Häusler* und der Kleinbauer beginnen sich von der Führung der Großbauernschaft zu emanzipieren und im Bunde mit dem industriellen Proletariat, die Befriedigung ihrer wirtschaftlichen und sozialen Bedürfnisse zu suchen. Die Sozialdemokratie muß diese Massen gewinnen und organisieren, sie muß die Mittel aufzeigen, durch die die lebendigen wirtschaftlichen und sozialen Bedürfnisse dieser Massen mit den Notwendigkeiten der gesellschaftlichen Entwicklung in Einklang gebracht und befriedigt werden können.

In den Agrardebatten der neunziger Jahre hat man nach den Entwicklungstendenzen der Landwirtschaft gefragt. Aber damals wurde nur *eine* Seite der Entwicklung geprüft. Man fragte: Führt die Entwicklung der Landwirtschaft bei freiem Wettbewerb um den Boden zum Siege des Großbetriebes über den Kleinbetrieb oder zum Siege des Kleinbetriebes über den Großbetrieb? Auch wir müssen die Entwicklungstendenzen der Landwirtschaft prüfen, aber in einem ganz anderen Sinn. Unsere Frage lautet: Welche wirtschaftlichen und sozialen Bedürfnisse werden durch die Entwicklung der Landwirtschaft geweckt? Welche Maßnahmen wird der Staat ergreifen müssen, um diese Bedürfnisse im Einklang mit den gesellschaftlichen Notwendigkeiten zu befriedigen?

Diese Frage kann aber keineswegs für alle Länder gleich beantwortet werden. In der Industrie geht die Entwicklung überall denselben Gang. In der Landwirtschaft ist die aus der Vergangenheit überlieferte Agrarverfassung, die sich nur überaus langsam verändert, sehr verschieden. Hier müssen die wirtschaftlichen und die sozialen Entwicklungstendenzen für jedes Land besonders untersucht werden.

Ich habe mich daher damit beschieden, die Entwicklungstendenzen der österreichischen Landwirtschaft zu prüfen und zunächst die *wirtschaftlichen* Entwicklungstendenzen darzustellen versucht. Dabei konnte man sehen, wie die innere Entwicklung der Forstwirtschaft und die Entwicklung des Kampfes der Almwirtschaft mit der Forstwirtschaft um den Boden Bedürfnisse erzeugen, die nur durch die *Sozialisierung der Forstwirtschaft* befriedigt werden können. Danach wurden die sozialen Entwicklungstendenzen im Dorfe untersucht. Dabei war zu sehen, wie im Dorfe soziale Bedürfnisse entstehen, die nur durch die *Ausdehnung des ländlichen Gemeindebesitzes* befriedigt werden können.

Eine solche Umwälzung der Eigentumsverhältnisse wird aber nur in einer revolutionären Zeit vollzogen werden kön-

nen; nur in einer Zeit, in der eine mächtige revolutionäre Bewegung durch die Massen des Landvolkes geht. Eine solche revolutionäre Bewegung aber wird sich gegen den Großgrundbesitz überhaupt wenden. In Österreich gibt es sehr viel großen Forstbesitz, nur in einem kleinen Teil unseres Landes dagegen landwirtschaftlich genutzten Großgrundbesitz. In einer Zeit, in der der große Forstbesitz enteignet wird, wird in der breiten Masse des Volkes auch der Glaube an das Recht des landwirtschaftlichen Großbesitzes eine schwere Erschütterung erfahren. Sie wird nun auch nach der Enteignung des landwirtschaftli-
362 chen Großgrundbesitzes drängen.

Dieses Drängen wird aber durch andere Umstände wesentlich verstärkt werden. Der Wettbewerb zwischen Groß- und Kleinbetrieb um das Ackerland wird durch die Höhe der Selbständigkeitsprämie bestimmt. Wovon hängt nun die Höhe der Selbständigkeitsprämie ab?

Warum überzahlt der Proletarier den Boden? Weil er lieber auf eigener Scholle arbeitet, statt sich als Lohnarbeiter unter das Kommando des Kapitalisten zu stellen. Weil der Besitz der Scholle ihm seine Arbeitsstelle sichert, während er als Lohnarbeiter täglich die Arbeitslosigkeit zu fürchten hätte. Weil der Besitz der Scholle ihm für seine alten Tage ein Ausgedinge sichert und ihn damit vor der Armenversorgung bewahrt.

Nun erobert aber das Proletariat die politische Macht. Großindustrie, Bergbau und Forstwirtschaft werden sozialisiert. Der Arbeiter im sozialisierten Betrieb steht nicht mehr unter dem Kommando eines Kapitalisten; er dient einem Betrieb, den er selbst mitregiert. Der Arbeiter im sozialisierten Betrieb ist im Alter nicht mehr auf die Armenversorgung angewiesen; der Staat sichert ihm eine Alterspension zu. In dem Maße, in dem die kapitalistische Anarchie überwunden und in internationalem Maßstab durch sozialistische Planwirtschaft ersetzt wird, wird die Gesellschaft schließlich den Arbeitern auch dauernde Beschäftigung sichern, ihnen die Arbeitsstellen in den sozialisierten Betrieben dauernd verbürgen können. In dem Maße, in dem diese Entwicklung fortschreitet, bietet die Arbeitsstelle auf der eigenen Scholle nicht mehr größere Freiheit, größere Sicherheit der Existenz, größere Sicherheit für das Alter als eine Arbeitsstelle im sozialisierten Betrieb. Wer wird die Arbeitsstelle auf der eigenen Scholle noch überzahlen, um der Sicherheit der Existenz willen überzahlen wollen, wenn er gleiche Sicherheit der Existenz auch ohne Besitz einer eigenen Scholle erlangen kann? Es ist klar: Die Selbständigkeitsprämie, die Dorfproletarier und Kleinbauern im Pachtzins oder im Bodenpreis zu zahlen bereit sind, wird in dem Maße sinken, in dem die Sozialisierung der Großindustrie, des Bergbaues und der Forstwirtschaft fortschreitet.

Sinkt aber die Selbständigkeitsprämie, dann verändern sich die Wettbewerbsbedingungen zwischen dem Groß- und dem Kleinbetrieb. Ist die Selbständigkeitsprämie kleiner als die Produktivitätsdifferenz, dann gewinnt durch Zukauf und Zupachtung der Großbetrieb Boden auf Kosten des Kleinbetriebes. Der Großbetrieb hat seine Außenschläge an die Gemeinden verloren; er entschädigt sich sehr schnell, indem er alle feilgebotenen Parzellen zukauft. Wir haben den Gemeinden das Vorkaufsrecht am Boden eingeräumt, damit sie ihren Grundbesitz vergrößern können; die Gemeinden werden von diesem Recht keinen Gebrauch machen können, weil, sobald die Selbständigkeitsprämie kleiner ist als die Produktivitätsdifferenz, der Großbetrieb für jede Parzelle, die feilgeboten wird, höheren Preis bieten kann als die Gemeinden zu zahlen vermögen, die die Parzelle ja dem Kleinbetrieb nutzbar machen wollen. Die starke Expansivkraft, die der Großbetrieb in einer Zeit sinkender Selbständigkeitsprämie erlangt, muß den Volksmassen unerträglich werden. Sie können es nicht ertragen, daß sich in der Landwirtschaft der kapitalistische Privatbetrieb in einer Zeit ausdehnt, in der in der Industrie, im Bergbau, in der Forstwirtschaft das Kapital bereits enteignet wird. So wird die Entwicklung früher oder später auch die Enteignung des landwirtschaftlichen Großgrundbesitzes erzwingen.

Was soll aber mit dem enteigneten landwirtschaftlichen Großbesitz geschehen? Seine Außenschläge fallen an die Dorf-
364 gemeinden. Wie sollen die verbleibenden Restgüter bewirtschaftet werden?

In Österreich gibt es nicht viele landwirtschaftliche Großbetriebe. Diese Großbetriebe haben im Leben unserer Landwirtschaft ihre besondere Funktion. Nur der Großbetrieb kann den wissenschaftlich geschulten Landwirt in seinen Dienst stellen. Der Großbetrieb ist daher ein Zentrum geistiger Arbeit in der Landwirtschaft; er ist die Stätte, in der sich der technische Fortschritt der Landwirtschaft zuerst durchsetzt, um von ihr aus allmählich auch in die bäuerlichen Wirtschaften einzudringen. Würden wir den Großbetrieb in Bauerngüter zerschlagen, so würden wir nicht nur die Produktivität der Arbeit auf dem Boden senken, den jetzt der Großbetrieb bewirtschaftet, sondern auch unsere gesamte Landwirtschaft der für ihre technische Entwicklung unentbehrlichen Intelligenzzentren berauben. Wenn etwa in Ungarn eine demokratische Agrarreform den Boden der Großgrundbesitzer auf die Bauern verteilte, dann wären wir im Interesse der Sicherheit der Ostgrenze der Republik vielleicht gezwungen, auch im Burgenland deutsche Bauern auf dem Boden, der jetzt noch magyarischen Großgrundbesitzern gehört, anzusiedeln; soweit aber nicht solche außerwirtschaftliche Gründe uns dazu zwingen, muß der landwirtschaftliche Großbetrieb auch nach der Enteignung der Großgrundbesitzer erhalten, darf er nicht auf die Bauern verteilt werden. Das Produktivitätsinteresse unserer Landwirtschaft läßt zwar die Überweisung der Außenschläge des Großgrundbesitzes an die Dorfgemeinden, aber nicht die Verteilung der Restgüter auf die einzelnen Bauern zu.

Man wird aber diese Restgüter nach der Enteignung des Großgrundbesitzes auch nicht als Staatsbetriebe bewirtschaften können. Der Staat hat bei zweckmäßiger Verwaltungsorganisation gewiß die Fähigkeit, forstwirtschaftliche Großbetriebe rationell zu führen. Aber die bürokratische Verwaltung landwirtschaftlicher Großbetriebe hat sich nirgends bewährt.

Sollen wir die landwirtschaftlichen Großbetriebe Produktivgenossenschaften der Landarbeiter oder gemeinwirtschaftlichen Anstalten zur Führung übertragen? Die Arbeiterschaft erwirbt nur allmählich, nur im Verlaufe jahrzehntelanger Kämpfe, jahrzehntelanger Arbeit in der Gewerkschaft und im Betriebsrat die intellektuellen und moralischen Fähigkeiten, die die rationelle Verwaltung eines genossenschaftlichen oder gemeinwirtschaftlichen Großbetriebes erfordert. Es ist denkbar, daß die Enteignung des landwirtschaftlichen Großbesitzes in einem Zeitpunkt erfolgen wird, in dem die landwirtschaftlichen Arbeiter, die weit später als die Industriearbeiter in den Klassenkampf eingetreten sind, jene Fähigkeiten noch nicht in hinreichendem Maße erworben haben werden.

In diesem Falle würde zunächst nichts anderes übrig bleiben, als die in die Hände des Staates übergegangenen Großbetriebe an Großpächter zu vergeben. Der Staat wird den bisherigen Eigentümer als Pächter auf dem Gut belassen, wo er rationell wirtschaftet; er wird das Gut einem anderen tüchti-

gen Landwirt verpachten, wenn der bisherige Eigentümer ein schlechter Wirt ist. So wird der Staat dafür sorgen können, daß die Großbetriebe von den tüchtigsten Landwirten bewirtschaftet werden. Der Staat wird die Pächter verpflichten, ihre Güter als Mustergüter in den Dienst der gesamten Landwirtschaft, insbesondere der benachbarten bäuerlichen Wirtschaft zu stellen, unter staatlicher Kontrolle das landwirtschaftliche Versuchswesen auf ihnen zu pflegen, ihren Betrieb dem landwirtschaftlichen Unterrichtswesen dienstbar zu machen, den Bauern gutes Saatgut zu liefern, ihnen, soweit dies möglich und zweckmäßig
366 ist, auch Zuchtstiere und Maschinen zur Verfügung zu stellen. So wird der landwirtschaftliche Großbetrieb, durch Großpächter im Staatseigentum bewirtschaftet, werden seine besonderen Funktionen im Gesamtleben unserer Landwirtschaft wesentlich vollkommener versehen als heute.

Besondere Bedeutung hätte diese Umgestaltung der Eigentumsverhältnisse am landwirtschaftlichen Großbetrieb natürlich in einer Zeit steigender Preise der Agrarprodukte, steigender Grundrente. Durch die Verstaatlichung des Bodens würde erreicht, daß der Zuwachs der Grundrente nicht Privateigentümern, sondern in der Gestalt erhöhter Pachtzinse dem Gemeinwesen zufiele.

Wir dürfen uns nicht vorstellen, daß die Menschheit mit einem Sprung aus der kapitalistischen in die sozialistische Produktionsweise geraten kann. Zwischen der kapitalistischen und der sozialistischen Gesellschaftsordnung wird eine sehr lange Übergangsperiode liegen, in deren Wirtschaftsverfassung sich kapitalistische und sozialistische Elemente vermengen werden. So auch in der Land- und Forstwirtschaft: in der Forstwirtschaft schon eine rein sozialistische Wirtschaftsorganisation, im Bauerndorf ein auf ausgedehnten Gemeindebesitz gegründeter Gemeindesozialismus, der den individuellen Bauernwirtschaften dienstbar ist, im Bereiche der landwirtschaftlichen Großbetriebe aber vielleicht zunächst noch ein Staatskapitalismus – kapitalistische Großpächter unter staatlicher Kontrolle auf staatlichem Grundeigentum. Erst in dem Maße, in dem die landwirtschaftlichen Arbeiter die erforderlichen intellektuellen und moralischen Fähigkeiten zur Führung gemeinwirtschaftlicher Betriebe erwerben, werden wir die kapitalistischen Pächter der staatlichen landwirtschaftlichen Großbetriebe *abstiften* und die Großbetriebe gemeinwirtschaftlichen Organisationen übergeben, also auch hier zu einer rein sozialistischen Wirtschaftsorganisation übergehen können.

Das bäuerliche Grundeigentum aber wird durch diese Entwicklung nicht erschüttert, sondern gefestigt werden. Die Sozialisierung der Forste erweitert die Nutzungsrechte der Bauern, der Gemeindesozialismus gibt ihnen in der neuen Allmende starke Stützen, die Verstaatlichung des landwirtschaftlichen Großbetriebes schützt sie vor der in der Zeit der sinkenden Selbständigkeitsprämie wachsenden Expansivkraft des Großbetriebes. Indem der Sozialismus das grundherrlich-kapitalistische Herreneigentum an Grund und Boden aufhebt, befestigt er das bäuerliche Arbeitseigentum. Aber wird das bäuerliche Grundeigentum durch diese Entwicklung nicht aufgehoben, sondern gefestigt, so verändert sich doch zugleich sehr wesentlich sein Inhalt.

Der Kapitalismus hat die Masse der Arbeitenden proletarisiert, die Masse der Proletarier dem Fluch einer Existenz preisgegeben, die nie des nächsten Tages sicher ist. Menschen, die nur die Wahl haben zwischen dem Proletarierdasein und dem Kleinbauerndasein, überzahlen die Scholle, auf der sie als Kleinbauern leben wollen, um nur vor dem Fluch der Unsicherheit der

Existenz bewahrt zu bleiben, die das Schicksal des Proletariers ist. In der Selbständigkeitsprämie, die sie im Bodenpreis zahlen, drückt sich aus, wie hoch sie die Sicherheit der Existenz werten in einer Zeit, in der die überwiegende Mehrheit der Arbeitenden täglich das Schicksal der Unsicherheit des nächsten Tages erlebt. Diese Selbständigkeitsprämie erhöht den Bodenpreis. Sie hält den Verkehrswert des Bodens hoch über dem bäuerlichen Ertragswert. Die Folge ist, daß das Bauernland bei jedem Bodenkauf und jedem Erbgang mit hohen Hypothekarschulden belastet wird. In der Gestalt der Hypothekenzinsen eignet sich
368 das Kapital einen großen Teil des Arbeitsertrages der Bauernfamilie an. „Die Parzelle des Bauern“, sagt Marx, „ist nur noch der Vorwand, der dem Kapitalisten erlaubt, Profit, Zinsen und Rente von dem Acker zu ziehen und den Ackerbauern selbst zusehen zu lassen, wie er seinen Arbeitslohn herausschlägt.“[350]

In Zeiten steigender Preise der Agrarprodukte, wie in den letzten zwei Jahrzehnten vor dem Kriege, verbessert sich vorübergehend die Lage der Bauern. Aber mit dem Ertrag des Bodens steigen auch die Bodenpreise. Beim nächsten Bodenkauf, beim nächsten Erbgang muß der Bauer vermehrte Hypothekenlast auf sich nehmen. Nach einer Generation hat sich die Belastung mit Hypothekarzinsen den gesteigerten Erträgnissen angepaßt. Der Kleinbauer ist damit wieder auf eine ebenso niedere Lebenshaltung reduziert wie vor dem Steigen der Preise.

Der Krieg hat diese Entwicklung unterbrochen, die Geldentwertung hat die Bauern von den Hypotheken befreit. Aber wir sehen jetzt schon, wie die Verschuldung von neuem einsetzt. Ist auch die Schuldenlast noch viel kleiner als vor dem Kriege, so ist doch infolge des hohen Zinsfußes auch eine ge-

350 Marx, *Der 18. Brumaire,* Stuttgart 1914, Seite 105.

ringere Schuldenlast überaus drückend. Solange die Ursache, die Unsicherheit der Proletarierexistenz, fortbesteht, muß sich auch die Wirkung, die Überschuldung des Bodens, immer wiederherstellen.

Erst in einer sozialistischen Gesellschaft verschwindet mit dem Motiv der Überwertung auch die Ursache der Überschuldung des Bodens. In einer sozialistischen Gesellschaft, die jedem Arbeitenden ein gesichertes Heim, eine gesicherte Arbeitsstelle und eine gesicherte Altersversorgung verbürgt, wird niemand eine Arbeitsstelle überzahlen wollen, die ihm weder leichtere Arbeit, noch ein höheres Einkommen, noch größere Sicherheit der Existenz bieten kann, als sie die Gesellschaft jedem Arbeitenden verbürgt. Die Selbständigkeitsprämie verschwindet nun vollständig. Der Verkehrswert des Bodens sinkt zum bäuerlichen Ertragswert herab. Mit dem Bodenpreis sinken die Hypotheken, mit denen der Bauer bei Erwerbung des Bodens ihn belasten muß. Sie sinken auf ein Maß, mit dem der Gesellschaft, die an die Stelle des Hypothekenkapitals tritt, nur noch die Grundrente zufällt. So fällt mit der Ausbeutung des Arbeiters durch das industrielle Kapital auch die Ausbeutung des Bauern durch das Hypothekenkapital. Mit der Lohnknechtschaft des Arbeiters wird auch die Schuldknechtschaft des Bauern überwunden.[351]

Ob wirklich, wie Kautsky glaubt, auf einer späteren Entwicklungsstufe der sozialistischen Gesellschaft die Schätzung der Selbständigkeit auf eigener Scholle so vollständig verschwinden wird, daß die Bauern ihre Güter zu genossenschaftlichen Großbetrieben zusammenlegen werden, um die Vorteile hö-

351 Vgl. Bauer, *Das Buch des Bundespräsidenten,* in: *Der Kampf,* XVII. Jahrgang, Seite 214 ff.

herer Produktivität der Arbeit, die der Großbetrieb bietet, genießen zu können, das hängt von technischen und massenpsychischen Entwicklungen ab, die heute niemand vorauszusehen vermag. Das sind Fragen einer noch fernen Geschichtsepoche, über die heute zu streiten nutzlos wäre.

Unsere Aufgaben in unserer Geschichtsepoche aber sind uns nunmehr klar erkennbar. Es gilt, dem Landvolk seine eigene Geschichte zu erzählen, damit es erkenne, daß die gegenwärtigen Grundeigentumsverhältnisse das Ergebnis der durch die Jahrhunderte fortgesetzten Raubzüge der Herrenklassen sind.
370 Es gilt, dem Landvolk verständlich zu machen, daß seine wirtschaftlichen und sozialen Bedürfnisse in unserer Zeit nicht anders befriedigt werden können als dadurch, daß das Volk wiedererobert, was die Herren ihm geraubt haben; nicht anders als durch die Sozialisierung der Forstwirtschaft, die Wiederherstellung ausgedehnten Gemeindebesitzes in der Landwirtschaft und die Verstaatlichung des landwirtschaftlichen Großbesitzes. Es gilt, das Landvolk zu lehren, daß nur diese sozialistische Umwälzung der Grundeigentumsverhältnisse – Hand in Hand mit der sozialistischen Umwälzung der Eigentumsverhältnisse in der Industrie und im Bergbau, im Handel und im Bankwesen – mit der Lohnknechtschaft der Arbeiter auch die Schuldknechtschaft der Bauern aufheben kann. Gelingt es, die Landarbeiter, die *Häusler*, die Kleinbauern zu diesen Erkenntnissen zu führen, dann werden sie sich um das industrielle Proletariat scharen, um mit ihm vereint die politische Macht zu erobern, im gemeinsamen Besitz der Macht die große Umwälzung der Eigentumsverhältnisse zu vollziehen.

Danksagung

Den allerersten Hinweis auf „Der Kampf um Wald und Weide“ habe ich von Franziskus Forster bekommen. Ohne ihn wäre ich nicht auf die Idee gekommen, in hundert Jahre alten Texten der österreichischen Sozialdemokratie auf Quellensuche für meine Promotionsforschung zu gehen. Dass mich die Lektüre zu einem eigenen Publikationsvorhaben hinreißen würde, hatte ich noch viel weniger geahnt. Franziskus und anderen Freund*innen aus dem Umfeld der Österreichischen Berg- und Kleinbäuer*innenvereinigung und der Bewegung für Ernährungssouveränität verdanke ich außerdem viele der Gedanken, die meine Perspektive auf Agrarpolitik und auf Otto Bauers Texte prägen. Besonderer Dank für diese Sozialisierung gilt neben Franziskus auch Lisa Bolyos, Julianna Fehlinger, Elisabeth Jost, Isabella Lang, Sonja Melo, Brigitte Reisenberger und Matthäus Rest.

Meine Einblicke in die Nutzung heutiger Commons in Österreich hätte ich nicht ohne all die Bäuer*innen, Hirt*innen und Senn*innen in Tirol und im Salzkammergut bekommen, die mich im Zuge meiner Doktoratsforschung in ihren Arbeitsalltag mitgenommen und großzügig ihre Perspektiven mit mir geteilt haben. Ohne ihre Bereitschaft, mich auf Almversammlungen, Schwendtagen oder Auf- und Abtrieben willkommen zu heißen, hätte ich meine Interpretation zur Aktualität von „Der Kampf um Wald und Weide“ nicht schreiben können. Unter ihnen ist auch Stefan Ikarus Kaiser, langjähriger Halter auf der gemeinschaftlich bewirtschafteten Brunnwiesalm, der auf dem Cover dieser Neuauflage zu sehen ist.

Martin Birkner beim Mandelbaum Verlag hat mich von der ersten Emailanfrage an begeistert bei der Umsetzung der Neuauflage unterstützt. Ich hätte mir keinen unkomplizierteren Publikationsprozess vorstellen können. Remigio Gazzari, Magdalena Miedl und Karin Riedl haben mit ihren Kommentaren auf eine frühere Version des Einleitungstextes wesentlich zu dessen Qualität beigetragen. Gleiches gilt für das hilfreiche und unterstützende Lektorat durch Clemens Berger.

Die Arbeitszeit, die das Schreiben der Einführung zur Neuauflage einforderte, konnte ich mir dank meines Promotionsstipendiums der Heinrich-Böll-Stiftung nehmen. Die Publikation wurde außerdem vom Institut für Historische Sozialforschung und der Kulturabteilung der Stadt Wien unterstützt.

Mein größter Dank gilt aber nochmals Remigio Gazzari. Er ist Fotograf des Titelbildes, aber auch so viel mehr. Ohne ihn hätte ich die Erstausgabe von „Der Kampf um Wald und Weide“ nicht in die Hände bekommen. Ohne ihn wäre ich nicht in Kontakt mit den Landschaften und Bäuer*innen gekommen, die mich dazu inspirieren, mich für heutige Commons und ihre Zukunft einzusetzen. Ohne ihn hätte ich vor allem nicht dieselbe Lust und Energie, zu denken und zu arbeiten. Du machst mich ganz, Du lässt mich blühen!